經學研究

9

經學研究編委會

主編

干春松　陳壁生

編委

呂明烜　宮志翀　常達　郜喆　劉禹彤

海峽出版發行集團
THE STRAITS PUBLISHING & DISTRIBUTING GROUP
福建人民出版社

圖書在版編目（CIP）數據

經學研究. 第九輯 / 干春松，陳壁生主編. --福州：福建人民出版社，2025. 6. -- ISBN 978-7-211-09919-1

Ⅰ. Z126

中國國家版本館 CIP 數據核字第 2025NS7604 號

經學研究 第九輯

主　　編： 干春松　陳壁生
責任編輯： 陳廷燁
美術編輯： 白　玫
責任校對： 林　芬
出版發行： 福建人民出版社　　**電　　話：** 0591-87533169(發行部)
網　　址： http://www.fjpph.com　　**電子郵箱：** fjpph7211@126.com
地　　址： 福州市東水路 76 號　　**郵政編碼：** 350001
經　　銷： 福建新華發行(集團)有限責任公司
印　　刷： 福建省金盾彩色印刷有限公司
開　　本： 700 毫米×1000 毫米　1/16
印　　張： 22
字　　數： 274 千字
版　　次： 2025 年 6 月第 1 版　　**印　　次：** 2025 年 6 月第 1 次印刷
書　　號： ISBN 978-7-211-09919-1
定　　價： 98.00 圓

前　言

“禮樂”是古代中國文明的根本底色。秦漢以後，幾乎每個朝代，立朝之初即制禮作樂，修編前朝史乘，皆重禮樂之志。後世通觀前史，往往以禮、事爲要，如杜佑作《通典》，詳述禮典，司馬光編《資治通鑑》，長於政事。總之，理解中國文明，舍禮樂則不能入其門。

在現代學術研究中，禮學研究有多種方式。大要言之，兩種方式最爲典型。其一，從經學角度理解禮經。先秦儒家與兩漢經師，多言六經分教，側重不同。《禮》是五經之一，因此研究《周禮》《儀禮》，須置於與《詩經》《尚書》《周易》《春秋》共同構成的經學體系中。在這一思路中，禮學研究的主要對象是三禮及其注疏。至於漢代以後禮學思想的重新闡釋，禮儀制度的傳承演變，不過是禮經在不同時代的運用。就此而言，禮學研究是經學研究的組成部分。其二，從史學角度理解禮經，即把禮經、禮學置於歷史發展的脈絡中進行理解，禮經成爲歷史化的“周禮”。《周禮》是周公致太平之書，固是“周禮”，《儀禮》出自周公，亦是“周禮”，《禮記》則是孔子及其後學對“周禮”的闡釋。當“三禮”變成“周禮”，獨立而言，研究三禮之書，即是研究周代典憲；貫通而言，研究周代典憲，可以上承堯、舜、夏、殷之禮，下接漢、晉、唐、宋之禮，三禮成爲禮制遷變的一個環節。在這樣的研究中，禮學成爲學術史的一個組成部分。事實上，在二十世紀禮學研究中，堅持第一種者少，從事第二種者多。

漢代以降的歷史中，禮學一直是經學中的重要部分。禮學根本性地塑造了政教，成爲政教的重要價值源頭。然而，這並不意味著每一朝代都希望原封不動地恢復歷史上的周禮，而是希望通過實行正確的禮來塑造當代。在這一意義上，"議"禮與"制"度，成爲禮學進入中國傳統政治的基本方式。對禮經的理解，無論《周禮》還是《儀禮》，主要都是具體的官制與儀節。即便經禮、曲禮都出於古聖之心，但禮制本須因時而變，況且五帝三王制法本就不同。因此，禮學的致用，是永恒的禮學精神落實於不同時代具體的制度儀軌的過程。從歷史而觀，並非照搬禮經中的官制與儀節便可實現天下太平，而是要從這些官制與儀節中，發掘政治的精神、道德的本質、人倫的規範等，以施於當代實際。從禮經到現實中的制度與儀軌的轉化，其實現方式便是"議"禮與"制"度。

漢代以後，諸多王朝立朝之初即制作一代大典，這種制作，多本於禮經，根據實際，制定符合時代的制度。不經議禮與制度，則事不可行。《晉書·禮志》載，荀顗制《晉禮》，其中涉及喪服部分竟然直書原文，虞摯批評道："顗直書古經文而已，盡除子夏傳及先儒注説，其事不可得行。"蓋不經議禮，徒有經文，不能行於當世。魏晉六朝，天下分裂不安，中原每有陸沉之憂，然尊經崇禮之風不墜，尤其是《喪服》研究，以服制定親疏，經師通過議《喪服》以決疑獄、定人倫，政治社會得以維持基本的道德。自魏晉至明清，朝廷議論郊祀，據群經以定制度，經學的紛爭——如天有六天還是一天，五帝是天神還是人鬼，南郊圜丘是合而爲一還是分而爲二，天地是合祭還是分祭——貫穿了漢晉以後的歷史，也塑造了漢晉以後的郊祀禮。可以説，"議"禮與"制"度，乃是三禮之書變成朝廷典禮的中間環節。

正因如此，無論中國禮學史還是禮制史，自秦漢之後，禮制沿革，不只是表面上的制度沿革，更是一代代經學家將禮學精神貫通政治社會生活的過程。在當今的禮學、禮制研究中，必須重視古人的議禮與制度，正是通過議禮與制度，禮經才不是記載歷史的死文獻，而是塑造時代的活思想。對議禮與制度的研究，充分展現了經學精神如何超越時空，進入一代代的政治社會生活之中，從而長久地塑造了中國文明。

目　録

主題文章

經學史論

學者訪談

域外經義

舊籍新刊

主题文章

從《通典·養兄弟子爲後後自生子議》論同宗養子問題

黄　銘*

【摘要】本文對於《通典·養兄弟子爲後後自生子議》中于氏提出的"不解六條""所疑十事"進行了詳細的分析，從《喪服》學理上逐一否定了于氏爲"同宗養子"辯護的所有理由。同時又將于氏區分"爲後"與"鞠養"的思路與後世"養父母"服制的規定做比較，試圖勾勒出一條養恩地位逐漸上升的線索。

【關鍵詞】同宗養子；養母；鞠養；爲後

在現代倫理中，養恩與生恩幾乎是等量齊觀的，然而在古代，特别是在《儀禮·喪服》中，養育之恩没有獨立的地位，而《禮記·大傳》總結的六種服術，也同樣不包含養恩。似乎養恩已經包含在生恩之中，要受到"親親"與"尊尊"等服術的制約。最明顯的例子莫過於《喪服》"繼父同居者"條中嚴苛的條件限制[①]。而在禮學實踐中，還有更極端的例子彰顯了養恩與"親親""尊尊"的矛盾，即"同宗養子"的認定問題，我們可以藉此梳理養恩地位上升的複雜過程。具體的討論收録在《通典·養

*　黄銘，重慶大學人文社會科學高等研究院副教授。
本文係國家社科基金重大項目"中國經典詮釋學基本文獻整理與基本問題研究"(21&ZD055)阶段性成果。

①　具體的考證可參見拙文《論養恩在古代人倫觀念中的變遷——以繼父喪服的經説爲中心》，《哲學研究》2021 年第 8 期。

兄弟子爲後後自生子議》中。

東晉成帝咸和五年，散騎侍郎賀喬妻于氏上表云：

妾昔初奉醮歸於賀氏，胤嗣不殖，母兄群從以妾犯七出，數告賀氏求妾還。妾姑薄氏過見矜愍，無子歸之天命，婚姻之好，義無絶離，故使夫喬，多立側媵。喬仲兄群哀妾之身，恕妾之志，數謂親屬曰："于新婦不幸無子，若群陶新婦生前男，以後當以一子與之。"陶氏既産澄、馥二男，其後子輝在孕，群即白薄："若所育是男，以乞新婦。"妾敬諾拜賜，先爲衣服，以待其生。輝生之日，洗浴斷臍，妾即取還，服藥下乳以乳之。陶氏時取孩抱，群恒訶止，婢使有言其本末者，群輒責之，誠欲使子一情以親妾，而絶本恩於所生。輝百餘日，無命不育，妾誠自悲傷，爲之憔悴，姑長上下，益見矜憐。群續復以子率，重見鎮撫，妾所以訖心盡力，皆如養輝，故率至於有識，不自知非妾之子也。率生過周，而喬妾張始生子纂，於時群尚平存，不以爲疑。原薄及群以率賜妾之意，非唯以續喬之嗣，乃以存妾之身，妾所以得終奉烝嘗於賀氏，緣守群信言也。率年六歲，纂年五歲，群始喪亡。其後言語漏洩，而率漸自嫌爲非妾所生。率既長，與妾九族内外修姑姨之親而白談者，或以喬既有纂，其率不得久安爲妾子，若不去，則是與爲人後。去年，率即歸還陶氏。喬時寢疾，曰："吾母、兄平生之日所共議也，陌上游談之士，遽能深明禮情？當與公私共論正之。"尋遂喪亡。率既年小，未究大義，動於游言，無以自處。妾亦婦人，不達典儀，唯以聞於先姑，謂妾養率以爲己子，非所謂人後也。妾受命不天，嬰此煢獨，少訖心力，老而見棄，曾無蜾蠃式穀之報，婦人之情，能無怨結？①

---

① 杜佑：《通典》卷六九，中華書局，2016年，第1889—1891頁。

按照于氏的説法，她是賀喬的妻子，一直没有子嗣。故而賀喬的仲兄賀群將剛出生的兒子賀輝送與于氏撫養，而且斷絶了賀輝與親生母親的聯繫，使其"一情以親"于氏。但于氏雖然用心撫養，賀輝卻不幸早夭。後賀群又生一子賀率，再次將其作爲于氏的養子。然而在賀率出生一年後，賀喬的妾張氏生了一子賀纂。五年後，賀群去世。二十餘年後[①]，賀率才得知自己並非于氏親生，要回歸本生家庭。九族内外之親議論的結果是，賀喬既然有了親生之子賀纂，賀率就應當回歸本生。依據的邏輯是：賀率作爲于氏的養子，本質上屬於賀喬的"爲人後者"；在賀喬生了賀纂之後，爲人後者應該回歸。而于氏則認爲，自己二十餘年的養育之恩不該被剝奪，提出了"不解六條""所疑十事"，爲自己抗爭，從多種角度論證自己與賀率的母子關係，下面我們逐條分析。

一　不解六條

> (一)夫禮所謂爲人後者，非養子之謂。而世之不深按禮文，恒令此二事以相疑亂，處斷所以大謬也。凡言後者，非並時之稱，明死乃至喪，生不先養。今乃以生爲人子，亂於死爲人後，此妾一不解也。[②]

第一條，于氏認爲，爲人後者的制度，是所後者死後，才確定爲人後者的人選。而賀率是在賀喬生前就送給于氏撫養的，不符合爲人後者的時間限定。我們認爲，這個質疑有一定的道理。按照最嚴格的規定，爲人後者的確應該在所後者死後方才確定。因爲，爲人後者制度的本質是大宗之尊高於小宗父子之親，讓小宗之子捨棄天然的父子之親，是不得已的選擇。如果

---

① 撫養了二十餘年，見於下文于氏"所疑十事"中的第一事。

② 杜佑：《通典》卷六九，第1890頁。材料中的序號爲筆者所加，下同。

所後者生前就立後，之後很有可能自己生子，那麼爲人後者就要返還本生家庭。原來爲了大宗的存續，被迫犧牲了父子之親，如今再返還回來，難免會使父子之間産生隔閡。更何況還會碰到極端情況，即爲人後者在返還本生家庭之前，生父已經去世，並爲之服了不杖期的喪服，如今返還本生，是否應該爲生父稅服斬衰，就造成了極大的爭議①。所以，爲了避免上述矛盾，爲人後者的選定，一定要在所後者去世之後。所以于氏的質疑有一定的合理性。然而這只是理論上嚴格的限定，在現實中，往往是生前就立後，所以于氏這個質疑是不夠强有力的。

> (二)今談者以喬自有纂，不嫌率還本也。原此失禮爲後之意，《傳》曰："爲人後者孰後？後大宗也。"今喬上非大宗，率不爲父後，何繫於有纂與無纂乎？此妄二不解也。②

第二條，于氏認爲，按照《喪服傳》的規定，唯有大宗才可以立後，而賀喬本非大宗，没有立後的資格，所以賀率不屬於"爲父後者"，而且與賀纂没有關係。這個質疑也具有一定的合理性。制定"爲人後者"的制度，是因爲"尊祖故敬宗"的觀念，大宗代表始祖的統緒，不可以絶，故而能奪去小宗的父子之親。而小宗不能代表始祖的統緒，互相之間是平等的，所以小宗不能立後。很顯然，賀喬有仲兄賀群，那麼賀喬肯定不是大宗，故而不能立後，所以賀率就不是爲人後者。但是隨着周代封建制的解體，宗法制有了不小的鬆動，小宗也能立後了，保證每一個昆弟都有後代。實際上"爲人後"漸漸的與"爲父後"的含義重疊了。這就能解釋于氏論證中的邏輯跳躍，即賀喬非大宗，應該推出賀率不是"爲人後"，于氏卻得出了賀率"不爲父後"的

---

① 具體的討論見於《通典》卷九六《出後者卻還爲本父服及追服所後父議》(第2570—2574頁)。

② 杜佑：《通典》卷六九，第1890—1891頁。

結論。但如果昆弟自生子，由自己的兒子充當“爲父後者”，就不再需要“爲人後者”充當“爲父後者”了，所以兩者是非此即彼的關係。本文中，賀群的本意是想讓昆弟賀喬有後，所以賀率的身份的確是以“爲人後者”充當“爲父後”，但賀纂一出生，賀率就失去了意義。綜上，于氏説“喬上非大宗”是正確的，“率不爲父後”則不符合實情，又説賀率與賀纂没有衝突，則是完全錯誤的。

> （三）夫以支子後大宗者，爲親屬既訖，無以序昭穆、列親疏，故繫之以宗，使百代不遷，故有立後之制。今以兄弟之子，而比之族人之子後大宗，此妄三不解也。[①]

第三條，于氏認爲，爲人後者的人選，應當是族人遠親之子，而賀率是兄弟之子，屬於近親，故而不是爲人後者。這個質疑完全没有道理。爲人後者的選取，《喪服傳》只説了“同宗則可爲之後”，没有規定必須是同宗中的遠親。後代禮家根據人情，認爲應該在子侄輩中由近及遠選取，如曹元弼云：“豈先王立法，故舍親昆弟之子不立，而立疏者乎？且疏者猶同别子之宗，親者反不同乎？疏者猶爲大宗一族之人，親者反非族人乎？立後自當由親及疏。”[②]所以這條質疑完全不成立。

> （四）凡爲後者，降其本親一等，以成人之性，奉父母之命，而出身於彼，豈不異嬰孩之質，受成長於人，不識所生，惟識所養者乎？鄙諺有之曰：“黄雞生卵，烏雞伏之；但知爲烏雞之子，不知爲黄雞之兒。”此言雖小，可以喻大。今以義合之後，比成育之子，此妄四不解也。[③]

第四條，于氏認爲，爲人後者是成年後過繼，所以不考慮養育

---

① 杜佑：《通典》卷六九，第 1891 頁。

② 曹元弼：《禮經校釋》卷一三，《續修四庫全書》第 94 册，上海古籍出版社，2002 年，第 360 頁。

③ 杜佑：《通典》卷六九，第 1891 頁。

的恩情，只考慮尊大宗的公義。而養子則是從小撫養，只認養育之恩而“不識所生”。這是于氏根據習俗的觀念，直接突出養恩作爲獨立的倫常原則。但是，直接突出養恩，就不必再與爲人後者進行比較。比較的背後藴藏着兩者的區别：“黄雞”與“烏雞”不同，代表了養子是異姓之人。而爲人後者卻是同宗之親，不能用“黄雞”“烏雞”來比喻。所以，異姓之子可以根據人道主義原則收養，與原本家庭的關係可以斷絶，而同宗之人，無法與原來的家庭斷絶關係，于氏的論證似乎欠分别。

（五）《禮傳》曰：爲人後者爲所後祖父母、妻、妻之父母、昆弟、昆弟之子，若子。若子者，義比於子而恩非子也，故曰爲後者異於爲子也。今乃以爲後之公義，奪育養之至恩，此妄五不解也。[①]

第五條與第四條一樣，于氏强調爲人後尊大宗的“若子服”，與養子純以養恩爲倫常原則不一樣，也是突出了養恩的獨立地位。但問題也在於，單純的養恩，當指基於人道主義的異姓收養；同宗之内則需顧及與本生家庭的聯繫。

（六）與爲人後者，自謂大宗無後，族人又既已選支子爲之嗣矣。今人之中，或復重爲之後，後人者不二之也，自非徇爵，則必貪財，其舉不主於仁義，故尤之也。非謂如率爲嫡長先定，庶少後生，而當以爲譏。此妄六不解也。[②]

第六條，是于氏回應重複爲後的質疑。于氏認爲，世間的重複爲後，是指大宗本有子，而小宗强行過繼，這些都是貪財徇爵，不主於仁義的行爲，才會被質疑。而于氏收賀率爲養子時，賀喬本無子，賀纂是過繼一年後出生的，所以不存在貪財徇爵的問題。但問題是，重複爲後並没有時間上的限定，無論

① 杜佑：《通典》卷六九，第1891頁。
② 杜佑：《通典》卷六九，第1891頁。

是本自有子而過繼，還是過繼後自生子，都屬於重複爲後。只有爲人後者回歸本親家庭，才能消除重複爲後的質疑。更爲致命的是，于氏之前力辨賀率是養子，不是爲人後者，但此時卻認爲賀率是"嫡長先定"，而賀纂是"庶少後生"，則明明承認賀率的性質是賀喬的爲人後者，且是嫡長子，而不是只爲自己設立的養子。這是同宗養子無法回避的邏輯漏洞。

二　所疑十事

> (一)妾又聞父母之於子，生與養其恩相半，豈胞胎之氣重而長養之功輕？孔子曰："子生三年，然後免於父母之懷，故服三年。"《詩》曰："父兮生我，母兮鞠我，拊我畜我，長我育我，顧我復我，出入腹我，欲報之德，昊天罔極。"凡此所嘆，皆養功也。螟蛉之體，化於蜾蠃；班氏之族，乳虎紀焉。由此觀之，哺乳之義，參於造化也。今率雖受四體於陶氏，而成髮膚於妾身。推燥居濕，分肌損氣，二十餘年，已至成人，豈言在名稱之間，而忘成育之功？此妾一疑也。①

第一事，于氏認爲，自己撫養了賀率二十餘年，生恩與養恩當等量視之，生恩不當具有優先性。

> (二)夫人道之親，父子、兄弟、夫妻，皆一體也。其義，父子，首足也；兄弟，四體也；夫妻，判合也。夫惟一體之親，故曰兄弟之子猶己子，故以相字也。今更以一體之親，擬族人之疏；長養之實，比出後之名：此妾二疑也。②

第二事，于氏再次論述養子與爲人後者的區別，從賀率本來的

---

① 杜佑：《通典》卷六九，第1891—1892頁。
② 杜佑：《通典》卷六九，第1892頁。

猶子身份入手，于氏認爲，猶子與爲人後者不同，“兄弟之子猶子也”，是注重養育之恩，即兄弟之子可以收爲自己的養子，而不算是爲人後。但問題是，叔伯對於猶子的養育，屬於大功共財的範圍，是在父母之外設立的保障措施，不能直接代替父母，不能算作養子，故而《喪服傳》在論述“大功同居共財”之前，要强調“子不私其父，則不成爲子”，明確父親與世叔父的區別。所以猶子身份不能推出養恩可以作爲獨立的人倫原則。

> (三)夫子之于父母，其情一也。而有以父之尊，厭母之親；以父之故，斷母之恩；以父之命，替母之禮：其義安取？蓋取尊父命也。凡嫡庶不分，惟群所立，是君命制於臣也。慈母如母，生死弗怠，是父命之行於子也。妾之母率，尊命則由群之成言，本義則喬之猶子，計恩則妾之懷抱。三者若此，而今棄之，此妾三疑也。①

第三事，于氏强調自己與賀率的母子關係，具有三重合法性：自己的養恩(第一事)，賀率的猶子身份(第二事)，還有尊者之命。尊者指的是賀群，或許還能加上自己的婆婆薄氏。于氏認爲，賀群因爲憐憫自己無子，故而兩次送出養子，且封閉消息，斷絶生恩，使第一個養子“一情以親”于氏，又在賀喬自生子後，没有提出返還賀率的要求。所以説，于氏與賀率的母子關係是由尊者之命確定的，那麼賀率回歸生母陶氏，就是違反了賀群之命。但問題是，陶氏對於賀群的本意有另一番説辭，陶氏云：“喬妻于無子，夫群命小息率爲喬嗣。”②從情理出發，無論賀群還是薄氏的本意，都應該是讓賀率作爲賀喬的後嗣，而不是于氏的養子，所以于氏“尊者之命”的理由，是不成立的。至於在賀喬自生子的情況下，賀群爲何不提出返還賀率？很大程度上是由於賀群在賀纂五歲的時候就去世了。我們猜測

---

① 杜佑：《通典》卷六九，第 1892 頁。

② 杜佑：《通典》卷六九，第 1895 頁。

賀群的做法，更多的是礙於情面，或是考慮到更爲複雜的情況，萬一賀纂夭折，賀率返還後再次過繼給賀喬，就非常尷尬了。而在賀率、賀纂成年後，陶氏就能將賀群生前真實的想法合盤托出。所以陶氏與賀率不能算是違反尊者之命。

> （四）諸葛亮無子，取兄瑾子喬爲子。喬本字仲慎，及亮有子瞻，以喬爲嫡，故改字伯松，不以有瞻而遣喬也。蓋以兄弟之子猶己子也。陳壽云："喬卒之後，諸葛恪被誅，絶嗣，亮既自有後，遣喬子攀還嗣瑾祀。"明恪不絶嗣，則攀不得還。亮近代之純賢，瑾正達之士，其兄弟行事如此，必不陷子弟於不義，而犯非禮於百代。此妄四疑也。①

第四事，于氏引用了諸葛亮的事蹟證明，爲人後者在所後者自有子之後，不僅不被返還本生家庭，還具有嫡長子的身份。之所以如此，是因爲爲人後者本來就是猶子身份，可以作爲真子。但問題是，猶子不等於真子，我們在上文第二事中已經辨析過了。而且諸葛亮的做法，是"賢達"的行爲，既體現了兄弟間的謙讓，也避免了侄子諸葛喬返回本生家庭後，與父親諸葛瑾産生隔閡。"賢達"的行爲，並不是一般的規範。況且此處諸葛喬始終作爲諸葛亮的嫡長子，與"六疑"第六條中，于氏宣稱賀率的"嫡長先定"遙相呼應，那麼賀率的身份就是賀喬的爲人後者，而不是于氏的養子。

> （五）《春秋傳》曰："陳女戴嬀生桓公，莊姜以爲己子。"言爲己子，取而字之。《傳》又曰"爲人後者爲之子"，往而承之也。取而字之者，母也；往而承之者，子也。在母，母之仁也，則螺蠃之育螟蛉；在子，子之義也，則成人之後大宗也。苟能别以爲己子與爲後之子不同文也，則可與求禮情矣。以義相況，則宗猶父也，父猶母也。莊姜

① 杜佑：《通典》卷六九，第1892頁。

可得子戴嬀之子，繫之於夫也；兄弟之子可以爲子，繫之於祖也。名例如此，而論者弗尋，此妄五疑也。[1]

第五事，于氏用嫡母以妾子爲子，來證明夫之猶子可作爲己子。邏輯上的推論是"宗猶父也，父猶母也"。即將庶子當作嫡母之子，是因爲丈夫是連接的紐帶。同樣的，祖父也可以作爲連接的紐帶，使兄弟之子變爲真子；而母又同於父，所以夫之兄弟之子可以爲己子。于氏認爲，這個邏輯與爲人後者是不同的，所以賀率就不是爲人後者。但是，于氏的邏輯跳躍是非常明顯的，説"繫之於夫"可使嫡母以妾子爲子，是没有問題的。但"繫之於祖"並不能推出兄弟之子可以爲己子，兄弟之子只能是"猶子"而不是真子。"猶子"僅能推出大功共財的義務，但作爲己子就是爲人後者了。所以用這條邏輯來證明撫養夫之兄弟之子爲己子，與爲人後者不同，是不成立的。

（六）董仲舒命代純儒，漢朝每有疑議，未嘗不遣使者訪問，以片言而折中焉。時有疑獄曰："甲無子，拾道旁棄兒乙養之以爲子。及乙長，有罪殺人，以狀語甲，甲藏匿乙。甲當何論？"仲舒斷曰："甲無子，振活養乙，雖非所生，誰與易之！《詩》云'螟蛉有子，蜾蠃負之。'《春秋》之義，'父爲子隱'，甲宜匿乙。"詔不當坐。夫異姓不相後，禮之明禁，以仲舒之博學，豈闇其義哉！蓋知有後者不鞠養，鞠養者非後，而世人不别，此妄六疑也。[2]

第六事，于氏引用董仲舒《春秋決獄》中的"道旁棄兒"案來區分鞠養與爲後。董仲舒的觀點其實是認同異姓爲後的，對比下一條即可知。而于氏退了一步，認爲異姓爲後肯定不成立，但判定鞠養與爲後不同，且是兩種對等的原則，是可行的。

---

① 杜佑：《通典》卷六九，第 1892—1893 頁。
② 杜佑：《通典》卷六九，第 1893 頁。

> （七）又一事曰：甲有子乙以乞丙，乙後長大而丙所成育。甲因酒色謂乙曰："汝是吾子。"乙怒，杖甲二十。甲以乙本是其子，不勝其忿，自告縣官。仲舒斷之曰："甲生乙，不能長育以乞丙，於義已絶矣！雖杖甲，不應坐。"夫拾兒路旁，斷以父子之律，加杖所生，附於不坐之條，其爲予奪，不亦明乎！今説者不達養子之義，唯亂稱爲人後，此妄七疑也。[①]

第七事，于氏引用了董仲舒《春秋決獄》中的"毆父"案。董氏認爲，"甲生乙，不能長育以乞丙，於義已絶矣"，則父子關係是由養育之恩決定的，不是血緣名分決定的。這是養恩可作爲獨立的人倫原則最强的證據。

> （八）漢代秦嘉早亡，其妻徐淑乞子而養之。淑亡後，子還所生。朝廷通儒移其鄉邑，録淑所養子，還繼秦氏之祀。異姓尚不爲嫌，況兄弟之子！此妄八疑也。[②]

第八事，于氏又引用了肯定異姓爲後的案例，而且是妻子在丈夫亡後收養異姓養子，養子雖然回歸了本生家庭，最後朝廷的公議使異姓養子作爲丈夫的子嗣。于氏認爲，異姓養子尚且如此，那麼作爲兄弟之子的賀率，更加可以作爲賀喬之後，且身份是嫡子。但是，異姓養子的確遠不如兄弟之子親近，但親近也意味着與本生家庭的聯繫更加緊密，上文已經辨析過了。

> （九）吴朝周逸，博達古今。逸本左氏之子，爲周氏所養，周氏又自有子，時人不達者亦譏逸。逸敷陳古今，故卒不復本姓，識學者咸謂爲當矣。此妄九疑也。[③]

第九事，又是一個異姓爲後，後自有子，不返回本宗的例子。與第六、八事的性質基本相同。

---

① 杜佑：《通典》卷六九，第 1893 頁。

② 杜佑：《通典》卷六九，第 1893 頁。

③ 杜佑：《通典》卷六九，第 1893—1894 頁。

(十)爲人後者止服所後,而爲本父服周,一也;女子適人降所生,二也;爲父後者爲出母無服,三也;諸侯之庶子,不得服其母,四也;庶子爲王,不敢服其母,五也。凡此五者,非致人情,禮稱以義斷恩,節文立焉。率情立行者,戎狄之道也。患世人未能錯綜禮文,表裏仁義,亂於大倫,故漢哀以諸侯嗣天子,各還尊其私親,以爲得周公嚴父之義,而不知其大悖國典。

夫未名之子,死而不哭;既名之後,哭而不服;三殤之差,及至齊斬:所稟所受,其體一也,而長幼異制,等級若此。又今世人生子,往往有殺而不舉者,君子不受不慈之責,有司不行殺子之刑,六親不制五服之哀,賓客不修吊問之禮,豈不以其蠢爾初載,未夷於人乎?生而殺之如此,生而棄之,受成長於他人,則追名曰“本吾子也”,乃全責以父子之恩,自同長養之功,此妄十疑也。[①]

第十事,于氏以殤服長幼原則以及殺子問題,推出養子的合法性。于氏認爲,剝奪她母親名義的原則是尊尊之義,故而重新明確了尊尊之義的範圍:爲人後者的出降本生父母、女子子適人者的出降父母、爲父後者因私親妨祭不服出母、諸侯庶子因受厭降而爲生母無服、庶子王亦因私親妨祭而不服妾母。這些例子中與于氏直接相關的是爲人後者與本生父母的關係。爲人後者與本生父母的關係應是降一等,于氏卻試圖從殤服和殺子的角度,斬斷兩者之間的聯繫。首先,根據長幼原則,殤服分爲長殤、中殤、下殤、無服之殤,其中無服之殤的等級最低,故而没有喪服,僅“以哭之日易生之月”,而無服之殤以下,則不哭,故《喪服傳》云:“不滿八歲以下皆爲無服之殤……故子生三月,則父名之,死則哭之,未名則不哭也。”[②]于氏認爲,無

① 杜佑:《通典》卷六九,第1894頁。

② 《儀禮注疏》卷三一,影世界書局本阮元校刻《十三經注疏》,中華書局,1980年,第1111頁。

服之殤的斷限是出生三月到八歲，那麼三月之内，未經父親起名的孩子就不算己子，所以賀率一出生就被抱走，也就不算是賀群的孩子了。其次，于氏認爲，世間存在“生子殺而不舉”的現象，也因未滿三月，不以之爲子，而不受處罰。這也能得出賀率非賀群之子。我們認爲，殺子或棄子屬於義絶，生恩自然要讓位於養育之恩。但問題是，殺子肯定是義絶，棄子或有所不得已，如無力撫養而送人，而三月以下之殤更與義絶無關。賀率的情況，既非殺子不舉，也不是棄子，更與殤服無關，所以于氏的養育之恩不能超越生恩。

三　議禮與制度

在今人看來，于氏是非常值得同情的①，以養恩確定母子之

① 今人審視于氏提出的疑問，有兩種角度。一是養恩與生恩的矛盾，即本文採取的角度。一是以女性主義的立場，思考母職的問題。如鄭雅如云：“于氏力辯‘養率以爲己子，非所謂人後也’，以女性自己爲母的經驗來認定母子關係，逸出了父系繼嗣制度的規範，而被制度的維護者斥責‘博引非類之物爲喻’，凸顯了在女性經驗與父系制度衝突的情況下，女性的情感與經驗受到嚴重的忽視、扭曲。”（鄭雅如：《情感與制度》，鳳凰出版社，2021年，第3頁。）鄭氏又認爲，于氏的困境實際上是由丈夫賀喬的不作爲造成的，鄭氏云：“或許賀喬是有意模糊自己的立場：基於與妻子的情分，不能明白主張去率，而又私心於己子賀纂，不願承認賀率的身份爲嫡長。在父權家族中，賀喬身爲人夫、人父，曖昧不明的態度，或許是于氏終究失去賀率的關鍵，如果賀喬以家長的身份，明確地向族人表示賀率爲己子，就像賀群當初盡力維護于氏與賀率一般，也許于氏與賀率的母子關係便能夠維持；但是賀喬顯然没有這麼做。”（《情感與制度》，第7頁。）然而女性主義的視角到最後是無解的，因爲如果賀喬承認賀率爲己子，就傷害到了賀率生母陶氏的母職，以賀率爲嫡長子，又傷害到了賀纂生母張氏的母職，故而鄭氏又云：“賀輝、賀率的生母陶氏，在丈夫做主的情況下，被迫連續與所生二子割斷親恩，扮演宛如生育工具的角色；夫亡後，陶氏終究又依恃父系家族的禮法奪回親子。賀纂的生母張氏，爲妾的身份低賤，在家内必須敬事嫡妻，但由於于氏無子，賀纂成爲了賀喬的嗣子，繼承門户，張氏有可能母以子貴，提高在家内的地位。”（《情感與制度》，第4頁。）所以作爲現代人同情于氏是完全合法的，但考察人倫觀念的流變，就必須回到喪服制度的語境中加以考察。所以考察養恩的升格，應該是更爲客觀的角度。

名分也是没問題的。但在古代，于氏的説法遭到了一針見血的批評。綜合上文對於“不解六條”“所疑十事”的分析，于氏的思路主要有兩條：一是證明同宗養子與爲人後者不同。但唯一有效的證據，只是説明賀率不符合嚴格的爲人後者的定義。然而在小宗均可立後的背景下，這一點不能作爲有效的證據。其他的論據，如“兄弟之子猶子”可以推出養成“真子”，更是不能成立的。而最致命的矛盾是，于氏既要否定賀率的爲人後者身份，又要堅持賀率是賀喬的嫡長子。但是如果賀率不爲賀喬之後，就不能成爲于氏的養子，對於嫡長子身份的堅持，恰好證明賀率應該回歸本生家庭。如尚書張闓批評道：“于又云‘爲人後者，族人選支子爲之嗣，非謂如率爲嫡先定，庶幼後生，而以爲譏’。此乃正率宜去，非所以明其應留也。”①

于氏的第二條思路，是用贊同異姓養子的事例或俗語，來推論同宗養子的合法性。而贊同于氏的人，也是出於這個邏輯，如博士杜瑗議云：“昔趙武之生，濟由程嬰，嬰死之日，武爲服喪三年。夫異姓名義，其猶若此，況骨肉之親，有顧復之恩，而無終始之報！凡于氏所據，皆有明證，議不可奪。”②但是，異姓養子的合法性是有條件限制的，即面對殺子或棄子的情況下，出於人道主義的收養才是合法的，畢竟生生之爲大德。但同宗的養子没有面臨如此極端的情況，不能由基於人道主義的收養，推出同宗之間帶有爲後性質的養子，在失去了爲後意義的情況下，是合法的。所以議禮的結果，最終以張闓的意見爲定論，于氏的爭辯被定性爲“博引非類之物爲喻”，“並非禮典正義，可謂欲之而必爲之辭者”③。

那麼針對同宗之子的人道主義撫養關係，是否能作爲養子？在《喪服》本文中的處理，只能是大功共財或是小功以下加

---

① 杜佑：《通典》卷六九，第 1895 頁。

② 杜佑：《通典》卷六九，第 1894—1895 頁。

③ 杜佑：《通典》卷六九，第 1895 頁。

服一等，不能構成養子關係。受限於父系的考量，在同宗的範圍内改换門庭，只能是爲人後者，所以即便于氏放棄賀率的嫡長身份，將其單純的作爲養子，也是不成立的。如滋賀秀三所云："在同族之間引人注目的孤兒出身——他在宗之宗譜中佔據地位——因爲具有過於明確的身份，所以除通過正式的過繼手續改變其身份之外，不存在接受所謂事實的養子待遇這種模棱兩可的餘地吧。"①

然而到宋代的《開寶禮》，卻使這種單純基於養育的同宗養子與養母的關係成爲了制度。

> 《開寶禮》：養母。謂養同宗及三歲以下遺棄之子者，與親母同。
>
> 〔《續通典》的注釋〕案：養母之服不見於經，蓋古無異姓相養之理，有之自宋《開寶禮》始載入《齊衰三年章》，《元典章》因之，明《孝慈録》加爲斬衰三年。②

《開寶禮》認爲，女子撫養同宗之子或三歲以下遺棄之子，都算養母，且與親母相同，服等是齊衰三年。單純的養育關係就成爲了獨立的服術，其中的關鍵在於，只有養母而無養父，就避免了父系中的"爲後"難題，這正是東晉于氏所要爭取的結果。到了明《孝慈録》，則養母的服等更是加到了斬衰，但是養母的定義卻發生了改變。《孝慈録》云："子爲養母。謂自幼過房於人。"③那麽此處養子就是爲人後者，而《開寶禮》規避父系"爲後"難題的做法又被取消了。一直到乾隆年間修定的《大清通禮》都沿襲了《孝慈録》的規定。但清代也有學者爲"養母"進行了正名的工作，如胡培翬《養母不宜服斬衰三年議》云：

---

① 滋賀秀三：《中國家族法原理》，商務印書館，2013年，第589頁。

② 《續通典》卷八〇，《景印文淵閣四庫全書》第640册，上海古籍出版社，1987年，第532頁。

③ 《大明會典》卷一三二，《續修四庫全書》第791册，上海古籍出版社，2002年，第54頁。

今律令爲養母斬衰三年，依明《孝慈録》之舊也。考之古禮，有乳母無養母，有之自宋《開寶禮》始。其釋之云“謂養同宗及三歲以下遺棄之子者”，明《孝慈録》改云“謂自幼過房與人”。夫曰“過房與人”，則是爲人後也。律固有爲人後者爲所後父母之服矣，何又云養母乎？且爲人後者孰後？後父耳，豈可舉母而遺父也？然則養母之非謂自幼過房與人者，昭昭明矣。《魏書・馮熙傳》云：“熙父朗坐事誅，熙生於長安，爲姚氏魏母所養。”此殆養母所由稱與？

然考《魏書》，魏母卒，熙表請持服，詔聽服齊衰期。自宋《開寶禮》定養母之服爲齊衰三年，明復改爲斬衰。夫古者惟爲父斬衰，明乎不貳斬也。後世服母以斬衰厚於所生，猶或議之，況養母豈有生我之恩乎？而爲之服三年，服斬如父也。且養者不必皆同宗之子也，豈有以三年之服而服異姓者哉？昵於所養而忘所自生，恐開天下螟蛉亂宗之漸矣。

或曰：養母非其家使之養子者，乃此子無所怙恃，將委溝壑，而憐而哺之活之，與世之乳母迥殊，其撫育之恩至大，等於所生，奚不可乎？然稽之禮，乳母之服止於緦麻三月，今律所同也。若依《魏書》馮熙之於養母，定爲齊衰期，較乳母詎不加厚焉？亦足以報之矣。

夫服之重乎母子者，非僅撫育之謂，其謂子之身自父母來也。《詩》曰：哀哀父母，生我劬勞。父母於子，有天性之愛焉，有毛裏之親焉，所謂欲報之德，昊天罔極也，豈可以養母比？

請於律注仍用《開寶禮》之文，而改其服爲齊衰期，庶名與實相符，恩與義交盡也。①

① 《胡培翬集》卷三，“中央研究院”中國文哲研究所，2005 年，第 108—109 頁。

胡培翬認爲，“子爲養母”不應該解釋爲“自幼過房與人”，否則非但與《大清律例》爲人後者爲所後父母重複，又遺漏了養父的條目，錯誤非常明顯。胡氏還將“養母”制度的起始點追溯到《魏書》，認爲養母起於異姓養子，又云“且養者不必皆同宗之子也”，則同宗養子亦能成立。所以養母的定義應該回歸《開寶禮》的解釋。胡氏只對養母的服等表示不滿，認爲斬衰是不貳斬之服，齊衰三年或杖期只能用於親生母親，爲養母服齊衰不杖期足以彰顯養育之恩了。其後光緒年間重修的《大清通禮》就採用了胡氏的説法，並引以爲注釋。而且《開寶禮》單列“養母”，規避父系“爲後”難題的思路也得到了繼承，如光緒《大清通禮》云：“如母已没，而或爲同宗之他母撫養，即異姓親戚亦有之，此恩出於所養之母，不必有養父。”[①]至此，东晋于氏注重母親的養育之恩，區分鞠養與爲後的愿望，基本上就實現了。這一轉變也意味着養恩不斷的上升，已經成爲了一種獨立的服術。

---

① 張錫恭：《大清通禮凶禮》，復旦大學圖書館藏稿本。

經學史中的政和明堂

馮　茜*

【提要】政和明堂在形制上採用内五室、外環以十二堂的結構。這一形制没有沿用崇寧年間的姚舜仁明堂，而是來自神宗元豐時期的明堂圖。從崇寧到政和，徽宗朝的明堂營建，由《大戴禮》本位的九室轉向了《周禮》本位的五室。本文考證政和明堂形制的學説依據及其來源，並通過明堂形制的經學解析，闡釋政和明堂的形制如何具體嵌入時代的政治語境。政和明堂是明堂建制史上唯一以《周禮》五室爲基礎，融合《月令》十二堂的明堂，影響了其後乃至清代的明堂學説。

【關鍵字】政和；明堂；考工記；月令；五室

在明堂建制史上，宋徽宗政和明堂是最後一座大致保持經典形制的明堂[①]。該明堂建成於政和七年(1117)，承擔祭祀五帝、頒常視朔的禮儀功能，“是政和年間一項極其重要的工程”[②]。明堂自古爲聚訟之府。漢魏六朝，建成的案例大多因循

---

*　馮茜，重慶大學歷史學系副教授。
本文係重慶市社會科學規劃項目“‘家國關係’視野下的北宋國家禮制研究 2022NDQN71”的階段性成果。

①　王世仁：《明堂形制初探》，《中國古建探微》，天津古籍出版社，2004 年，第 82 頁。張一兵：《明堂制度源流考》，人民出版社，2007 年。

②　方誠峰：《北宋晚期的政治體制與政治文化》第五章《徽宗朝的“應奉”》，北京大學出版社，2015 年，第 201 頁。及[美]伊沛霞：《宋徽宗》第九章《追求不朽》，韓華譯，廣西師範大學出版社，2018 年，第 229—236 頁。

成事。隋唐以降，圍繞明堂形制的激烈紛爭，成爲明堂建設的一大阻礙[①]。武則天時期，明堂成功建立並發揮重要功能。開元五年(717)，玄宗拆毁武后明堂，於舊址復建乾元殿，季秋大享或寓圜丘，或於乾元殿，已無獨立的明堂建築[②]。後唐同光二年(924)，詔改朝元殿爲明堂殿[③]。“宋初，雖有季秋大享之文，然未嘗親祠，命有司攝事而已。”[④]皇祐二年(1050)，仁宗始以大慶殿爲明堂，親行大享[⑤]。自皇祐二年至政和七年明堂建成的這段時間，是北宋明堂的“寓禮時代”[⑥]，其淵源可溯至開元以降的制度變化。

政和明堂的出現，不僅擺脱了開元以來逐漸形成的制度傳統和變化趨勢，還具有以下特點：一，“不日而成”[⑦]，成功繞開相關學術爭論，明堂得以迅速建立。二，“自我作古”，形制上於前代制度未嘗有所因循。政和五年徽宗手詔：“去古既遠，歷代之模無足循襲。朕萬機餘閒，黜諸儒臆説，剌經稽古，度以九筵，分其五室，通以八風，上圓下方，參合先王之制，心庶幾焉。”[⑧]徽宗以歷代之制無足循襲，故“剌經稽古”，“參合先王之制”以成典禮。不同於武后明堂的多元雜糅，政和明堂屬於較純粹的儒家禮制，擬制的理想範本是先王古禮。

---

① 吕博：《明堂建設與武周的皇帝像——從“聖母神皇”到“轉輪王”》，《世界宗教研究》2015 年第 1 期，第 1—2 頁。

② [後晉]劉昫等：《舊唐書》卷二二《禮儀志》，中華書局，1975 年，第 873—876 頁。

③ [宋]薛居正等：《舊五代史》卷三一《唐書·莊宗紀第五》，中華書局，2015 年，第 485 頁。

④ [元]脱脱等：《宋史》卷一〇一《禮四》，中華書局，1985 年，第 2465 頁。

⑤ 《宋史》卷一〇一《禮四》，第 2465—2468 頁。

⑥ [日]南澤良彦：《中國明堂思想研究》，岩波書店，2018 年，第 253—254 頁。及楊高凡《宋代明堂禮制研究》對宋代明堂禮制源流的梳理，河南大學 2011 年博士論文。

⑦ [清]徐松：《宋會要輯稿》禮 24 之 77，中華書局，1957 年，第 938 頁。

⑧ 《宋會要輯稿》禮 24 之 68，第 933 頁。

前賢的研究對政和明堂所藴含的制作之意少有抉發。王世仁、張一兵據史料對政和明堂的具體形制作過推定①。伊沛霞認爲，政和明堂依據崇寧年間姚舜仁、李誠繪製的明堂圖建造，祭祀限於昊天上帝和神宗②。這兩個判斷都不符合史實。方誠峰指出，君主自身的神性及其聖治、當代秩序的完美，而非傳統政治符號，賦予了徽宗朝祥瑞體系以正當性；道教作爲輔助手段，賦予了禮樂之器以神秘性、神聖性③。就禮樂制度而言，其神聖性的體現，還離不開制度本身所固有的原理及其意義維度。本文的工作，首先是就政和明堂形制及其相關史實進行考述，在此基礎上闡釋政和明堂如何具體嵌入時代的政治語境中。其次是解明政和明堂形制的經學學説背景，並闡述其經學史意義與影響。

一　政和明堂形制的經學背景探原

相比已有考古發掘的長安明堂、洛陽明堂和平城明堂，政和明堂的形制復原没有可供參考的考古材料，但文獻對其尺度的記載較詳。推定政和明堂形制的核心史料，一是政和五年徽宗詔書，二是蔡京進奏所言尺度。徽宗詔書所述明堂規模尺度，主據《考工記》所載周制④，蔡京以其狹窄，“理當增廣”，故政和明堂營造，實際依據的是蔡京所奏尺度，爲便討論，兹録於下：

> 今從周之制，以九尺之筵爲度。太室修四筵三丈六尺，廣五筵四丈五尺，共爲九筵。木、火、金、水四室各修

---

① 王世仁：《明堂形制初探》，第 77—78 頁。張一兵：《明堂制度源流考》，第 236—238 頁。

② [美]伊沛霞：《宋徽宗》，第 232、234 頁。

③ 方誠峰：《北宋晚期的政治體制與政治文化》，第 276 頁。

④ 《宋會要輯稿》禮 24 之 69，第 934 頁。詔書云：“從周人度以九尺之筵”。

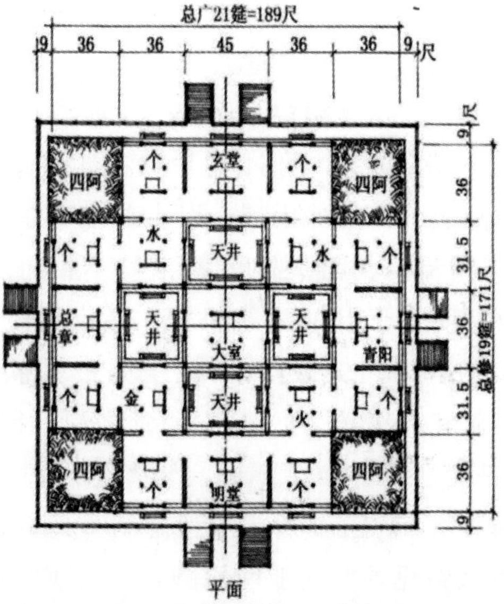

王世仁復原政和明堂平面圖(《中國古建探微》)

> 三筵，益四五三丈一尺五寸，廣四筵三丈六尺，共七筵，益四尺五寸。十二堂古無修廣之數，今亦度以九尺之筵。明堂、玄堂各修四筵三丈六尺，廣五筵四丈五尺，左右个各修廣四筵三丈六尺。青陽、總章各修廣四筵三丈六尺，左右个各修廣四筵三丈六尺，廣三筵，益四五三丈一尺五寸。四阿各四筵三丈六尺，堂柱外其各一筵九尺。堂總修一十九筵一十七丈一尺，廣二十一筵一十八丈九尺。①

可知政和明堂的堂室結構包含：土(太室)、木、火、金、水五室，與明堂、玄堂、青陽、總章，四堂八个。王世仁據其尺度復原如圖②。

張一兵的復原與王世仁基本相同③。蔡京雖未言明五室十二堂的方位佈局，但按其尺度，王圖除“天井”爲建築史家所推

---

① 《宋會要輯稿》禮 24 之 70，第 934 頁。

② 王世仁：《明堂形制初探》，第 78 頁。按圖中右上角“水”應爲“木”字之訛。

③ 張一兵：《明堂制度源流考》，第 238 頁。按張圖和王圖的主要區別在木、火、金、水四室的位置上，當以王圖爲是。

補，其復原應爲唯一方案。其中，明堂等四堂的方位，因有《月令》與四時的配合，没有疑義。木、火、金、水四室是位在四維還是四正，歷史上爭議頗多，而據蔡京所奏尺度數值，政和明堂的木、火、金、水四室，可推定是位在四維。復原圖顯示，政和明堂在形制上分爲内外兩層，以十二堂環繞五室，與文獻記載、考古發掘所見前代明堂制度、學説均不相同。

先考察政和明堂形制的可能來源。徽宗君臣初議建明堂，事在崇寧四年(1105)。史載:"上曰:'先帝嘗欲爲之，有圖，見在禁中，然考究未甚詳。'京曰:'明堂之制，見於《禮記》《周官》之書，皆三代之制，參錯不同，學者惑之。舜仁留心二十餘年，始知《周官·考工記》所載三代之制，爲文各互相備，故得其法。'"①徽宗嘗見神宗所遺明堂圖，而崇寧四年八月則詔依姚舜仁圖營建明堂，旋因次年正月星變而罷②。政和復建明堂，是否即用姚舜仁圖? 史料記載姚舜仁明堂形制:

> 其制中爲一室，上設重屋，太室居中，四阿重屋、四門四堂各爲一室，其八室以通八方，以擬八卦。外辟四門以示明四目、達四聰之義。四面各爲五門以應五行，皆法《禮記·明堂位》之文。堂修十四步，其廣十四步二分步之一，應《周官》世室之制。其崇九尺以應《周官》一筵之數。門堂取則於正堂三之二，其修九步三分步之一，其廣十一步三分步之二。其門堂各爲一室，取則於門堂三之一，其修三步十分步之一，其廣三步六十八步之五十三。室居中，其修四步，其廣四步三分步之二。四阿重屋各爲一室，其修三步，其廣三步二分步之一。每室爲四户以法四時，四旁爲八窗以象八節，皆法三代之制。總而計之，凡九室，以象九州，三十六户以法三十六旬，七十二牖以應

---

① 《宋會要輯稿》禮24之70，第934頁。

② [宋]馬端臨:《文獻通考》卷七四《郊社考》，中華書局，1986年，第678頁。

七十二氣，九階以周天之道九。[1]

姚舜仁圖號爲“崇寧明堂定制之圖”[2]，現嘗試據以上記載復原崇寧明堂的平面結構如下圖所示。

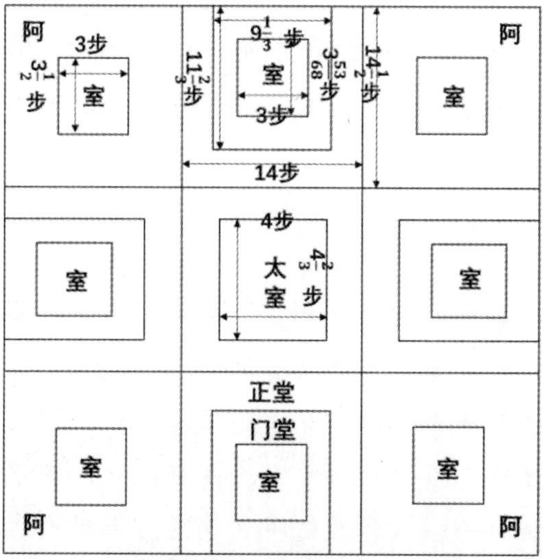

《崇寧明堂定制之圖》平面示意圖

崇寧明堂與政和明堂的顯著區别，其一是“九室”和“五室”的不同；其二，政和明堂的堂、室，清楚地標識爲土、木、火、金、水五室，以及明堂、玄堂、總章、青陽四堂，而崇寧明堂則除太室外，其餘八室的名義並不清楚。可以確定，政和明堂的形制來源並非姚舜仁明堂圖。伊沛霞認爲，政和明堂圖樣按照姚舜仁、李誡繪製的平面圖製作，並不符合史實[3]。政和年間，徽宗作明堂時，可供利用的直接資源有二：一是禁中所見神宗留下的明堂圖；二是姚舜仁所進明堂圖。排除姚舜仁圖，政和明堂的主要依據是否即來自神宗明堂圖？

① ［宋］楊仲良：《續資治通鑑長編紀事本末》卷一二五《明堂》，崇寧四年八月丁亥，影印《宛委别藏》本，江蘇古籍出版社，1988 年，第 3879 頁。

② 《續資治通鑑長編紀事本末》卷一二五《明堂》，崇寧四年八月丁亥，第 3880 頁。

③ ［美］伊沛霞：《宋徽宗》，第 232 頁。

神宗時期，配合政治改革的禮樂制作，自熙寧已啓其端緒[①]，而更深入系統的郊廟禮制更革，則在元豐元年(1078)詳定郊廟禮文所成立之後。這一時期，神宗對明堂禮制也做了重要改變，即元豐三年將宋初以來的明堂合祀昊天上帝、五帝，改爲專祀昊天上帝[②]。針對明堂建制，元豐三年，詳定禮文所奏：

看詳明堂者……蓋爲五室十有二堂，《月令》所謂青陽、明堂、太廟、總章、玄堂，各有左右个。个，天子分十二月居之。而《考工記·匠人》云：'夏后氏世室，堂修二七，廣四修一，五室，三四步，四三尺，九階，四旁兩夾窗，白盛，門堂三之二，室三之一。殷人重屋，堂修七尋，堂崇三尺，四阿重屋。周人明堂，度九尺之筵，東西九筵，南北七筵，堂崇一筵，五室，凡室二筵。'鄭氏謂世室宗廟也，重屋路寢也。夏舉宗廟，商舉路寢，周舉明堂，互言之明同制也……本朝新祠明堂，寓於大慶殿。大慶，路寢也，然非明堂；其有司攝事，亦寓郊丘。其五室、十二堂、九階，緣後世不即以聽政。及修廣之度，謂宜量時增損，取適於世。[③]

禮文所言"五室、十二堂、九階"、嚴配聽朔的形制與功能，與政和明堂相合。不過，"五室、十二堂、九階"本是傳統明堂理論中的習見説法，關鍵還在於五室、十二堂的具體結構和佈局，對

---

① 參雷博：《試論"熙豐變禮"及其思想史意義》，《政治思想史》2015年第3期，第30—46頁。

② [宋]李燾：《續資治通鑑長編》卷三〇六，元豐三年七月丁亥，中華書局，1992年，第7447頁。

③ 《長編》卷三〇四，元豐三年五月甲子，第7393頁。關於此條禮文的繫年，李燾言此條："無月日，又未知從違。按七月二十七日丁亥，詔以英宗配上帝，悉罷從祀群神。八月十二日壬寅，又依趙君錫等議，專配上帝。今禮文所奏，尚稱配帝、五方帝、五人帝，則必不在八月十二日後，或在七月二十七日前也。五月二日甲子，初降指揮，今取此二奏，並附五月二日指揮下，更須詳考。"李燾言此禮文當不晚于元豐三年七月丁亥，其言可從。

此禮文未有明言。也可能禮文曾有相關内容，李燾删述時裁剪削去，亦未可知。元豐元年至三年，最值得關注的明堂禮議來自陸佃。

陸佃於元豐二年進入禮文所[①]。元豐元年，禮文所奏請依古禮改革廟制，此間陸佃因討論昭穆而有昭穆議、廟制議並圖奏上[②]。陸佃以明堂、路寢、太廟同制，故其廟制議中有對明堂制度的詳細討論，文煩之故，擇要録之：

> 《周禮・匠人》："夏后氏世室，堂修二七，廣四修一。五室，三四步，四三尺。殷人重屋，堂修七尋，堂崇三尺，四阿重屋。周人明堂，東西九筵，南北七筵，堂崇一筵。五室，凡室二筵。鄭氏謂世室，宗廟也。重屋，王宫正堂，若大寢也。或舉宗廟，或舉王寢，或舉明堂，互言明其同制。……而木室在東北，火室在東南，金室在西南，水室在西北……其四中則南曰明堂，北曰玄堂，東曰青陽，西曰總章。《月令》所謂春居青陽太廟，夏居明堂太廟，秋居總章太廟，冬居玄堂太廟。孟月居左个，季月居右个是也。至於閏月則闔門左扉立於其中，而還適路寢，居門終月。鄭氏謂于文王在門謂之閏，則太廟象先王平生所居，與明堂、路寢同制，五室十有二堂，理宜然也。"[③]

對比上述元豐三年禮文所的明堂禮文，兩議對《周禮・匠人》經注的重述、對鄭玄説的採納、以及五室十二堂的形制基本保持一致。再比較陸佃議與政和明堂，二者木、火、金、水四室皆在四隅，明堂、玄堂、青陽、總章位在四中。這一一致性的特殊之處在於，前代的明堂學説中，木、火、金、水四室與明堂、玄

---

① 《長編》卷二九六，元豐二年正月丙子，第 7195 頁。

② [宋]陸佃：《陶山集》卷六《廟制議》《昭穆議》，影印文淵閣《四庫全書》第 1117 册，臺北商務印書館，1983 年，第 102—107 頁。

③ 《陶山集》卷六，第 105—106 頁。

堂、青陽、總章四堂皆被認爲是異名同實的存在，而將四室、四堂同時並置，是政和明堂在形制上區别於前代明堂的一大特點。由於陸佃的明堂議只留下了文字描述，其形制難以確切復原，故與政和明堂的關係不易看清。和陸佃禮學關係密切的陳祥道[①]，對明堂的描述就非常説明問題：

> 《月令》中央太室，東青陽，南明堂，西總章，北玄堂，皆分左右个，與太廟則五室十二堂矣。《明堂位》前中階、阼階、賓階旁四門，而南門之外又有應門，則南三階，東、西、北各二階而九階矣《考工記》五室九階。蓋木室于東北，火室于東南，金室于西南，水室於西北，土室於中央，其外别之以十二堂，通之以九階，環之以四門，而南門之外加以應門，此明堂之大略也。[②]

陳祥道的明堂説同樣以四室、四堂並置，且指明爲内五室、“其外别之以十二堂”的内外兩層結構，與政和明堂若合符節[③]。考慮到“十二堂環繞五室”結構的特殊性，有理由認爲二者的一致並非巧合，而是因徽宗政和明堂形制本自神宗元豐時期留下的明堂圖，其學説背景是陸佃、陳祥道的禮説。

陸佃、陳祥道是北宋時期王安石門下的禮學名家，神宗曾

---

① 關係密切是指二人同爲新學中的禮學名家，且在禮學方法與觀點上多有類似處，宋人常將二人並提，如《朱子語類》：“陸解多杜撰，亦煞有好處，但簡略難看。陳祥道《禮書》考得亦穩。”“義剛録云：擇之云‘自《通典》後，無人理會禮。本朝但有陳祥道、陸佃略理會來。’曰：‘陳祥道理會得也穩，陸農師也有好處，但杜撰處多，如《儀禮》。’”〔《朱子語類》卷八五，《朱子全書》(修訂本)第 17 册，上海古籍出版社，安徽教育出版社，2010 年，第 2902 頁。〕

② [宋]陳祥道：《禮書》卷四〇，影印元至正七年福州路儒學刻本，《北京圖書館古籍珍本叢刊》第 3 册，書目文獻出版社，1988 年，第 161 頁。

③ 陳祥道的《禮書》雖進於元祐四年，但他的寫作前後近二十年，一些内容、觀點在元豐時期已經形成，如元豐四年(1081)陸佃所進大裘議，與陳祥道説在觀點、論據和論證方法上高度一致。詳《陶山集》卷五《元豐大裘議》，第 93—94 頁;《禮書》卷一《大裘而冕》，第 17 頁。

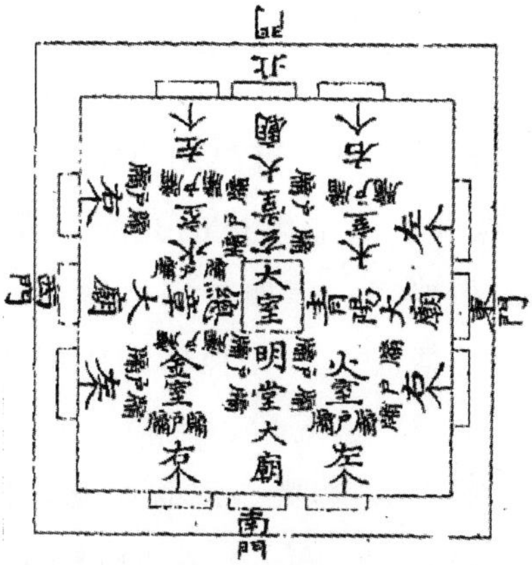

文淵閣《四庫全書》本《禮書》圖。這一禮圖存在問題，不見於元刻明修本《禮書》，應出後人補繪。此圖大致體現了四室、四堂並立的結構，但未清楚反映五室外環以十二堂的位置關係。伊沛霞所用《禮書》圖，自注出《四庫全書》，但檢文淵、文瀾、文津閣《四庫全書》，皆與之不同，其出處存疑。

盛贊陸佃："自王、鄭以來，言禮未有如佃者。"[①]政和明堂的新學背景，還可從明堂祭儀中得到印證。政和七年(1117)，徽宗變更神宗所定專祀昊天上帝爲親祀五帝，手詔："昔我烈考，下詔改革，是正禮經。今肇禋明堂，並依先帝詔旨，從祀悉罷。明堂五室，不可虛設。考之《周(書)〔禮〕》，有'大裘而冕'，與'設大次、小次'之文，則義當親祠而不廢。有司議來上，嘉從其説，已降指揮親祠五室，革末世瀆神之陋，上承先帝已行之旨，而協周人享帝之恭。"[②]詔所言"有司議來上"，系禮部尚書許光凝等奏：

王安石以謂"五帝者，五精之君，昊天之佐也"。惟其爲五精之君，故分位於五室；惟其爲昊天之佐，故與享於明堂。自周以還，遭秦絶學，士之所見，無復全經。神宗皇帝(廢)〔發〕德音，下明詔，唯以英宗配上帝，而悉去從

① 《宋史》卷三四三《陸佃傳》，第10918頁。

② 《宋會要輯稿》禮24之65，第932頁。

祀群神。陛下稽古有作，取成於心，肇新宋規，得其時制。[①]

政和七年以後所頒月令，可以印證明堂五帝祭祀的施行[②]。伊沛霞言："徽宗採取了更加嚴格的立場：在明堂受到祭拜的應當只有昊天上帝和神宗，正如神宗也曾如此規定。"[③]並不符合史實。政和明堂所祭五帝，其神格的解釋出自王安石《周官新義》[④]。陸佃《埤雅》云："五帝，五精之君也。"[⑤]元豐三年罷祀五帝前，嘗命太常禮院、禮文所討論明堂祭儀。罷五帝之祀，乃從太常禮院趙君錫、楊傑等議，禮文所則主張並祀昊天上帝與五帝。禮文所前此不久方進奏五室明堂，太常禮院此時提出廢祀五帝，可以説是對禮文所明堂建制的否定。元豐年間，禮文所關於五室明堂與五帝祭祀的進奏，當同出陸佃手筆。陳祥道《禮書》論："周人明堂之制，有金、木、水、火、土之五室。自漢以來皆於五室以祭五帝，惟晉泰始及唐顯慶中嘗議除之，後亦遂復，則明堂之祀五帝，其來遠矣。"[⑥]不難讀出爲明堂五帝祭祀辯護的意味。以上事實表明，政和明堂無論就其五室十二堂的形制，還是五帝祭祀，都是有所選擇的，其中新學的禮學背景，於史有徵。

明堂禮制外，新學的禮學對徽宗朝禮制的影響還有其他表現。如論圭璧制。政和四年，禮制局議："看詳《周禮》圭璧以

① 《宋會要輯稿》禮 24 之 66，第 932 頁。

② 《宋大詔令集》卷一二六—一三三《典禮·明堂》，中華書局，1962 年，第 435—470 頁。

③ [美]伊沛霞：《宋徽宗》，第 234 頁。

④ 許光凝言"王安石以謂'五帝者，五精之君，昊天之佐也。'"本《周官新義》，參見程元敏《三經新義輯考彙評(三)周禮》，華東師範大學出版社，2011 年，第 44 頁。

⑤ [宋]陸佃：《埤雅》卷一九《釋天》，王敏紅校點，浙江大學出版社，2008 年，第 189 頁。

⑥ 《禮書》卷八八，第 345 頁。

祀日月星辰，《新義》云：‘日月星辰以璧爲邸，則四圭邸璧可知，四圭邸璧則兩圭邸琮可知。’先儒之説兩圭有邸，亦以璧爲邸，其理非是，合依《新義》兩圭邸琮。”又言：“《新義》云‘兩圭並宿一邸’，則兩圭宜托宿宗於琮也。然琮色黄而圭乃不言色，由體以起用，恐當用黄琮之色。”[①]“兩圭邸琮”及圭之色，皆本《新義》爲之制。《東家雜記》載：“大觀元年奉聖旨下太常寺考正文宣王廟像冠服制度，冕十二旒，服九章，五章在衣山、龍、華蟲、火、虎蜼，四章在裳藻、粉米、黼、黻。歷朝以先聖及門人通用衮冕。至是，始服王者之冕，以《周官》並王荆公《詩》《書》《禮》義説爲正。”[②]改文宣王服上公冕服九旒七章爲十二旒九章，議出國子司業蔣靜，其言：“鄭氏謂公衮無升龍，誤矣。考《周官》司服所掌，則公之冕與王同；弁師所掌，則公之冕與王異。今既考正配享、從祀之服，亦宜考正先聖之冕服。”[③]蔣靜“鄭氏謂公衮無升龍，誤矣”，用《周官新義》[④]。詔改文宣王服王者之冕，《續資治通鑑長編紀事本末》《文獻通考》引《國朝會要》繫於崇寧四年八月[⑤]，《東家雜記》“大觀元年”的記載有失準確，但謂“以《周官》並王荆公《詩》《書》《禮》義説爲正”，並非無據。吴羽提出，《政和五禮新儀》的修纂以熙寧元豐間的學術思想爲指導[⑥]，政和明堂雖後於《新儀》，卻鮮明地體現了熙豐時期學術思想的影響。

---

① 《宋會要輯稿》禮 26 之 5、6，第 1006—1007 頁。

② ［宋］孔傳：《東家雜記》卷上，國家圖書館藏宋刻遞修本，北京圖書館出版社，2006 年，第二九葉。

③ 《宋史》卷一〇五《禮八》，第 2550 頁。

④ 參張濤：《王安石〈周禮新義〉佚文補輯》，《宋史研究論叢》2012 年第 13 輯，第 485—486、493 頁。

⑤ 《續資治通鑑長編紀事本末》卷一三三《議禮局》，崇寧四年八月，第 4178 頁。《文獻通考》卷四四《學校考五》，第 415 頁。並參湯勤福、王志躍《宋史禮志辨證》所作辨析（上海三聯書店，2011 年，第 379 頁）。

⑥ 吴羽：《唐宋禮典與社會變遷——以〈中興禮書〉爲中心》，中山大學 2007 年博士論文，第 61—68 頁。

崇觀政宣間，新學地位尊崇。禮制局遇《周禮》相關禮制時，即援王安石《新義》爲説。政和明堂形制及其五帝祭儀體現新學的禮論，從當時的思想背景出發並不難理解。崇寧年間，徽宗朝的明堂制作就有繼述神考之意。在政和明堂的營建方案上，徽宗用神宗留下的明堂圖，更直接表達了明堂以繼志的意義。然而，徽宗手詔未曾明言政和明堂以神宗明堂圖爲藍本，而是突出徽宗自身在追法三代上的作爲。可見，政和明堂的意義，紹述是其一，更重要的還是徽宗在制禮上達到的高度。楊高凡指出，清代學者如秦蕙田便認爲"政和明堂最爲合古"①。陸、陳禮學，以考求三代禮制爲指歸。陳祥道《禮書》自序稱"嘗考六藝百家之文，以究先王禮樂之跡"②。陳振孫謂陸佃《禮象》"其尊、爵、彝、舟，皆取公卿家及秘府所藏古遺器"③。不過，考見三代之制是歷代很多禮家的追求，故而理解陸、陳明堂論，還須内在地闡明其學説的構成與特徵。

二　政和明堂的經學學理解析

以下對政和明堂形制的經學解析包含兩方面内容：一是解釋政和明堂在選擇經典依據上的特點及其意義；二是解釋政和明堂"五室十二堂"這一結構的形成原理。

(一)《周禮》與《月令》

據徽宗詔書及陸、陳禮論可知，政和明堂形制最主要的依據來自《周禮·考工記》和《禮記·月令》，而傳統上對考求明堂

① 楊高凡：《宋代明堂禮制研究》，河南大學 2011 年博士論文，第 53 頁。
② 《禮書》序，第 1 頁。
③ [宋]陳振孫：《直齋書録解題》卷二，徐小蠻、顧美華點校，上海古籍出版社，1987 年，第 50 頁。

制度非常重要的《大戴禮》則相當邊緣。陳祥道批判了《大戴禮》九室[①]，對《大戴禮》"九室"説棄之不用，是政和明堂没有陷入"五九"紛爭的重要原因。崇寧初的姚舜仁明堂，採用九室形制，主要的依據就是《大戴禮》及蔡邕《明堂月令論》。相比崇寧明堂，政和明堂的一大變化是轉向《周禮》本位的"五室"形制。這一轉變，應爲徽宗有意做出的選擇。

大觀元年(1107)正月，徽宗設議禮局。政和三年(1113)二月，徽宗"以太平告成，册告諸陵"[②]，册文謂"昭受神寶，告成厥功"，"天告厥成，錫之大寶"，"祇告太平"，"登兹太平"[③]，以太平昭告祖宗。知以政和二年獲玄圭爲瑞應，三年正式宣告太平。政和三年四月《政和五禮新儀》成，七月成立禮制局，由"議禮"進入"制禮"。政和三、四年間，封禪之請頻出[④]。政和三年後的禮制爲太平禮制，新制禮樂是爲了聖治的呈現[⑤]。崇寧初，徽宗在營造明堂時即告姚舜仁、李誡"宜盡用三代之制"，姚舜仁奏："臣伏願陛下上規黄帝三代之遺制，下采《戴禮》經傳、群儒之碩論，即國之東丙巳之地，正明堂之大禮。"[⑥]《大戴禮》漢儒編輯，《明堂月令論》蔡邕所作，是姚舜仁明堂的主要依據，而到政和五年徽宗手詔則變爲"黜諸儒臆説，剌經稽古"。在政和明堂中，用三代太平之制的主張，得到了更明確的貫徹。《周禮》作爲周公致太平之書，在北宋政治思想中是追法三代的重要理論資源。《考工記》記載了夏世室、商重屋、周明

---

① 《禮書》卷四〇，第161頁。

② 《宋會要輯稿·續會要》禮14之73，第623頁。

③ 《宋會要輯稿·續會要》禮14之73，第623頁。

④ 《宋會要輯稿》禮22之19，第892頁。對政和年間封禪計劃政治背景的深層分析，參藤本猛：《風流天子と君主独裁制——北宋徽宗朝政治史の研究》，京都大學學術出版會，2014年，第138—143頁。

⑤ 參方誠峰：《北宋晚期的政治體制與政治文化》，第271—277頁。

⑥ 《續資治通鑑長編紀事本末》卷一二五《明堂》，崇寧四年八月丁亥，第3878頁。

堂三代之制，在徽宗詔書、陸陳禮議中被作爲明確可法的三代制度，故徽宗謂政和明堂“兼三代之制”。“九室”在禮經中無記載，基礎性的理論來自《大戴禮》、蔡邕《明堂月令論》，爲後儒編述或闡發。因此，在明堂“五九”之爭中，五室論常以三代之制、周制爲標榜[①]。復因漢以降實建的明堂以九室或裴頠“一屋之制”爲主，用“五室”更具有了跨越漢唐、制兼三代的象徵意義。

與五室關聯的是五帝祭祀。徽宗變更神宗專祀昊天爲合祀昊天、五帝，其中“五帝”的神格解釋用王安石義，而劃分“昊天”與“五帝”，同樣是用《周禮》。在傳統禮説中，昊天上帝與五帝及二者祭儀的區分，最重要的經典依據即來自《周禮》，正如程頤批評六天説：“豈有上帝而别有五帝之理？此因《周禮》言‘祀昊天上帝’而後又言‘祀五帝亦如之’，故諸儒附此説。”[②]王安石、陸佃、陳祥道區别昊天上帝與五帝，即本《周禮》。《禮書》辨昊天上帝與五帝：“《司服》言祀昊天上帝，‘祀五帝亦如之’，則五帝異乎昊天上帝也。……《掌次》大旅上帝張氈案，設皇邸，祀五帝張大次、大次，則上帝異乎五帝也。”[③]前述元豐禮文所主張祭祀五帝：“《周禮》有稱昊天上帝，有稱五帝。以義推之，稱昊天上帝者，一帝而已。如‘祀昊天上帝則服大裘而冕，祀五帝亦如之’之類也……稱五帝者，昊天上帝不與，如‘祀五帝，則張大次、小次’之類是也。”政和七年，徽宗詔書：“考之《周（書）〔禮〕》，有‘大裘而冕’，與‘設大次、小次’之文，則義當親祠而不廢。”可知政和明堂在採用五室的同時，也在實質上擔負了五帝祭祀的功能，兩者都有很强的《周禮》背景。從

① 如《魏書》卷六九《袁翻傳》：“本制著存，是周五室也；於今不同，是漢異周也。”（中華書局，1974 年，第 1537 頁）卷三二《封軌傳》：“案周與夏殷，損益不同，至於明堂，因而弗革，明五室之義，得天數矣。”（第 765 頁）

② 《二程集》，王孝魚點校，中華書局，2004 年，第 287 頁。

③ 《禮書》卷八八，第 344 頁。

崇寧明堂到政和明堂的變化，可以概括理解爲從《大戴禮》本位向《周禮》本位的轉向。

上論政和明堂分内外兩層、兩個功能區，其外十二堂的名稱、功能均本《月令》。皇祐二年(1050)，仁宗於大慶殿寓明堂大享時，僅以堂上爲五室，並無《月令》"十二堂"。姚舜仁的九室明堂，也未涉及《月令》的相關内容。比較皇祐、崇寧明堂，政和明堂的一大變化是對《月令》文獻及月令制度的遵用。徽宗朝明堂頒朔布政，自政和七年十月始，至靖康元年(1126)罷，每月以是月"天運政治"佈告天下，彰顯出太平之治依照合乎天道自然的方式運行。有理由認爲，徽宗在選擇明堂形制之初，已暗含了這一功能性的要求。其背後的思想基礎，一是"順天時、和陰陽"之爲"王政"的體現；二是《月令》與三代制度的關聯。

《禮記》《大戴禮》之爲"記"，通常被視爲後儒解釋禮經之作，傳世之本編成於漢代，内容構成與篇目來源頗爲複雜。相比漢注唐疏，宋人對經典的文獻構成及其性質帶有更强的批判性。因此，雖然《月令》傳統上一直是探討明堂制度的重要文獻，但理解政和明堂對《月令》的遵用，首先應考慮宋人認可的反思性基礎。在宋人看來，《禮記・月令》雖出吕不韋賓客之手，但其制度本身淵源于先王禮制。政和七年明堂成後，徽宗下詔於明堂視朔布政，禮制局議修定時令云：

> 臣謹按《玉藻》天子聽朔於南門之外，《周官・太師》"頒告朔于邦國"，聽朔則每月聽朔政於明堂。頒朔則以十二月朔政頒於諸侯。又按《(周禮)〔禮記〕・月令》："天子居青陽、明堂、總章、玄堂"，每月異禮。然《月令》之文，自顓頊帝改曆術，帝堯正人時，《大戴》有《夏小正》，《周書》有《時訓》，《吕氏春秋》有《十二紀》。《禮記・月令》雖本吕

氏，然其所載皆因帝王舊典，非吕氏所能自作也。[①]

禮制局指出，頒朔、布政、授時，都有周制乃至更古老的源頭，《禮記·月令》所載皆因帝王舊典，非吕氏所能自作。禮制局所言，大體反映了宋人看待《月令》的常見看法，即《月令》雖爲晚出文獻，但其中的思想和制度則淵源甚古。張載謂："《月令》大率秦法也。然采三代之文而爲之，不無古意。"[②]馬晞孟《禮記解》云："《月令》之爲書，亦祖先王之餘而後儒傅會增益以成之者也。"[③]《月令》與三代制度的淵源，及其政治、人事順應天時的思想，構成了政和明堂遵用《月令》的觀念基礎。如小島毅所言，政和明堂是歷史上最後一座基於時令思想建設的明堂。徽宗時期的九鼎鑄造與天地分祭、新樂制定、明堂建立，都反映了基於時令思想暨律曆世界觀的王權禮儀整備[④]。

在《周禮》與《月令》的結合上，政和明堂是歷史上第一座、也是唯一以《周禮》五室爲基礎、兼納《月令》十二堂的明堂實例。漢唐之間的明堂之制，雖"五九紛競"，但實建的明堂，除長安明堂、武后明堂外，都採用九室或裴頠"一屋之制"，這其中一個很重要的原因是《周禮》五室(尤其是鄭玄四隅室)形制在相容《月令》上的困難。政和明堂能夠實現以《周禮》五室(且是鄭玄四隅室)爲基礎建立，與陸、陳學説的特點密不可分。

(二) 五室十二堂

政和明堂内層爲土、木、金、火、水五室，中央土室，其餘四室據蔡京尺度可推斷位在四維。雖然蔡京未明言四隅室的具體方位，但不難推得四室佈局爲：東北木室，東南火室，西南金

---

① 《宋會要輯稿》禮 24 之 79，第 939 頁。

② [宋]衛湜：《禮記集説》卷三七，康熙十九年《通志堂經解》本，第六葉。

③ 《禮記集説》卷三七，第七葉。

④ [日]小島毅：《宋代の国家祭祀——『政和五礼新儀』の特徵》，池田温編《中国礼法と日本律令制》，東方書店，1992 年，第 469、480 頁。

室，西北水室。這一排布在陸、陳禮説中有明確表述。“五室”明堂在漢代禮論中存在兩種格局。其一見《太平御覽》引《禮記明堂陰陽録》：“明堂之制，周旋以水，水行左旋以象天。內有太室象紫宮，南出明堂象太微，西出總章象五潢，北出玄堂象營室，東出青陽象天市。”①《後漢書》李賢注引《七略》：“明堂之制，內有太室，象紫宮；南出明堂，象太微。”②可知此種形制的明堂五室論在西漢已出現，其特點是以明堂象天，五室對應星象五宮。太室位中央，四室分位四正。青陽、明堂、總章、玄堂之名及四正方位，和《月令》的記載一致。顯然，這種格局的五室與政和明堂不同。

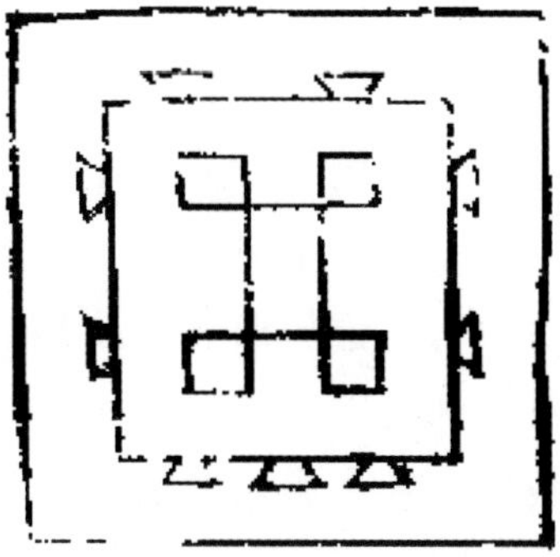

《禮書》(中華再造善本)卷四〇《周明堂》即表現鄭玄説

其二，四室位在四維的五室形制。最早見於鄭玄注《考工記》夏后氏世室五室：“堂上爲五室，象五行也。”③此雖爲夏制，但鄭玄認爲周制也是如此，鄭《駁五經異義》云：“水木用事，交于東北；木火用事，交于東南；火土用事，交於中央；金土用事，交於西南；金水用事，交於西北。周人明堂五室，帝一室，合於數。”④鄭玄駁《大戴禮》“九室”，以“五室”合於五帝之數，這是主以明堂爲祀五帝之所。《尚書》“受終於文祖”，鄭玄

---

① [宋]李昉等：《太平御覽》卷五三三《禮儀部・明堂》，中華書局，1960年，第2418頁。

② [南朝宋]范曄撰，[唐]李賢等注：《後漢書》卷四〇《班固傳》李賢注，中華書局，1965年，第1342頁。又見《文選》卷一《西都賦》李善注引。

③ [漢]鄭玄注，[唐]賈公彦疏：《周禮注疏》卷四一，臺北藝文印書館影阮刻本《十三經注疏》，2007年，第643頁。

④ [清]皮錫瑞：《駁五經異義疏證》，王豐先點校，中華書局，2014年，第369頁。

注："文祖者，五府之大名，猶周之明堂。"[①]此本《尚書帝命驗》："五府，五帝之廟……唐虞謂之五府，夏謂之世室，殷謂之重屋，周謂之明堂，皆祀五帝之所也。"[②]要之，鄭玄五室，以土室位於中央，木室位於東北，火室位於東南，金室位於西南，水室位於西北。政和明堂的内層五室形制，與鄭玄學説一致。鄭玄以四室位在四維的觀點，歷來飽受批評，且在文獻記載以及考古發現的前代明堂實例中皆未被採用，因此政和明堂以及陸、陳明堂學説同於鄭玄的理由，有必要專門解釋。

首先需解明鄭玄五室方位的内在禮義。在鄭玄五室的舊解中[③]，清人焦循曾言："以爻辰之位言之，寅木居東北，巳火居東南，申金居西南，亥水居西北，亦其義也。"[④]也就是説，四室所在是寅、巳、申、亥四辰位，對應正月、四月、七月、十月四孟月。四孟月爲四立所在，以正月爲例，《月令》言："是月也以立春。先立春三日，大史謁之天子曰：'某日立春，盛德在木'，天子乃齊。立春之日，天子親帥三公、九卿、諸侯、大夫，以迎春於東郊，還反賞公卿、諸侯、大夫于朝。"鄭玄注："迎春，祭蒼帝靈威仰於東郊之兆也。"[⑤]立春之日木德之始，故迎祭蒼帝于東郊，照應了鄭玄以明堂五室祀五帝的觀念。鄭玄《駁異義》"水木用事，交于東北"，這裡的"交"應理解爲"交替"而非"相交"。賈公彦《周禮疏》謂"東北之室兼水"，是不恰當的解

---

① [漢]司馬遷撰，[宋]裴駰集解，[唐]司馬貞索隱，[唐]張守節正義：《史記》卷一《五帝本紀》集解引，中華書局，1982年，第23頁。

② 《史記》卷一《五帝本紀》索隱引，第23頁。並參《史記正義》引《尚書帝命驗》及鄭玄注。

③ 褚葉兒對鄭玄五室説的解釋史有更詳細的梳理，並提出用八卦卦氣與五行相結合的方式來疏通鄭玄之義。參褚葉兒：《鄭玄明堂五室説考議》，《經學文獻研究集刊》第二十四輯，第119—140頁。

④ [清]焦循：《群經宫室圖》卷下，《續修四庫全書》第173册，上海古籍出版社，2002年，第662頁。

⑤ [漢]鄭玄注，[唐]孔穎達正義：《禮記正義》卷一四，臺北藝文印書館影阮刻本《十三經注疏》，2007年，第286頁。

釋，這使五室的五行意義變得含混，成爲後人攻擊鄭説的一個重要原因。

問題是宋人如何理解鄭玄五室？皇祐二年(1050)，仁宗始親行明堂季秋大享時，即於大慶殿設五室。禮官議五室之制，判太常寺宋祁等乙太室在中央，青帝、赤帝、白帝、黑帝室分别在東、南、西、北四正位[①]，此與鄭玄説以及後來政和明堂的五室方位不同。"有詔明堂權爲幔室，五室方位再令檢詳典禮"，禮官復奏：

> 按《周禮》夏后氏世室，先鄭云"堂上有五室，象五行。木室於東北，火室於東南，金室於西南，水室於西北，土室在中央。"崔靈恩曰："木室在東北，木初生於寅；火室在東南，火初生於巳；金室在西南，金初生於申；水室在西北，水初起於亥；土室在中者，象土居中以總禦五行，又明土中爲室，寄治四方，不專居一方，土能包含四時之義也。"欲乞依《周禮》鄭、崔義説，設五室於大慶殿中及四隅。[②]

皇祐明堂用鄭玄五室方位。禮官引崔靈恩説，出《五禮精義》，《五禮精義》在宋代禮制中頗有影響。[③] 崔靈恩對鄭玄五室的詮解，與我們上文的解釋是一致的，也是宋人所接受的觀點。南宋唐仲友在解釋明堂五室時亦言："不用四仲，而用四孟，用其時之首月。"[④]如前所述，政和明堂在祭儀上特别恢復了五帝祭祀，有理由認爲，陸、陳採用五室時，既是遵"仁宗故事"，也可以説是依"《周禮》鄭、崔義説"，與五帝祭祀的功能相關聯。

---

① [宋]歐陽修等：《太常因革禮》卷三四《大享明堂》，《叢書集成初編》本，上海商務印書館，1936 年，第 218 頁。

② 《太常因革禮》卷三四《大享明堂》，第 219 頁。

③ 參吴羽：《今佚唐代韋彤〈五禮精義〉的學術特點及影響》，《魏晉南北朝隋唐史資料》2009 第 25 輯，第 158—167 頁。

④ [宋]唐仲友：《帝王經世圖譜》卷三，影印宋嘉泰刻本，北京圖書館出版社，2003 年，第三二葉。

皇祐明堂只用五室，爲何政和明堂會形成獨特的五室十二堂的内外結構？

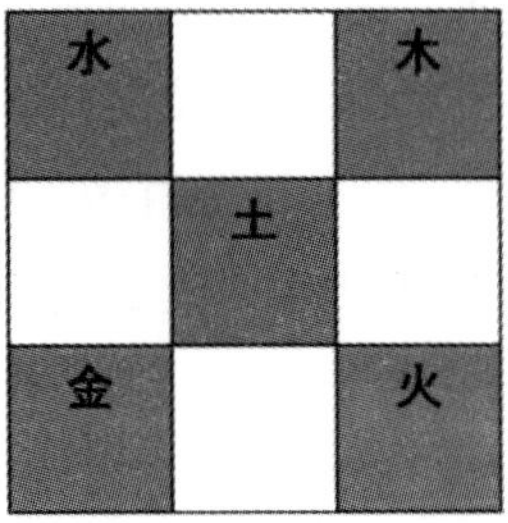

圖 1

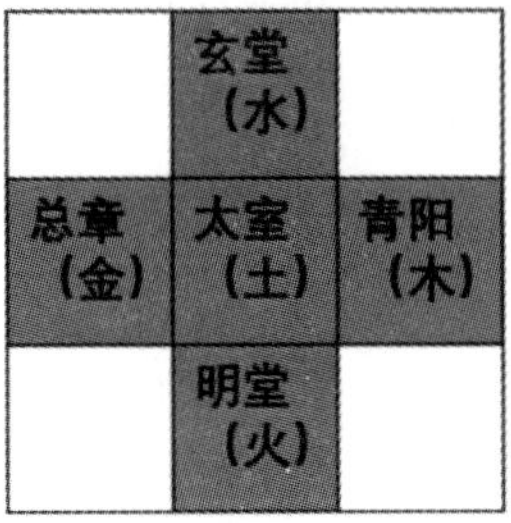

圖 2

歷史上，鄭玄五室方位之所以飽受質疑，以及“五室”與“九室”之糾葛，一個重要原因，是前人通常將木、火、金、水與《月令》青陽、明堂、總章、玄堂視作名異實同的存在，木室＝青陽、火室＝明堂，金室＝總章，水室＝玄堂。據《月令》，天子十二月分居四堂及其左右个，據辰位與方位的對應，青陽等四堂位在東、南、西、北四正之位，結合五行配五方的常識觀念，故前儒大多傾向於認爲木、火、金、水四室位於四正；而一俟認爲木、火、金、水即青陽、明堂、總章、玄堂，且位在四正，便很容易接受或走向九室説。如圖 2 算上四角（《月令》左右个），即成“九室”，四角重複計算一次則爲“十二堂”；圖 1 則很難與“九室”相容。因此，堅持鄭玄五室，則難於調和《大戴禮》“九室”。歷史上的“五室”論，每異鄭玄。

五室論者如北魏李謐言：“明堂五室，古今通則。其室居中者謂太室，太室之東者謂之青陽，當太室之南者謂之明堂，當太室之西者謂之總章，當太室之北者謂之玄堂。”又駁鄭玄：“鄭康成漢末之通儒，後學所宗正，釋五室之位，謂土居中，木火金水各居四維。然四維之室既乖其正，施令聽朔各失厥衷。”①賈思伯言：“按《月令》亦無九室之文，原其制置，不乖五

① 《魏書》卷九〇《李謐傳》，第 1933—1934 頁。

室。其青陽右个即明堂左个，明堂右个即總章左个，總章右个即玄堂左个，玄堂右个即青陽左个。如此，則室猶是五，而布政十二。五室之理，謂爲可安。”①李謐、賈思伯都以青陽、明堂、總章、玄堂爲五行之室，位在四正。在賈思伯思路的基礎上，以个爲室，五室即轉爲九室，朱熹的思路正是如此：“明堂想只是一个三間九架屋子”，“青陽之右个乃明堂之左个，東之南即南之東；明堂之右个乃總章之左个，南之西即西之南；總章之右个乃玄堂之左个，西之北即北之西；玄堂之右个乃青陽之左个，北之東即東之北。”②清人戴震亦主五室，而以四維室爲夾室，避免了五室通爲九室③。但此四維夾室仍是不認同鄭玄將五帝正室置之四維。

可以説，中央太室，木、火、金、水四室位在四維才是最典型的“五室”，其直接的經文支持來自《周禮》，實質的禮義是五帝的祭祀原理，這兩個層面在政和明堂五室中均得以體現。其次，史料記載與考古發現的明堂實例以九室爲主，一個重要原因是鄭玄四隅室在相容《月令》制度及其功能上的困難。鄭玄學説本身存在模糊處，五室與十二堂究竟如何配置，憑鄭玄極簡的文字表述，很難具體還原，同樣成爲後人批評鄭玄五室、鄭玄五室明堂難以

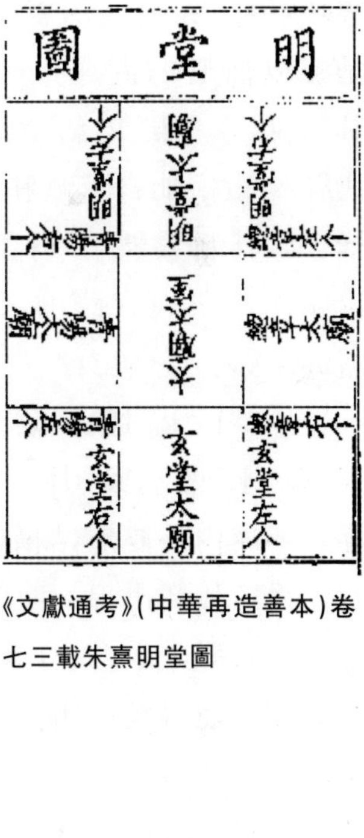

《文獻通考》(中華再造善本)卷七三載朱熹明堂圖

① 《魏書》卷七二《賈思伯傳》，第 1614 頁。

② [宋]楊復撰，葉純芳、橋本秀美編輯：《儀禮經傳通解續卷祭禮》卷五《天神篇下 · 明堂禮》引，“中央研究院”中國文哲研究所，2011 年，第 256 頁。

③ [清]戴震：《考工記圖》，《戴震全集》第 2 册，清華大學出版社，1991 年，第 814—815 頁。

踐行的原因。陸、陳明堂論將木、火、金、水四室，與《月令》青陽、明堂、總章、玄堂四堂加以區别，將兩者並置共存，形成四堂環繞四室的内外兩層結構，使明堂區别爲内外兩個功能區，“五室以聚五行”，“十二堂以聽十二朔”，“饗帝嚴父，聽朔布政於一堂之上”①。這是史料所見，第一個明確以鄭玄五室爲基礎，兼納《月令》十二堂的明堂方案。在古代儒家禮制實踐中，經典、經説與實踐的緊張關係始終是難以回避的問題，明堂禮制尤其突出，“五九紛競，遂至不成”②。徽宗能自信政和明堂“於古皆合，其制大備”，得益於北宋禮學家爲經典與實踐的融合提供了新的思路。

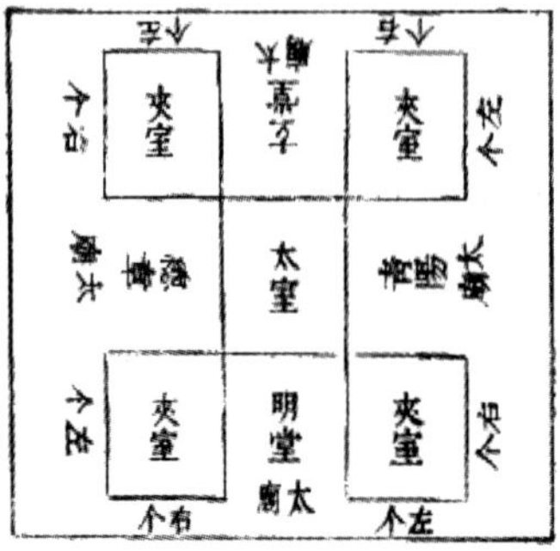

戴震明堂五室(《戴震全集》)

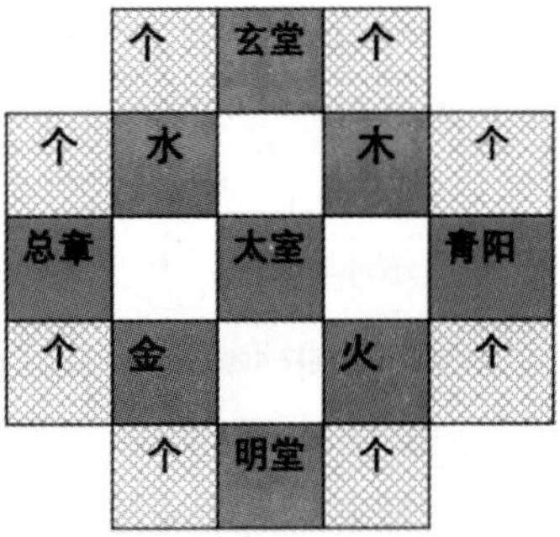

政和明堂平面結構示意圖

小結以上討論，政和明堂以鄭玄“五室”論爲基礎，將“木、火、金、水”四室與《月令》“青陽、明堂、總章、玄堂”四堂並置共存，形成内外雙層結構，表面看來與舊疏“五室十二堂”相符，實則爲宋代新出現的明堂理論。這一學説在《周禮》五室及五帝祭祀的基礎上融合《月令》，避免了鄭玄五室説如何相容《月令》的疑難，並得繞開明堂建制史上五室與九室的棘手爭論。政和明堂的内外兩層分爲享帝祭祀與頒朔布政兩個功能區，實質承擔了經典記載的禮儀功能。較崇寧明堂主于《大戴禮》、蔡邕《明

---

① 《宋會要輯稿》禮 24 之 69，第 934 頁。

② [唐]魏徵等：《隋書》卷四九《牛弘傳》，中華書局，1973 年，第 1303 頁。

堂月令論》之爲漢儒論説，政和明堂轉向以《周禮》、《月令》爲形制和功能的主要依託，顯示出政和三年後，徽宗對於太平禮治的自覺營建。

三　餘論：政和明堂的經學史意義

崇寧初年開始，明堂營建就在徽宗朝的禮樂制作中佔有重要位置。崇寧明堂依據姚舜仁九室方案，這一《大戴禮》本位的明堂是漢唐明堂實踐中運用最普遍的形制。崇寧明堂營建未果，政和年間明堂工程重啓時，並没有依照崇寧明堂。據蔡京所奏尺度，可推定政和明堂的平面結構是内五室：中央太室，木、火、金、水四室位在四隅；五室外環以青陽、明堂、總章、玄堂及其左右个。這一形制，不見於前代明堂經説及實例，而是來源於徽宗禁中所見神宗明堂圖，本自元豐年間陸佃、陳祥道的明堂禮論及其奏議。政和明堂建成後，爲配合五室明堂的祭享功能，徽宗旋即恢復了神宗廢除的五帝祭祀，五帝的神格解釋本王安石《周官新義》。較之崇寧明堂，政和明堂的特徵，一是受新學影響深刻，其次是由《大戴禮》本位的九室明堂轉向了《周禮》本位的五室明堂。這表明徽宗朝的追跡三代，既有其特定内涵暨宋人詮解三代之禮的方式和理念，又是一個具體的歷史過程。漢唐間的明堂實例，以九室或一屋之制及其因襲爲基本特徵，政和明堂是歷史上唯一以《周禮》五室爲基礎，融合《月令》十二堂的明堂，這一形制特徵，更明確地體現出對《周禮》的運用，以及對太平禮制的營造。在太平之治的語境下，明堂的學理與其政治意涵是二而一的。

宋室南渡後，明堂大享再次進入寓禮時代。明初無獨立專門的明堂建築，嘉靖二十四年(1545)改建天壇之大祀殿，更名大享殿，雖爲明堂，但在建築形制上基本擺脱了古明堂的形式[①]，明堂大享也被歸併入郊祭儀[②]。清承明制，後將大享殿更名爲祈年殿，經典意義上的明堂禮儀及建築在明清兩朝走向消亡。换言之，政和明堂對後世的明堂建設並未産生實際影響。雖則如此，北宋禮學家的思想探索，對於理解後來的明堂學説史發展仍有其意義。南宋楊甲、唐仲友所製明堂圖，都體現了陸、陳明堂學説的影響[③]，是南宋時期和朱熹九室説並立的重要理論。九室論在南宋經朱熹、楊復主張，對元、明、清初的明堂理論影響深遠，清初官修《周官義疏》時，仍然沿用朱熹九室明堂圖[④]。伴隨清代乾嘉考證禮學的興起及其對鄭玄禮學的推尊，五室説大有反超之勢[⑤]。秦蕙田稱政和明堂“最爲合古”[⑥]；接受鄭玄四隅室、兼納《月令》十二堂的明堂論者，如阮元、孔廣森，都採取了與政和明堂近似的結構[⑦]。褚葉兒指出：“至阮元作明堂圖，關於經文中及鄭玄周明堂之形制的爭論即可止矣。”[⑧]經由以上討論，便可在鄭玄與清人之間鋪設宋代明堂學説作爲橋梁。理解宋以後的明堂理論，陸、陳學説及其實

---

① 王世仁：《明堂形制初探》，《中國古建探微》，第 83 頁。

② 張一兵：《明堂制度源流考》，人民出版社，2007 年，第 243—244 頁。

③ [宋]楊甲撰、毛邦翰補：《六經圖》卷八，影印文淵閣《四庫全書》第 183 册，臺北商務印書館，1983 年，第 375 頁。[宋]唐仲友：《帝王經世圖譜》卷三。唐仲友的特别之處是，太室、四隅室加上四正室即爲九室，故《考工記》五室與《大戴禮》九室，“其實一也”。

④ 《周官義疏》卷四五，影印文淵閣《四庫全書》第 99 册，臺北商務印書館，1983 年，第 506 頁。

⑤ 參張一兵：《九宫式明堂圖統計表》，《明堂制度研究》，中華書局，2005 年，第 347—354 頁。

⑥ [清]秦蕙田：《五禮通考》，影印文淵閣《四庫全書》第 135 册，臺北商務印書館，1983 年，第 754 頁。

⑦ [清]阮元：《明堂圖説》，《研經室續集》卷一，《叢書集成初編》本，上海商務印書館，1935 年，第 15 頁。[清]孔廣森：《禮學卮言》卷一，《續修四庫全書》第 110 册，上海古籍出版社，2002 年，第 85—87 頁。

⑧ 褚葉兒：《鄭玄明堂五室説考議》，《經學文獻研究集刊》第二十四輯，第 130 頁。

踐下的政和明堂是不應忽視的一環。

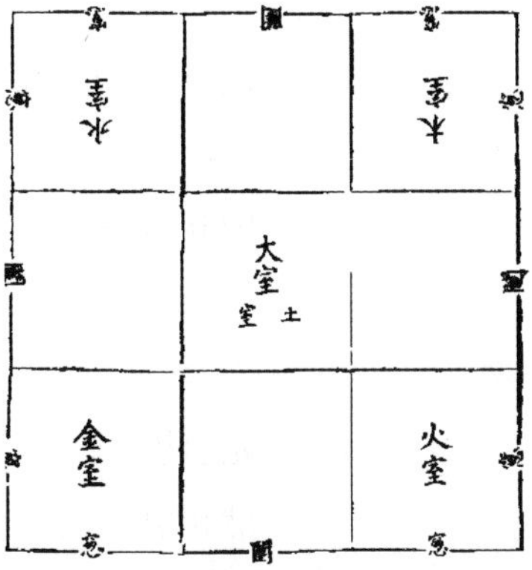

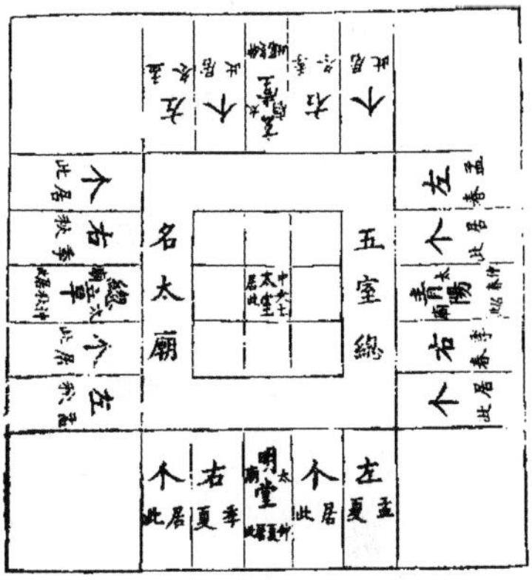

唐仲友《帝王經世圖譜》(中華再造善本)中的《明堂五室之圖》(左)与《月令明堂之图》(右)

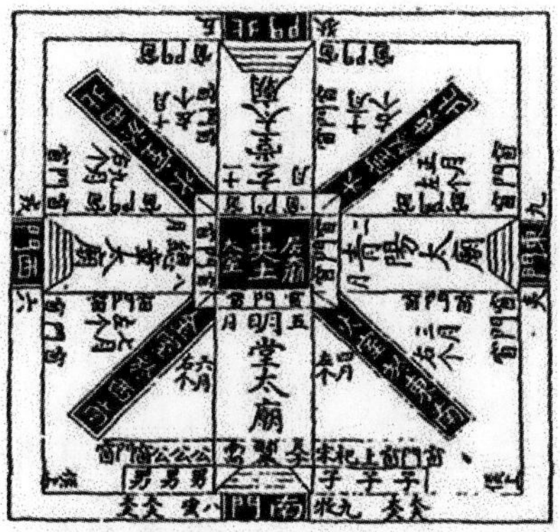

楊甲《六經圖 • 月令明堂圖》(文淵閣本《四庫全書》)

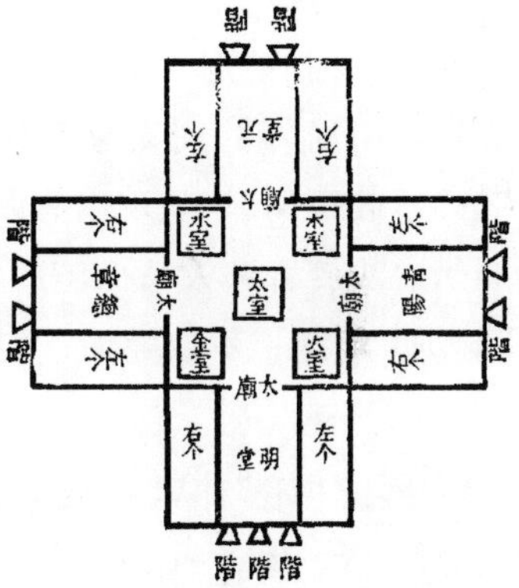

阮元《明堂圖說 • 今定四面堂个廟室圖》(《叢書集成初編》本《揅經室續集》)

刑人無倫與孝治有界

——西漢《孝經》"不敢毁傷"刑罰解

時佳銘*

【摘要】《孝經·開宗明義》："身體髮膚，受之父母，不敢毁傷，孝之始也。""毁傷"通常被解釋爲廣義的身體毁傷，而定縣漢簡《儒家者言》以"毁傷"爲刑罰，由漢代經學通説中的"刑人非人"指向孝之始。作爲價值原則的"刑人非人"，以抽象的聖王之刑代表不可逾越的政教尊嚴，用局外的刑人來界定有文明的人類生活。西漢經師以"刑人"解"不敢毁傷"，呈現出有限的王教秩序，體現了對《孝經》乃至整體經學取法於普遍人情而施於特殊的理解。

【關鍵詞】孝經；不敢毁傷；刑人非人；孝治；儒家者言

一經之"始"非常重要，往往奠定一部經典的基本問題和理解方向。在《孝經》中，首章《開宗明義》是其始；而在首章中，先講先王之至德要道，次説"身體發膚，受之父母，不敢毁傷"的"孝之始"。今見最早的《孝經》注中，鄭玄釋先王爲禹，用申《孝經》之治係傳子之世的三王法度；又謂"孝之始"是"父母全而生之，己當全而歸之"，以父母生身論孝之發端。

從個體生命來源論"孝之始"，也是歷代注家的普遍理解方式。而新出西漢《孝經》説中，有以"刑人無倫"解首章之"不敢毁傷"，由此推言，則王者孝治不能無界，而"孝之始"義，亦不止於父母生恩而已。

---

* 時佳銘，清華大學日新書院 2021 級本科生。

一 “身體髮膚，不敢毀傷”的刑罰解釋

河北定州(原定縣)八角廊的漢宣帝時中山懷王劉修墓，出土了約百枚“與孔門師徒有關”的殘簡，整理者將其編綴爲《儒家者言》27 章[①]。其中第 22、23、24 章已被學者考定爲《孝經》經傳説解相關内容[②]，第 24 章中有三枚簡與《開宗明義章》“身體髮膚”句有關[③]：

簡 866：膚，受諸父母，曾子

簡 1831：何謂身體髮膚弗敢毀傷？曰：樂正子

簡 313：毀傷，父不子也，士不友也，主[④]

---

① 定縣漢墓竹簡整理組：《〈儒家者言〉釋文》，《文物》1981 年第 8 期。

② 胡平生先生最先指出《儒家者言》22—24 章與《孝經》有關。(胡平生：《孝經是怎樣的一本書》，《孝經譯注》，中華書局，2009 年，前言第 9 頁。)後來，劉嬌、蘇成愛、虞萬里文章，以及海昏侯《孝經》整理者都討論過《儒家者言》中《孝經》簡性質。詳見：劉嬌：《漢簡所見〈孝經〉之傳注或解説初探》，《出土文獻》第六輯；蘇成愛：《〈儒家者言〉“未解章”初揭——現存最早的經傳合璧的〈孝經〉抄本》，《文獻》2020 年第 1 期；朱鳳瀚主編《海昏簡牘初論》，北京大學出版社，2021 年，第 199 頁；虞萬里：《以傳附經文本之起源與形成》，《中華文史論叢》2024 年第 2 期。

③ 定縣簡受損散亂嚴重，《儒家者言》編次分章是整理者根據對讀文獻以類相從得出的分章，簡與簡、章與章之間前後次序不反映實際文本次序，分章規則是“因其内容多見於《説苑》《新序》，故按兩書章次先後排列。不見於兩書的幾章則排在後面”。(定縣漢墓竹簡整理組：《〈儒家者言〉釋文》，《文物》1981 年第 8 期)第 24 章即屬於“不見於兩書”的部分。

④ 簡 313 整理者釋文中没有“主”字，但同時發表的該墓考古發掘簡報中(簡報此簡編號 91)摹本有“主”字，且從竹簡形製來看“主”下闕二字，釋文無“主”字可能係编校疏漏。前人在引用《儒家者言》時大多直接依據整理者釋文而漏“主”字，蘇成愛先生注意到了釋文與摹本的差別，並據意補足爲“主[不臣也]”，是也。詳見：劉來成：《河北定縣 40 號漢墓發掘簡報》，《文物》1981 年第 8 期；定縣漢墓竹簡整理組：《〈儒家者言〉釋文》，《文物》1981 年第 8 期；蘇成愛：《〈儒家者言〉“未解章”初揭——現存最早的經傳合璧的〈孝經〉抄本》，《文獻》2020 年第 1 期。

這幾枚簡原本的前後順序我們不得而知，胡平生先生與蘇成愛先生曾分別連屬諸簡復原語段，他們的復原方案均是在簡 1831 後接簡 313①。簡 1831“曰：樂正子”，是以樂正子春傷足故事解經，關鍵問題在於簡 313，前人學者雖然將這枚簡判斷爲對經文“不敢毀傷”的解釋，但是並未深入討論“父不子也，士不友也，主[不臣也]”之所指。事實上，樂正子春傷足，是日常生活中極爲常見的身體受損，而“父不子、士不友、主不臣”，則是重大犯罪之後非常決絶的刑罰，二者之間，輕重懸殊。兩句文義不一定貫通相連，而類似“父不子也，士不友也，主不臣也”的表述，在經學中更多指向“刑人”的生存處境，如《鹽鐵論》云：

> 《春秋》無名號，謂之云盜，所以賤刑人而絶之人倫也。故君不臣，士不友，於閭里無所容。故民恥犯之。②

《白虎通》亦引“禮曾子記”曰：

> 大辱加於身，支體毀傷，卽君不臣，士不交，祭不得爲昭穆之尸，食不得□？昭穆之牲，死不得葬昭穆之域。③

其中，“君不臣，士不友/交”可以和簡 313 中“士不友也，主

---

① 胡平生復原：“……置之，子不敢撅也，父母全之，子不敢【1842】……父母全而生之【1848】……膚，受諸父母。曾子【866】……何謂身體髮膚，弗敢毀傷？曰：‘樂正子【1831】……毀傷，父不子也，士不友也，□□【313】……”（《定縣八角廊漢簡〈儒家者言〉》，胡平生校點，《儒藏》精華編二八二册，北京大學出版社，2020 年，第 1530 頁。）蘇成愛復原：“何謂‘身體髮膚，弗敢毀傷？’曰：樂正子[春下堂而傷足，三月不出，既瘳矣，猶有憂色。][苟有]毀傷。父不子也，士不友也，主[不臣也]。”（蘇成愛：《〈儒家者言〉“未解章”初揭——現存最早的經傳合璧的〈孝經〉抄本》，《文獻》2020 年第 1 期。）

② 桓寬撰集，王利器校注：《鹽鐵論校注》卷十《周秦》，中華書局，1992 年，第 584 頁。

③ 班固撰集，陳立疏證：《白虎通疏證》卷十一，中華書局，1994 年，第 525 頁。另外，“士不交”和“士不友”含義本相近，不過若“士不友”爲成語，“交”也可能係“友”之形訛。

[不臣也]”直接對應；而簡 313 的“父不子”，可與“祭不得为昭穆之尸，食不得昭穆之牲，死不得葬昭穆之域”相通，也即“賤刑人而絶之人倫”①。由此可知，簡 313 所述乃刑人遭遇，父、士、主不應以刑人爲子、爲友、爲臣，刑人不配擁有父子、朋友、君臣之倫。而與《鹽鐵論》《白虎通》相比，簡文的表述又稍有不同，專門强調“父不子”，正扣合了經文“孝之始”。

不只定縣簡《儒家者言》，古文《孝經》孔傳“能自保而無刑傷，則其所以爲孝之始者也”②，也是以刑罰解釋“不敢毀傷”。然而，對於理解首章經義來説，具體哪種“毀傷”並不最重要，重要的是“不敢毀傷”爲什麼會通向“孝之始”。比較孔傳與《儒家者言》可以發現，《儒家者言》的重點不在於指出刑罰這一現象，而在於强調觸犯刑律所導致“父不子、士不友、主不臣”的人倫後果(可稱爲“刑人無倫”)。因此，點明刑罰與人倫如何聯繫，以致造成無孝，是此處《儒家者言》説解經義的獨特之處，而這一西漢經學中對孝之始與《孝經》之始的理解，在鄭玄之後長期湮没。

當然，以“刑人無倫”解釋“不敢毀傷”，並不能否定視身體爲父母遺體而愛重之的身體觀。

首先，兩漢史籍所載的時人話語中，常見愛重身體是爲孝親的思想。如漢文帝欲急趨馳馬下山，袁盎諫曰：“臣聞千金之子坐不垂堂，百金之子不騎衡，聖主不乘危而徼幸。今陛下騁六騑，馳下峻山，如有馬驚車敗，陛下縱自輕，奈高廟、太后何?”③子女的身體爲父母所給予，並非自己的所屬物，因此

---

① 另外，上引《白虎通》“禮曾子記”句陳立疏證：《通典》引劉智《釋疑》云：“問曰：‘骨肉昆弟，以罪惡徒流死者，諸侯有服否?’答曰：‘凡以罪惡徒者絶之，國君於兄弟有罪者亦絶也。’”對刑人絶服，即是絶之人倫，“父不子也”。

② 林秀一：《孝經述議復原研究》，喬秀岩、葉純芳、顧遷編譯，崇文書局，2016 年，第 262 頁。

③ 司馬遷：《史記》卷一百一《袁盎鼂錯列傳》，中華書局，1982 年，第 2740 頁。

對待身體時必須顧念父母，而不能隨意“自輕”棄置。《吕氏春秋·孝行覽》《禮記·祭義》《大戴禮記·曾子本孝》等與《孝經》關係密切的文獻中，都有幾乎相同的“身也者，父母之遺體也，行父母之遺體，敢不敬乎”語句[①]。《吕氏春秋·孝行覽》所述“曾子曰：‘父母生之，子弗敢殺。父母置之，子弗敢廢。父母全之，子弗敢闕。故舟而不遊，道而不徑，能全支體，以守宗廟，可謂孝矣。’”正是袁盎諫言的道理所在。唯有首先“全支體”，才能守宗廟，承祭祀，完成後續的孝子之事。

其次，漢代對《孝經》“身體髮膚”句最直接和普遍的解釋，仍然是廣泛意義上的免於身體毀傷。《東觀漢記》記載：“和熹皇后六歲，諸兄持后髮，后曰：‘身體髮膚，受之父母，不敢毀傷，孝之始也。何弄人髮乎？’”[②]可以推測，漢代兒童學習《孝經》時，對“孝之始”的最初理解，就是經文字面意義上的愛護身體髮膚。由“愛重父母遺體”出發，“不敢毀傷”還可以包含不登高臨深、不招致怨侮、不犯法受刑等廣泛的内在要求。徐幹《中論》云：“身體髮膚，受之父母，不敢毀傷。孝之至也。若夫求名之徒，殘疾厥體，冒厄危戮，以徇其名，則曾參不爲也。”[③]爭鬥、涉險中埋藏著傷害身體的隱患，因而絶非孝子所當爲。《孝經》後文也多處與首章“不敢毀傷”呼應：《庶人章》“謹身節用”之“謹身”，鄭注“行不爲非爲謹身”[④]；《紀孝行章》“爲

① 詳見《吕氏春秋·孝行覽》《大戴禮記·曾子本孝》《禮記·祭義》中記載的“樂正子春傷足”故事。吕不韋編，許維遹集釋：《吕氏春秋集釋》卷十四《孝行覽》，中華書局，2009年，第309頁。阮元校刻《十三經注疏·禮記正義》卷四十八《祭義》，中華書局，2009年，第3470頁。王聘珍：《大戴禮記解詁》卷四《曾子大孝》，中華書局，1983年，第85頁。

② 劉珍等撰，吴樹平校注：《東觀漢記校注》卷六，中華書局，2008年，第203頁。

③ 徐幹撰，孫啓治解詁：《中論解詁·夭壽第十四》，中華書局，2014年，第268頁。

④ 陳壁生：《孝經正義》，華東師范出版社，2022年，第76頁。

下而亂則刑”“在醜而爭則兵”，鄭注“爲人臣下好作亂，則刑罰及其身”“朋友之中好爲紛爭，則推刃之道也”[①]；《感應章》“修身謹行”之“修身”，鄭注“修身者，不敢毁傷”[②]。不過，這些“刑罰”只是導致身體毁傷的諸多原因之一，並不直接構成“孝之始”的意義。

新出西漢《孝經》説解“不敢毁傷”也並非僅“刑人無倫”一義。“不敢毁傷”句鄭玄注“父母全而生之，己當全而歸之”出自樂正子春傷足之事，而定縣、海昏侯《孝經》簡也都有以樂正子春傷足故事解釋“不敢毁傷”的内容[③]。可見，基於人倫底線的“刑罰説”和基於身體初生的“遺體説”，既不是一對水火不容的矛盾説法，也不是解釋史上的歷時更替。爲了藉助二説更好地認識經文本身，首先分析鄭玄注與西漢《孝經》説解的不同解經方式，及其導致的不同經義理解。

樂正子春故事見於《吕氏春秋 · 孝行覽》《大戴禮記 · 曾子大孝》《禮記 · 祭義》，鄭玄以之注“不敢毁傷”當是本於《禮記 · 祭義》。但是，鄭注截取出來的斷章之義略不同於故事原本語境中“父母全而生之，子全而歸之”的本義。鄭注“父母全而生之，己當全而歸之”，意思是子女應當將整全的身體髮膚歸於父母，然而樂正子春故事中，卻是先言“天地之性人爲貴”的道理[④]：

---

① 《孝經正義》揭示，《論語》“一朝之忿，忘其身以及其親”“忿思難”可以與此互相發明。前者皇疏：“若遂肆忿忘於我身，又災禍及己親，此則已爲惑。”説明肆忿招侮會帶來“忘於我身”和“災禍及己親”兩方面。

② 陳壁生：《孝經正義》，第 220 頁。

③ 定縣簡引樂正子春故事即簡 1831。海昏侯簡引樂正子春故事，詳見何晉：《海昏竹書〈孝經〉説解簡初論》，朱鳳瀚主編《海昏簡牘初論》，北京大學出版社，2021 年，第 180 頁。

④ 《吕氏春秋 · 孝行覽》《大戴禮記 · 曾子大孝》《禮記 · 祭義》中樂正子春故事的文本非常接近，不過《吕氏春秋 · 孝行覽》中没有先言“天地之性人爲貴”的道理，其文曰：“曾子聞之仲尼：‘父母全而生之，子全而歸之……’”

樂正子春下堂而傷其足，數月不出，猶有憂色。門弟子曰："夫子之足瘳矣，數月不出，猶有憂色，何也？"樂正子春曰："善如爾之問也！善如爾之問也！吾聞諸曾子，曾子聞諸夫子曰：天之所生，地之所養，無人爲大。父母全而生之，子全而歸之，可謂孝矣。不虧其體，不辱其身，可謂全矣。故君子頃步而弗敢忘孝也。今予忘孝之道，予是以有憂色也。壹舉足而不敢忘父母，壹出言而不敢忘父母。壹舉足而不敢忘父母，是故道而不徑，舟而不游，不敢以先父母之遺體行殆。壹出言而不敢忘父母，是故惡言不出於口，忿言不反於身。不辱其身，不羞其親，可謂孝矣。"①

天地所生養的萬物中，人是最貴重的，父母生下完整的人身，子女要終生愛惜身體，最終完整地將其歸還。但究其文義，並不是"全而歸於父母"，而是"全而歸於天地、父母"，甚至更强調"歸於天地"的層面。世間萬物莫貴於人，所以父母生人功莫大焉，子"全而歸之"也就"可謂孝矣"。樂正子春乃曾子弟子，既然"天之所生，地之所養，無人爲大，父母全而生之，子全而歸之，可謂孝矣"係"吾聞諸曾子，曾子聞諸夫子"，那麼可以認爲其與《孝經》思想同源，正是對"天地之性人爲貴"和"身體髮膚受之父母"兩項經義的融合與深化。也就是説，人之所以要愛重身體，不但因爲身體乃父母遺體，還因爲人是天地生養的最貴重的生靈。但是，首章"身體髮膚，受之父母，不敢毁傷"的經文本身並未體現天地生人的一面，因此鄭注只强調父母生身的"創造"之義，而不提父母對天地生人的"中介"之功。

同樣是用到樂正子春傷足故事，鄭玄以經文爲本，自故事

① 阮元校刻《十三經注疏·禮記正義》卷四十八《祭義》，中華書局，2009年，第3470頁。

記載中截取與“受之父母”經義完全扣合的内容來注經，即使“全而歸之”與樂正子春的本意已稍有出入；而西漢《孝經説》[①]以事解經。今見定縣、海昏侯《孝經》均非完帙，從已公佈部分來看，定縣簡《儒家者言》和海昏侯墓出土《孝經》説解簡都有以樂正子春傷足故事解經的内容，定縣簡目前所見僅“樂正子”三字，海昏侯《孝經》則很可能是引述了完整的樂正子春故事，其表述與傳世本文句接近，且有“天之所生，無人爲大”句[②]。

與鄭注相比，西漢《孝經説》一方面使得樂正子春故事中的多重含義如“惡言不出於口，忿言不反於身”“不羞其親”與所解的“身體髮膚，受之父母”不那麼直接相關，但另一方面可看作藉助經文來承載更豐富的内容。經文對鄭玄來説是核心關照的對象，而《孝經説》中，經文本身更像線索，樂正子春故事中“天之所生，無人爲大”可以對應《孝經》後文“天地之性人爲貴”(《聖治章》)，“不羞其親”可以對應“修身慎行，恐辱先也”(《感應章》)，因此並不算脱離《孝經》經義。

在《孝經説》的理解方式中，“身體發膚不敢毁傷”的所指不是單向的，《孝經説》以事解經、以經説解經，在樂正子春故事中展開了“毁傷”的豐富内涵，又利用刑人無倫經説搭建了一座由人倫界限通向“孝之始”的橋梁。站在兩千多年後，我們僅從《開宗明義章》的文句字面，並不容易讀出“刑罰”之義，更無法

---

① 《漢書・藝文志》載西漢《孝經》有長孫氏、江氏、翼氏、后氏、安昌侯五家，海昏侯《孝經》簡整理者認爲海昏侯《孝經》説解可能是后氏説或翼氏説，虞萬里先生亦認爲海昏侯《孝經》“結合《漢志》所列，可以認爲是‘説’體”，且指出定縣簡與海昏侯《孝經》簡顯然有關聯。因此，下文徑將定縣簡與海昏侯《孝經》視爲“西漢《孝經説》”。詳見：朱鳳瀚主編《海昏簡牘初論》，北京大學出版社，2021 年，第 199 頁。虞萬里：《以傳附經文本之起源與形成》，《中華文史論叢》2024 年第 2 期。

② 海昏侯簡【Ⅲ—34—(3)—808】正子曰：“天之所生，無人爲大，父母全而……歸之，可謂孝矣。”見朱鳳瀚主編《海昏簡牘初論》，北京大學出版社，2021 年，第 180 頁。

讀出刑人與常人的倫常之别，西漢經師所賴以解經的“刑人無倫”，並不出自《孝經》原文，而是基於在整個經學系統中“從經書本身，經由經師的智慧，而歸納、總結、概括出”的大義[①]。而西漢經師何以引此解經，並非爲了處理“身體髮膚”一句話的訓釋；刑人“父不子”這冰山一角背後，包含著一種對《孝經》制作邏輯的新理解。

二 作爲價值原則的“刑人非人”

經説中的刑人無倫，不是爲審判現實罪犯做制度設計，而是將觸刑與否作爲界定完整人格的標尺，從而形而上地定義人之爲人的要素，這種對“人”的定義方式，在《漢書·刑法志》開篇有十分充分的展現：

> 夫人宵天地之貌，懷五常之性，聰明精粹，有生之最靈者也。爪牙不足以供耆欲，趨走不足以避利害，無毛羽以禦寒暑，必將役物以爲養，任智而不恃力，此其所以爲貴也。故不仁愛則不能群，不能群則不勝物，不勝物則養不足……故制禮以崇敬，作刑以明威也。聖人既躬明悊之性，必通天地之心，制禮作教，立法設刑，動緣民情，而則天象地。故曰先王立禮，“則天之明，因地之性”也。[②]

天地所生莫貴於人，智力仁愛使人能夠聚類成群，役使萬物，此係人之所以異於物。但是有“不仁愛”者，不足以合群役物，這使得他們不具完備之人格，辜負天地生人之道，因此天罰之。而聖人通天地之心，則天制刑，正是要彰明天威，討罰自作孽的“不仁愛”者。人之所以觸刑犯罪，不是因爲天生即不健全，而是由於後天人格品性退化，退化之人，從人類社會中

---

① 陳壁生：《師法與經説》，“師法與家法”會議論文集，第378頁。
② 班固：《漢書》卷二十三《刑法志》，中華書局，1962年，第1079頁。

降格爲類禽獸，不再"懷五常之性"。

因此，"刑人非人"中，"非人"是前因，"刑"是後果，處以刑罰是人間統治者回應天道的方式。當然，這裡的統治者，只能是能夠知人知天的聖王，這樣其刑律才有代表天罰的效力，其刑律所區别的刑人與常人，也才能夠爲"什麼是人"下定義。换句話説，对于一个汉朝刑徒来说，刑人非人的原則并不適用于他，因为那些遠在經學中的"刑人"，并不是一批擬定的在治教分離時代與他同病相怜的人，而是一個高懸的符號。

通過在理論中樹立一種反面的無人性、無倫常、戕害同類，不能合群的"非人"，何謂"人"也就得以明晰——真正的人能夠勝任人類社會的生活，擁有人倫關係——這些人才是經學政教面對的對象。

如何安置刑餘之人，在《王制》與《周禮》間體現爲一項制度分歧:《王制》將刑人遠逐，"刑人於市，與眾棄之。是故公家不畜刑人，大夫弗養，士遇之涂弗與言也；屏之四方，唯其所之，不及以政，亦弗故生也"[①]；《周禮》使刑人役事盡其所用，"墨者使守門，劓者使守關，宫者使守内，刖者使守囿，髠者使守積"[②]。鄭玄以《周禮》爲周公之法，則《王制》被定爲前代制度。但是，"屏之四方"這一所謂"制度"，不在於爲如何處理罪犯確立規範，而是在藉刑人講如何維護一個共同體的邊界。

《春秋》中有兩處刑人弒君，一是襄公二十九年"閽弒吴子餘祭"，二是哀公四年"盜殺蔡侯申"，兩處《公羊傳》分别如下：

> 閽者何？門人也，刑人也。刑人則曷爲謂之閽？刑人非其人也。君子不近刑人，近刑人則輕死之道也。[③]
>
> 弒君賤者窮諸人，此其稱盜以弒何？賤乎賤者也。賤

① 阮元校刻《十三經注疏・禮記正義》卷十一《王制》，第 2873 頁。

② 阮元校刻《十三經注疏・周禮注疏》卷三十六，第 1908 頁。

③ 阮元校刻《十三經注疏・春秋公羊傳注疏》卷二十一，第 5023 頁。

乎賤者孰謂？謂罪人也。①

刑人本不會與君相接，哀公四年的刑人所以能殺蔡侯，何休注云："罪人者，未加刑也。蔡侯近罪人，卒逢其禍，故以爲人君深戒。不言其君者，方當刑放之，與刑人義同。"弒君的人原已觸刑犯罪，只是尚未來得及處刑和放逐，故而能夠接近蔡侯。何注所謂"方當刑放之"，已先見於襄公二十九年閽弒吴子之注："刑人不自賴，而用作閽，由之出入，卒爲所殺，故以爲戒。不言其君者，公家不畜，士庶不友，放之遠地，欲去聽所之，故不繫國。不繫國，故不言其君。"②同於《王制》之制。

而吴子餘祭所以會被閽人所殺，乃因自己錯用刑人。"刑人非其人"，謂以刑人守門是所用非人，何休注云："以刑人爲閽，非其人，故變盜言閽。"也就是説，刑人弒君常例書"盜"，是貶刑人，而變"盜"爲"閽"，則意在指責以刑人爲閽是君主之過。《漢書·五行志》引董仲舒説災異時提到，"閽弒吴子餘祭"是"禮義將大滅絶之象"之一：

二十七年"十二月乙亥朔，日有食之"。董仲舒以爲禮義將大滅絶之象也。時吴子好勇，使刑人守門；蔡侯通於世子之妻；莒不早立嗣。後閽戕吴子，蔡世子般弒其父，莒人亦弒君而庶子爭。劉向以爲自二十年至此歲，八年間日食七作，禍亂將重起，故天仍見戒也。③

閽人弒君並非事出無由，"吴子好勇，使刑人守門"才是造釁開端。《春秋》借助吴子之事，意在暗示若人君對挑釁政教底線的行爲不以爲意，那麼政教的尊嚴也就揺揺欲墜。因此，《春秋》中，君主近刑人是一個極其嚴重和危險的信號，預示著"禮義將大滅絶"，政治秩序自上而下地傾覆。

---

① 阮元校刻《十三經注疏·春秋公羊傳注疏》卷二十七，第5100頁。

② 阮元校刻《十三經注疏·春秋公羊傳注疏》卷二十一，第5023頁。

③ 班固：《漢書》卷二十七《五行志》，第1492頁。

《鹽鐵論》有一段論辯雙方皆引《春秋》"刑人非人"義的對話：

> 御史曰："《春秋》無名號，謂之云盜，所以賤刑人而絶之人倫也。故君不臣，士不友，於閭里無所容。故民恥犯之"，文學曰："古者，君子不近刑人，刑人非人也，身放殛而辱後世，故無賢不肖，莫不耻也。"①

刑人不堪與常人爲伍，即《公羊傳》所謂"賤乎賤者"而云盜，而刑人之至賤，是通過絶之人倫、辱及後世，不繫於國、不君其君來體現。

刑人遠逐，被"不及以政"(《王制》)，從而失去政治身份，被"絶之人倫"(《鹽鐵論》引經義)，因此失去人倫身份，政治游離與人倫褫奪共同構成了經學世界中刑人的生命處境。《春秋》與《王制》講刑人，其意義在於以抽象的聖王之刑代表不可逾越的政教尊嚴，同時界定一種代表文明的政治與人倫生活，被棄於政治與人倫生活之外的刑人就像一面鏡子，反射著政教邊界線以内的風景。

而在另一方面，王者政教"禮義"的尊嚴，還在於温情教化，"刑措不用"是政教永恒的追求。這在《王制》中體現爲，司徒掌教，面對違逆政教者，要先做多番教化，其文云：

> 命鄉，簡不帥教者以告。耆老皆朝于庠，元日，習射上功，習鄉上齒，大司徒帥國之俊士與執事焉。不變，命國之右鄉，簡不帥教者移之左；命國之左鄉，簡不帥教者移之右，如初禮。不變，移之郊，如初禮。不變，移之遂，如初禮。不變，屏之遠方，終身不齒。②

又云：

---

① 桓寬撰集，王利器校注：《鹽鐵論校注》卷第十《周秦》，第584頁。

② 阮元校刻《十三經注疏·禮記正義》卷十一《王制》，第2905頁。

> 將出學，小胥、大胥、小樂正簡不帥教者以告于大樂正。大樂正以告于王。王命三公、九卿、大夫、元士皆入學。不變，王親視學。不變，王三日不舉，屏之遠方。西方曰棘，東方曰寄，終身不齒。[1]

由此可見，王者對待無上無法之人，並非一舉棄絶，而是數次教化然後漸次遠逐，充分給予"不帥教者"改過自新的機會。刑人是"不帥教者"中實在冥頑不化者，無論如何教化也無法改造成可以共同生活的人，因此才不得不將其驅逐出共同體。司徒掌教之法，可以看作運用刑人確立政教尊嚴與實施温情教化兩項原則的結合，也是對刑人驅逐的補充説明。

在漢代經學中，"刑人非人"是一項塑造共同體聚類與奠定王者政教形態的基本原則；而漢代政治實踐與社會生活裏，自有安置刑人的現實邏輯。在漢代的通經致用中，刑人驅逐只在特殊目的下被藉用：宣帝時蕭望之以"違古不近刑人之義"爲由要求"罷中書宧官"，是經師以"君子不近刑人"對抗宧官專權[2]；漢廢帝劉賀被廢黜，群臣奏言"古者廢放之人屏於遠方，不及以政，請徙王賀漢中房陵縣"[3]，也只是出於驅逐劉賀的需要，而非真的將劉賀視同"刑人"，挪用經學的抽象原則來予以處置。

漢文帝詔書中所寫廢除肉刑的理由，除了"或欲改行爲善，而道毋由也"之外，還有對自己"教未施而刑加"的反思[4]。理想的政教刑律是聖王所制，不順教化、作奸犯科必然是刑人其人之咎，所以排斥刑人就是在有力地捍衛政教。可是現實中，現行的律法並不總能代表絶對真理，量刑輕重也並非無可商榷。

---

① 阮元校刻《十三經注疏・禮記正義》卷十一《王制》，第 2905 頁。

② 班固：《漢書》卷七十八《蕭望之傳》，第 3284 頁。卷九十三《佞幸傳》，第 3727 頁。

③ 班固：《漢書》卷六十八《霍光金日磾傳》，第 2946 頁。

④ 司馬遷：《史記》卷十《孝文本紀》，第 428 頁。

臣民違法犯罪，也可能是由於時王“教未施”或者刑律不夠盡善盡美所致[①]。倘若只是複製經典中驅逐刑人的制度化表象，而罔顧其捍衛政教尊嚴的本旨，就與嚴刑峻法之秦政無異。因此，政治實踐中的理想狀態，反而是將對政教尊嚴的維護與温情的教化相結和。

漢代的刑徒實際身處國家之内，並不與文明世界隔絶。不過，雖然政治生活裏刑徒不會受到“不及以政”的排斥和驅逐；但在家族人倫生活中，又有“刑徒不上丘墓”之俗，這看起來彷彿是“絶之人倫”的現實映射。《太平御覽》引《風俗通》佚文云：“徒不上墓，説新遭刑罪，原解者不可以上墓祠祀，令人死亡。”[②]《論衡 · 四諱》對此俗有更詳細的記述和批判：

> 諱被刑爲徒不上丘墓。但知不可，不能知其不可之意。問其禁之者，不能知其諱……實説其意，徒不上丘墓有二義，義理之諱，非凶惡之忌也。……孝者怕入刑辟，刻畫身體，毀傷髮膚，少德泊行，不戒慎之所致也。愧負刑辱，深自刻責，故不升墓祀於先。古禮廟祭，今俗墓祀，故不升墓，慚負先人。一義也。……緣先祖之意，見子孫被刑，惻怛憯傷，恐其臨祀，不忍歆享，故不上墓。二義也。
>
> ……葬死人，先祖痛；見刑人，先祖哀。權可哀之身，送可痛之屍，使先祖有知，痛屍哀形，何愧之有？如使無知，丘墓、田野也，何慚之有？慚愧先者，謂身體刑殘，與人異也。古者用刑，形毀不全，乃不可耳。方今象刑，象刑重者、髡鉗之法也。若完城旦以下，施刑綵衣系躬，冠帶與俗人殊，何爲不可？世俗信而謂之皆凶，其失至於不弔鄉黨屍，不升佗人之丘，惑也。[③]

---

① 詳見《後漢書 · 孔融傳》所載孔融主張廢除肉刑的理由。范曄：《後漢書》卷七十《鄭孔荀列傳 · 孔融》，中華書局，1965 年，第 2266 頁。

② 應劭撰，王利器校注：《風俗通義校注 · 佚文》，第 566 頁。

③ 王充撰，黄暉校釋：《論衡校釋》卷二十三《四諱篇》，第 970—975 頁。

"刑徒不上丘墓"與"刑人無倫"的原則相符合，但後者中蘊含奠基政教的立法本旨，而前者只是約定俗成的民間風俗，因此，王充不可能用經學中的"刑人無論"的抽象原則來支持現實中的"刑徒不上丘墓"。在價值世界，觸犯刑律意味著違背聖王政教，而違背政教意味著不再是共同體中真正的人，那麽共同體中的人倫規範也就不再能適用於此人。也就是説，"祭不得爲昭穆之尸""死不得葬昭穆之域"的人倫排斥背後，離不開刑人非人、不及以政的政治棄絶。但是，現實中國家接納刑人，没有大共同體的政治排斥，家族無法真正在刑人面前築起强有力的人倫藩籬，故而在"刑人是人"的實際生活裏，"絶之人倫"也就演化成了刑徒主動選擇不上丘墓來迴避祖先。王充對標現實，追究古代刑人不上丘墓的義理，也只可能上溯到刑人"愧負刑辱"和先祖"惻怛憯傷"這兩點基於親親情感連結的理由；而在民間，刑人迴避祖先更是流爲不求甚解的吉凶信仰"凶惡之忌"。

"刑人"作爲概念符號，塑造了一種理解文明中人的方式。《論衡》所記時俗已經表明，"刑人無倫"無法爲現實做直接的積極指導；西漢經師以"刑人無倫"解《孝經》，用意亦不在警示時人守法，而是開宗明義奠定《孝經》中先王孝治的規模大要。

三　孝治的對象與邊界

《孝經》言先王以孝順治天下之法，所涉主體是"自天子至於庶人"，刑人不在其列，以"刑人"解首章的意義，在於指出孝治的特殊性和有界性。

從王者施教的角度來看，自諸侯至庶人對各自父親行孝，並非以抽象的子面對抽象的父，而是在政教當中，作爲"王者之民"面對同樣爲"王者之民"的父。也就是説，在政教共同體視角下理解的孝親，具有天然的政治性。站在個體事父事君的角度，父子與君臣激烈衝突的極端情況時，有時不得不捨棄“王者之民”以保全“父母之子”的身份，這也是《孝經》“資於事父以事君”蘊含的忠孝次序。就像竊負而逃的舜，舜放棄天子之位，逃離政教共同體正是爲了盡孝。但是，舜的故事本身代表了一種非常態的突破秩序的行爲，即瞽叟殺人先已衝破文明秩序的底線，舜才因之父與子都生活在政教之中而非真空之中，無論孝子事親還是王者立法，追求的都應是讓“父母之子”的人倫身份與“王者之民”的政治身份達成和諧，既不能用政教要求對抗人倫，也不必背棄王者之教來成全父子人倫。

“王者之民”的身份使得孝親不只是單純的父子間事，“曾子芸瓜”故事中，孔子與曾子思考的不同之處就在於是否將父子看作“王者之民”。該故事見於《説苑》《韓詩外傳》《孔子家語》[1]，《説苑》記載如下[2]：

> 曾子芸瓜而誤斬其根，曾皙怒，援大杖擊之，曾子仆地；有頃蘇，蹶然而起，進曰：“曩者參得罪於大人，大人用力教參，得無疾乎！”退屏鼓琴而歌，欲令曾皙聽其歌聲，令知其平也。孔子聞之，告門人曰：“參來勿内也！”曾子自以無罪，使人謝孔子，孔子曰：“汝聞瞽叟有子名曰舜，舜之事父也，索而使之，未嘗不在側，求而殺之，未嘗可得；小箠則待，大箠則走，以逃暴怒也。今子委身以待暴怒，立體而不去，殺身以陷父不義，不孝孰是大乎？汝非天子之民邪？殺天子之民罪奚如？”以曾子之材，

---

① 詳見劉向撰，向宗魯校證：《説苑校證》卷三《建本》，中華書局，1987年，第61頁。韓嬰撰，許維遹校釋：《韓詩外傳集釋》卷八，中華書局，第296頁。陳士珂：《孔子家語疏證》卷四《六本》，鳳凰出版社，2017年，第111頁。

② 定縣簡《儒家者言》也包含曾子芸瓜故事，整理者編次時因其見於《説苑》而編於《儒家者言》第三章。此前學者未指出該内容與《孝經》有關，但據近出海昏侯《孝經》用曾子芸瓜説解“不敢毁傷”，推測定縣簡《儒家者言》的“曾子芸瓜”很可能也屬於解釋“不敢毁傷”的内容，可與“毁傷，父不子”句合觀。

又居孔子之門，有罪不自知處義，難乎！①

曾子鼓琴而歌告訴其父自己未有毀傷，以避免父親擔憂，已經踐行了不敢毀傷身體之孝。但是孔子認爲猶有不足，孔子是將子事父、父殺子的行爲置於王者政教之中思考。子是“天子之民”(《韓詩外傳》作“王者之民”②)，爲王者所教，所以不能被隨意殺害；父也是“天子之民”，所以行爲要受到律法的約束。“大杖不走”看似順從了父的意願，但在政教之中“陷父不義”，反而是最大的不孝。

國家政教禁止父殺子，是因爲子乃天地所生、王者所教，非父母私屬，《白虎通》云：“天地之性，人爲貴，人皆天所生也，託父母氣而生耳。王者以養長而教之，故父不得專也。”③然而，曾子之所以應該阻止其父殺己，卻不是以“天地之性人爲貴”、子爲“王者所教”的立法原則爲根據，而是因爲父殺子就是殺“王者之民”，這是犯法有罪的。也就是説，孝子避免爲父所殺，不是在維護自身，而是在維護其父。孝子需要讓自己和父親都能在國家政教中安身，而非用“法律武器”破壞父子人倫。倘若子直接用立法原則對抗其父以“維權”，就會導致人倫身份和政治身份、家和國的衝突；而如果子“大杖則走”，避免陷其父於違法犯罪之不義，則可使父子與君臣、家與國之間達到和諧。

王者教化下，個體的一切生命經歷，包括家庭倫理生活的底色是“王者之民”的身份。人可能不是天子諸侯，可以不出仕爲官，即不身處於“君臣”關係中；但是所有在文明中出生、接受教化的人皆是“王者之民”，“王者之民”的身份，幾乎和父母

① 劉向撰，向宗魯校證：《説苑校證》卷三《建本》，第 61 頁。

② 韓嬰撰，許維遹校釋：《韓詩外傳集釋》卷八，第 296 頁。

③ 班固撰集，陳立疏證：《白虎通疏證》卷五，第 216 頁。“天地之性人爲貴”在漢代政治中可用作禁止父專殺子。詳見陳壁生：《孝經學史》，華東師範大學出版社，2015 年，第 92—95 頁。

生身一樣是與生俱來的。

而《孝經》中孝之始終，正是"王者之民"政治生活的遞進展開。《開宗明義章》有兩句經文講孝之始終，一是"身體髮膚，受之父母，不敢毀傷，孝之始也。立身行道，揚名於後世，以顯父母，孝之終也"，二是"夫孝，始於事親，中於事君，終於立身"。事君與立身揚名，都必須在家庭以外的政治生活中進行。而若將"不敢毀傷"理解爲避免刑罰，那麼孝的歷程就完整對應著"王者之民"政治生活的幾個層級——遵守律法享受教化、出仕爲臣開始事君、立身揚名垂於後世。也就是説，在王者教化的文明共同體中安身，方能事親；事親周備，以事父之敬事君而爲忠臣；最高境界則是揚名立萬，榮顯父母，完成孝的回環。這些層次還是人的生命在時間維度的延展：刑人見棄於當世，合格的"王者之民"存在於當世，而"孝之終"則要超越當世的時間限制，名揚後世，永垂不朽，孝因此嵌入人整個生命的漫長里程中。行孝的歷程内在於政治生活的歷程，並不是因爲政治身份先於人倫身份而存在，人倫身份由政治身份決定，而是因爲政治生活和人倫生活都需要在王者之教下展開。人的孝之始終與政治生活之始終，在父子共處的王教澤被的文明共同體内，通過"王者之民"的身份扣合在一起。

由此可見孝治的層次：天理人情是先王立法的根據，先王孝治法度是時王施教、讓"王者之民"安身立命的根據，"王者之民"是在現實政教中立身行孝，而非越過現實法度直接按立法原則做事。首先，天地、人情産生孝的自然基礎，人可以感於天地之道而應之以孝的自覺，以及由父母生養而萌生愛敬。其次，先王體察天地、人情而立孝治之法，既以身垂范，教民以孝，又自孝而廣之，教民以更豐富的秩序生活内容。源自自然的天道人情，在王教裹固結爲三綱中的父子天倫。最終，人作爲"王者之民"在這一套孝治中行孝，其孝心孝行，不再只是自然天性的流露，而且變成與生俱來、無可推卸的人倫責任。

人的父母生、天地生、王者教三重身份中，父母生是人與禽獸共有的，羊羔跪乳、烏鴉反哺也可以隱約包含由“父母生”而產生的孝的影子。“天地之性人爲貴”使人有别於禽獸，而聖王之教，則時間上使人從自然狀態走入文明時代，空間上使中國人有人倫而别於蠻夷。《漢書・禮樂志》：“人函天地陰陽之氣，有喜怒哀樂之情。天稟其性而不能節也，聖人能爲之節而不能絶也，故象天地而制禮樂，所以通神明，立人倫，正情性，節萬事者也。”[①]聖人節約人的自然之性，完成人之爲人[②]的最後一環，人因王者施教而與禽獸蠻夷相揖别。

刑人不識聖人之教，被排除出政教所及的文明共同體，“役賦不與，亦不授之以田，困乏又無賙餼”[③]，不再作爲“王者之民”位於被教化者序列中，因此不在《孝經》言孝、王者教孝的範圍之内，也就不再有行孝事親的必然人倫責任。當然，站在刑人的個人角度，完全可以有選擇孝親的自由。父子之道天性，人之初生，秉父母遺體而學事親，孝已然發端，刑人和常人一樣同爲父母所生，也可以産生孝的愛敬情感。然而，孝還作爲共識被一個群體認可，成爲制度和生活的根本原則。“孝治”的主體必須是在此文明共同體中的人。用今天的話來比附，孝既是義務，也是權利。能被孝的要求所指引和規範，享受“孝治”，是唯有王者文明教化中的人才擁有的權利。因此，“孝”可以是普遍的，而“孝治”卻是特殊的。

在這個意義上，王者施教的地理空間，就是自然的父子之

---

① 班固：《漢書》卷二十二《禮樂志》，第1027頁。

② 物種意義上，禽獸、蠻夷、文明人是三個層級，但是當著眼點放在王教之内的人上時，人之爲人就對應著是文明人而非普遍意義的人，如“刑人非人”中，“人”這個詞即是指有倫理的政教中人，而禽獸和蠻夷可歸爲一類，如《白虎通・辟雍》“頑鈍之民亦足以别於禽獸，而知人倫，故無不教之民”。

③ 《王制》“刑人於市”句鄭注。刑人無賦役、授田、賙餼之事，自然無法“用天之道，分地之利”，庶人必然不包含刑人。阮元校刻《十三經注疏・禮記正義》卷十一《王制》，第2873頁。

道可以升爲父子之倫的空間範圍，也是一切倫理原則與政治原則適用的場域。《王制》言“四海之内九州”，又説“四海之内”是“西不盡流沙，南不盡衡山，東不近東海，北不盡恒山”[①]，《禹貢》言“東漸于海，西被于流沙，朔南暨聲教訖于四海”[②]，雖界止有異，然在王教有界的意義上是相同的。舜竊負逃諸“海濱”[③]、太伯仲雍爲了讓賢王季而“奔荆蠻”[④]，則已至王教稀疏之處而近於夷狄禽獸之地，因而可以從秩序世界的規則中抽身——舜是離開王教以内的政治秩序而重新開啓“父子之道天性”，太伯、仲庸是離開王教以内的倫理秩序而重新開啓新的賢人政治教化。

刑人“放諸墝埆不毛之地，與禽獸爲伍”[⑤]，在王教有界基礎上的刑人遠逐，相當於用具體的地理化描述來表達刑人與常人的抽象天塹。以《春秋》和《王制》爲代表的拒斥刑人，是在講捍衛神聖不可侵犯的理想中的聖王政教；而《孝經》以刑人解“孝之始”，雖表述爲“不敢毁傷”這樣對個體的勸教之語，但用意應不在“刑人無倫”本義，而是藉刑人來喻中國與蠻夷、人與禽獸之别，從而勾勒一個有限的王教秩序。

四　結語

由“不敢毁傷”到“孝之始”兩條解釋通路，一是基於父母生身的生命來源，二是基於刑人“父不子”的人倫界限。前者，天地生人與父母生人孕育了人類普遍共有的孝之萌生；後者，刑律政教在秩序世界裏劃定了有資格限定的人倫主體範圍。由發

① 阮元校刻《十三經注疏・禮記正義》卷十一《王制》，第2916—2917頁。

② 阮元校刻《十三經注疏・尚書正義》卷六《禹貢》，第318頁。

③ 阮元校刻《十三經注疏・孟子注疏》卷十三下《盡心章句上》，第6027頁。

④ 司馬遷：《史記》卷三十一《吴太伯世家》，第1445頁。

⑤ 班固撰集，陳立疏證：《白虎通疏證》卷九《五刑》，第444頁。

生而論，“孝”始於父母生身；由主體而論，以孝爲基礎的秩序始於成爲文明共同體中的“王者之民”。

孝本諸普遍的天道人情，孝治則是特殊的人間秩序。《孝經》陳孝道，上窮父子天性以爲孝治立法之基，下别眾庶生靈以定孝治群屬之界。先王以孝順治天下，取法於普遍而施於有限。孝治有界在新出《孝經》説解材料中没有直接體現，我們是在相信“毁傷，父不子也……”殘文背後有連貫圓滿考量的前提下，推想西漢經師眼中《孝經》乃至整體經學的性質。

《孝經》中，“孝”的外延不止於盡孝於親，而是涵蓋父子、君臣、天人等秩序，“孝”代表的是整個有文明的共同體生活。推而廣之，漢代以《孝經》總會六經，漢代經師對於孝治有限性的理解，也應當關聯著對經學整體施用對象的理解。

其實，身、體、髮、膚四詞，還恰巧由輕到重對應大辟，宫、刖與劓，髡，墨之刑，這恐怕不是巧合。若如樂正子春傷足般的不慎毁傷，身、體、膚之傷尚可理解，傷髮則難以想象。因此，“身體髮膚”之語，或許本即就刑罰而設。五帝象刑，三王肉刑，象刑所以能恥人和警人，需要刑人與常人共同生活，而刑人放逐的原則是就三王肉刑之道而言。如此看來，鄭玄謂以至德要道順治天下的“先王”是三王最先之禹，實與之冥冥相合。

經學史論

經學史學化的幾種表現型態及其與經學史的關係

車行健*

【摘要】經學史學化是近代經學發展過程中的一個顯著現象，自清中葉章學誠首倡“六經皆史”説後，至民國初年又轉化爲梁啓超、胡適等人所提出的“六經皆史料”説。本文擬針對二十世紀以來經學史學化的幾種表現型態，包括何定生的“復始論”、顧頡剛的“流變論”和牟潤孫的“用今論”做一深入的考察與評析，並對經學史的性質和定位加以反思。

【關鍵字】經學史學化；六經皆史；經學史；顧頡剛；何定生；牟潤孫

一　前言

(一)六經皆史

經學史學化是經學發展過程中的一個顯著現象，清代中葉

* 車行健，臺灣政治大學中文系教授。

本文爲“國科會”專題研究計畫“何定生遺集整理及其學術研究”(計畫編號：112-2410-H-004-149-MY2)之部分研究成果。又，本文原爲中國文哲研究所“經史文哲‘經典’多邊對話系列座談(一)：‘經學史學化’的反省與開展”之發言稿(2024 年 5 月 7 日)。後經修改與擴充，發表於中華孔子學會經學研究專業委員會主辦、清華大學中國經學研究院承辦之“經學與中國文明國際學術研討會”(2024 年 7 月 6 日)。

章學誠(1738—1801)提出的“六經皆史”説可謂經學史學化最具體也最具代表性的論説，錢穆(1895—1990)於 1937 年出版的《中國近三百年學術史》，嘗歸納章氏“六經皆史”論之要旨如下：

> 〇六經皆史也。……皆先王之政典也。(《文史通義·易教》上)
>
> 〇六經皆先王得位行道經緯世宙之跡，而非托於空言。(同上)
>
> 〇古之所謂經，乃三代盛時典章法度見於政教行事之實，而非聖人有意作爲文字以傳後世也。(《文史通義·經解》上)

其申釋曰：

> 苟明六經皆史之意，則求道者不當捨當身事物人倫日用，以尋之訓詁考訂，而史學所以經世，固非空言著述，斷可知矣。①

又曰：

> 章氏六經皆史之論，本主通今致用，施之政事。其前有李恕谷，後有包慎伯、周保緒、魏默深，與實齋皆以遊幕而主經世。……經生竊其説治經，乃有公羊改制之論，龔定庵言之最可喜，而定庵爲文，固時襲實齋之緒餘者。公羊今文之説，其實與六經皆史之意相通流，則實齋論學，影響於當時者不爲不深宏矣。近人誤會六經皆史之旨，遂謂流水帳簿盡是史料。嗚呼！此豈章氏之旨哉！②

錢鍾書(1910—1998)《談藝録》嘗對章氏“六經皆史”説的淵源有

---

① 錢穆：《中國近三百年學術史》，臺灣商務印書館，1990 年臺 10 版，上册，頁 391—392。

② 錢穆：《中國近三百年學術史》，上册，頁 392。

所梳理[①]，周予同(1898—1981)、湯志鈞(1924—2023)的《章學誠“六經皆史説”初探》亦有對章氏此説加以探究[②]。其他相關討論，學界既有成果甚多，然非本文重點，茲不多加贅敘。

(二)六經皆史料

梁啓超(1873—1929)於1922年在南京講學的講稿《治國學的兩條大路》有云：

> 一切古書，有許多人見爲無用者，拿他當歷史讀，都立刻變成有用。章實齋説“六經皆史”，這句話我原不敢贊成；但從歷史家的立腳點看，説“六經皆史料”，那便通了。既如此説，則何只六經皆史？也可以説諸子皆史，詩文集皆史，小説皆史。因爲裏頭一字一句都藏有極可寶貴的史料，和史部書同一價值。[③]

胡適(1891—1962)同年在北京高等師範學校的講演稿《研究國故的方法》也有類似的説法：

> 最好是研究國故的人，都把古書當作歷史看——當作歷史的原料看。清人章學誠——人人稱道的章實齋先生——云：“六經皆史也。”(《文史通義》開頭一篇第一句)他與他的朋友孫星衍的信上，又説：“天地之間，凡涉著作之林，皆是史學。”他這兩句話，有極大見識，極大精神。惜乎在當時人都不相信！我固然佩服他的話，不過以現代的眼光看去，還要把他所謂“史”，所謂“史學”，改作

---

① 錢鍾書：《章實齋與隨園》“附説二十”，《談藝録》，臺北書林出版有限公司，1999年，頁263—266。

② 朱維錚編《周予同經學史論著選集》(增訂本)，上海人民出版社，1996年，頁711—727；又收於湯志鈞：《經學史論集》，臺北大安出版社，1995年，頁343—362。

③ 梁啓超：《梁啓超全集》，北京出版社，1999年，第7册，頁4067。

> “史料”，才算圓滿。[①]

周予同也深感章學誠“六經皆史”説之不足，以爲“不僅將經分隸於史，而且要明白地主張‘六經皆史料’説。”[②]顧頡剛(1893—1980)亦有“將經書變成歷史”“把經書也看成一堆史料”等説法。[③]

從“六經皆史”到“六經皆史料”，似乎是經學史學化發展的自然理路，然而錢穆還原章學誠的本然主張，以爲此係“近人誤會‘六經皆史’之旨，遂謂‘流水帳簿盡是史料’。嗚呼！此豈章氏之旨哉”[④]。錢穆所謂“流水帳簿盡是史料”，當爲梁啓超之説，梁氏在一九二二年出版的《中國歷史研究法》，於第四章《説史料》云：

> 又豈惟書籍而已，在尋常百姓家故紙堆中往往可以得極珍貴之史料。試舉其例：一商店或一家宅之積年流水帳簿，以常識論之，寧非天下最無用之物？然以歷史家眼光觀之，倘將同仁堂、王麻子、都一處等數家自開店迄今之帳簿，及城間鄉間貧富舊家之帳簿各數種，用科學方法一爲研究整理，則其爲瓌寶，寧復可量？蓋百年來物價變遷，又從此以得確實資料；而社會生活狀況之大概情形，亦歷歷若睹也。[⑤]

錢氏還原章學誠學説之論述脈絡，固然可有此批評，然而梁啓超純從史學角度立論，其心態意識本與章氏迴異，其説非章氏

---

① 潘光哲主編《胡適全集：胡適時論集》，“中研院”近代史研究所，2018年，第2册，頁298。案：胡適在1921年7月31日即有同名演講，内容與1922年者頗有不同，如論章氏“六經皆史”處，僅言：“一切舊書——古書——都是史也。”(同上，頁38)未明言“六經皆史料”。

② 周予同：《治經與治史》，《周予同經學史論著選集》(增訂本)，頁622。

③ 顧潮：《顧頡剛年譜》(增訂本)，中華書局，2011年，頁294。

④ 錢穆：《中國近三百年學術史》，上册，頁392。

⑤ 梁啓超：《梁啓超全集》，第7册，頁4113。

之旨本不足怪[①]。北京大學的吴飛教授論及章學誠“六經皆史”説在晚清民國後受到的重視，指出有將“六經皆史”改造爲“六經皆史料”發展的方向，但他認爲這個方向：

> 將經學打散爲零碎的史料，雖有方法論上的意義，但已完全解構了經學，是世界範圍内歷史主義的一部分，影響雖大，卻只能算作“六經皆史”説的末流，對理解經學並無建設性的意義。[②]

其所關心的重點又從民初學者的史學轉回到經學本身。

上述論説皆從經學史學化或經學與史學的關係展開理論性、原則性的思考與論辯，具有較豐富的學理意義與價值。本文擬在此學理探究的基礎上，將重點置放於經學史學化的實踐層面，主要針對在近代經學史學化的過程中，所表現出來的幾種型態及其内涵，加以考索探究，並且進一步關聯到經學史的性質與定位的反思，如此或能對“經學史學化”的内涵與表現有較具體且深入的理解與把握。

二　復始、流變與用今
——“經學史學化”的三種表現型態

(一)復始論的表現型態

古史辨學者何定生(1911—1970)於 1949 年渡海來臺灣，

① 李旭指出，錢穆雖不贊成“六經皆史料”，但從其《劉向歆父子年譜》等一系列著作和其撰述宗旨來看，他的某些觀念已和梁啓超、胡適、周予同、顧頡剛等人並無根本區别，皆依史法治經學。經學紀録在他那裏便轉化爲史學紀録，經書也便成了史料。參氏撰《從劉向歆父子年譜看錢穆史學觀念》，李帆等主編《重訪錢穆》，臺北秀威資訊科技公司，2021 年，上册，頁 244。

② 吴飛：《經學何爲？——六經皆史、六經皆禮、六經皆文三説辯證》，《現代哲學》2024 年第 1 期，頁 113。

任教於臺灣大學中文系，專研《詩經》[①]。其於《讀詩綱領》文中嘗云：

> 民國以來，因“新文化運動”的鼓盪，《詩經》的復古解放運動，雖曾經熱鬧過一陣，但除了文字訓詁的若干新證外，對於詩文的解釋，仍鮮突出的著作。所以傅孟真師對於今後研究《詩經》的態度，雖曾提出三點，即：“一、欣賞它的文學，二、拿它當一堆極有價值的歷史材料去整理，三、拿它當一部極有價值的古代語言學材料書”；但仍不能不主張先從漢宋人《詩經》學解放出來，“只拿它當做古代留遺的文詞，既不涉倫理，也不談政治，這樣似乎才可以濟事”。所以研究《詩經》的最終目的，可以說仍在於尋求詩文最後(也可說就是本始)的解釋。[②]

又於《詩經的復始問題》云：

> 今日研究《詩經》，若非從漢、宋、清學解放出來以復於春秋以前之古，而欲期其獲得真相，那是不可能的。民國初期，由於新文化運動的激盪，像其他的古史問題一樣，《詩經》的復古解放問題也曾被熱烈討論，雖當日的主要觀念不夠鮮明，但在方法上確也曾經就禮樂觀點來尋求問題的客觀解釋。所以留下來不下三十萬字的幾十篇論文，仍然不失其爲“啓明期”重要文獻的意義與價值，爲二千年來《詩經》問題一次徹底的總提出。[③]

---

① 關於何定生的生平，參楊晉龍：《何定生先生傳(1911—1970)》《何定生教授年表初稿》，車行健主編整理《何定生著作集一：詩經、孔學及其他》，臺北萬卷樓圖書公司，2022年，頁589—625。而其與《古史辨》的關係，可參拙著《何定生與古史辨的詩經研究》，《民國經學六家研究》，臺北萬卷樓圖書公司書公司，2020年，頁151—175。

② 何定生：《詩經、孔學及其他》，頁41。

③ 何定生：《詩經、孔學及其他》，頁119—120。

又云：

> 二千年來《詩經》學的流變，無論宋人如何優於漢人、清人又如何優於宋人(胡適説)，但在基本觀念上他們實在是一鼻孔出氣的，都是埋没《詩經》的原始面目的。故吾人今日而果欲尋求三百篇的本真，第一步工作，終非從漢、宋、清學，乃至戰國之儒如孟、荀、《學》、《庸》之學解放出來，以復於春秋以前之古不可！蓋三百篇必須回到春秋以前之古而後可覘其本始地位——例如禮樂上的原始用法——，而詩人之意，乃可從原始的解釋得解放。這是我們研究《詩經》最終的目標，也就是在文字、聲音、訓詁、名物、制度、故實等問題之外所必須尋求的解答。[1]

案：何定生雖未對其所謂的“復始”做出定義，但其意義已大致體現在其文章内容中的相關文句的敘述，如“復於春秋以前之古”“回到春秋以前之古而後可覘其本始地位”“尋求詩文最後(也可説就是本始)的解釋”，其最終的目的就是獲得《詩經》“原始的解釋”和“原始面目”，《詩經》原始面目的呈現就是“獲得真相”，而此即爲“三百篇的本真”。由此可知，何定生的復始觀其本質也是一種訴諸還原歷史面貌或初始狀態的歷史性思維，具有濃厚的史學色彩。而其所欲解放的《詩經》“漢、宋、清學”，其實質就是經學，可知何定生的《詩經》復始論也是經學史學化在《詩經》領域的表現，或逕可稱之爲“《詩經》學的史學化”。此外，何氏所論雖僅及於《詩經》，但其“復始論”的眼光，亦可涵括至其他經書甚至古書的研究，期望獲得其“本真”的“原始面目”。更擴大來説，章學誠的“六經皆史”“皆先王之政典”之説，也可説是用“復始論”的眼光所得出的結果。

---

① 何定生：《詩經、孔學及其他》，頁 122。

(二)流變論的表現型態

何定生爲顧頡剛的早期學生①，有論文登在顧頡剛主編的《古史辨》第三册下編，何定生的"復始觀"深受顧頡剛和《古史辨》的影響。在《古史辨》第三册下編中，收有顧氏的《詩經在春秋戰國間的地位》長文，其云：

> 《詩經》是一部文學書，……我們既知道牠是一部文學書，就應該用文學的眼光去批評牠，用文學的慣例去注釋牠，才是正辦。不過我們要説"《詩經》是一部文學書"一句話很容易，而要實做批評和注釋的事卻難之又難。這爲什麼？因爲二千年來的《詩》學專家鬧得太不成樣子了，牠的真相全給這一輩人弄糊塗了。②

顧氏用"矗立在野地裏的高碑"做比喻，日子長了，被"蔓草和葛藤盤滿了"，使人無法看清碑上的文字。唯有將糾纏在碑上的藤蘿斬除了去，"這座碑的真面目就透露出來了"③。這種斬除藤蘿的工作也就是何定生的"復始"或"復古解放"工作，最終目的就是得出《詩經》的"原始面目"。在這點上，何氏是繼承顧頡剛和《古史辨》第三册的"古書辨"的精神④。其目的誠如顧頡剛所言：

> 所以我編這一册書，目的不在直接整理古史。凡是分

① 何定生與顧頡剛的關係，可參王學典：《始于愛而終于離——顧頡剛與何定生》，王學典主撰《顧頡剛和他的弟子們》(增訂本)，中華書局，2011年，頁81—122；車行健、徐其寧：《顧頡剛與何定生的師生情緣》，車行健：《現代學術視域中的民國經學——以課程、學風與機制爲主要觀照點》，臺北萬卷樓圖書公司，2011年，頁191—212；拙著《何定生一九四六年致顧頡剛未刊書函述要》，《民國經學六家研究》，頁177—188。

② 《古史辨》，臺北藍燈文化事業公司，1987年，第3册下編，頁309。

③ 《古史辨》，第3册下編，頁309—310。

④ 顧頡剛：《自序》，《古史辨》，第3册，頁4。

析這二經(謹案:《易經》《詩經》)中材料的先後的,或是討論這二經的真實意義的,全都收入。希望秦漢以前的幾部書都能經過這樣的討論,使古書問題的解決得以促進古史問題的解決。①

然而復始觀念僅是顧頡剛《古史辨》方法論的一個面向,其最著名也最代表性的乃爲其"層累地造成古史説"。顧頡剛在《答李玄伯先生》文中謂:

我對於古史的主要觀點,不在牠的真相而在牠的變化。②

張富祥則推闡其説,謂:

古史辨學者的學術進路便格外注重"傳説的經歷",而以"史迹的整理"居其次,故有"不立一真,惟窮流變"之説。③

因爲注重"傳説的經歷",所以日本學者池田知久才會如此認爲:

顧頡剛先生與其説是一位歷史學家,不如説是一位思想史家。④

對某種流傳長久的思想、觀念與學説之"經歷"與"流變"的考察,無疑就是運用了思想史的研究進路,此當爲顧頡剛古史

① 顧頡剛:《自序》,《古史辨》,第3册,頁5。

② 《古史辨》,第1册,頁273。

③ 張富祥:《"走出疑古"的困惑——從"夏商周斷代工程"的失誤談起》,文史哲編輯部編《疑古與走出疑古》,商務印書館,2010年,頁92。

④ 池田知久、西山尚志:《出土資料研究同樣需要"古史辨"派的科學精神》,《疑古與走出疑古》,頁363。同書所收曹峰《出土文獻可以改寫思想史嗎?》亦有同樣的觀點,見頁427。相關討論另可參竹元規人:《"思想史"與"歷史"——試論顧頡剛與傅斯年歷史研究的兩種不同路徑》,彭明輝、唐啓華主編《東亞視角下的近代中國》,"國立"政治大學歷史學系,2006年,頁251—276。

辨方法論的另一面向。顧氏在《古史辨》第二册的自序中嘗自言：

> 我的理想中的成就，只是作成一個戰國秦漢史家；但我所自任的也不是普通的戰國秦漢史，乃是戰國秦漢的思想史和學術史，要在這一時期的人們的思想和學術中尋出他們的上古史觀念及其所造作的歷史來。①

在《重刻詩疑序》中，他雖然强調還原《詩經》的真相，但也措意於漢人與宋人的説法對《詩經》所造成的影響，欲將漢人、宋人"所受的時代影響及其在經書上所發生的影響一一抉出，而加入漢和宋的歷史裏"②。將經書的真相和漢、宋人秉受的時代影響及其在經書中發生的影響加以區别，且對那些施加於經書的種種影響的經歷與變化加以把握，這二種研究取徑的差别確實是極爲明顯的，然而其去經學、重史學的傾向仍是相同的，皆可謂是經學史學化的具體表現。

"復始"注重溯源、回歸、恢復的一面；而"流變"則重視後世流傳的經歷、過程，及其産生的意義。從這個角度來説，何定生雖身爲顧頡剛的弟子，但卻未完全繼承顧頡剛的疑古思想，只接受古書辨僞，還原《詩經》原始面貌的作法，對顧氏疑古方法的核心之層累説，及其衍生之思想史/學術史進路，似較少措意③。

---

① 顧頡剛：《自序》，《古史辨》，第 2 册，頁 6。

② 《古史辨》，第 3 册下編，頁 411。

③ 龔鵬程嘗自述其經學研究的路向亦由經典的回歸轉而成爲思想史式的，其反思云："所謂經學，是以經典爲真理之源……解經者跋涉過各種對經典的理解之後，仍希望最終能回到經典上頭，找到最安心的意義，讓真理之源繼續發光。……我發現意義有源，也有流。發於源頭者，在時間的流衍中，自會推移變化，擴大或減縮。……此即真理之流，而亦古今之變也。觀瀾者固當索源，爲學則宜原始而表末。且河源難溯，本意難知，意義對人之所以重要，或許不在源的部分，而更在意義的擴散、脹大、減縮、曲折與變化。"（龔鵬程：《龔鵬程四十自述》，臺北印刻出版有限公司，2002 年，頁 185—186。）龔先生與顧頡剛或古史辨派皆無淵源，然其所論適與顧頡剛的觀點相類似。

(三)用今論的表現型態

同樣爲顧頡剛弟子的牟潤孫(1908—1988)[①]，治學强調經學中的史學價值，在《從中國的經學看史學》的演講稿中說：

> 章氏說："六經皆史也。"我卻說："經學皆史學也。"他說："古人未嘗離事而言理。"我則說："古人皆附經以言事。"宋明以來，許多經學家好借著注解經書發揮個人對於時事的議論，所以說"附經以言事"。這是古人的經學，同史學分不開，所以說經學皆史學也。[②]

牟氏所謂的"經學皆史學"，其實更準確地來講，就是"經學皆現代史"，甚至"經學皆當代史"。如其云：

> 真正借著注解經書講當時的歷史，我以爲是由宋開始。……到了宋代，經史才以另一形式又合一起來。所謂經史合一的史學是明古論今的史學。……宋以後的經學家多數借著注經，講他們對於當時的社會或政治種種意見。……借著經學所講的史學，最重要的是在經學中講當代之事，經學史學既無分別，目的同在於致用，也無法否認，我認爲這才是傳統治經學主要宗旨所在。[③]

他在《兩宋春秋學之主流》《論朱熹顧炎武的注解詩經》等文皆反覆强調此意，而在《王夫之顧炎武解易之説舉隅》更公開提出"經學史是史學的輔助學科"的主張，並以之做爲此文的副標題。

牟氏在名義上雖爲顧頡剛在燕京大學國學研究所指導的研

---

① 牟潤孫與顧頡剛的關係，可參拙著《顧門中的勵耘弟子——牟潤孫經史之學的面向及其所反映的師承關係》，《民國經學六家研究》，頁 189—212。

② 牟潤孫：《注史齋叢稿》(增訂本)，中華書局，2009 年，下册，頁 685。

③ 牟潤孫：《注史齋叢稿》(增訂本)，下册，頁 687。

究生，但他的治學卻與顧頡剛的疑古學風有所悖離，反而受他另一位導師陳垣（1880—1971）的影響更大。陳垣深研《資治通鑑》，著有《通鑑胡注表微》，牟氏對此書極爲熟悉，曾反覆提及陳垣著此書之意，如其云：

> 援庵先生作《胡注表微》，用意在揭發胡三省在《通鑑注》中含蘊的思想。陳先生認爲胡氏所注的雖是史書，卻是借注史以發揮他的政治理論，並且蘊藏著反抗元王朝統治的思想。這樣注古以論今（胡三省生存的當時），與著史以喻今、論史以諷今，那兩個中國傳統史學的特色相同。研究中國史學的人不僅要明白史書中的事，還應當去了解著史者論史者的思想與他含蘊于文字間的未説出的意見，所謂微言大義是也。①

除了陳垣之外，牟氏通經史以論今用今的治學路徑，當亦受到他欽服私淑的陳寅恪（1890—1969）之影響，在《王夫之顧炎武解易之説舉隅》文中，他將陳氏在《馮友蘭中國哲學史上册審查報告》中所述之"史論之作者或有意、或無意，其發爲言論之時，即已印入作者及其時代之環境背景……若善用之，皆有助於考史"之論，引伸及於經書注解，其論之曰：

> 宋、元、明及清初注解經書的，所注的雖是經書，而借著注經，發揮自己的人生思想、政治主張，甚至是議論時事，斷章取義，借題發揮。如果按照陳寅老的辦法，取諸人注經之文與舊史互證，則當日政治社會情勢，自可藉之增加了解。史論可成爲研究歷史的資料，經注如善利用它的史料價值，與史論又有什麽不同？②

---

① 牟潤孫：《從〈通鑑胡注表微〉論陳援庵先師的史學》，《海遺叢稿》二編，中華書局，2009年，頁99。

② 牟潤孫：《注史齋叢稿》（增訂本），下册，頁572。

對牟潤孫來説，所關注的不純然僅在經書史事的層面，更是研經治史者所注重的當下現實需求。在此意義下，經學不但就是史學，而且更有意大利哲學家克羅齊（Benedetto Croce，1866—1952）“一切歷史皆是當代史”的意味在[①]。

綜上所述，現代學術所發展出的三種“經學史學化”的具體表現型態，一個是偏重復古論式的古籍與古史的研究，一個是側重流變論的學術思想史的研究，另一個則是注重致用論的當代史研究。

三　經學史學化與經學史性質和定位的反思

（一）經學的史學化是否就導向經學史？

牟潤孫的經學史學化之表現强調經學史，然其所謂經學史乃是經書注釋者的歷史，範圍較狹隘。但不可否認的，“經學史學化”的命題很容易令人聯想到經學史，而這也與晚清民國以來學術的進程與整體背景有關，如范文瀾（1893—1969）對鴉片戰爭以後的經學發展下了“山窮水盡”的標語，且直謂五四運動以後，“經學本身已無絲毫發展的可能”[②]。范氏因而在遵循毛澤東（1893—1976）《新民主主義論》的指示下主張：

> 新民主主義的文化革命，必需改變經學爲史學，必須反對頑固性的道統觀念。[③]

周予同則直接論證經學與經學史二者的關係，其謂：

---

① 相關討論請參拙著《論牟潤孫經史研究中的情境詮釋法》，張曉生主編《經學史研究的回顧與展望——林慶彰教授榮退紀念論文集》，臺北萬卷樓圖書公司，2019年，下册，頁1300。

② 范文瀾：《中國經學史的演變——延安新哲學年會講演提綱》，中國社會科學院近代史研究所編《范文瀾歷史論文選集》，中國社會科學出版社，1979年，頁268、292。

③ 《范文瀾歷史論文選集》，頁298—299。

> 五四運動以後，“經學”退出了歷史舞臺，但“經學史”的研究卻急待開展。①

又謂：

> 在現在，經學之繼承的研究大可不必，而經學史的研究當立即開始。因爲它一方面使二千多年的經學得以結束整理，他方面爲中國其他學術開一條便利的途徑。②

其言下之意，似乎經學的盡頭便是史學，即經學史。以經學史取代經學，既是時代的需要，又可開啓其他學術。周予同的弟子朱維錚(1936—2012)對周氏的理念有較清楚且完整地概括：

> 周先生……指出應該從事“超經學”的研究，由否定經學，而轉究經學史，“清算這長期的封建社會”。……一再重申，否定“經學”，必先了解“經學”，並强調指出：“中國經學史是中國文化史的一個組成部分”，“了解經學的演變，對于了解中國古代文化和中國古代社會，都有其重要的作用，從而達到‘汲取精華’‘繼承歷史遺産’的目的”。③

然而，周予同這個論點卻不是基於“經學史學化”的内在邏輯所發展出來的論述(如章學誠“六經皆史”説)或表現型態(如上節所述)，只是一種肇因於特定的時代環境或意識型態需要的主張，因而該主張與其説“經學史學化”最終或必然導向經學史，不如説是企圖以經學史取代經學。但顯而易見的是，當時代環境或意識型態改變後，范文瀾所謂的“山窮水盡的經學”，並未走向消亡，反倒形成“柳暗花明的經學”榮景，如在戰後的臺灣

---

① 周予同：《“經”、“經學”、經學史——中國經學史論之一》，《周予同經學史論著選集》，頁 661。

② 周予同：《經學史與經學之派别——皮錫瑞經學歷史序》，《周予同經學史論著選集》，頁 97。

③ 朱維錚：《增版本前言》，《周予同經學史論著選集》，頁 6。

學術土壤中產生的所謂“經學王國”(林慶彰語)盛況①，以及步入21世紀後的中國大陸，經學重新復興，至今日呈現一片蓬勃發展、欣欣向榮的態勢。“經學→經學史”的進程並未出現。

徐復觀(1904—1982)晚年曾主張經學史應由兩部份構成：

> 一是經學的傳承，一是經學在各不同時代中所發現所承認的意義。②

莊雅州也對經學史做出如此的定義：

> 簡單地說，經學史是從歷史的觀點研究經書之形成與流傳、經學家之成就、經學著作之要點、經學思想之演變及經學派別之盛衰的學問。它與經學通論、羣經大義、經傳之名物訓詁、經書上種種問題之研究等，共同組成經學，成爲經學中重要的一部分。③

所謂“傳承”“不同時代”“歷史的觀點”“流傳”“演變”，無不是關聯歷史的向度與史學的眼光和研究方法，因而，經學史必然是經學史學化的結果，但反過來説，經學史學化卻不必然就會導向經學史，很可能只是表現爲某種史學的研究，如史料學、制度史(章學誠“先王之政典”説)、古史學、學術史、思想史，甚或近現代史與當代史。這一方面端視史學化的内涵，另一方面也取決於對經學的態度，意即最終目的是否回落到經學的範疇。

(二)兼具經、史二重性的經學史如何可能?

周予同在爲皮錫瑞(1850—1908)《經學歷史》作序時指出：

---

① 林慶彰：《序》，林慶彰主編《五十年來的經學研究》，臺灣學生書局，2003年，頁Ⅴ。

② 徐復觀：《自序》，《中國經學史的基礎》，臺灣學生書局，1982年，頁1。

③ 莊雅州：《經學史》，邱燮友等編著《國學導讀》，臺北三民書局，1993年，第2册，頁59。

> 不要忘記皮錫瑞究竟只是一個經學家而不是史學家。因爲他不是史學家，所以史料的搜集不完備，史料的排比不妥善，而且每每不能客觀地記述事實，而好加以主觀的議論。……他不能超出一切經學的派别來記述經學，而只是立在今文派的旗幟之下來批評反對派。誠然，就經學説，他是没有失掉立場；但是，就史學説，他這部書就不免有點宣傳的嫌疑了。①

皮錫瑞的《經學歷史》是經學史的名著，但周予同卻從史學的角度予以批評。在他看來，該書不但不能在歷史的論述中將經學的特色或優勢予以彰顯，反而因爲史學之不佳而爲之減色。朱維錚也用類似的眼光看待乾嘉經師江藩（1761—1831）的名著《國朝漢學師承記》，謂此書：

> 不僅是以漢學反宋學的非歷史著作，而且屬於清代漢學内部有意無意地揚吴派抑皖派的著作。②

他盛讃乃師周予同選注此書：

> 著重從歷史角度進行詮釋，又如詮釋《經學歷史》那樣，將非歷史著作變成了歷史著作。③

謂一般經學著作爲非歷史著作猶可，然謂《國朝漢學師承記》和《經學歷史》這類有明顯歷史敘述的經學史著作爲"非歷史著作"，豈非極大的背反？然則謂其爲純歷史著作，其經學的本質和特性又何在？如果承認經乃"恒久之至道，不刊之鴻教"（《文心雕龍·宗經》），則其當爲非歷史的。由此或可知，經學史實爲矛盾的組合，經學承載的是非歷史或超歷史性的"至

---

① 周予同：《經學史與經學之派别——皮錫瑞經學歷史序》，《周予同經學史論著選集》，頁102。

② 朱維錚：《增版本前言》，《周予同經學史論著選集》，頁4。

③ 朱維錚：《增版本前言》，《周予同經學史論著選集》，頁4。

道”，史學與歷史著作則爲歷史性的表現，二者的性質與目標實有極大的不同。以此角度來重新審視周予同指出的皮著《經學歷史》編撰缺失，諸如“史料的搜集不完備，史料的排比不妥善，而且每每不能客觀地記述事實，而好加以主觀的議論”諸端，固然有可能係皮氏拙於史學，不善編纂歷史著作，但歸根結柢仍是皮錫瑞以經師自居，秉持經學(且是今文經學)立場撰作經學著作。周、朱以史學立場評價他，恐有違皮錫瑞撰作《經學歷史》的初心本意①。

其實縱觀經學在中國歷史的發展脈絡，長期就一直依違糾結於經學與史學二端之中，顧頡剛在《重刻詩疑序》中曾對《詩經》學做過如此觀察：

> 我們可把自漢至今的《詩》學分做三期。第一期是漢，那時只有倫理觀念，没有歷史觀念，所以不承認《詩經》在古代歷史上的價值而只承認它在漢代的倫理上的價值。第二期是宋，那時既有倫理觀念，又有歷史觀念，在歷史觀念上不肯不指出它在古代社會的真相，而在倫理觀念上又不忍不維持孔子在經書上的權威，結果弄得聖道與非聖道糾纏不清，没法“一以貫之”。第三期是現在我們把歷史觀念和倫理的觀念分開了，我們讀《詩經》時並不希望自己在這部古書上增進道德，而只想在這部古書裏增進自己的歷史智識。②

姑不論這個觀察是否完全貼合事實，但他確實敏鋭地指出《詩經》學中存在著倫理與歷史這兩個不同的定向及可能引發的衝突。然而此並非只存在《詩經》學中，整體的經書研究與經學皆

① 吴仰湘認爲皮錫瑞的初衷“並不是要寫一部‘經學歷史’，而是編撰一本通論性的經學教材”，因而“絶對不能視之爲經學史書，應該就其本來面目——皮氏晚年一本貫通群經、創發大義的‘經論’之作加以分析與評價。”〔氏撰《皮錫瑞經學歷史研究》，《經學研究論叢》第 14 輯(2006 年 12 月)，頁 52。〕

② 見《古史辨》，第 3 册下編，頁 410—411。

然。倫理的定向是求善的，也是較具理想性的，此正是經學的核心與特質；反之，歷史的定向則是求真的，往往更强調現實性。“求善”與“求真”，“理想”與“現實”，或“經學”與“史學”的定向，二者是相衝突的。傳統的經學研究，因受儒家倫理與理想的制約，這兩個定向的矛盾是隱而未顯的，然而一旦經學研究進入到經學史研究，受制於經學史的史學性質之影響，這個矛盾就不可避免地被顯題化了，例如《尚書》記載的堯舜禪讓，究竟是真實的歷史或僅是儒者的理想，就易形成兩極化的爭辨。如若一面倒地用史學的方法來解決這類問題，將一切歷史化，則經學的價值和意義又何在？但若沿用傳統經學的眼光來看待，又如何説服其中非歷史性的表現？又如王靖獻（楊牧，1940—2020）研究《詩經》中的所謂“周文史詩”，指出這些詩篇“强調文的觀念，武力的英雄主義遭到摒棄”，詩人服膺聖人之教，讚頌征伐正面的文化價值，卻不歌詠戰爭，有意將戰爭詩中的戰情摒棄不談，形成所謂“戰情省略”（ellipsis of battle）的特殊寫作現象[①]。王靖獻的觀察很有啓發性，然而這種尚文的英雄主義究竟只是詩人的理想，或是真實存在的情況，似乎也不能僅從經書中得到確認。經學史研究又該如何調和此矛盾？探索“求善”與“求真”或“理想”與“現實”的二元共存性，甚或一致性的可能，或許這是當今研治經學史者所應努力追尋的目標[②]。

---

① 楊牧（王靖獻）：《論一種英雄主義》，《文學知識》，臺北洪範書店，1979年，頁208、212。

② 韋政通（1927—2018）論王安石（1021—1086）云：“他反對泥古，深悉‘權時之變’的重要，如謂‘古之人以是爲禮，而吾今必由之，是未必合於古之義也。夫天下之事其爲變豈一乎哉？固有迹同而實異者矣。今之人諰諰求合於其迹，而不知權時之變，是則所同者古人之迹，而所異者其實也。事同於古人之迹而異於其實，則其爲天下之害莫大矣，此聖人之所以貴乎權時之變者也。’王安石根據他豐富的實踐經驗以及他正視經驗的態度，重新把儒家傳統中一條重要的‘權時之變’的原理發掘出來，成爲他解消一切矛盾，並使相反者得以相成的最重要的思考工具。”（韋政通：《中國思想史》，臺北水牛出版社，1998年，下册，頁1015。）“權時之變”的原則或許是有效解決此種矛盾的方法之一。

此外，經書是特定時空下的產物，本身就具時間性與歷史性。其中包括經典内容發生的當時（第一時間）、經典内容被記載記録下來的當時（第二時間）、經典編定成書的時間（第三時間），以及後世歷代讀者閱讀與詮釋者詮解的時間（第 N 時間），經書及從中發展的經義與經學就憑藉著時間之河的承載，流向後世的遠方。但經書畢竟是周代的產物，當經書在後世歷史中流傳而形成經學的歷史時，後世人又如何理解經義與經學呢？所理解的又是什麼歷史時間（第一、第二、第三或第 N）的經義與經學呢？經書的語文、思想與典章制度在歷史長河的流傳中，對後世的讀者形成了時空鴻溝及由此而造成的語境與思想的緊張性①，此時空鴻溝要如何跨越？語境與思想的緊張性又如何解消？這自然給後人製造閱讀的障礙，但同時也可能帶來新的理解（或誤解）之契機。

經學史研究，一方面需正視經學在歷史演進中所形成的時空鴻溝和語境與思想的緊張性，及由此可能帶來的視野與觀點的創新（以後視古，如顧頡剛的流變觀；以今視古，如牟潤孫的用今觀）；一方面又需努力弭平彌合此時空鴻溝和語境與思想緊張性，而達到對經書與經學客觀真確的理解（以古視古，如何定生的復始觀）。立基於後世與當代研究者的定向，與立基於經書時代的古代之定向，此二者缺一不可，因而追尋"即今"與"即古"的二元共存性，甚或一致性的可能，亦是經學史研究所當致力的目標。

四　結論

"經學的史學化"反映的是經學與史學二者學術地位與影響

---

① 關於語境與思想緊張性的探討，可參黄俊傑：《論經典詮釋與哲學建構之關係：以朱子對四書的解釋爲中心》，《東亞儒學：經典與詮釋的辨證》，臺灣大學出版中心，2007 年，頁 11—23。

力的消長，其實經學史學化的現象在學術史中一直都存在著，但無法變成强勢的學術命題或理論。不過隨著晚清民國以來史學地位的提升與學術能量的不斷擴大，逐漸凌駕於疲態盡露的經學，一時之間，“六經皆史”“六經皆史料”“把經學變化爲古史學”“經學史是史學的輔助學科”等各種經學史學化的呼聲和具體表現，此起彼落，層出不窮。然而經學固然可以史學化，史學亦未嘗不能經學化，魯史《春秋》之經書化而經學化，不就是最明顯的例子？其他如保存不少三代重要史事的《尚書》《詩經》亦皆經歷了經書化的過程，以此反思章學誠所謂“皆先王之政典”的“六經皆史”説，其反命題不正是“六史皆經也”？且直至西漢司馬遷撰作《史記》猶欲上儕於《春秋》，彼時經學的權威凌駕史學，“史學經學化”適正反映“經學時代”〔馮友蘭(1895—1990)語〕的學術形勢。

經學强調“非時間性”或“超時間性”，而史學則注重“時間性”。然而當史的時間性被抽離而具有恒久性質時，史亦“肉身成聖”而“經典化”，甚至“經書化”(如《春秋》《左傳》等)。周文王官故典，經歷“經學化”的洗禮而成爲六藝經書。六經固皆史，然此六種周文故典亦憑藉周代位居中國文明源頭的特殊地位與際遇，而成爲“不刊之鴻教”，其實質的情況可以説是“亦經亦史”，“即經即史”，經中有史，史中涵經，經、史關係如同孿生子般的存在，持續地影響了中國歷史的發展，也豐富了華夏文明的内涵。

日本鄭玄研究簡介

〔日〕池田恭哉*

前　言

日本自古以來就以中國古典爲文化養料，直至江户時代，學問一詞幾乎可以説是“中國學”的代稱。因此在日本，東漢大儒鄭玄的《三禮注》等許多注釋書是衆所周知的存在[①]。那麽鄭玄的研究在日本是如何展開的？本文將重點介紹近代以來日本關於鄭玄研究的概況，介紹内容主要以幾部代表性名家著作爲中心，其中也會提及一些相關的學術論文。且原則上所介紹的研究是以鄭玄爲主要對象，並在日本國内出版的著作、論文。或者雖然並非是以鄭玄作爲主要的對象，但也涉及鄭玄較多的著作、論文爲限，而僅僅是引用鄭玄注釋等研究則不在介紹範圍之内。

---

* 池田恭哉，京都大學文學研究科准教授。
本文中文校訂徐昊，京都大學博士研究生。

① 實際上由於江户時代以朱子學爲主導，因此幾乎没有正面研究鄭玄的著作。關於朱子學對於江户時代的意義，請參考土田健次郎《江戸の朱子學（江户的朱子學）》（筑摩書房，2014 年）。本文之後的書籍和學術論文的標題將先用日語表示，隨後筆者提供其中文翻譯。如果標題只有漢字，則不顯示中文翻譯。

一 早期日本鄭玄研究

日本第一本以“鄭玄”爲標題的研究書是大川節尚[①]的《三家詩より見たる鄭玄の詩經學(從〈三家詩〉分析鄭玄的詩經學)》(關書院，1937年)，這本書是大川先生的畢業論文(東京大學)，他去世後出版。該書繼承了自清朝以來對今文學和古文學的問題意識，證明了鄭玄的《詩經》學基本上是建立在古文學基礎上的產物。然而論點並不僅限於此，在追溯鄭玄的生涯，並留意齊、魯、韓《三家詩》與《毛詩》的關係的同時，全面探討了鄭玄對《詩經》的看法。此外，在結論部分，還提及了鄭玄《詩箋》對後來的《詩經》學的意義與影響，並在“附録”中列出了被采用在《詩箋》中《三家詩》的目録以及鄭玄年譜。

1938年，大川先生的大作出版後的翌年，又有一篇以鄭玄爲中心論點的論文問世。那就是藤堂明保[②]的《鄭玄研究》。該論文分爲前後兩篇，前篇概覽了東漢時期的思想，後篇則試圖確定鄭玄在這種東漢思想潮流中的位置。後篇將鄭玄的生涯分爲“修行時代”“蟄居時代”“遍歷時代”“晚年”[③]，並探討了每個時期的思想特徵和其著作。在論述的過程中，藤堂先生認爲鄭玄的著作問世的順序是：《六藝論》、《三禮注》(《周禮》注、《儀禮》注、《禮記》注)、《駁五經異義》、《古文尚書注》、《論語注》、《毛詩箋》。

藤堂先生的論文是以鄭玄的著作和注釋爲基礎，全面而實證地考察了鄭玄學問的開創性論文。然而，這篇論文是藤堂先生的畢業論文(東京大學)，在1938年時並未公開。此外，藤堂先生後來在中國思想史研究方面的知名度不如在中國語言學

---

① 大川節尚(Ohkawa Tokitaka，1906—1935)。

② 藤堂明保(Toudou Akiyasu，1915—1985)。

③ 遺憾的是相當於“晚年”的第四章缺失。

和音韻學方面[①]，因此長期以來幾乎没有研究者知道這篇論文的存在。這篇論文於 1986 年，作爲蜂屋邦夫編《儀禮士昏疏》（東京大學東洋文化研究所）所附的“解説”中的資料而首次被公開，自此成爲日本鄭玄研究的基礎。

二　日本鄭玄研究的出發點

日本的鄭玄研究以加賀榮治[②]的《中國古典解釋史　魏晉篇》（勁草書房，1964 年）爲出發點。作爲中國思想根基的經學，只有在經書存在的基礎上才能成立，而探究如何解讀這些經書也是經學中重要的學術目的。作爲經書解讀的一種方法，加賀先生的著作重點關注注釋的意義，特别是以魏晉時期出現的衆多經書注釋者（如王肅、王弼、杜預等）爲研究對象。魏晉時期的注釋者，無論是贊同還是批判，始終將鄭玄作爲其學術背景進行討論。因此，加賀先生在考察王肅的經學之前，也對鄭玄的經書解讀態度、方法進行了考察。雖然本書并非是專門研究鄭玄的著作，但文中將鄭玄作爲經書的注釋者與王肅進行對比，深入展開了對鄭玄的研究，可以説是日本鄭玄研究的起點。

加賀先生的論點涉及多個方面，但在鄭玄的研究中，特别關注其《三禮注》的地位。雖然鄭玄之外還有許多注釋者對《禮經》進行過注釋，但爲什麽鄭玄的注釋後來會被如此重視，以至於壓倒其他注釋者？對於這一大問題，加賀先生認爲，這在於鄭玄並不是對《周禮》《儀禮》《禮記》這三部禮書進行單獨注

---

① 藤堂先生的代表性著作有《中國語音韻論》（江南書院，1957 年）、《漢字の語源研究　上古漢語の單語家族の研究（漢字的語源研究——上古漢語的單詞家族的研究）》（學燈社，1963 年）、《漢字の過去と未來（漢字的過去與未來）》（岩波書店，1982 年）等。

② 加賀榮治（Kaga Eiji，1915—1998）。

釋，而是將“三禮”視爲一個緊密的體系，進行了整體性的注釋。此外，加賀先生認爲，這一“三禮”體系特别將《周禮》置於上位，鄭玄的“三禮”注釋是以《周禮》爲標準，對《儀禮》《禮記》之間進行了文獻學上的調整。鄭玄還進一步尋求與他所發現的禮體系相符合的禮規定，不僅限於“三禮”，還擴展到其他的經傳之中，以加强這一體系。

在《中國古典解釋史　魏晉篇》出版後，加賀先生還撰寫了多篇關於鄭玄的論文。其中一篇是《鄭玄研究　中國古典定立史におけるその地位（鄭玄研究——在中國古典定立史中的地位）》。這篇論文受到上述藤堂論文的啓發，將鄭玄的生涯劃分爲與藤堂先生略有不同的四個階段，並闡明了他的學術歷程。另一篇是《鄭玄の『春秋三傳』解釋をめぐって（關於鄭玄《春秋》三傳的解釋）》。這篇論文探討了通過與鄭玄同時代的何休等人的對比，間接地對如今已經無法考證的鄭玄《春秋》三傳（《左傳》《公羊傳》《穀梁傳》）思想進行了考察。這兩篇論文最近被收録於加賀先生的遺稿集《中國古典定立史》（汲古書院，2016年）之中。

關於鄭玄《春秋》三傳解釋，還要補充兩篇論文。第一篇是田中麻紗巳[①]的《鄭玄『發墨守』等三篇の特色（鄭玄《發墨守》等三篇的特點）》〔田中《兩漢思想の研究（兩漢思想研究）》，研文出版，1986年〕。當與鄭玄同時代的何休圍繞《春秋》三傳撰寫《公羊墨守》《左氏膏肓》《穀梁廢疾》時，鄭玄以《發墨守》《針膏肓》《起廢疾》進行反駁。田中先生的論文以何休的批判爲媒介，闡明了鄭玄思想的特點。田中先生認爲，《發墨守》《針膏肓》《起廢疾》是在黨錮之禁期間所作，因此其中反映了黨人派對現實社會的看法。第二篇是齋木哲郎[②]的《鄭玄と何休の『春秋』論

① 田中麻紗巳（Tanaka Masami、1937—）。

② 齋木哲郎（Saiki Tetsuro、1953—）。

爭　鄭玄の『發墨守』『鍼膏肓』『起廢疾』を中心として（鄭玄與何休的〈春秋〉爭論——以鄭玄的〈發墨守〉〈針膏肓〉〈起廢疾〉爲中心）》〔齋木《後漢の儒學と『春秋』（東漢的儒學與〈春秋〉）》，汲古書院，2018 年〕。該論文分析了何休與鄭玄的《春秋》爭論，並從春秋學的立場對鄭玄的《春秋》解釋進行了考察。

三　鄭玄與其他注釋者的對比

筆者認爲，在思想史的研究中，要明確某一位思想家的思想和學問，與同時代或前後時代的思想家進行對比，是最重要的線索。如上面所介紹的加賀先生的鄭玄研究在這一點上表現出色。加賀先生爲了研究鄭玄的經學，將試圖批判性超越鄭玄經學的王肅作爲對立學者，通過對兩者的經學進行對比分析，更加清晰地描繪了鄭玄經學的特點。

鄭玄與王肅的對比，以及將其經學理論的發展置於東漢至魏晉這一歷史背景下的研究方法，也被古橋紀宏[①]的《魏晉時代における禮學の研究（魏晉時期的禮學研究）》所采用。古橋先生在參考加賀先生的研究基礎上，聚焦於當時的禮學，探討鄭玄與王肅兩者的經學説在實際禮制度中所體現的相克關係。同時，他也將後世的義疏學、《大唐開元禮》等納入視野，考察鄭玄的學説爲何在後世的禮學、禮制度中成爲主流派。本文是古橋先生於 2007 年提交給東京大學的博士論文，目前僅有摘要公開，期待在不久的將來出版[②]。

---

① 古橋紀宏（Furuhashi Norihiro，1973—）。

② 古橋先生最近還陸續發表幾篇圍繞鄭玄與王肅的論文：《漢魏の經學の變化と鄭玄・王肅の禮學（漢魏經學的變化與鄭玄、王肅的禮學）》（《香川大學教育學部研究報告》1，2019 年）、《鄭玄と王肅（鄭玄與王肅）》〔收録於川原秀城編《漢學とは何か　漢唐および清中後期の學術世界（何謂漢學——漢唐以及清代中後期的學術世界）》（勉誠出版，2020 年）〕等。

除了王肅以外，還有被視爲鄭玄比較對象的思想家、注釋者。例如，池田秀三[1]的《馬融私論》(《東方學報》52，1980年)考察了馬融的生平及其學問。雖然這篇論文主要的考察對象是馬融，但論文是以雖然馬融與鄭玄之間存在師弟關係，但是鄭玄在《周禮》注中爲何不引用馬融的學説這一疑問作爲出發點。池田先生從多種角度去分析馬融學問的各個各面，其中運用了與鄭玄的比較分析，其結果也彰顯出了鄭玄學問的獨特性。此外，池田秀三的《盧植とその『禮記解詁』上・下(盧植與其〈禮記解詁〉上、下》〔《京都大學文學部紀要》29(1990年)、30(1991年)〕則是關注東漢盧植及他所撰寫的《禮記》注釋書《禮記解詁》，同時也提及東漢的蔡邕、馬融、鄭玄以及曹魏的王肅等幾位同時期大儒。特別是在與鄭玄的對比中，池田先生認爲，盧植並没有像鄭玄那樣積極構建禮體系，而是努力通過繼承的學説來糾正當時的俗説[2]。

四　鄭玄的學問與緯書説

到目前爲止所提到的研究，基本上是以鄭玄對經書注釋以及其經學理論作爲研究的對象。然而，在漢代的經學中，不僅是經書，緯書也占據了非常重要的位置，這一點不言而喻。對鄭玄來説，緯書也同樣重要，他在自己的各種注釋中積極引用了緯書學説，並且這些緯書學説與他的"天"觀念也有很重要的關聯。

---

① 池田秀三(Ikeda Shuzo，1948—)。

② 池田先生還有《『白虎通義』と後漢の學術(《白虎通義》與東漢學術)》〔收録於小南一郎編《中國古代禮制研究》(京都大學人文科學研究所，2005年)〕，從與鄭玄的對比角度出發，對《白虎通義》對東漢學術和思想的影響進行了廣泛的考察。另外，圍繞王肅的學問，池田先生有《王肅の學問(王肅的學問)》(《三國志研究》9，2014年)，也涉及王肅與鄭玄相比的觀點。

以這種緯書學説爲視野的研究代表作之一是間嶋潤一[①]的《鄭玄と『周禮』 周の太平國家の構想(鄭玄與〈周禮〉——周的太平國家構想)》(明治書院，2010 年)。根據間嶋先生的看法，周公構想了一個遵循“昊天上帝”神意的太平國家，這也引發了《周禮》的産生。而鄭玄則設定了由最高神“昊天上帝”和其下位神“太微五帝”構成的“六天説”，除了撰寫《周禮注》，他還引用了包括《尚書中候》等各種緯書中的周公事跡，試圖證明上述的太平國家構想[②]。

關於鄭玄與緯書學説，以及以六天説爲中心的“天”觀念的研究，還有其他幾篇論文。就不逐一介紹了，但池田秀三的《緯書鄭氏學研究序説》(《哲學研究》548，1983 年)、《讀易緯通卦驗鄭注劄記　周禮との関連を中心に(讀〈易緯通卦驗〉鄭注劄記——以與〈周禮〉的關聯爲中心)》〔收録於中村璋八編《緯學研究論叢　安井香山博士追悼(緯學研究論叢——追悼安井香山博士)》(平河出版社，1993 年)〕、《鄭玄の六天説と兩漢の禮學(鄭玄的六天説與兩漢禮學)》[③]〔收録於渡邉義浩編《兩漢儒學の新研究(兩漢儒學的新研究)》(汲古書院，2008 年)〕等論文都值得一提。此外，渡邉義浩[④]的《鄭箋の感生帝説と六天説(〈鄭箋〉的感生帝説與六天説)》〔收録於渡邉義浩編《兩漢における詩と三傳(兩漢中的〈詩〉與〈三傳〉)》[⑤](汲古書院，2007

---

① 間嶋潤一(Mashima Junichi，1950—2013)。

② 間嶋先生一生中撰寫的大部分論文以鄭玄爲主題，因此即使是在《鄭玄與〈周禮〉——周的太平國家構想》裏未收録的論文中，也有許多與鄭玄相關的論文。間嶋先生生前在國立香川大學執教，他的業績列表刊登在《香川大學國文研究》38(間嶋潤一教授追悼號)，2013 年。

③ 這篇論文是基於 2008 年 5 月 24 日舉辦的第 53 屆國際東方學者會議東京會議研討會Ⅳ“兩漢における‘天’の文化　思想史と歷史學の連攜による(兩漢時期的‘天’文化——思想史與歷史學的聯攜)”中的報告，對池田先生報告的評議是由間嶋潤一先生進行的。

④ 渡邉義浩(Watanabe Yoshihiro，1962—)。

⑤ 作爲以鄭玄爲主題的論文，本書還收録池田秀三的《鄭學における『毛詩箋』の意義(鄭學上的〈毛詩箋〉意義)》。

年)〕也很重要。

關於"天"的研究，特別值得一提的是堀池信夫[1]的《鄭玄の天(鄭玄的天)》〔堀池《漢魏思想史研究》(明治書院，1988年)〕。此外，堀池先生的遺稿集《漢代思想論　桜邑文稿 2》(明治書院，2020 年)中第三章爲"鄭玄學の周辺(鄭玄學的周邊)"，收録了三篇以鄭玄爲主題的文章：《『詩譜』のコスモロジー(〈詩譜〉的宇宙觀)》《『周禮』　宇宙の中に禮をみる(〈周禮〉——在宇宙裏看到禮)》《鄭玄學の展開(鄭玄學的發展)》。特別是最後的《鄭玄學の展開(鄭玄學的發展)》概述了日本的鄭玄研究，也使本文受到很大的啓發。

到目前爲止介紹的鄭玄學説相關的研究，還需要補充一點。在日本，關於鄭玄學説的研究上經常發生的爭論點是，鄭玄的學説是否與現實中的東漢時期的禮制與政治制度相對應。也就是説，鄭玄以經學和禮學爲核心構築的學説與其體系，是以東漢的社會需求所産生的，還是僅僅根據鄭玄自身的理念所創造的。關於這個問題，絶大多數學者認爲鄭玄并没有忽視他所生活的東漢社會。然而他的學説與其體系究竟有多大程度上依賴於現實社會，又在多大程度上是與現實社會分離並以理念爲核心的這一問題上，學者之間分爲了現實重視(可以稱爲"現實派")與理念重視(可以稱爲"理念派")兩種不同的觀點，並存在著很大的分歧。

五　鄭玄研究的深化

隨著鄭玄的學問，即"鄭學"的基本結構逐漸被闡明，探究其本質的研究也開始出現。池田秀三在《鄭學の特質(鄭學的特質)》〔收録於渡邉義浩編《兩漢における易と三禮(兩漢中的

---

① 堀池信夫(Horiike Nobuo，1947—2019)。

〈易〉與〈三禮〉〉》(汲古書院，2006 年)〕中指出，鄭學的特質在於鄭玄重視以《周禮》爲中心的“三禮”體系，並進一步探討了鄭玄爲何將《周禮》視爲禮的根本經典。根據池田先生的看法，閱讀鄭玄《三禮注》就可以發現，鄭玄的主要學術關注點並不在於細微的儀節，而在於爲何這些禮儀和制度會被創立出來。在許多時候，鄭玄將“尊卑的差等”作爲其理由。因此，鄭玄在禮學上的最終目的在於以祭祀爲首的禮的等級劃分，而那時最方便的經典正是《周禮》。這部經書全面地對祭祀的等級進行了劃分，在明確尊卑的差等方面也是非常合適的經典。

此外，池田先生指出，包含六天説的鄭玄禮學體系的構建源於他“複合的思考法(複雜的思維方式)”。“複合的思考法(複雜的思維方式)”是指在討論某個問題時，盡可能多地吸納相關要素，並構建出能夠把所有要素並存在内的思維方式。因此，鄭玄在處理各種問題時，會廣泛搜尋諸多經傳的記載，從而使自己的禮學體系更加堅固。此外，池田先生還提到，鄭玄對周公的崇敬之情使他將《周禮》視爲禮經。也就是説，在鄭玄的觀念中，周公的權威與《周禮》的權威是緊密相連的。

到目前爲止介紹的研究主要是對鄭玄具體的經學理論進行的整理，並指出其特點。然而，還有一些研究聚焦於鄭玄所開設的私塾，考察他具體開展了怎樣的學術活動，那就是吉川忠夫[①]的《鄭玄の學塾(鄭玄的學塾)》〔吉川《六朝隋唐文史哲論集Ⅰ　人・家・學術(法藏館，2020 年)[②]〕。該論文不僅涉及鄭玄所開設的學塾内的在籍者，還廣泛探討了與鄭玄有學術交流的人物，深入研究他們之間的交流實態。此外，論文還分析記載了鄭玄與弟子之間問答的《鄭志》，以及鄭玄教學的内涵，是了解鄭玄學術活動具體面貌的理想論文。

---

① 吉川忠夫(Yoshikawa Tadao，1937—)。

② 原載川勝義雄、礪波護編《中國貴族制社會の研究(中國貴族制社會研究)》，京都大學人文科學研究所，1987 年。

此外，還有關於《後漢書·鄭玄傳》的研究。清朝大儒阮元在乾隆五十八年以山東學政的身份訪問了山東高密的鄭玄墓。在此期間，挖掘出來了唐代史承節所撰寫的碑文（簡稱《史承節碑》），發現了碑文中關於鄭玄的傳記與現行《後漢書·鄭玄傳》的記載存在一些細微的差異。於是阮元以《史承節碑》爲依據，對《後漢書·鄭玄傳》進行了校訂，這校訂在清朝乾嘉年間引發了廣泛的討論。水上雅晴[①]的《史承節碑の發見とその影響　清儒による『後漢書』鄭玄傳の校訂（〈史承節碑〉的發現及其影響——清儒對〈後漢書·鄭玄傳〉的校訂》（《東方學》98，1999年）對阮元的校訂内容及清朝學者相關的討論進行了考察，同時探討了《史承節碑》在清朝考證學中的意義。水上先生是清朝思想史的專家，雖然這篇論文並不一定直接考察鄭玄自身的思想，但爲鄭玄傳記的分析提供了多樣的可能性。在鄭玄的研究主要圍繞其經學説展開的背景下，水上先生的觀點顯得新穎而珍貴[②]。

綜上所述，最近鄭玄研究不僅僅依靠於鄭玄注釋的研究，論點也涉及多個方面。未來期待還會出現進一步對鄭玄研究的深化。

結　尾

筆者專注於南北朝時期到隋唐時期的思想史，至今尚未撰寫過關於鄭玄的論文。當然，在閲讀"三禮"等經典時，筆者總是參考鄭玄的注釋，但我們在提到鄭玄的名字時，往往只會想到他作爲《三禮注》等注釋的撰寫者而已。然而，筆者認爲，在

---

① 水上雅晴（Mizukami Masaharu，1963—）。

② 另外，内山俊彦《鄭玄における歴史意識の問題（鄭玄的歴史意識問題）》（《中國》，2005年）考察鄭玄的歴史觀，也可以説是一種鄭玄研究的深化。内山俊彦（Uchiyama Toshihiko，1933—2020）。

未來的鄭玄研究中，更加明確鄭玄的人物像也是一個非常重要的研究方向。

基於上述觀點，筆者可以進行哪些研究？筆者至今主要圍繞《顏氏家訓》等家訓之類進行研究[①]。因此，未來希望能分析《後漢書・鄭玄傳》中所載的《戒子益恩書》。這封書信中充滿了鄭玄的人生觀，可以說是勾畫鄭玄人物像的最佳材料。

到目前爲止，筆者介紹了日本鄭玄研究的情況。由於試圖盡可能並行處理時間和主題兩條線索，也許導致論點寫得不夠清晰。此外，由於筆者能力的限制，可能還有許多研究未能介紹。然而，通過本文，我們或許可以理解日本鄭玄研究的以下趨勢：最初，研究主要集中在鄭玄的生平，並從《三禮注》的分析中得出重視《周禮》的觀點，從而探討鄭玄的禮學體系。然而，分析對象逐漸擴展到不僅限於經書，還包括緯書，同時也引入了與同時代注釋者的對比視角。此外，試圖理解鄭玄學問整體的研究也逐漸增多，未來對鄭玄研究的進展充滿期待。

---

① 池田恭哉《南北朝時代の士大夫と社會(南北朝時代的士大夫與社會)》(研文出版，2018年)以及其他相關論文。

戴震的算學與經學

朱一文[*]

【摘要】清中葉乾隆嘉慶兩朝是中國傳統通儒之學向現代分科之學轉變的時期。作爲乾嘉學派的代表性人物，戴震的研究遍佈經史子集各個領域，然而以往學界對其天文算法工作的評價总是難以擺脱輝格史之窠臼。從算學與經學的關係看，其早年所作《策算》《考工記圖》旨在通過當時最先進的數學知識羽翼鄭玄之學。入京以後，戴震與錢大昕、秦蕙田等人討論天文曆算，其所撰《句股割圜記》《釋天》等著述實際是作爲三禮之學的一部分。從數學實作的角度看，戴氏傾向於融合包括明清之際傳入的歐洲數學在内的多元實作傳統，而並不把西學視作一個獨立的研究對象。戴震晚年被調入四庫館，從《永樂大典》中輯校七部唐宋立於學官的算書並爲之補圖。戴震整理《算經十書》使其成爲自唐李淳風等注釋十部算經以來第一個對漢唐算書進行全面研究的學者，從而對算學的獨立性有了進一步認識。由于長期科舉不順、生活困苦，戴震的學術地位與其實際影響力嚴重不相符，故其一生处在算學與經學關係的張力之中，不断爲其學術研究的合法性論説。其前期把漢宋經學兩分爲制數與理義，以凸顯其算學工作之價值；去世前則稱其晚年所作《孟子字義疏證》爲其“生平著

* 朱一文，中山大學哲學系暨邏輯與認知研究所教授。
本文是國家社會科學基金冷門絶學研究專項“《數書九章》校勘與研究”(21VJXG022)的階段性成果。此文完成於2024年夏天，其學術史回顧部分曾以《關於清中葉算學與經學研究的幾個問題》報告於“皖學與明清學術思想”研討會(2024年8月10日)。是年正是戴震誕辰300週年。

述最大者”，從而凸顯其對程朱理學之不滿。

【關鍵詞】戴震；錢大昕；算學；經學；理學

一　學術史回顧

乾隆嘉慶年間，經學研究的風氣轉向考據，皖派學者戴震(1724—1777)是其中的代表人物，其研究中包含大量科學内容是其顯著特點[①]。另一方面，嚴敦傑(1917—1988)認爲“在17—18世紀我國的數學研究，主要爲安徽學派所掌握，而梅氏祖孫(即梅文鼎1633—1721、梅瑴成1681—1764)爲中間部分。”[②]由此可見，嚴氏並未將同屬安徽的戴震視作清中葉數學的代表人物。然而，阮元(1764—1849)《疇人傳·戴震》云：“蓋自有戴氏，天下學者乃不敢輕言算數，而其道始尊。然則戴氏之功，又豈在宣城(即梅文鼎)下哉？”[③]其看法與嚴氏顯然不同。筆者認爲以李儼(1892—1963)、錢寶琮(1892—1974)、嚴敦傑爲代表的現代數學史家立志以現代數學方法整理古代數學遺産，十分看重以現代數學爲標尺所刻畫的數學成就，遂就此認爲梅氏祖孫高於戴震，而阮氏所云則是從傳統經學的角度對戴氏之功進行評價，故與現代數學史家有所不同[④]。

以戴震爲代表的乾嘉學者處於傳統學術向現代學術的轉型之中，

---

① 按晚清樸學大師章炳麟(1869—1936)所言，清代乾嘉考據之學分吴、皖兩派：“吴始惠棟，其學好博而尊聞，皖南始戴震，綜形名，任斷裁。”(章炳麟著，徐復注：《訄書詳注》，上海古籍出版社，2017年，第139頁。)按現代科學史學者徐光台所云，自然知識考據實自明末始，並受到其時西學傳入之影響。(徐光台：《西學傳入與明末自然知識考據學：以熊明遇論冰雹生成爲例》，《清華學報》(新竹)2007年第1期。)

② 嚴敦傑：《清代數學家梅瑴成在數學史上的貢獻》，《安徽史學通訊》1959年第3期。(　)内爲筆者按語，下同。

③ 阮元、羅士琳、華世芳、諸可寶、黄鍾駿等撰，馮立昇、鄧亮、張俊峰校注：《疇人傳合編校注》，中州古籍出版社，2012年，第377頁。

④ 關於對現代數學史研究方法論的詳盡分析，見朱一文：《算學與經學：中國數學新史》，商務引書館，2023年，第3—23頁。

處於古代通儒之學向現代分科專家之學的轉變之中，故今人對其的評價往往有矛盾之處。戴氏的研究工作究竟是數學工作還是數學史工作，究竟應該用數學研究的標準評價之(即學問的創新程度)，還是按照歷史研究的標準評價之(即考證文獻之忠實程度)？這一問題並無嚴肅的解答。例如錢寶琮所撰《戴震天文算學著作考》(1934)把戴氏的工作分作《策算》、《句股割圜記》、天文著作、四庫天文算法類書提要、算經十書校勘等幾部分，從數學角度評價戴氏《句股割圜記》"吴注(即戴震假借吴思孝之名作注)不知而作，著書者應負相當責任"，又從數學史角度評價戴氏校勘《算經十書》"失之鑿空妄斷，近于不知而作"。認爲戴震"但知誨人，不能殞己，實非所望于一代大師也"[①]。錢氏把兩套不同的評價標準輪番施之於戴震，遂得出相當負面的結論，顯然有失公正。事實上，戴震所爲當然屬於傳統的算學研究，故既不應該以晚清方傳入中國的現代數學之標準衡量，亦不應以錢氏自己開創的現代數學史研究的標準评判。

以上問題的根源之一在於，當今學者往往以現代學術的分科體系審視戴震之學，忽視了戴氏各學之間的聯繫，从而阻礙了對其學的全面理解[②]。筆者認爲解決該問題的一個辦法就是就是從算學與經學關係的角度重新審視戴氏平生之工作[③]。問題根源之二在於當

---

① 錢寶琮：《戴震算學天文著作考》，中國科學院自然科學史研究所編《錢寶琮科學史論文選集》，科學出版社，1983年，第151—174頁。按陳建平的研究，戴震對勾股實有所發明，見 Chen Jeff Jiang-Ping. "The Evolution of Transformation Media in Spherical Trigonometry in 17th- and 18th-Century China, and Its Relation to 'Western Learning'", *Historia Mathematica*, 2010, 37 : 62—109；陳建平：《由建構與算理看戴震的〈勾股割圜記〉》，《自然科學史研究》2011年第1期。又郭書春對戴震校勘《九章算術》的評價，實接近錢寶琮。見郭書春：《評戴震對〈九章算術〉的整理》，梅榮照主編《明清數學史論文集》，江蘇教育出版社，1990年，第261—294頁。

② 如李開所著《戴震評傳》(南京大學出版社，1992年)即從自然科學、史學、哲學等角度審視戴震之學。

③ 學界大多以爲中國古代數學是儒學的一部分，這其實只在模糊的意義上成立。實際上，算學與經學或儒學的關係從來都是因人而異、無一定之規，並隨著時代而演進。見朱一文《算學與經學：中國數學新史》。

代學者往往受到現代數學普遍性觀念的支配，從而忽視了歷史文本中存在的多樣性的數學實作(mathematical practice)。然而這一普遍性觀念既是歷史塑造的結果，又不具備哲學上的必然性，故不應作爲研究的默認前提。筆者認爲解決此問題的辦法就是從文本形式和實作工具兩方面來分析不同的數學文獻，尤其是通過分析揭示出儒家經典中的數學文獻揭示儒家獨特的算法傳統①。依筆者所見，戴氏生平的天文算法②工作實可以分成前、中、後三個階段(以戴氏 33 歲入京及 51 歲入四庫館爲界)，而各階段中戴氏對算學與經學關係的理解和認識又各不相同。爲此，本文在既有研究的基礎上，以算學與經學的關係爲視角，以分析數學實作爲方法，重審戴氏生平之工作，以推進學界之研究。

二 《策算》與《考工記圖》

《策算》

戴震前期重要的數學工作有《策算》和《考工記圖》兩篇，分別作於乾隆九年(1744)與乾隆十一年，其時戴氏 20 多歲。從數學成就的角度看，學界對於《策算》歷來評價不高，且並無深入研究③。算籌是中國人自春秋時代就使用的數學工具，是以竹爲主要材質的長條形小棍，其計算方法稱爲籌算。明代以降逐漸被算盤取代(其計算方法稱作珠算)。英國數學家納皮爾(John Napier，1550—1617)以簡化

---

① 關於研究多樣數學實作的分析框架，見 Zhu Yiwen，"How do We Understand Mathematical Practices in Non-mathematical Fields? Reflections Inspired by Cases from 12th and 13th Century China"，*Historia Mathematica*，August 2020，52：1—25。

② 在本文的語境中，"天文曆算"與"天文算法"不同。前者指天文學及其曆法計算，即 calendric computation；後者取《四庫全書》"天文算法類"之義，指廣義的天文學與數學，即 astronomy and mathematics。

③ 如錢寶琮認爲戴震該籌算之名爲策算，是多事。見錢寶琮：《戴震算學天文著作考》，《錢寶琮科學史論文選集》，第 154 頁。又如李開也僅綜述各家看法，研究較淺。見李開：《戴震評傳》，第 25—32 頁。

計算爲業，不僅發明化乘除爲加減的對數，而且製作了多種計算工具，其中包括了今之所謂納皮爾算籌。明崇禎年間，納皮爾籌隨著《崇禎曆書》的編撰而傳入中國，由於其時中國古代籌算已不行用，故其時徑將之命爲籌算，實改變了古義。意大利耶穌會士羅雅谷(Jacques Rho，1593—1638)所撰《籌算》(收入《崇禎曆書》)即介紹了納皮爾算籌。之後梅文鼎著《籌算》亦指納皮爾籌。戴氏《策算》自序先引《漢書·律曆志》籌算制度，又引《漢書·梅福傳》《周髀算經》等九九記載，遂云："以九九書於策，則盡乘除之用，是爲策算。策可取書，不曰籌而曰策，以別於故籌算，不始名稱相亂也。"①顯然，戴氏是把納皮爾籌命爲策算，而恢復籌算古義，因此這一做法並非"多事"。北京故宮所藏清代納皮爾算籌，籌的中間畫格，有斜線的，也有半圓形的②。戴氏《策算》與梅氏《籌算》所載恰分屬兩端(圖 1)，

圖 1：納皮爾算籌

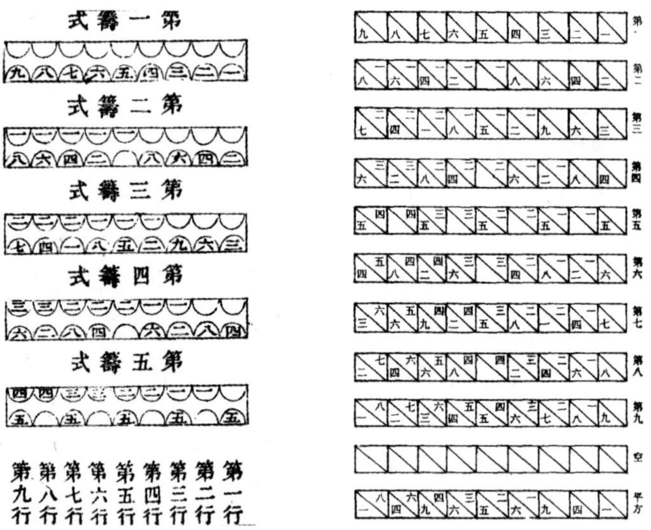

梅文鼎《籌算》③　　　　戴震《策算》④

① 戴震：《策算》，戴震研究會等編纂《戴震全集》(第二册)，清華大學出版社，1992 年，第 529 頁。

② 嚴敦傑：《故宮所藏清代計算儀器》，《文物》1962 年第 3 期。

③ 梅文鼎：《籌算》，《梅氏叢書輯要》頤園刻本。

④ 戴震：《策算》，《戴震全集》(第二册)，第 530 頁。

故推測兩者來源不同[①]。戴氏自序云:“算法雖多,乘除盡之矣,開方亦除也。平方用廣,立方罕用,故《策算》專爲乘、除、開平方舉其例,略舉經史中資於算者,次成一卷,俾治《九章算術》者首從事焉。”[②]按梅文鼎《籌算》實際載有立方策(即 1,8,27,64……)和開立方,而戴氏《策算》未載,即其所云經史中立方罕用,然其目的卻是數學,可見其所取文本語境限制了算法的展開,這或由於戴氏早年未見《九章算術》,或是由於經學地位高於算學所致。

《策算》全書由四部分組成,先是策式,即納皮爾籌圖示。策式之後,是乘、除、開平方三部分内容,每部分又先總論運算,再給出例題。如“乘”云:“凡兩束相乘,任以一爲實,一爲法。……視實某數,於策某行取數書所列實之上。”[③]由此可知,戴氏策算之法實需要求之於“書”,即由筆記録計算結果。“除”云:“凡除必審定法實,變動者爲實,不變動者爲法。”[④]之後“除之不盡之”等等乃傳統籌算經典算法,戴氏其時未看到《九章算術》,但該法已成爲公共知識而在清中葉學術界流傳。“開平方”又云:“凡平方冪,四面相等,有冪積,求其一面之數。”[⑤]此種把開平方算法理解成已知一正方形求其一邊,實與自南北朝而下的儒家開方算法不同,後者把開方理解爲已知一長方形、做一個與之面積相等的正方形[⑥]。由此可見,戴氏《策式》未徑采儒家算法,實延續了明末黄宗羲(1610—1695)以降的融合兩家算法的趨勢[⑦]。

---

① 梅文鼎《籌算》亦載有平方策(即 1,4,9,16……),由於篇幅圖 1 中未列出。

② 戴震:《策算》,《戴震全集》(第二册),第 529 頁。

③ 戴震:《策算》,《戴震全集》(第二册),第 531 頁。

④ 戴震:《策算》,《戴震全集》(第二册),第 537 頁。

⑤ 戴震:《策算》,《戴震全集》(第二册),第 546 頁。

⑥ 朱一文:《儒家開方算法之演進——以諸家對〈論語〉“道千乘之國”的注疏爲中心》,《自然辯證法通訊》2019 年第 2 期。

⑦ 關於黄宗羲的開方算法,見朱一文:《算學與經學:中國數學新史》,第 219—224 頁。

傳統算學往往採取問題(以"今有"開頭)、答案(以"答曰"開頭)和算法(以"術曰"開頭)的三部分的結構與形式。諸儒注疏儒經時所用算法則徑附之於注釋，不明確數學問題[①]。唐初李淳風(620—670)等注釋《五經算術》，强改儒經文本以符合傳統算學的形式[②]。《策算》取《周易》《周禮・考工記》《漢書・律曆志》《吕氏春秋》《儀禮》《回回歷》《論語》等相關問題，基本是先引原文與先入注解，之後戴氏再給出自己的解釋。如《論語》"道千乘之國"先引馬融注，《周禮・考工記》皆先引經文與鄭玄注或賈公彦疏，再給按語。由此可知，戴氏延續了諸儒注經的做法，而與李淳風等不同。鄭玄引《九章算術》遍注群經，南北朝以來諸儒利用鄭注簡略之處發展出儒家算法傳統，該算法傳統儘依賴紙筆而不需算籌，唐初孔穎達、賈公彦等注疏三禮與鄭玄注都用儒家算法[③]。以此而論，戴氏之以策算解經的做法實近於鄭玄。在具體的注解中，戴震實際是以納皮爾算籌計算結果的正確性來説明先儒注釋的正確性。如《儀禮》鄭玄注云："二十兩曰溢，爲米一升二十四分升之一。"戴氏以策算解之，云："故命爲二十四分升之一。"[④]《論語》馬融注云："……居地方三百一十六里有畸。"戴氏亦解之以策算，云："故云居地方三百一十六里有畸。"[⑤]賈公彦注解三禮鄭玄注相關算法，不僅從計算結果上説明，而且全部計算步驟亦與鄭注結構完全符合[⑥]。就此而言，戴注僅從結果上説明，其結構又不如賈疏

---

① 筆者稱之爲數學隱題，見 Zhu Yiwen, "How do We Understand Mathematical Practices in Non-mathematical Fields? Reflections Inspired by Cases from 12th and 13th Century China", *Historia Mathematica*, August 2020, 52: 1—25。

② 朱一文:《算學與經學: 中國數學新史》，第 133—146 頁。

③ 朱一文:《算學與經學: 中國數學新史》，第 42—64 頁。

④ 戴震:《策算》，《戴震全集》(第二册)，第 543 頁。

⑤ 戴震:《策算》，《戴震全集》(第二册)，第 548 頁。

⑥ 朱一文:《算學與經學: 中國數學新史》，第 97—117 頁。

嚴格。

以下以《策算》對《考工記》“參分弓長，以其一爲之尊”爲例説明。戴氏先引《考工記》經文“輪人爲蓋”，“參分弓長，以其一爲之尊”，與鄭玄注“六尺之弓，上近部平者二尺，爪末下於部二尺，二尺爲句，四尺爲弦，求其股。股十二，除之，面三尺幾半也”。這就是説傘弓全長 6 尺，在 2 尺處彎曲而折下，而其折下高度亦爲 2 尺，由此形成一直角三角形(句 2 尺，弦 4 尺，見圖 2)。鄭玄注計算了該三角形之股，得到結果爲面三尺幾半(即略小於 3.5 尺)。由此可以得知傘之半徑(即 2 尺+3.5 尺)與覆蓋面積(按規制車傘必須覆蓋住整個車輪)。賈公彦疏以儒家幾何開方算法補充了鄭氏未給出的算法細節[①]。戴震未引賈疏而直云：

> 按股十二者，此句弦求股術。弦四自乘，十六爲弦實，句二自乘，四爲句實。減句實於弦實，餘十二爲股實。凡方一尺爲寸百，爲分萬，此方尺者十二，爲分十二萬。列實一二，下加四圈，識千百十單四位，從單位起作點，用平方策開之。視第三行小於實，減九萬分，餘三萬分，定爲初商三百分。倍之，用第六策爲兩廉，用平方策爲隅，視第四行小於實，減二萬五千分六百分，餘四千四百分，定爲此商四十分。合初商、次商，倍之，用第六、第八策爲兩廉，用平方策爲隅，視第六行小於實，減四千一百一十六分，餘二百八十四分不盡。是爲股長三尺四寸六分有畸，不足三尺五寸，故云“面三尺幾半。”[②]

---

① 關於此問的詳盡分析，見 Zhu Yiwen，“Different Cultures of Computation in Seventh Century China from the Viewpoint of Square Root Extraction”，*Historia Mathematica*，February 2016，43(1)：3—25。

② 戴震：《策算》，《戴震全集》(第二册)，第 549 頁。

戴氏以弦方減句方得股方 12(平方)尺①。按 1 尺＝10 寸＝100 分，故 12(平方)尺＝120000(平方)分。戴氏以"分"爲單位的原因是所得結果精確到"分"位。之後開方過程，戴氏給出算圖(見表 1)，配合使用納皮爾算籌，順利完成開方運算，求得結果股長三尺四寸六分。

表 1：《策算》開平方算法今譯

《策算》	今譯
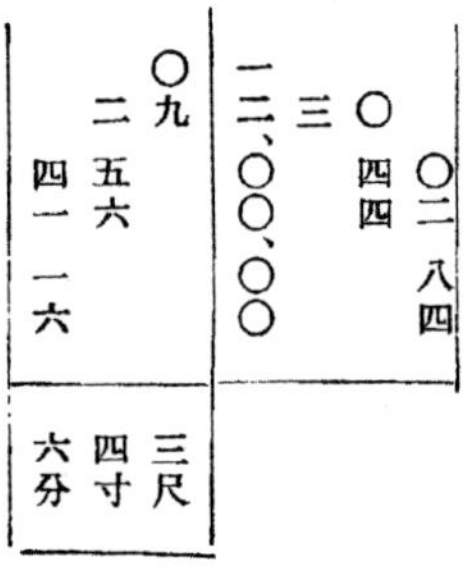	問題：12(平方)尺＝1200(平方)寸＝120000(平方)分，由此題爲$\sqrt{12000(\text{平方})\text{分}}$ 第一步：由於 3×3＝9(即平方策第三行數)＜12，故初商 300 分。$120000-300^2=30000$(餘實)。 第二步：$(a+b)^2=a^2+2ab+b^2$，則先求 a，次求 b 時，法爲 $2a+b$。初商加倍爲 600，遂云"用第六策爲兩簾"。由於 64×4＝256＜300(用平方策爲隅，視第四行小於實)②，故次商爲 40 分。按 30000－640×40＝4400(餘實)。 第三步：求第三商，須有 $2(a+b)$，故合爲 640 分。由於 686×6＝4116＜4400(視第六行小於實)，故第三商爲 6 分。 第四步：4400－686×6＝284(餘實)。故云"減四千一百一十六分，餘二百八十四分不盡"。

① 按中國古代以長度表面積和體積，例如 3 尺表面積則指一個長爲 3 尺、寬爲 1 尺之長方形面積，3 尺表體積則指一個截面爲 1 尺之方、長爲 3 尺之長方體體積。見李繼閔：《〈九章算術〉導讀與譯注》，陝西科學技術出版社，1998 年，第 768—778 頁。

② 開平方法，第一步除去 a^2 之後，所剩餘實爲 $(a+b)^2-a^2$。按戴震的理解，此亦相當於一大正方內割去一小正方形。第二步除去餘實，則需要先去除兩長方形，即所謂兩簾，也即 2ab，於是 2a 就是簾法；再除去一角頭方形，即是隅，也即 b^2，於是 b 就是隅法。如果把開方術理解爲求解一元二次方程的過程，那麼隅法就相當於二次項係數，簾法就相當於一次項係數，而實就是常數項。

總之，戴震《策算》引西算解經，其做法與鄭玄引《九章算術》入經一致；戴氏改變了自南北朝皇侃(488—545)以下諸儒解經不用工具的做法，亦類似皇氏對儒家算法之發明，實屬創新。從算學與經學關係的角度看，每個時代的大儒總是用當時最先進的數學知識解經，戴震亦不例外。從文本形式上看，戴氏雖未如李淳風等改變儒經形式，但其注解嚴格性又不如賈公彦等先儒。且戴氏未以西算遍注群經，而是選取其中有關算學的部分解之，故其作爲又接近北周在經文之下加按語而撰成《五經算術》的甄鸞①。

《考工記圖》

學界一般不把《考工記圖》當作戴氏的科學工作②，其實對戴氏來説該書無疑也是一本類似《策算》的著作。其理由如下：第一，戴氏是書自序云：

> 同學治古文辭，有苦《考工記》難讀者，余語以諸工之事，非精究少廣旁要，固不能推其制以盡文之奥曲。鄭氏注善矣，兹爲圖，翼贊鄭學，擇其正論，補其未逮。圖傳某工之下，俾學士顯白觀之。因一卷書，當知古六書、九數等，儒者結髮從事，今或皓首未之聞，何也？③

---

① 段玉裁亦云"是年(1774)十月，校《五經算術》成，恭上《五經算術》二卷，舉《尚書》《孝經》《詩》《易》《論語》《三禮》《春秋》之待算乃明者列之，而推算之術，系加'甄鸞按'三字於上，故知是書甄鸞所撰也。唐有李淳風注，唐明算科《五經算》即是書，於《永樂大典》中得之。先生校成恭上，有提要一篇。按：先生乾隆甲子作《策算》，略舉經籍之資於算者，推衍成帙，正與用意不謀而合也。"〔段玉裁：《戴東原先生年譜》，戴震研究會等編纂《戴震全集》(第六册)，清華大學出版社，1992年，第3411—3412頁。〕

② 如錢寶琮《戴震天文算學著作考》、李開《戴震評傳》均不把《考工記圖》當作科學著作。

③ 戴震：《考工記圖》，《戴震全集》(第二册)，第707頁。

《九章算術》卷四少廣載有開方術，旁要一般認爲與勾股有關①。漢代大儒鄭玄善《九章算術》，以數學遍注群經，完成經學的統一②。由此可見，戴震原意是以數學解《考工記》，遂作圖以補鄭説。第二，《策算》最後兩問均取自《考工記》，即“輪人爲蓋”，“參分弓長，以其一爲之尊”與“磬氏爲磬，倨句一矩有半”，鄭玄均以勾股算法注之，戴震均解之以策算③。由於《策算》並無圖示説明，故戴氏進一步補圖以翼鄭學。第三，儒家經典中的數學知識實際是依附於特定篇章之下，而《周禮·考工記》本就是出現儒家算法最多的文本語境④，故戴氏對《考工記》補圖，是發揮其數學之長，與其晚年所作《九章算術訂訛補圖》類似。當代學者聞人軍評價戴震《考工記圖》的學術成就，認爲：“戴震的某些真知灼見已爲考古發現所證實，某些推測則已爲考古實物所否定。《考工記圖》中的大小諸圖，凡五十九幅，世所推重。然因成書年代較早，二百多年來，尤其是近幾十年來的考古發現和研究，已經表明戴氏之圖約有三分之一不合古制，有些是明顯的誤解，其餘的三分之二也有不少需要修正和充實。”⑤

① 《周禮·地官》云：“養國子以道，乃教之六藝。……六曰九數。”鄭玄引鄭衆注曰：“九數，方田、粟米、差分、少廣、商功、均輸、方程、贏不足、旁要，今有重差、夕桀、句股也。”[漢]鄭玄注，[唐]賈公彦疏，《周禮注疏》，阮元校刻《十三經注疏》，中華書局，1980年，第731頁。

② 關於鄭玄引數學入經的做法及其影響的詳盡分析，見朱一文：《算學與經學：中國數學新史》，第24—41頁。

③ 戴震：《策算》，《戴震全集》(第二册)，第549—550頁。

④ 在所有儒家經典之中，三禮之學(即《周禮》《禮記》《儀禮》)是儒家算法所最爲依賴的算法語境；而在三部禮書中，又尤以《周禮》爲重。見 Zhu Yiwen, “Another Culture of Computation from 7th Century China”, in *Cultures of Computation and Quantification in the Ancient World: Numbers, Measurements, and Operations in Documents from Mesopotamia, China and South Asia*, Karine Chemla, Agathe Keller and Christine Proust(eds.), Switzerland: Springer, January 2023, 555—602。

⑤ 聞人軍：《〈考工記〉譯注》，上海古籍出版社，2008年，第162—163頁。

乾隆二十年(1755)，紀昀(1724—1805)爲是書作序，贊爲奇書，又云："戴君深明古人小學，故其考證制度、字義，爲漢已降儒者所不能及。以求聖人遺經，發明獨多……"指出戴氏多項發明[①]。今本《考工記圖》二卷，整體結構是由文字解釋與圖解共同組成。以圖而論，卷上包括了戰車、武器、量器和樂器四部分内容，卷下則包括了禮器、生活用品、天文圖和官方建築四部分内容，顯見卷上與《考工記》更爲密切，卷下討論的範圍則有所擴展。當今學界一般認爲《考工記》反映了戰國初年的情況，是當時齊國的手工技藝彙編[②]。戰車是《考工記圖》討論的第一項内容，也是與數學十分密切的部分。在未見到出土實物的情況下(如圖 2 左)，戴震僅根據文獻記載依次討論車輪、車傘、車椅、車輈形製，與出土戰車十分接近。這些解釋均涉及具體的尺寸，體現戴氏以數學解經、羽翼鄭學的特點。

圖 2：戰車形製

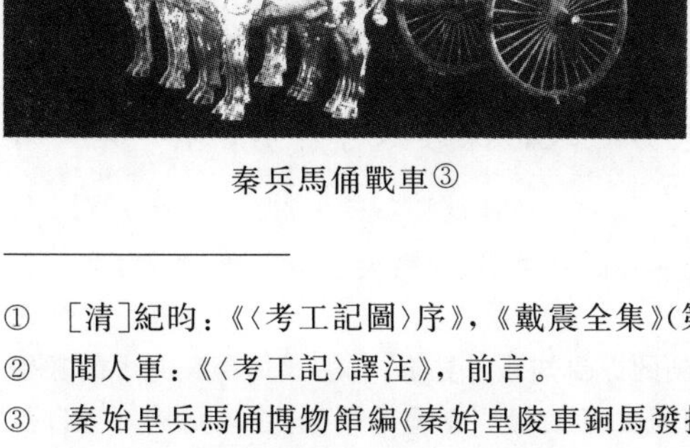

秦兵馬俑戰車[③]

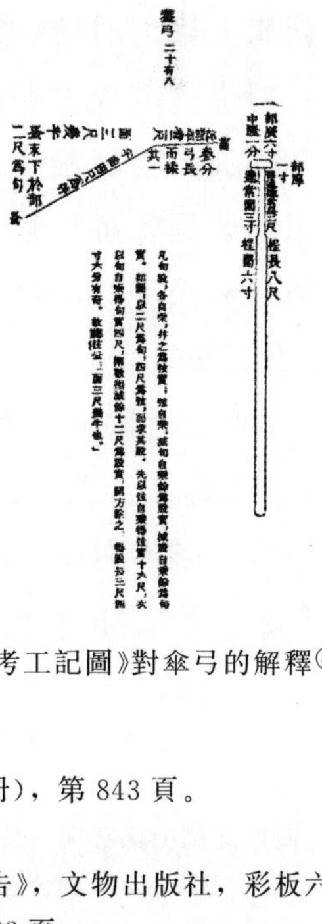

《考工記圖》對傘弓的解釋[④]

---

① [清]紀昀：《〈考工記圖〉序》，《戴震全集》(第二册)，第 843 頁。

② 聞人軍：《〈考工記〉譯注》，前言。

③ 秦始皇兵馬俑博物館編《秦始皇陵車銅馬發掘報告》，文物出版社，彩板六。

④ 戴震：《考工記圖》，《戴震全集》(第二册)，第 722 頁。

例如關於戰車傘弓的彎曲度，《考工記》云："參分弓長，以其一爲之尊。"該問實際在《策算》中已經出現，但缺乏戰車圖示。戴震爲之補圖，圖下又有小字云(圖 2 右)：

> 凡句股，各自乘，并之爲弦實；弦自乘，減句自乘，餘爲股實；減股自乘，餘爲句實。如圖：以二尺爲句，四尺爲弦，而求其股。先以弦自乘得弦實十六尺，次以句自乘得句實四尺，兩數相減，餘十二尺爲股實。開方除之，得股長三尺四寸六分有奇。故鄭注云"面三尺幾半也。"

此處戴氏先論述傳統勾股術(勾股求弦，弦勾求股，弦股求勾)，接著以此法求得股方 12(平方)尺，再開方得股長 $\sqrt{12(\text{平方})\text{尺}}$＝3 尺 4 寸 6 分。此處的開方計算細節實際在《策算》中已經給出(表 1)，故此處戴震僅云"開方除之，得股長三尺四寸六分有奇。"由此可見《考工記圖》與《策算》之密切關係。從邏輯上講，討論《考工記》中的數學問題，應該是先有圖再計算；但從實際成書順序上，確是《策算》在先。《策算》之前，戴震 20 歲時作《赢旋車記》《自轉車記》二文，均是關於農業灌溉之用的農具，可見其早就對器物工藝有所關註[①]。故我們可以推測，戴氏完成《策算》之後，發現仍需補圖闡發鄭義，遂作《考工記圖》。

《考工記》"㮚氏爲量"提供算法的文本語境。戴震引鄭注"以其容爲之名也。四升曰豆，四豆曰區，四區曰鬴。鬴六斗四升也。鬴十則鐘。方尺，積千寸。餘今㮚米法，少二升八十一分升之二十二"和賈疏"算法方一尺，深尺六寸二分，容一石"[②]，

① 潘定武、朱宏勝、張慶偉：《戴震年譜長編》，安徽大學出版社，2023 年，第 72—77 頁。

② 關於此例中鄭玄與賈公彦用到的數學知識，見朱一文：《儒學經典中的數學知識初探——以賈公彦對〈周禮 · 考工記〉"㮚氏爲量"的注疏爲例》，《自然科學史研究》2015 年第 2 期。

顯然此處同意鄭玄與賈公彥算法。其圖案内方尺(即一尺之方)計算，則圜其外之徑爲$\sqrt{2}$尺，即作"圜徑尺四寸一分有奇。""㮚氏爲量"圖(圖 3 左)下有小字引方希原所云："即夏書所謂和鈞也。此器兼律、度、量、衡。方尺、深尺則度也；實一鬴，則量也；重一鈞，則衡也；聲中黄鐘之宫，則律也。内方外圜，則方圜冪積、少廣旁要之理，賅而具也。"又有戴氏字注：

> 凡圜内容方，方内又容圜，則内圜得外圜之半，外圜得内圜之倍。内方容圜，圜内又容方，則内方得外方之半，外方得内方之倍。方徑縱横各自乘，並之爲實，開方除之，是爲外圜徑。

即方圓關係，内接方之對角線之是外接圓之徑，故以勾股術入算$\sqrt{s^2+s^2}=D$。

圖 3：量器與天文

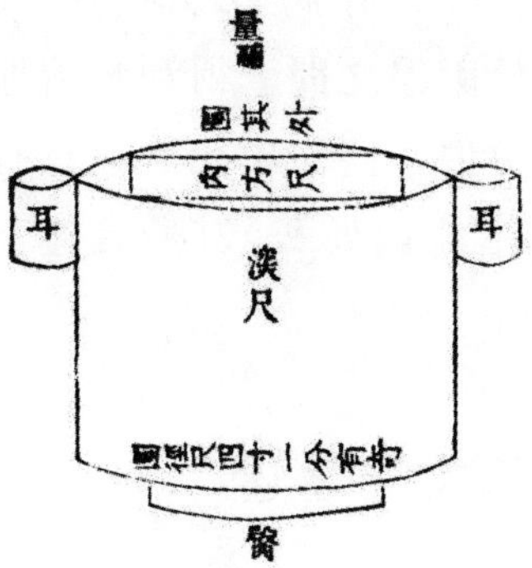

㮚氏爲量①

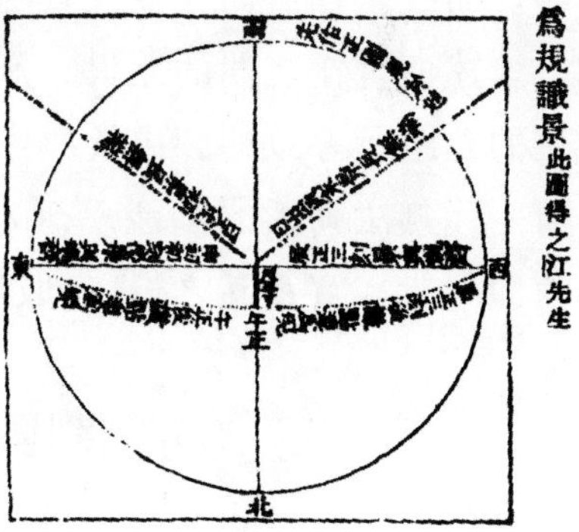

爲規識景②

卷下載有三張天文圖，其中一張"爲規識景"(即日晷)小字云"此圖得之江先生"(圖 3 右)，即來源於江永(1681—1762)。江永擅長天文曆算，其所作《翼梅》(1740)旨在爲梅文鼎《曆算全書》發明補正。此處亦可見戴氏直接受到江永曆算方面的影

① 戴震：《考工記圖》，《戴震全集》(第二册)，第 756 頁。
② 戴震：《考工記圖》，《戴震全集》(第二册)，第 807 頁。

響，這實際也爲其之後若干天文學方面的工作打下來基礎。

戴震28歲所作《與是仲明論學書》講了其早年的治學方法[①]：

> 至若經之難明，尚有若干事：誦《堯典》數行，至"乃命羲和"，不知恒星七政所以運行，則掩卷不能卒業……不知少廣旁要，則《考工》之器不能因文而推其制……中土測天用句股，今西人易名三角八綫，其三角即句股，八綫即綴術，然而三角之法窮，必以句股御之，用知句股者，法之盡備，名之至當也。[②]

由此可見，天文算法成爲戴氏理解經義的工具。這一看法實際與其《策算》自序所云爲《九章算術》不盡相同，後者算學有近乎獨立的學習和研究價值。就此而言，戴氏處在經學與算學的張力之間。在論述層面，戴氏認爲研究算學的目的是爲了理解經義，而在實作層面，戴氏實際又支持算學具有獨立之價值。這一論述與實作之間的差異，無疑是由於兩學之間學術和政治地位的差距所導致的。由於康熙皇帝的提倡，西學中源説成爲有清一代無法動摇的主流思想，戴震亦不能例外[③]。其所論述三角即句股，實爲其之後《句股割圜記》做了鋪墊。

三 《句股割圜記》與天文學著述

《句股割圜記》等著作

自33歲入京，戴震的主要工作就在天文曆算方面，包括

---

① 潘定武、朱宏勝、張慶偉：《戴震年譜長編》，第114頁。

② 戴震：《與是仲明論學書》，戴震研究會等編纂《戴震全集》（第五册），清華大學出版社，1992年，第2587—2588頁。

③ 關於康熙皇帝對西學中源説的影響，見韓琦：《康熙帝之治術與"西學中源"説新論——〈御制三角形推算法論〉》，《自然科學史研究》2016年第1期。

了以《句股割圜記》(1752 年初成，1755 年初刻)爲中心的幾部著作[①]以及《釋天》等天文學著述，後被收入《五禮通考》"觀象授時"一門。學界以往多把《句股割圜記》列入戴氏數學著作[②]，其實這只在天算不分家的意義上成立，嚴格地説該書是曆算著作。主要理由如下：第一，勾股、割圓均爲中國古代算學術語，魏景元四年(263)，劉徽注《九章算術》，以勾股之術割圓，證明了該書"半周乘半徑得積步"的圓面積公式，並求得圓 157 徑 50(即 $\pi=3.14$)，周 3927 徑 1250(即 $\pi=3.1416$)之率。該書雖有其名，然其實討論三角問題，而在自古希臘以降的歐洲、印度和阿拉伯學術傳統中，三角學都是屬於天文學，而非數學[③]。唐僧一行(683—727)所作《大衍曆》中的正切表也是爲了曆法計算[④]。明末以降，三角學亦隨著《崇禎曆書》的編撰，作爲曆法的一部分而傳入中國[⑤]。第二，時刑部尚書秦蕙田(1702—1764)"方纂輯《五禮通考》，其'觀象授時'一門既多采震天文律曆之説，又全録《句股割圜記》三篇，以爲古今算法大全之范。"[⑥]由此可知時人也將之列入曆算著作。第三，戴氏托名吴思孝所作該書自序云："戴君之於治經，分數大端，各究洞源委，步算其一也。"[⑦]所謂"步算"即曆算計算之推步。又云："余

---

① 《準望簡法》《割圜弧矢補論》《句股割圜全義圖》《方圓比例數表》等著作，大約作於《句股割圜記》同期。潘定武、朱宏勝、張慶偉：《戴震年譜長編》，第 637 頁。

② 如錢寶琮《戴震算學天文著作考》、陳建平《由建構與算理看戴震的〈勾股割圜記〉》均將之列爲戴氏的數學工作。

③ 按古希臘托勒密《至大論》(*Almagest*)有三角函數表，而歐幾裡得《幾何原本》(*Elements*)中無三角學内容。17 世紀以降，隨著現代數學在歐洲的誕生，數學的範圍擴大，三角學逐漸被納入數學體系之中。

④ 見 Cullen，Christopher. An Eighth Century Chinese Table of Tangents. *Chinese Science*，1982，5：1—33。

⑤ 見董傑、陳建平：《中國第一部三角學譯著〈大測〉的底本與版本研究》，《自然科學史研究》2017 年第 2 期。

⑥ 錢寶琮：《戴震算學天文著作考》，《錢寶琮科學史論文選集》，第 156 頁。

⑦ 戴震：《句股割圜記》，《戴震全集》(第二册)，第 661 頁。

嘗謂儒者仰不知天道，不可以通經”，以及“戴君自識餘終篇曰：因《周髀》首章之言，衍而極之”，這些都説明戴氏也自認此書爲一部曆算著作。當然，恰如《周髀算經》被列入唐宋十部算經、《四庫全書》設“天文算法類”一樣，曆算與算學從來就有其他學問之間不具備的密切聯繫[①]。

《句股割圜記》三卷，卷上討論平面三角，卷中與卷下討論球面三角，各家對此已有詳論，尤其是陳建平指出戴氏“同限句股互權”爲基本算理，溝通了平面三角學與球面三角學兩個領域，實是一項數學成就[②]。從學術理路上而言，按陳建平所分析，戴氏此書是“希望造成一個假象，在西方三角學之外和之前，中國就存在著一個獨立的句股割圜系統。對戴而言，西方的三角學是對等於中國的 51 個勾股割圜術的”[③]。對此，在全書開頭戴氏自己其實也有説明：

> 古割圜法書闕失傳，《授時歷草》有弧矢割圜主圖，主於共半弧背之句股小大互求，實足以盡割圜之理。凡小大可互求者，未有非共半弧背者也。近人殫精此學，如梅定九（即梅文鼎）、薛儀甫（即薛鳳祚，1599—1680）諸家，兼通西洋之説，又八綫表、平三角、弧三角等法，雖別立名目，於古之句股弧矢不異，惜譯書時欲張其説，凡一語可該，必衍爲千百言，多其端緒，使觀之者目眩而莫測其涯

---

① 曆算與算學關係密切，但終屬兩學，關於兩者在數學實作方面的差異，見 Zhu Yiwen, “How do We Understand Mathematical Practices in Non-mathematical Fields? Reflections Inspired by Cases from 12th and 13th Century China”, *Historia Mathematica*. August 2020, 52: 1—25。

② 對戴震《句股割圜記》的研究者，還有日本學者藪内清（《戴震の曆算學》，藪内清、吉田光邦：《明清時代の科學技術史》，京都人文科學研究所，1970 年，第 27—34 頁）、川原秀城（《戴震和西洋曆算學》，川原秀城編《西學東漸與東亞》，毛乙馨譯，上海科學院出版社，2022 年，第 181—210 頁）等人。

③ 陳建平：《由建構與算理看戴震的〈勾股割圜記〉》，《自然科學史研究》2011 年第 1 期，第 29 頁。

> 涘。又諱言立法之本出於句股弧矢，轉謂句股不能御三角，三角能御句股。以梅氏考論治，詳於《平三角舉要》，論三角形用正弦爲比例之理，凡爲圖者十，而不能知其爲共半弧背之句股。其他大抵類此。[①]

此段所謂“古割圜法”即劉徽割圓術，由於其時戴震尚未看到《九章算術》，故以爲失傳。元郭守敬(1231—1316)《授時曆草》(1280)在清中葉廣爲流傳，其使用天元術處理立法中的弧矢割圓問題，梅文鼎之孫梅瑴成《赤水遺珍》(1761)從西方傳入之代數學(即借根方)理解天元術，提出“天元一即借根方”之説，在當時學界影響頗大。戴氏認爲郭氏弧矢割圓“足以盡割圓之理”。明清之際，三角學傳入中國。明末大儒黄宗羲(1610—1695)即把西方三角學歸入勾股類問題[②]。在戴震看來，梅文鼎《平三角舉要》《弧三角舉要》及薛鳳祚《三角算法》等著作均是以三角御勾股之著作，而其反其道而行之，以勾股御三角，即陳建平所論創造讀一個獨立的勾股割圜系統[③]。

《句股割圜記》的文本結構是圖與術交替出現，大部分情況圖是用來説明術。第一圖和第二圖(圖 4)闡明了是書的主旨。第一圖下有小字云“兩直畫交於圜之中心，所成之觚，或倨或句，必兩兩相等而二，其弧背亦兩兩相等而二，或過四分圜周之一，或不及四分圜周之一。”[④]此處給了名詞解釋與基本性質，圖中亦有對應標識。直畫即直線，觚即圜之一部分，倨或句即

---

① 戴震：《句股割圜記》，《戴震全集》(第二册)，第 598 頁。
在《準望簡法》中，戴氏亦有類似的文字，即歐羅巴竊取句股爲三角法，猥云三角能御句股，句股不能御三角。梅勿菴書亦言之，以三角中無直角，非復句股比例可推，必用八綫表之正弦，乃得三邊互求之法。不知三角中成六句股，兩兩相等，交錯其間，以生比例。惜勿菴尚未明此關竅，不能羽翼古人。(戴震：《準望簡法》，《戴震全集》(第六册)，第 3192 頁。)

② 朱一文：《算學與經學：中國數學新史》，第 223—224 頁。

③ 從現代數學的角度看，三角與勾股都是幾何學的一部分，兩者完全相通。

④ 戴震：《句股割圜記》，《戴震全集》(第二册)，第 558 頁。

圖 4：勾股割圓名稱

第一圖①

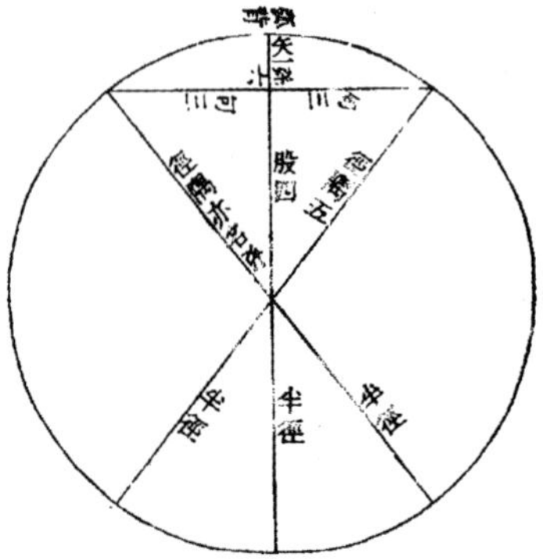

第二圖②

線段，弧背即圓周之一部分，矢即餘徑。圖二下亦有小字云：

> 設矢一、弦六圖之，爲句三、股四、弦五起其率，隨其短長小大之率准次。凡弦不變，而句與股隨弧大小者，以此爲率。
>
> 天體渾圜也。如黄、赤道各成一規，則皆平圜。古割圜法，以半弧背與句股合爲用，由乘除開方以盡句股，由句股以盡弧矢，由弧矢以盡平圜、渾圜，步算之能事畢矣。③

由此可知，戴氏旨在揭示乘除開方到勾股到弧矢到三角之數學推理路線。由於《策算》旨在乘除開方，《考工記圖》論及開方，因此也可以説《句股割圜記》是前兩書之合理的邏輯演進。

勾股割圓術自然涉及圓周率，故戴氏接下來引李淳風《隋書・律曆志》對祖沖之(429—500)圓周率(3.14159265)之記載。戴氏另有《方圜比例數表》一卷，亦以祖氏圓周率爲基礎，詳論

① 戴震：《句股割圜記》，《戴震全集》(第二册)，第 558 頁。
② 戴震：《句股割圜記》，《戴震全集》(第二册)，第 559 頁。
③ 戴震：《句股割圜記》，《戴震全集》(第二册)，第 559 頁。

方圓關係，應作於同一時期[①]。《句股割圜記》第四圖下戴氏引《周髀算經》："數之法出於方圜，圜出於方，方出於矩，矩出於九九八十一。"[②]卷上又云：

> 劉徽注《九章算術》，於方田章附割圜之説。以平圜徑二尺，半之一尺爲圜裏六弧之一面，半徑爲弦，半面爲句，句弦求股，得股轉減半徑，得餘爲小句，半面又爲小股，句股求弦得小弦，是爲六弧爲十二弧之一面。如是累析爲二十四弧、四十八弧、九十六弧。今圜周設九十六限，准諸割圜累析之數。[③]

按此部分引劉徽注，當是乾隆三十九年(1774)戴震從《永樂大典》中輯出《九章算術》之後，補入微波榭本，由此彌補先前所云"古割圜法書闕失傳"。然把圓周分爲96分，該做法當早就完成，與劉注無關[④]。

《句股割圜記》卷上勾股第八術後有第十五圖與第十六圖，分别在圓内做正六邊形與正十邊形(圖5左)。第十五圖是爲了解釋《九章算術》劉徽注，戴氏之後將之列入《〈九章算術〉訂訛補圖》。戴氏云："圜周六分之，其弧弦適圜半徑，是故周三徑一者，六觚之周也。圜周大於六觚之周，爲六弧背與六弧弦之差。"圖下小字云："六觚之一面，適得圜半徑，叠兩圜觀之，其數顯然。梅氏《平三角舉要》云：劉徽、祖沖之以割六弧起數，趙友欽以四角起數，割圜諸率皆自此出。"戴氏獨創將兩個圓内接正六邊形疊加，以顯示正六邊形之邊長等於圓半徑。又引梅文鼎所引劉徽、祖沖之、趙友欽(14世紀)之割圓術，以作爲割圓

① 戴震：《方圜比例數表》，《戴震全集》(第六册)，第3223—3231頁。
② 戴震：《句股割圜記》，《戴震全集》(第二册)，第562頁。
③ 戴震：《句股割圜記》，《戴震全集》(第二册)，第527頁。
④ 陳建平推測與當時一日96刻有關。見陳建平：《由建構與算理看戴震的〈勾股割圜記〉》，《自然科學史研究》2011年第1期，第34頁。

圖 5：勾股割圜術

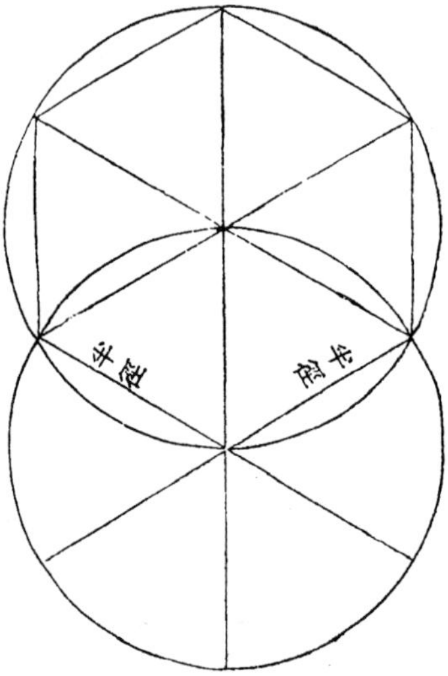

第十五圖①

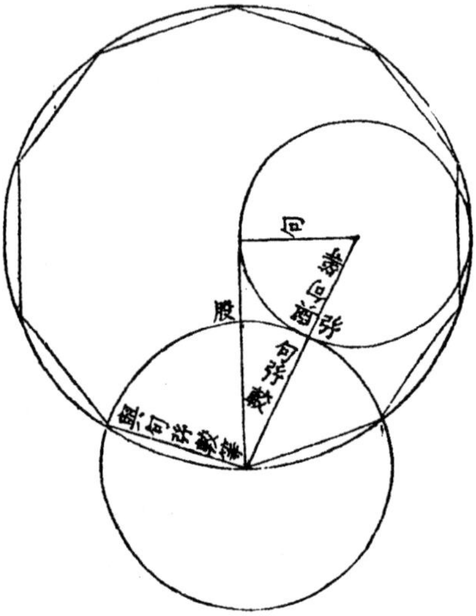

第十六圖②

諸率之基礎。圖十六以内接正十邊形割圓，從戴氏引梅氏注看，以正 4 邊形、正 6 邊形割圓術皆已有，獨缺正 10 邊形，故戴氏之做法補古人之不足。其術云：“圜半徑爲股，半之爲句，求其弦。句弦較十之，是爲十觚之周。”由圖可見(圖 5 右)，内接正 10 邊形邊長度正與勾弦較等，故有此法。之後大字以正弦與餘弦函數入算(戴氏稱作内矩分與次内矩分)求得正 10 邊形邊長，並云：“準前方内函圜、圜内復函方之率，得内方徑，半之爲十二限之内矩分及次内矩分。[立成七〇七一六七八有奇。][3]此推立成之根也。”立成即表格，是中國古代曆法術語，此處指三角函數表，由此戴氏指出通過各種割圜術，加上之前二圓二方之圖(即《考工記圖》中所云)，可以揭示三角函數表之根源。

① 戴震：《句股割圜記》，《戴震全集》(第二册)，第 577 頁。
② 戴震：《句股割圜記》，《戴震全集》(第二册)，第 578 頁。
③ [ ]内爲戴氏小字自注，下同。

戴震對《句股割圜記》有所總結，云：

> 總三篇，凡爲圖五十有五，爲術四十有九，記二千四百一十七字。因《周髀》首章衍而極之，以備步算之大全，補六藝之逸簡。治經之士，餘博見洽聞，或有涉乎此也。吴曰：《準望簡法》首章云："爲矩以准望，凡百分，大其器則分十之，謂之小分……。又曰：天本無度，步算家設度以推日月星之行。古法三百六十五度四分度之一，[古歲實三百六十五日四分日之一，略舉大致耳。蓋隨宜修改，不與天爭時。]每晝夜日右旋一度，度也者，行而過之之名。今用三百六十度整，則每晝夜日行不及一度，雖失名度之義，算器無妨用之。"此擬《周髀》製矩，故用古刻法爲度法。[古晝夜百刻，刻六十分，凡十分爲一小刻。隸十二辰，每一辰八大刻二小刻。梁天監中改爲晝夜九十六整刻，今刻法用之。]得名度者，日左旋一刻多度也。①

此段引《準望簡法》，論及圓徑(百分)與周天度數，周天 360 度與中國傳統不同②，而每日 100 刻則是沿用古法③。以上數據的選擇雖有西學的背景，但從戴氏此段論述來看，主要是考慮算學和古法兩個因素，而非是否來自於西學④。戴氏之書旨在羽翼古人，發展自劉徽以降之勾股割圜朮。

曆法、禮學與傳統算學

乾隆二十年(1755)，戴震入京爲秦蕙田解《五禮通考》"觀

---

① 戴震：《句股割圜記》，《戴震全集》(第二册)，第 599—600 頁。

② 關增建：《傳統 365 $\frac{1}{4}$分度不是角度》，《自然辯證法通訊》1989 年第 5 期。

③ 馬偉華、關增建：《九十六刻制在中國的確立》，《上海交通大學學報(哲學社會科學版)》，2013 年第 1 期。

④ 關於對戴震在前人基礎上以中學替換西學的特有方式的分析，見徐道彬：《論戴震與西學》，《自然科學史研究》2010 年第 2 期。

象授時”一門，之後即有若干天文學著述。按錢寶琮計，總有《釋天》四篇、《迎日推策記》一篇、《九道八行説》一篇、《周髀北極璇璣四遊解》二篇《記夏小正星象》一篇[①]。其中《釋天》四篇與《句股割圜記》並附《迎日推策記》合爲《原象》。錢寶琮引沈楙德《原象》跋云，首篇言日之發斂、月之出入，二篇言中星以明歲差，三篇言土圭測影以明里差，四篇言《洪范》[②]。從學術理路上講，《句股割圜記》相關著作爲曆算，以《釋天》爲中心的相關著作爲天文，兩者互爲表裡。除此之外，戴震还有《古今歲實考》《續天文略》等著述。

四庫館臣《五禮通考》提要云：

> 凡爲門類七十有五，以樂律附於吉禮宗廟制度之後，以天文推步勾股割圓立觀象授時一題……故朱子《儀禮經傳通解》於學禮載鐘律詩樂，又欲取許氏《説文解字》序説及《九章筭經》爲書數篇而未成。蕙田之以類纂附，尚不爲無據。其他考證經史，原原本本具有經緯，非剽竊餖飣掛一漏萬者可以比較。陳祥道所作，過之遠矣。[③]

宋代大儒朱熹(1230—1300)晚年編撰《儀禮經傳通解》，容納了相當多的天文算法知識。其於是書第二十六“書數”云：“古無此篇。今案六藝之射已略，見上鄉射及下大射篇，御法則廢不可考矣。唯書數日用所須，不可不講，故取許氏《説文解字》序説及《九章筭經》爲此篇，以補其闕，然亦不能詳也。”[④]即將《九章算術》抄入“書數”(今已不傳)，又於“投壺”篇發展了自孔穎

① 錢寶琮：《戴震算學天文著作考》，《錢寶琮科學史論文選集》，第162頁。

② 錢寶琮：《戴震算學天文著作考》，《錢寶琮科學史論文選集》，第163頁。

③ 秦蕙田：《五禮通考》，《景印文淵閣四庫全書》第135册，臺灣商務印書館，1985年，第57頁。

④ 朱熹：《儀禮經傳通解》，朱傑人、嚴佐之、劉永翔主編《朱子全書》第2册，上海古籍出版社、安徽教育出版社，2002年，第38頁。

達(574—648)以降的開方算法[1]，又於第二十五篇“曆數”、第二十七篇“夏小正、月令”載有天文曆算。三禮爲天文算法出現的大宗，秦氏《五禮通考》以《儀禮經傳通考》爲類纂，遂自然接納戴震的天文曆算知識。乾隆二十四年(1759)，戴震作《鄭學齋記》[2]，其中反駁時人所謂“宋儒興而漢注亡”之説，即云：“抑亦聞朱子晚年治禮，崇鄭氏學何如哉?”[3]其實，朱熹早年編撰《四書章句集注》確實將數學知識排除在其理學體系之外，晚年由於主政地方、尊崇算學知識的實用性而改變了其看法，其作爲接近引《九章算術》遍注群經的鄭玄。故在此意義上，戴震認爲宋儒與漢儒並非矛盾，朱、鄭作爲一致，戴氏自己既爲羽翼鄭學，亦可進之於宋明理學。

戴震入京以後，與錢大昕(1728—1804)論學頗多[4]。錢氏善曆算，著《古今朔實考》《三統曆術》。錢氏《潛研堂文集》卷十四徑云賈公彦不通算術有二例，一爲賈氏疏《周禮・考工記》“輈長十尺，而策半之”及鄭玄注，其開方計算有誤，二爲賈氏疏鄭玄“中數曰歲，朔數曰年，中朔大小不齊，正之以閏，若時今作曆日矣”，誤解之以中氣與節氣不同[5]。由此可見，錢氏並不認同存在禮學、曆算與傳統算學等多種算法傳統。其《十駕齋養新録》卷十四論及李冶《測圓海鏡》、秦九韶《數書九章》(當在戴震去世之後)，其卷十七圓周率採 $\pi=3.16$ 之説(由於合於《數書九章》)[6]，其算具則只録算籌、算盤，而無納皮爾算籌。

---

① 朱一文：《算學與經學：中國數學新史》，第154—168頁。

② 潘定武、朱宏勝、張慶偉：《戴震年譜長編》，第208頁。

③ 戴震：《鄭學齋記》，《戴震全集》(第五册)，第2591頁。

④ 錢大昕自傳年譜云:“休寧戴東原初入都，造居士寓，談竟日，歎其學精博。明日言於文恭公，公即欣然與居士同車出，親訪之。因爲延譽，自是知名海内。”見錢大昕：《十駕齋養新録》，上海書店出版社，1983年，第22頁。

⑤ 錢大昕：《潛研堂文集》，陳文和主編《嘉定錢大昕全集(增訂本)》(第九册)，鳳凰出版社，2016年，第228—229頁。

⑥ 關於乾嘉時期對圓周率 $\pi=3.16$ 的接納和分析，見魏雪剛：《乾嘉學者對圓周率的測算與認知》，《科學技術哲學》2023年第5期。

戴震去世之後，錢氏爲之作傳云："今人所用三角八綫之法，本出於句股，而尊信西術者輒云：句股不能御三角。先生析之曰：《周髀》云'圓出於方，方出於矩，矩出於九九八十一。'三角中無直角，則不應乎矩，無例可比矣。必以法御之，使成爲句股而止。八綫比例之術，皆句股法也。"[①]由此可見，錢氏崇尚古人與中算傳統，尤其重視時人對西法的態度[②]。錢氏之態度顯然與康熙皇帝晚年(1713)建蒙養齋算學館追求學術自立的目的一致，符合清廷的學術立場[③]。與之相較，戴震數學研究的理性化色彩更濃，其學術並不把西學作爲一個獨立的研究對象，整體目的在於羽翼古人，只是這一做法恰好順應了當時朝廷的文化心態和主流的西學中源説[④]。

戴震在作於乾隆二十年(1755)的《與方希原書》中提出："古今學問之途，其大致有三：或事於理義，或事於制數，或事於文章。事於文章者，等而末之也。"[⑤]其中把文章視作最低，把理義理解爲道，把制數理解藝，道爲本、藝爲末，然本末一體。又云："聖人之道在六經。漢儒得其制數，失其義理；宋儒得其義理，失其制數。"制數非考證，實指戴氏早年在《策算》《考工記圖》《句股割圜記》等天文算法等方面的工作。戴氏科舉

① 錢大昕：《戴先生震傳》，《嘉定錢大昕全集(增訂本)》(第九册)，第633頁。

② 錢氏《與戴東原書》評論江永亦云："宣城(即梅文鼎)能用西學，而江氏則爲西人所用而已。"(錢大昕：《與戴東原書》，《嘉定錢大昕全集(增訂本)》第九册，第536頁。)

③ 關於康熙皇帝以蒙養齋算學館來擺脱西人對曆算控制的分析，見韓琦：《通天之學：耶穌會士和天文學在中國的傳播》，生活·讀書·新知三聯書店，2018年，第62—80頁。

④ 關於此議題的更多分析，見徐道彬：《論戴震與西學》，《自然科學史研究》2010年第2期。

⑤ 戴震：《與方希原書》，《戴震全集》(第五册)，第2589頁。余英時(1930—2021)以此認爲戴震提出義理、考據、詞章之三分法(見余英時：《論戴震與章學誠》，生活·讀書·新知三聯書店，2012年，第128頁)。余氏把制數理解爲考證，這是不準確的。

不順，而當時科舉主要就是考義理和文章，故此段説法實際有意淡化了其在這兩方面的弱項，而突出了制數的作用，實際是爲其自身學問的合法性論説。

四 輯校《算經十書》

乾隆三十八年(1773)，四庫開館，戴震被征調入館。戴震後期的主要數學工作爲從《永樂大典》中輯出漢唐算經，對之進行校勘並抄入《四庫全書》。對此，錢寶琮云："震於《算經十書》之校勘，用力頗勤，實有不可末之功績。然原本顯有誤文而不知訂正，及原本未誤而妄事改竄之處，亦複不少。蓋校勘算術，事屬創舉。震於短時期内校訂久經煙晦之算書至九种之多，欲求其無訛無漏，自是甚難。惟震之校訂古算書，輒以後世習用之法修改原本之文字，未肯虛心考證則有遺憾耳。"①李繼閔(1938—1993)、郭書春等當代數學史家均認同錢氏觀點②。這些觀點從現代數學史研究的角度評價戴震，自是不夠公正。事實上，即使把現代中國科學史或中國數學史研究回溯到乾嘉學派，但乾嘉學者的研究方法與李儼、錢寶琮而下的研究仍然分屬兩個範式，用後者評價前者是不恰當的③。戴震的研究自

① 錢寶琮：《戴震算學天文著作考》，《錢寶琮科學史論文選集》，第 172 頁。

② 李繼閔説："誠然，戴校本《九章算術》的工作十分粗疏。一方面從《永樂大典》中輯録與轉版時有大量傳抄轉刻之誤，另一方面戴氏對《九章》未作深入研究而恣意擅改，造成了極爲嚴重的不良後果。"(李繼閔：《〈九章算術〉校正》，陝西科學技術出版社，1993 年，第 6 頁。)郭書春説："戴震輯録、整理《九章算術》的貢獻極其重大，他也提出了若干正確的校勘。有了他的工作，我們今天才能看到全本的《九章算術》，並且基本上可以卒讀。然而，他的工作存在著嚴重失誤。"(郭書春：《匯校〈九章算術〉》(增補版)，遼寧教育出版社，2004 年，第 7 頁。)

③ 例如馮立昇即做此區分，其將阮元《疇人傳》視作現代中國科學史或中國數學史研究的起源。見馮立昇：《從范例到范式：關於中國數學史的編史學問題》，《觀陰陽割裂總算數根源》微信公眾號，2022 年 3 月 28 日。

始至終是做羽翼經學的數學研究，其想法與“願將數學進之於道”的秦九韶(1208—1268)[①]、從形下之數追求形上義的唐順之(1507—1560)[②]類似，其數學既不是其身後百年方才傳入中國的現代數學，其考據亦不是現代歷史學意義上的文本考證。故以今天的數學與歷史學標準對之進行衡量，無疑是輝格史(Whig history)的典型做法，是存在嚴重問題的[③]。

戴震雖學識淵博，但年入不惑(乾隆二十七年，1762)方才中舉，之後又六次會試不第。故乾隆三十八年，戴氏被朝廷詔入四庫館，對其而言無疑是人生巨大的機會。且其入館之初，乾隆皇帝有旨“舉人則准其與下科進士一體殿試，候朕酌量降旨録用”，即實爲試用，其能否續用或進身全看其在四庫館之表現(與今日中國大學之非升即走制度類似)[④]。由此，從主客觀兩方面進行推動，戴震在四庫館用力頗勤。錢寶琮認爲《四庫全書》天文算法類各篇提要皆出自戴震之手[⑤]。這一看法大致不錯，唯《數書九章》等書編輯之時，戴震已去世，由陳際新負責[⑥]。

---

① 秦九韶：《數書九章》，《四庫提要著録叢書·子部 020》，北京出版社，2011，第 98 頁。

② 唐順之云：“《易》云：形而上者謂之道，形而下者謂之器。聖人雖是爲性命真機，發此兩語，其實百氏技術理術諸家之學，精微緊要處，悉在此處。竊觀明公演出《測圓海鏡》書，自非明公細心絶識，洞極神明之奥，則不能剖破此混沌也。敬服，敬服！然鄙見竊以爲：此書形下之數太詳，而形上之義或略，使觀之者尚不免有數可陳而義難知，及示人以鴛鴦枕而不度與人以金針之疑。僕意欲明公於緊要處提掇一二作法源頭出來，使後世爲數學者，識其人者得其義，識其小者得其數，則此書尤更覺精采耳。”(唐順之：《與顧箬溪書》，中華大典編撰委員會編《中華大典數學典·數學家與數學典籍分典》，山東教育出版社，2018 年，第 124 頁。)

③ 筆者並非全然反對輝格史，此處僅指出其問題。關於現代數學史研究方法的分析與反思，見朱一文：《算學與經學：中國數學新史》，第 3—23 頁。

④ 以上分析，見潘定武、朱宏勝、張慶偉：《戴震年譜長編》，第 444 頁。

⑤ 錢寶琮：《戴震算學天文著作考》，《錢寶琮科學史論文選集》，第 165 頁。

⑥ 鄭誠、朱一文：《〈數書九章〉流傳新考——趙琦美鈔本初探》，《自然科學史研究》2010 年第 3 期。又從戴震不了解天元術來看，李冶《測圓海鏡》很可能也不是由其輯出。

乾隆四十年，其第六次會試不第之後，乾隆皇帝特命其參加殿試，賜同進士出身，並授翰林院庶吉士。這相當於認可了戴震在四庫館内所做包括數學在内的工作。故次年乾隆四十一年春，清廷平定大小金川之亂（爲乾隆帝十大武功之一），戴震發自内心撰讚文《平定兩金川大功告成頌》①。乾隆四十二年，戴震終病逝於四庫館任上。由以上背景可知，戴震輯録、校勘漢唐算經，必是盡其畢生所學，極其認真（例如其將《句股割圜記》的圖作爲《九章算術》的附圖），而絶不可能隨意。只是當時中國數學水平已經明顯落後於進入現代數學的歐洲，而戴震之研究既不能彌補此間中西差距，又未全然復原古算經，遂招致批評。

戴震入四庫館之後，於乾隆三十九年（1774）先於《永樂大典》輯出《九章算術》與《五經算術》，並完成《〈九章算術〉訂訛補圖》和《五經算術考證》②。此二書一爲算經之首、一爲以算學解經之作，故戴氏將它們放在最優先的位置。乾隆四十年，戴氏又順利輯出《海島算經》《周髀算經》二部算書，並校汲古閣本《張丘建算經》。劉徽作《海島算經》，綴於句股之下；《周髀算經》亦言句股與測天之術，《張丘建算經》關注分數運算，三者均是曆家不可不察之作，故次校出。乾隆四十一年，戴氏再於《永樂大典》輯出《夏侯陽算經》《孫子算經》《五曹算經》③。戴氏誤以爲《夏侯陽算經》是南北朝著作④，故以爲此三書皆作於南北朝，以續《張丘建算經》。贋本《夏侯陽算經》實爲唐中葉作品，旨在講簡化籌算乘除，清中葉已經無人懂籌算，戴氏又以

① 以上分析，見潘定武、朱宏勝、張慶偉：《戴震年譜長編》，第436—443頁。

② 潘定武、朱宏勝、張慶偉：《戴震年譜長編》，第644頁。

③ 潘定武、朱宏勝、張慶偉：《戴震年譜長編》，第645頁。

④ 按錢寶琮考證，此《夏侯陽算經》是爲唐中葉韓延所作，由於其卷首有“夏侯陽曰”，被誤以爲是原《夏侯陽算經》而流傳至今。見錢寶琮：《〈夏侯陽算經〉提要》，《算經十書》，錢寶琮校點，中華書局，1963年，第551—553。

納皮爾算籌運乘除，故有此誤解。《孫子算經》最末又“物不知數”問，其解法實開秦九韶“大衍總數術”之先河，與曆法中求上元積年的一次同餘式解法一致。時秦氏《數書九章》尚未輯出，戴氏遂對此没有研究，亦不知其與曆法之關係。《五曹算經》實反映北朝土地制度的改革等社會問題①，戴氏對此亦不知曉。至此三年之内，初唐立於學官的十部算經，戴氏已經輯校出八部，僅缺劉宋祖沖之《綴術》與唐初王孝通之《緝古算經》。《綴術》早已失傳，而從今存《永樂大典》兩卷算法來看，《緝古算經》很可能未被抄入《永樂大典》②。以此而論，戴氏實已將《永樂大典》中存在的、漢唐立於學官的十部算經之七部盡數輯出，其用力之勤可見一斑③。

北周甄鸞撰著算書，僅缺《綴術》及之後成書的《緝古算經》④。唐初李淳風等注釋包括《綴術》《緝古算經》在内的十部算經，又增加《三等數》《數術記遺》以爲兼習，故唐國子監算學館實有十二本教科書。至清中葉，《綴術》《三等數》早已失傳，剩下十部教科書戴震輯校出八部，又與傳世明本《數術記遺》《緝古算經》合爲《算經十書》⑤。以此觀之，戴震所爲與甄鸞、李淳風等類似，唯唐初十部算經立於學官，清廷國子監雖設立算學，恐以康熙皇帝御製《數理精藴》而非《算經十書》爲教科書⑥。

---

① 陳巍、鄒大海：《中古算書中的田地面積算法與土地制度——以〈五曹算經〉“田曹”卷爲中心的考察》，《自然科學史研究》2009 年第 4 期。

② 朱一文：《再論明中前期中國數學的轉變》，《中國科技史雜誌》2024 年第 4 期。

③ 戴震從《永樂大典》緝出的七部算書是《周髀算經》《九章算術》《海島算經》《孫子算經》《夏侯陽算經》《五曹算經》《五經算術》，《張丘建算經》亦由戴震校録，四庫館臣再將明刻本《數術記遺》以及汲古閣本《緝古算經》抄入，遂完成《算經十書》。

④ 朱一文：《算學與經學：中國數學新史》，第 51—52 頁。

⑤ 孔繼涵(1739—1784)以此十書刊刻微波榭本《算經十書》，並附戴震《策算》《句股割圜記》。

⑥ 關於清代算學教育制度，見李嚴：《清代數學教育制度》，《中算史論叢·第四集》，科學出版社，第 281—320 頁。

戴震爲所輯校八部算書均撰寫提要①。錢寶琮云："震撰諸書提要於天文算法書之源流演變未嘗不三致意焉，惜所舉古法往往渺茫難稽，必欲附會之以爲後世新法之所自出，持論自多武斷。"②此説以現代數學史研究爲標尺對戴震進行衡量，既有失公允，又未明戴氏用意。按本文所論，在生活上戴氏長期科舉不順，在學術上則長期處於算學與經學的張力之下、爲其算學研究的合法性論説，入四庫館之後戴氏終得以在天文算法類内工作，又獲乾隆皇帝認可賜進士出身，遂其諸算書提要對算學的認可達到頂峰。按《永樂大典》所載算書約 26 部，戴震優先輯校唐宋國子監算學教科書，顯然有其用意。其所作八部提要均提及唐李淳風等注釋而立於學官，亦是强化算學作爲獨立學問的地位。漢儒鄭玄引《九章算術》遍注群經，戴氏先前多次言明以之羽翼經學，然其《九章算術提要》全然不提鄭玄與經學③。戴震早年作《策算》就深知諸儒以數學解經往往不用傳統算學，故其《五經算術提要》云："蓋是書不特爲算家多不廢，實足以發明經史，覆訂疑義，於考證之學尤爲有功焉。"④此處不僅指明其爲算家(而非儒家)之書，更指明其有助於發明經史與考證之學，顯然是極大化强調算學的作用。其《周髀算經提要》將明清之際傳入之歐洲天文學盡歸之於《周髀》，又云："古者九數，惟《九章》《周髀》二書流傳最古，善六譌誤亦特甚，然溯委窮源，得其端緒，固術數家之鴻寶也。"⑤此亦從《周禮》六藝之九數的角度，强化了《周髀算經》本身之地位。

先前已論前人對戴震對古算書所作修辭加工批評甚多，然

① 見《戴震全集》(第六册)。

② 錢寶琮：《戴震算學天文著作考》，《錢寶琮科學史論文選集》，第 165 頁。

③ 戴震：《〈九章算術〉九卷提要》，《戴震全集》(第六册)，第 3363—3364 頁。

④ 戴震：《〈五經算術〉二卷提要》，《戴震全集》(第六册)，第 3360—3361 頁。

⑤ 戴震：《〈周髀算經〉二卷〈音義〉一卷提要》，《戴震全集》(第六册)，第 3365—3366 頁。

戴氏的目的在於羽翼古人，而並非在做以復原、校勘古書爲目的的現代數學史研究。以此而論，方可理解戴氏《〈九章算術〉訂訛補圖》①。其明知所作之圖並非原圖，但依舊附於《九章》之下，顯然是認爲其所補之圖有助於伸張古義，而全然不在乎這樣有可能誤解了古人的數學實作②。又明萬曆以前，算籌是中國人做數學的工具，許多算法實爲算籌所設計③。戴震雖知籌算，但不會使用，而其計算工具實爲納皮爾算籌，故其多次校勘亦誤解了古人的籌算實作，但戴氏本人並不認爲以納皮爾算籌解乘除開方有所不妥。與此同時，在輯校出古算書之後，戴震又以之修改先前所作《策算》《考工記圖》《句股割圜記》等著述。由此可見，從戴震的角度看這些做法實際都是研究數學、發展古算，而並非是對古人之誤解。以此而論，李儼、錢寶琮以降的現代數學史家立志以現代數學方法整理中國古代數學遺産，其作爲與戴震又有何異？現代數學史家允許他們自己以現代數學解讀古算文本，卻批評戴震以當時最先進的數學知識去解讀古算文本，可見確有失公平。從世界數學史的角度看，同期歐洲數學家如拉格朗日(Joseph-Louis Lagrange，1736—1813)亦通過整理古希臘數學經典來研究數學，其作爲與以戴震爲代表的乾嘉學者十分類似④。然而，現代學者並不會以現

---

① 戴震晚年校酈道元《水經注》之公案，實與此類似。

② 按法國學者林力娜(Karine Chemla)之研究，《九章算術》及其劉徽注之圖很可能是實際的物品，故其並非失傳，就此而言戴震不理解古代的數學實作。見 Karine Chemla，"Changes and continuities in the use of diagrams in Chinese mathematical writings (3rd century-14th century)"，*East Asian Science, Technology, and Society, An International Journal*，2010 (4)：303—326。

③ 例如通分術、方程術"直除法"等。見朱一文：《再論〈九章算術〉通分術》，《自然科學史研究》2009 年第 3 期；朱一文：《數：筭與術——以九數之方程爲例》，《漢學研究》2010 年第 4 期。

④ Wang Xiaofei，"How Jean-Baptiste Delambre read ancient Greek arithmetic on the basis of the arithmetic of 'complex numbers' at the turn of the 19th century".*Historia Mathematica*，2022，59：146—163。

代數學史的標準去評判拉氏。從理論的角度看，任何對古算文本的解讀都是處於輝格與反輝格的張力之中，或者説處於“以今釋古”與“復原古算”的張力之中。這是因爲如果做到徹底的輝格或以今釋古，那麽數學就缺乏變化，從而不存在歷史的演進(即走向徹底的數學柏拉圖主義)；而如果做到徹底的反輝格或復原古算，那麽數學就不再連續，從而不存在連續的歷史。顯然，兩者都是荒謬的[①]。迄今爲止，數學與歷史的關係都未獲得完滿的解答。筆者以爲由此我們方能公正對待包括戴震在內的各家對古算的研究和整理工作。以《九章算術》爲例，其前五卷有南宋本，而後四卷僅存戴震輯録本，故《九章》後四卷原意究竟如何這一問題遠未解決。

段玉裁(1735—1815)言，戴震實有完成《七經小記》的計畫，“欲爲此以治經也”[②]。七經者，傳統《詩》《書》《禮》《易》《春秋》加上《論語》和《孟子》。戴氏認爲：“治經必分數大端以從事，各究洞原委。始於六書、九數，故有《訓詁篇》，有《原象篇》……”所謂《原象》共八篇，前四篇即是《釋天》，之後三篇《句股割圜記》，第八篇則“矩以準望之詳也”。這一計劃顯然是戴震在早年就提出，用來强化包括數學在内的小學對經學研究的價值。戴震晚年與段玉裁的幾封信，則不再提及此計劃。這或是因爲一方面，戴氏對算學的獨立性有了進一步認識，另一方面，戴氏本人對理學亦有了新的看法(例如去世那年成書的《孟子字義疏證》)。

五　結語

從義理、考證、文章三者關係的角度，余英時把戴震一生思

① 關於此議題的詳盡討論，見朱一文：《算學與經學：中國數學新史》，第5—9頁。

② 段玉裁：《戴東原先生年譜》，《戴震全集》(第六册)，第3420頁。

想發展分作三個階段[1]。從算學與經學關係的角度，筆者認爲對此三階段説還可以作進一步探討。余氏認爲："第一階段的下限在東原乾隆甲戌(1754)入都，而尤以丁丑(1757)遊揚州晤惠定宇(即惠棟，1697—1758)之年爲最具決定性的轉捩點。在此一階段中，東原在理論上以義理爲第一義之學，考證次之，文章居末。在實踐上，東原則從事於考證之學，欲以之扶翼程、朱之義理。"事實上，此間戴震提出的是"制數"而非"考證"，除了《策算》(1744)、《考工記圖》(1746)之外，還有《六書論》(1745)、《轉語》(1747)、《爾雅文字考》(1749)、《屈原賦注》(1752)、《毛詩補傳》(1753)、《水地記初稿》(1754)等著作。可見其研究以六書、九數爲中心，其目的則在於羽翼漢儒之經義(主要是許、鄭之學)，而非宋儒之義理。至於其論説中談及由制數通經義與義理，實際是爲了伸張其小學研究的合法性。

余氏又云："第二階段之下限較難確定，大約以1766年爲分水嶺。此十年之間，東原受當時考證運動的激蕩最甚，其觀點也最接近惠定宇一派，故於宋儒之義理爲一筆抹殺之詞。其義理、考核、文章之分源論及代表此一階段之基本見解；而分源論無形中則將考證提高至與義理相等的地位。但另一方面，東原自己的義理工作亦正式創始於這次一階段。"余氏此説的主要證據在於戴震作於1766年的《題惠定宇先生授經圖》，其中提到有人認爲漢儒經學主於故訓，宋儒經學主於理義，而戴氏認爲："夫所謂理義，苟可以捨經而空憑胸臆，將人人鑿空得之，奚有於經學之云乎哉？……故訓明則古經明，古經明則賢人聖人之理義明，而我心之所同然者，乃因之而明。"[2]事實上，此段仍然可以看做戴震爲其學問的合法性論説，只是受到當時考證運動的激蕩，其觀點比之前更進一步。按余氏的分期，此間

---

① 余英時：《論戴震與章學誠》，第135—136頁

② 戴震：《題惠定宇先生授經圖》，《戴震全集》(第五册)，第2614頁。

戴震入京與錢大昕、秦惠田等人論學，而其中一大節目即天文曆算，此間戴氏有《句股割圜記》《釋天》等著作。戴氏《戴童子壙銘並序》中提到："若童子者，進以古人之小學，其必不可量也。昔馬融集諸生考論圖緯，聞鄭玄善算，迺召見於樓上。唐取士有明算科，其算經十種，道藏攘而有之。"①此處戴震引鄭玄、唐明算科之例突出算學的重要性，顯然與其入京後同樣因天文曆算而爲錢、秦等人所重有關，故其研究從實踐層面亦由傳統算學進之於天文曆算。余氏所謂戴震自己的義理工作，即指《原象》之類，此期戴震科舉屢次受挫，故其對義理的關注實由於此。

余氏又論曰："在第二階段之末，東原自家之義理已初步到手，宜其論學間解之復有轉變也。……所以他堅決地說：'義理即考核、文章二者之源也，義理又何源哉熟乎義理，而後能考核、能文章。'"戴震去世前不久，與段玉裁書云："僕生平著述最大者，爲《孟子字義疏證》一書，此正人心之要。今人無論正邪，盡以意見誤名之曰理，而禍斯民。故《疏證》不得不作。"②戴震晚年的主要工作是在四庫館校書，而其所校16部的一大半爲天文算法著作，並由此獲得了皇帝認可，獲賜進士。顯然，從實踐層面而言，其算學工作已經獲得了高度獨立，而不必再用爲經學服務之類的言語論説。另一方面，戴震一生爲生活困苦，一生爲科舉奔波，其於對宋儒理學的批判顯然與其人生境遇有關。故戴氏謂段玉裁之語顯然是爲其義理工作的合法性論説。從其身後諸儒對《孟子字義疏證》的爭議來看，戴氏所論顯然有其預見性③。

近代大儒王國維(1877—1927)《聚珍本戴校〈水經注〉跋》論曰："東原學問才力，固自橫絶一世，然自視過高，騖名亦甚。

① 戴震：《戴童子壙銘並序》，《戴震全集》(第五册)，第2700頁。
② 段玉裁：《戴東原先生年譜》，《戴震全集》(第六册)，第3420頁。
③ 潘定武、朱宏勝、張慶偉：《戴震年譜長編》，第480—491頁。

其一生心力，專注於聲音、訓詁、名物、象數，而於六經大義所得頗淺。晚年欲奪朱子之席，乃撰《孟子字義疏證》。"①王氏評價戴震對《水經注》的校勘，十分接近錢寶琮等評價戴震對《九章算術》的校勘，均難以擺脱輝格史之窠臼。不過其對戴震一生工作的總結十分精當，只是王氏所謂六經大義不是戴震理解的大義，戴震從來就認爲要通過名物訓詁之學來理解經義，换言之前者本就是經義的一部分。自宋以來，象數就和算學密切相關。朱熹《易學啓蒙》《周易本義》被南宋秦九韶、楊輝用以闡發算學與河洛之聯繫。清中葉江永撰《河洛精蘊》，亦闡發河圖洛書與算學的關係。但在戴震的天文算法工作中，並没有河洛和象數的因素。王氏所謂"欲奪朱子之席"，實用詞過强。由於科舉長期的不順，戴震一生都處在爲其學問合法性論説的尷尬處境，故其晚年云《疏證》是其工作最大者②。與之相比，金朝大儒李冶(1192—1279)不願爲元世祖忽必烈所用，其去世前語其子克修云"吾平生著述死後可盡燔去，獨《測圓海鏡》一書，雖九九小數，吾常精思致力焉，後世必有知者，庶可布廣垂永乎。"③李冶一生淡泊仕途，故其學術心態與戴震迥異④。又南宋秦九韶一生有志於仕途，然仕途不順，晚年被貶而卒於廣東梅州。其所作《數書九章》則欲以算學攀附易學，以"内算—外算"之説爲其學問合法性論説，其學術心態則又與戴震類似⑤。

綜上所述，從算學與經學的關係縱觀戴震一生的工作，前

---

① 王國維：《聚珍本戴校〈水經注〉跋》，彭林編《中國近代思想家文庫·王國維卷》，中國人民大學出版社，2014年，第188—191頁。

② 從其一生工作的客觀角度衡量，《孟子字義疏證》顯然不是其中最大者。

③ 王德淵：《敬齋先生〈測圓海鏡〉後序》，郭書春主編《中國科學技術典籍·數學卷一》，河南教育出版社，1993年，第868頁。

④ 梅榮照：《李冶及其數學著作》，錢寶琮主編《宋元數學史論文集》，科學出版社，1966年，第104—148頁。

⑤ 朱一文：《秦九韶及其數學成就》，《中国社会科學报》2024年1月25日第2823期。

期是爲了羽翼鄭學，然其並無鄭玄以天文算法遍注群經之舉；後期整理校勘《算經十書》，則繼承了李淳風等注釋十部算經的做法，然《算經十書》並未如十部算經一樣立於學官。朱熹早年作《四書章句集注》，是其生平最大著述，晚年始重視算學之作用，故編撰《儀禮經傳通解》收入頗多天文算法内容。以此而言，戴氏學術由算學起步，晚年方完成著述《孟子字義疏證》，則其學術歷程則又與朱熹相反①。1840 年以後，隨著鴉片戰爭的失敗，現代分科之學傳入中國。清廷反思失敗之原因，歸咎於西人的船堅砲利，進而歸咎於其現代科學及其基礎——數學的强大，從而使得數學在中國取得了歷史上前所未有的地位；另一方面，經學研究則亦不可避免地進入向現代學術轉型的歷程之中。

① 胡明輝認爲《孟子字義疏證》實反映了戴震的天文學思想，此可爲一説。見胡明輝：《重新思考戴震的歷史意義——走向戴震的自然哲學》，《學衡》2021 年第 1 期。

《論語集解》“車中不内顧”章
經注不相合説辨正

胡海忠*

【摘要】何晏《論語集解》“車中不内顧”章引包咸“車中(不)内顧者，前視不過衡軛，傍視不過輢轂”爲注，清儒根據《漢書·成帝紀贊》顔師古注及其他材料，指出《論語集解》該章經文和包咸注并不相合。清儒的觀點導致現今流傳的多個《論語》版本出現一些歧誤。通過對《漢書》顔注中今古文的指稱方式、包咸與《魯論語》的關係、“車中不内顧”章包注原意等的考察可知，清儒主張的經注不相合説不能成立。透過此一個案，也可以看到“强分今古”的經學方法論的弊端。

【關鍵詞】論語集解；不内顧；包咸；魯論語；顔師古

一　問題所在：“内顧”與“不内顧”？

《論語·鄉黨》有載乘車之禮容曰：“車中不内顧，不疾言，不親指。”何晏《論語集解》引包咸注：“車中不内顧者，前視不過衡軛，傍視不過輢轂。”①清代諸儒對包注與經文之關係産生了懷疑。陳鱧《論語古訓》：

> 《漢書·成紀贊》“升車正立，不内顧”，師古曰：“不

* 胡海忠，中國社會科學院哲學研究所《哲學研究》編輯部副編審。

① 《論語注疏》卷十《鄉黨》校勘記，影世界書局阮刻本《十三經注疏》，中華書局，1980年，第2496頁。

内顧者，謂儼然端嚴不回顧也。此本《論語・鄉黨》篇，今《論語》云‘車中内顧’，説者以爲前視不過衡軛，旁視不過輢較，與此不同。”《文選・東京賦》云“車中内顧”，薛注“内顧謂不外視”，李注“《魯論語》曰：車中内顧”。臧在東曰：“何既從鄭作不内顧，乃不采鄭校之言，而反取《魯論》内顧之説。後人於包注‘内顧’上加‘不’字，致《漢書》《文選》竝爲增易誤矣。幸薛注尚未誤，師古説亦分明，今宜據正之。”①

陳鱣以《漢書》顔注及《文選》薛綜注、李善注爲依據，又引臧庸(字在東)之見，指出何晏《論語集解》此章的解釋是以鄭玄《論語》爲經文，而取依《魯論語》作注解的《包氏章句》爲注，鄭玄《論語》經文爲“不内顧”，《包氏章句》爲解“内顧”之説，故經與傳不相合。後人不明何晏《集解》此章經注之乖訛，而在包注“内顧者”前加一“不”字，使之與經文一致。在陳鱣與臧庸看來，這是錯誤的。

值得注意的是，陳鱣引“今《論語》云‘車中内顧’”和《漢書》注原文已有不同。《漢書・成帝紀贊》曰：“臣之姑充后宫爲婕妤，父子昆弟侍帷幄，數爲臣言成帝善修容儀，升車正立，不内顧，不疾言，不親指，臨朝淵嘿，尊嚴若神，可謂穆穆天子之容者矣！”②於“不親指”後，顔師古注曰：

不内顧者，謂儼然端嚴，不迴眄也。不疾言者，爲輕

① [清]陳鱣：《論語古訓》，《續修四庫全書》第154册，上海古籍出版社，2003年，第487—488頁。

② 《漢書》卷十《成帝紀》，中華書局，1962年，第330頁。關於成帝的出行儀態，《漢書》卷二十七中之下《五行志》(第1368頁)爲我們提供的卻是一種貌不恭的形象：“成帝鴻嘉、永始之間，好爲微行出游，選從期門郎有材力者，及私奴客，多至十餘，少五六人，皆白衣袒幘，帶持刀劍。或乘小車，御者在茵上，或皆騎，出入市里郊壄，遠至旁縣。”貌不恭，因無關本文主旨，此不具論。

肆也。不親指者，爲惑下也。此三句者，本《論語·鄉黨》篇述孔子之事，故班氏引之以美成帝。今《論語》云："車中不内顧，不疾言，不親指。"内顧者，説者以爲前視不過衡軛，旁視不過輢較，與此不同。輢音於綺反。[①]

王先谦《漢書補注》在此處注釋：

蘇輿曰：注"今《論語》不内顧"，"不"字當衍。《論語釋文》："魯讀'車中内顧'"。無"不"字者，從魯讀耳。顔引説者云云，乃後漢包咸説，見何晏《集解》。[②]

蘇輿以"不"字爲衍文，證據即是《論語釋文》"魯讀'車中内顧'"，而顔注"今《論語》"被認爲是今文《論語》中的《魯論語》。

阮元《論語注疏校勘記》也對"車中不内顧"章進行了考辨：

《釋文》出"車中不内顧"，云："《魯論》'車中内顧'，今從古也。"案《魯論》《古論》雖所傳不同，然究以無"不"字爲是。盧文弨《鍾山札記》云："《文選·東京賦》云'夫君人者，黈纊垂耳，車中内顧'，李善引《魯論》及崔駰《車左銘》'正位受綏，車中内顧'以爲注。又《漢書·成帝紀贊》云：'升車正立，不内顧，不疾言，不親指。'顔師古注云：'今《論語》云車中内顧，不疾言，不親指。内顧者，説者以爲前視不過衡軛，旁視不過輢轂，與此不同。'然則師古所見之《論語》亦無'不'字。説者云云乃包咸注，是包亦依《魯論》爲説也。"惟《集解》既從《古論》而又采包注以附之，不知者并增"不"字，誤益誤矣。[③]

阮氏《校勘記》所引盧文弨説將顔注"今《論語》云'車中不内顧'"之"不"字删去，據此認爲師古所見之《論語》無"不"字，並認爲

① 《漢書》卷十《成帝紀》，第330頁。

② ［清］王先謙：《漢書補注》，上海師範大學古籍整理研究所整理，上海古籍出版社，2012年，第455頁。

③ 《論語注疏》卷十《鄉黨》校勘記，影世界書局阮刻本《十三經注疏》，第2498頁。

"今《論語》"應爲顔師古所見之《論語》，該《論語》和《魯論》一樣，"車中不内顧"章無"不"字。阮元應是繼承了盧文弨、臧庸、陳鱣之説寫成了這段校勘記。

自臧庸、陳鱣到阮元都認爲何晏《論語集解》的"車中不内顧"章在版本上選擇了《古論》，而在注釋上選擇了依《魯論》注解的包氏注，並認爲這導致了經注不相合。同時，他們還認爲後人都在《論語集解》包咸注的"内顧"前加"不"字，以使經文和注文在形式上一致，但這反而導致《論語集解》錯上加錯。另外，他們都將師古注中的"今《論語》云車中不内顧"之"不"字删去，據以立論。

清儒的這些認識，使得現今較爲流行的各個《論語》版本中也呈现出迴異之貌。劉寶楠《論語正義》案曰："《集解》用包注，而後人妄增'不'字，經注兩不相合，可謂謬矣。"[1]但劉氏並未在用包注爲其《正義》注文時删去"不"字[2]。程樹德《論語集釋》爲"包曰：'輿中内顧者，前視……'"[3]，經注分道而行，注文的"不"字應是據清儒見解而删。北大整理本《論語注疏》意在遵從阮元之説，但僅將《論語》經文"車中不内顧"之"不"字删去，注文依然爲"包曰：'車中不内顧者……'"[4]。這不僅篡改了何晏《集解》舊本經文，而且又導致了新的錯誤——經文爲《魯論》，注文是清儒認爲有誤的《魯論》注解。

但當考察何晏《論語集解》古本，筆者目力所及，皇本、正平本、元盱郡覆宋本、敦煌本[5]均爲"包曰：'車中(或輿中)不内

---

① [清]劉寶楠：《論語正義》，高流水點校，中華書局，1990年，第434頁。

② 《論語正義》，第432—433頁。

③ 程樹德：《論語集釋》，程俊英、蔣見元點校，中華書局，1990年，第729頁。

④ 《論語注疏》(十三經注疏)，《十三經注疏》整理委員會整理，北京大學出版社，1999年，第140頁。

⑤ 見李方：《敦煌〈論語集解〉校證》，江蘇古籍出版社，1998年，第390—391頁；張涌泉主編《敦煌經部文獻合集》第四册，中華書局，2008年，第1650頁正文及1674頁校記。

顧者，前視……'"，無"包曰：'車中(或輿中)内顧者，前視……'"之例。

關於《漢書》古本，王先謙本《漢書》顔注此處確有"不"字。宋慶元元年建安劉元起刻本、宋蔡琪家塾刻本、宋嘉定十七年白鷺洲書院刻本、北宋刻遞修本《成帝紀贊》顔注内容與王先謙本完全相同。其中劉元起刻本、蔡琪家塾刻本、白鷺洲書院刻本所依舊本爲宋祁校定本，宋祁校定《漢書》所用舊本較多(包含唐代本)、功夫極精，顔注"今《論語》云'車中不内顧'"這一句並無宋祁校語，也就是説宋祁也並未發現顔注此句各版本有差異。中華書局點校本是以王先謙本爲底本，以北宋景祐本(商務印書館影印的百衲本)、明末毛氏汲古閣本、清乾隆武英殿本、同治金陵書局本等爲校本，顔注"今《論語》云'車中不内顧'"這一句也未發現有異文。所以現今並没有任何一個《漢書》古本支持蘇輿、王先謙認爲"不"字爲衍文的觀點，盧文弨等人將顔注"今《論語》云：'車中不内顧'"之"不"字删去也是缺乏文獻根據的。

還需要説明的是，盧文弨《鍾山札記》所引李善《文選注》中的《車左銘》文字與今本《文選》李善注並不相同。盧文所引的"車中内顧"，在胡克家刻本、四部叢刊本《文選》李善注引爲"車中不顧"。而《藝文類聚》所載《車左銘》爲"車不内顧"①，《太平御覽》②《古文苑》③與之相同。胡克家認爲："(李善注'車中不顧')'不'當作'内'，各本皆誤。《古文苑》載此銘作'車不内顧'，'不'當作'中'，皆或記'不'字於旁，此誤以改'内'，彼

① [唐]歐陽詢：《藝文類聚》卷七十一《舟車部·車》，汪紹楹校，上海古籍出版社，1999年，第1238頁。

② [宋]李昉等：《太平御覽》卷七七三《車部二·敘車下》，中華書局，1960年，第3429頁。

③ 《古文苑》中國國家圖書館藏宋刻本、中國國家圖書館藏宋端平三年常州軍刻淳祐六年盛如杞重修本、嘉慶十四年孫氏重刊宋淳熙本《車左銘》均爲"車不内顧"。

誤以改'中'，可互訂也。"[1]

盧文弨《鍾山札記》還有一段話是阮元《論語注疏校勘記》中未引的：

> 其《車右銘》云"箴闕旅賁，内顧自勑"，《車後銘》云"望衡顧轂，允慎兹容"，段若膺云："觀此二章，益可證《車左銘》之爲'内顧'矣。崔《銘》中之'正位'即'正立'，古'位''立'通。"[2]

筆者則以爲觀《車右銘》益可證《車左銘》不是"車中内顧"。

首先，段玉裁以爲古"位""立"相通，確是。但"受"與"執"意思相差較大，"受綏"多見於《禮記》[3]，並不見於《論語》，受綏、執綏是兩個不同的動作。"正位受綏"一句既用了《論語》"升車，必正立，執綏"的典故，也用了《禮記》"受綏"的典故（如"君出就車，則仆並轡授綏"）。因此，《車左銘》"正位受綏，車不内顧"（或作"車中不顧"[4]）蓋雜取《論語》《禮記》，並不能徑視爲全出於《論語》。退一步講，即使《車左銘》此句本於《論語》（假如作者以"受綏"等同於"執綏"），但也不能根據《車右銘》中"内顧自勑"來證明《車左銘》"車不内顧"或"車中不顧"就是"車中内顧"之誤（詳下）。

請先看《藝文類聚》所引崔駰兩銘之文：

> 《車左銘》：虞夏作車，取象機衡。君子建左，法天之陽。正位受綏，車不内顧。塵不出軌，鸞以節步。彼言不疾，彼指不躬。玄覽於道，永思厥中。

---

① 高步瀛：《文選李注義疏》，曹道衡、沈玉成點校，中華書局，1985年，第741—742頁。

② ［清］盧文弨：《鍾山札記》，楊曉春點校，中華書局，2010年，第58頁。

③ 如《曲禮》："君出就車，則仆并轡授綏"；《少儀》："仆於君子，君子升下則授綏"。分別見《禮記正義》，影世界書局阮刻本《十三經注疏》，第1252、1514頁。

④ 如胡克家刻本、四部叢刊本《文選》李善注所引爲"車中不顧"。

《車右銘》：擇御卜右，采德用良。詢納耆老，于我是匡。惟賢是師，惟道是式。箴闕旅賁，内顧自勑。匪望其度，匪愆其則。越戒敦儉，禮以華國。[①]

以上兩銘乘者的不同位次實際反映了君臣的地位差異。按乘車之禮，尊者居左，卑者居右，“君子建左，法天之陽”，處於上位當有其儀表，故《車左銘》爲君而作，“擇御卜右，采德用良”則是説應該甄選賢良輔衛君上，故《車右銘》是對臣而言。“車不内顧”就是指君上當有儼然端正之容儀、不回頭後顧，而“箴闕旅賁，内顧自勑”則是臣下應該顧念於内，攻過箴闕、規諫君上。《國語》：“在輿有旅賁之規，位寧有官師之典。”[②]“内顧自勑”有箴諫君上、自我整飭之意，這是臣之職責，與《車左銘》“内顧”的意義是不一樣的。若按盧文弨將《車左銘》讀爲“車中内顧”，而《車右銘》又有“内顧自勑”，那麼君、臣均“内顧”，則禮之分不甚明，且兩銘均有“内顧”一詞，兩“内顧”又同義，這種重複也是通常爲文所需避免的。故盧文弨、段玉裁認爲《車左銘》是“車中内顧”不僅缺乏文本依據，從文意上進行理解也存在問題。

而最爲關鍵的一點是，如果張衡《東京賦》確實爲“車中内顧”，並且按胡克家、盧文弨所認爲的《文選注》引《車左銘》也是“車中内顧”，但這僅僅是引用了《魯論》的例子，並不能據此認爲《論語》的正確版本只有“車中内顧”一種。《論語》經文用“車中不内顧”的例子也很多，如代表東漢學術共識的《白虎通》就引作“車中不内顧”[③]，鄭校及何晏《集解》也與之相同。

今人賴積船《〈論語〉“車中不内顧”新考》一文，從詞源學角

---

① 《藝文類聚》卷七十一《舟車部 · 車》，第 1238 頁。

② 徐元誥：《國語集解 · 楚語上第十七》，王樹民、沈長雲點校，中華書局，2002 年，第 501 頁。

③ ［清］陳立：《白虎通疏證》卷十二《車旂》，吴則虞點校，中華書局，1994 年，第 588 頁。

度，舉大量證據論證"内""退"二字在"今文學派立學官以前"存在通用情況，漢魏時期"'内'在使用上，與'退'之間一般而言已没有了同源通用的用法，也不再表示'退'義。這種變化連注者也没有覺察到，因而《魯論》乾脆删掉'不'字，以求原文通順。"①將"内"與"退"聯繫起來是理解"車中不内顧"章的關鍵。

但同出於漢代之《古論》依然是"車中不内顧"，鄭校及何晏《集解》均從《古論》，《古論》"不内顧"最後在版本的競爭中勝出，《魯論》"内顧"未被注家采用，恰好説明"不内顧"更符合漢魏人的思維習慣，他們並不覺得"不内顧"是無法疏通的。賴氏認爲漢魏以後"内"與"退"没有了同源通用的情況，且注者並未發現這一變化，那麽按賴氏所説作爲兩漢之際的包咸爲何能將"不内顧"視爲"不退顧"？鄭注"車中不内顧"曰"爲其掩後人不備"，皇疏"内，猶後也。顧，回頭也"，鄭注、皇疏"内"均有"後"意，這樣説來，"内"在漢魏以後依然有表示"退""後"意的情況，漢魏"内"不表示"退"的説法不成立。

二　顔注中的"今《論語》"不是"今文《論語》"

王先謙、蘇輿、陳鱣、臧庸均將顔注"今《論語》"當作"今文《論語》"，而盧文弨將其當作"師古所見之《論語》"，那麽顔師古在《漢書注》中是如何表述經今、古文學呢？

綜觀顔師古的《漢書》注，其表現出十分嚴謹的體例。以《尚書》爲例，《漢書》史文如遇今文《尚書》時，並未見顔注將其簡稱爲"今《尚書》"，如：

> 《武成》篇曰："粤若來三月，既死霸，粤五日甲子，咸劉商王紂。"（師古曰："今文《尚書》之辭。劉，殺也。"）②

---

① 賴積船：《〈論語〉"車中不内顧"新考》，《古籍整理研究學刊》2003年11月第6期，第41—44頁。

② 《漢書》卷二十一下《律曆志》，史文見第1015頁，注文見第1016頁。

故《武成》篇曰："惟四月既旁生霸，粵六日庚戌，武王燎於周廟。翌日辛亥，祀于天位。粵五日乙卯，乃以庶國祀馘於周廟。"(師古曰："亦今文《尚書》也。祀馘，獻於廟而告祀也。截耳曰馘，音居獲反。")①

而顏氏所稱之"今《尚書》"，其意只作"當今之《尚書》"，如：

故《書》云"黎民於蕃時雍"。(應劭曰："黎，衆也。時，是也。雍，和也。言衆民於是變化，用是太和也。"韋昭曰："蕃，多也。"師古曰："此《虞書·堯典》之辭也。今《尚書》作'變'，而此紀作'蕃'，兩説並通。蕃音扶元反。")②

"黎民於蕃時雍"，僞孔本《尚書》爲"黎民於變時雍"③，此處之"今《尚書》"即爲顏師古當時之僞孔《尚書》。這一點，也可以從《漢書》史文涉及《尚書》時，大量照録僞孔傳得到側證。

再舉《詩經》進行考察：

元王好《詩》，諸子皆讀《詩》，申公始爲《詩》傳，號《魯詩》。(師古曰："凡言傳者，謂爲之解説，若今《詩毛氏傳》也。")④

《毛氏傳》是屬於古文的《毛詩》之説，"今《詩毛氏傳》"當中的"今"即爲"當今"之意。

《詩》曰："匪言不能，胡此畏忌，聽言則對，譖言則退。"此之謂也。(師古曰："此《大雅·桑柔》之篇也。言賢者見事之是非，非不能分别言之，而不言者何也？此但畏

① 《漢書》卷二十一下《律曆志》，史文見第1015—1016頁，注文見第1016頁。
② 《漢書》卷十《成帝紀》，史文、注文並見第312頁。
③ 《尚書正義》卷二《堯典》，影世界書局阮刻本《十三經注疏》，中華書局，1980年，第119頁。
④ 《漢書》卷三十六《楚元王傳》，史文、注文並見第1922頁。

忌犯顔得罪罰也。又言，言而見聽，則悉意答對；不見信受，則屏退也。今《詩》本云'聽言則對，誦言如醉'。説者又别爲義，與此不同。")[1]

"聽言則對，誦言如醉"，今、古文皆同[2]，而師古所謂"今《詩》"並非特指今文學派之《詩》，其指"當今之《詩》"意明。

另外，《漢書》顔注還提到所謂"今流俗書本""今流俗本"：

匈奴寇狄道，攻阿陽。(師古曰："狄道屬隴西。阿陽，天水之縣也。今流俗書本或作河陽者，非也。")[3]

其後幸酒，樂燕樂。(晉灼曰："幸酒，好酒也。樂燕，沈讌也。"師古曰："幸酒，晉説是也。樂燕樂者，《論語》稱孔子云：'損者三樂：樂驕樂，樂逸遊，樂燕樂，損矣。'燕樂，燕私之樂也。上樂讀如本字，又音五孝反。下樂音來各反。今流俗本無下樂字，後人不曉輒去之。")[4]

上引顔氏多對其持否定態度的"今流俗書本"或"今流俗本"是當時的流俗讀物，其"今"之意與"今《論語》"之"今"應是相同的。

基于以上事實，就很難將顔氏"今《論語》"当作"今文《論語》"了。

筆者將《漢書》顔注所涉《論語》注釋逐條進行查找後，又將其與唐以前古注進行比對，發現顔注對於何晏《集解》的擇取是非常多的。比如《漢書 · 古今人表》引《論語》："生而知之者，上也；學而知之者，次也；困而學之，又其次也；困而不學，民斯爲下矣。"師古注曰："困謂有所不通也。"[5]《論語集解》此章

---

① 《漢書》卷五十一《賈鄒枚路傳》，史文、注文並見第 2334 頁。
② [清]王先謙：《詩三家義集疏》，吴格點校，中華書局，1987 年，第 951 頁。
③ 《漢書》卷三《高后紀》，史文、注文並見第 99 頁。
④ 《漢書》卷十《成帝紀》，史文見第 301 頁，注文見第 302 頁。
⑤ 《漢書》卷二十《古今人表》，史文見第 861 頁，注文見第 862 頁。

引孔安國注曰："困謂有所不通。"[①]顔注完全照録其文。又如《漢書·律曆志》："天兼地，人則天，故以五位之合乘焉，'唯天爲大，唯堯則之'之象也。"師古注曰："則，法也。……美帝堯能法天而行化。"[②]《論語集結》引孔安國注曰："則，法也。美堯能法天而行化。"[③]顔注亦完全同於《論語集解》所收孔安國注。又如《漢書·平帝紀》元始五年詔曰："……傳不云乎？'君子篤于親，則民興於仁。'"師古曰："此《論語》載孔子之辭也。言上能厚于親屬，則下皆化之，起爲仁行也。"[④]《論語集解》收包咸注曰："興，起也。君能厚於親屬，不遺忘其故舊，行之美者，則民皆化之，起爲仁厚之行，不偷薄也。"[⑤]顔注在包咸注的基礎上進行了損益，兩注之意義基本相同。這樣的例子在《漢書》顔注中不勝枚舉。

陸德明《經典釋文·序録》稱："魏吏部尚書何晏集孔安國、包咸、周氏、馬融、鄭玄、陳群、王肅、周生烈之説，并下己意，爲《集解》，正始中上之，盛行於世，今以爲主。"[⑥]可見何晏《論語集解》在隋唐之際是最爲流行的《論語》版本，而且作爲擁有南學背景的顔師古，其所熟悉掌握並且使用之版本也應爲何晏《集解》本。所以在《漢書》注釋中被顔師古稱爲"今《論語》"者當爲何晏《論語集解》。

① 《論語注疏》卷十六《季氏》，影世界書局阮刻本《十三經注疏》，第 2522 頁，孔安國注見同頁。

② 《漢書》卷二十一上《律曆志》，史文見第 963 頁，注文見第 964 頁。

③ 《論語注疏》卷八《泰伯》，影世界書局阮刻本《十三經注疏》，第 2487 頁，孔安國注見同頁。

④ 《漢書》卷十二《平帝紀》，史文見第 358 頁，注文見第 359 頁。

⑤ 《論語注疏》卷八《泰伯》，影世界書局阮刻本《十三經注疏》，第 2486 頁，包咸注見同頁。

⑥ [唐]陸德明撰，黄焯彙校：《經典釋文彙校》，中華書局，2006 年，第 26 頁。

三　對包咸注的重新解讀

本文開篇所列盧文弨、臧庸、陳鱣、阮元等人在關於"車中不内顧"章的討論中堅持認爲包咸注是"内顧"之解説，主要原因在於衡、軛、輢、轂這四個參照物劃定了一個範圍，這個範圍相對於車外來説是車的内部，而所謂"内顧"即是將視線放在這個視界内，如邢昺《論語注疏》説："言孔子在車中，前視則不過衡軛之前，旁視則不過輢轂之後。"①

包咸爲什麽會選擇這四個參照物？這值得關注。

首先，衡、軛、輢、轂都是車的邊界零部件，它們能爲乘者自然劃分出一個視野。另外，衡、軛、輢、轂的選取應該和《禮記》對乘車之禮的記載相關。《禮記 · 曲禮》："車上不廣欬，不妄指。立視五巂，式視馬尾，顧不過轂。""顧不過轂"是包注"旁視不過輢轂"的來源。鄭玄注《曲禮》此章："立，平視也。巂猶規也，謂輪轉之度。""顧不過轂"鄭注："爲掩在後。"孔疏估算"五規爲九十九尺，六尺爲步，揔爲十六步半"，故"立視五巂"即爲"在車上所視，則前十六步半地"②。

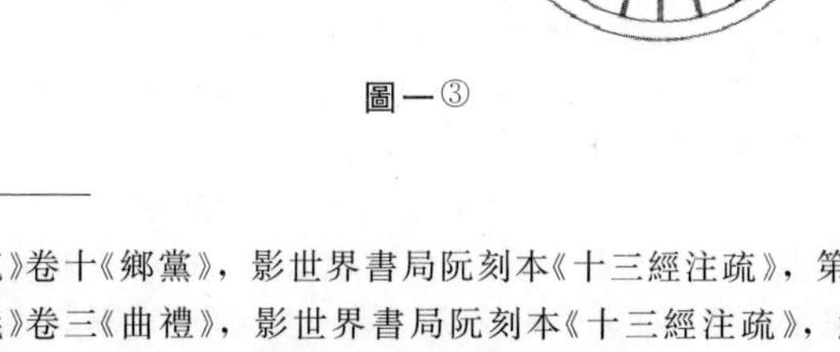

圖一③

---

① 《論語注疏》卷十《鄉黨》，影世界書局阮刻本《十三經注疏》，第 2496 頁。

② 《禮記正義》卷三《曲禮》，影世界書局阮刻本《十三經注疏》，經文、鄭注、孔疏並見第 1253 頁。

③ 參見聞人軍：《〈考工記〉譯注》，上海古籍出版社，1993 年，第 23 頁。

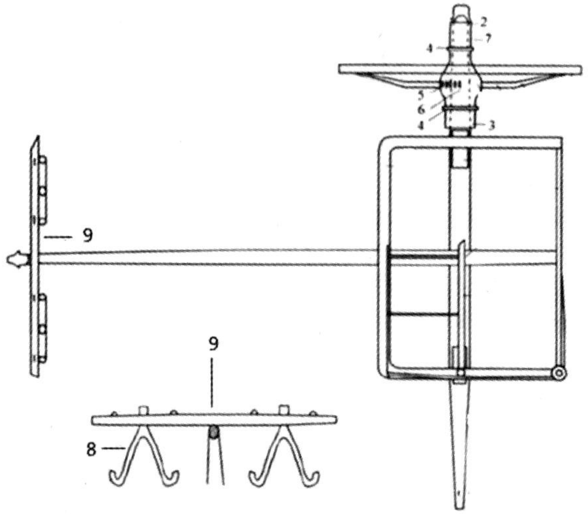

圖二①

以上爲先秦車制結構圖，圖一所示，1 爲較。圖二所示，8 爲軛，9 爲衡；2 軹、3 賢、4 篆、5 鑿、6 藪合稱爲轂。《周禮·輈人》："國馬之輈深四尺有七寸，田馬之輈深四尺，駑馬之輈深三尺有三寸"②，而衆多的車馬坑出土的車軸顯示，春秋至漢代，車軸一般長度約在 2.5 米左右③。升車正立的乘者，若其前方視線要保持在衡、軛以内的話，從其正立點到衡、軛是不可能有"五巂"之遥的。邢昺爲了調和"立視五巂"與"前視不過衡軛"的矛盾，認爲"立視五巂"爲"中人之制"，而"前視不過衡

① 《〈考工記〉譯注》，第 24 頁。

② 《周禮注疏》卷四十《輈人》，影世界書局阮刻本《十三經注疏》，第 913 頁。

③ 洛陽市文物工作隊《洛陽東周王城内春秋車馬坑發掘簡報》介紹其出土車軸長 2.35 米，載《考古與文物》2003 年第 4 期 10—14 頁、20 頁；山西省考古研究所、北京大學考古文博學院《山西北趙晉侯墓地一號車馬坑發掘簡報》介紹其出土的三輛車車軸長分别在 253.6、277、267 厘米，載《文物》2010 年第 2 期 4—22 頁；山西省考古研究所、太原市文物管理委員會《太原金勝村 251 號春秋大墓及車馬坑發掘簡報》介紹其出土的三輛車的車軸長分别爲 285、263、257 厘米，載《文物》1989 年第 9 期 59—86 頁；湖北省文物考古研究所、襄樊市博物館、宜城縣博物館《湖北宜城羅崗車馬坑》介紹其出土的三輛車車軸長度分别爲 228、268、260 厘米，載《文物》1993 年第 12 期 1—35 頁。

輗"是"聖人之行"①，但這樣的解釋略顯委曲。其實"車中"並不包含從車廂外前方直至衡、輗的這部分空間，若僅將"内顧"理解爲視線保持在車内的話，前視而及衡、輗就已經超出了"車中"的範圍，據此就不能將包咸注認定爲"車中内顧"之注解。關於"旁視不過輢轂"，《曲禮》"顧不過轂"鄭注曰："爲掩在後"②，其義可與包注相互發明。乘者在輢轂之前、車廂斜前方的餘光，很難避免向外溢出，而這是不會被禮所禁止的。所以包咸所説的前視、旁視其重點當在於防止隨意張望(其中也包含向内、後回頭)，而不在於劃定一個範圍來機械地框定乘者的視線。鄭注"車中不内顧"曰："爲其奄(掩)後人脩"③，皇疏"内，猶後也。顧，回頭也"④，均意在勸誡乘者不隨意回顧而顯露出不莊重的儀態。這兩種解釋當是包咸注的進一步推闡。

此外，筆者還關注到《論語 · 衛靈公》篇"子張問行"章的包咸注。"子張問行。子曰：'言忠信，行篤敬，雖蠻貊之邦，行矣。言不忠信，行不篤敬，雖州里，行乎哉？立則見其參於前也，在輿則見其倚於衡也，夫然後行。'子張書諸紳。"包咸注曰：

> 衡，輗也。言思念忠信，立則常想見，參然在目前。在輿，則若倚車輗也。⑤

孔子選擇了"立""在輿"兩種情境對"行"應該具備的主體德性進行表述，其中包括語言層面的忠信，以及行爲層面的篤敬。與孔子不同的是，包咸在解釋中未將"忠信"限定在語言層面，而

---

① 《論語注疏》卷十《鄉黨》，影世界書局阮刻本《十三經注疏》，第 2496 頁。
② [清]孙希旦：《禮記集解》，沈嘯寰、王星賢點校，中華書局，1989 年，經文、注文並見第 101 頁。
③ 王素：《唐寫本論語鄭氏注及其研究》，文物出版社，1991 年，第 122 頁正文及第 132 頁校勘記。
④ [梁]皇侃：《論語義疏》，高尚榘校點，中華書局，2013 年，第 260 頁。
⑤ 《論語集釋》，經文見第 1065 頁，注文見第 1066 頁。

是以“思念”强調一種内在的心理傾向，將“思念忠信”貫穿於“立”“在輿”的場景，同時將“衡”訓爲“軛”，模糊了兩個零部件的界限，以此提示了一個大致的範圍，藉衡、軛爲乘者建構起以“思念忠信”爲内容的德性涵養場域。由此可以看到衡、軛還包含了一種道德修養提點的意義。《荀子・正論》：“乘大路、趨越席以養安，側載睪芷以養鼻，前有錯衡以養目。”①與大路、越席、睪芷等具有的頤養身心之效相似，“衡”不是一種指向規訓的儀軌，而是對於安頓身心具有積極意義的器物。包咸注所説的“前視不過衡軛”也當與此相類，具有提點乘者保持身心安泰、勉力進德的意義。

綜合上述，包咸注雖然講“前視不過”“旁視不過”，但其重點當在於防止乘者隨意張望(其中也包含“不回頭”的意思)，而不是“向車内部回顧”。這種解釋不僅體現了禮儀的要求，同時也包含頤養身心、道德修养的意味。而這樣的解讀，其所據經文就與《古論》“車中不内顧”更爲接近。那麽包咸是否會受到《古論》的影響，或者説包咸就是直接以“車中不内顧”進行注解的呢？從經學史角度考察，是否具有這種可能？

四　包咸與《魯論》

清儒堅持認爲包咸注爲《魯論》“車中内顧”注解的原因在於兩方面：第一，一般認爲包咸所傳之《論語》爲《魯論語》；第二，從經義的理解而言，包注易被誤讀爲“内顧”(視線保持在車内)。現筆者將對這兩方面進行探析。

關於包咸與《魯論》的關係，據《後漢書・包咸傳》：

---

① [清]王先謙：《荀子集解》，沈嘯寰、王星賢點校，中華書局，1988 年，第 335 頁。梁啓雄《荀子簡釋》(中華書局，1983 年，第 244 頁)按語：“《説文》：‘錯、金涂也。’《小爾雅・廣器》：‘衡、軛也。’錯衡蓋以金涂軛且有文也。”

> 少爲諸生，受業長安，師事博士右師細君，習《魯詩》《論語》。[①]

又據何晏《論語集解敘》：

> 安昌侯張禹，本受《魯論》，兼講《齊》説，善者從之，號曰《張侯論》，爲世所貴，包氏、周氏《章句》出焉。[②]

按包咸本傳，其於永平八年(65)卒，年七十二，而西漢諸生入太學的年齡要求在十八歲以上，若就以包咸十八歲入太學學習推算，包咸“爲諸生”應是王莽始建國三年(11)之後，又據《漢官儀》“博士限年五十以上”[③]，那麽右師細君至少比包咸年長三十二歲。故右師細君應生於元帝建昭元年(前38)以前，其學習期應在成帝年間(前32—前7)，而此時正是《張侯論》盛行之時。右師氏居太學，所傳之《論語》應該是官方推崇的《張侯論》，所以包咸所傳之《論語》也應同其師，爲《張侯論》，何晏以爲《包氏章句》出於《張侯論》的説法可以信從。

但《張侯論》是否屬於《魯論》，今人已有很多質疑。朱維錚《〈論語〉結集脞説》認爲《魯安昌侯説》之篇數爲《古論》之篇數，但其文字很可能是《齊論》[④]。王素根據對河北定州出土西漢簡本《論語》性質的探析，得出了《張侯論》不等於《魯論》的結論：“張禹的《張侯論》，實際上是：篇目完全根據《魯論》，章句主要根據《齊論》。而當時判斷屬於何種本子，主要根據篇目。……後來，甚至不知《張侯論》原是《齊》《魯》二《論》融合體，更誤認爲《張侯論》就是《魯論》。”[⑤]

---

① 《後漢書》卷七十九下《包咸傳》，中華書局，1965年，第2570頁。

② [魏]何晏：《論語集解敘》，影世界書局阮刻本《十三經注疏》，第2455頁。

③ [漢]應劭撰，載[清]孫星衍校集：《漢官儀》，[清]孫星衍等輯《漢官六種》，中華書局，1990年，第129頁。

④ 朱維錚：《〈論語〉結集脞説》，《孔子研究》1986年第1期，第40—52頁。

⑤ 王素：《河北定州出土西漢簡本〈論語〉性質新探》，李學勤、謝桂華主編《簡帛研究》(第三輯)，廣西教育出版社，1998年，第466—467頁。

定州本《論語》爲我們提供了一個探討《論語》古本原貌的重要案例。界定一個《論語》版本的性質，我們往往只能説該版本是屬於"《某論》系統"的，而在該系統内部各個子版本往往互有出入。有人就認爲包咸是在注《魯論》時爲"車中内顧"增補了"不"字，據《古》改《魯》在鄭玄以前就已發生[①]。這樣的微小變化並不會影響包咸所注文本在整體上爲《魯論》。

關於《張侯論》性質，往往只能以篇和章爲單位進行探討，但是本文所討論的卻是《論語》"車中不内顧"章的文字異同。清儒只知包咸所注乃是從《張侯論》出的《魯論》，但不知此《魯論》是以何種標準而成爲《魯論》的，故此《魯論》之文字與《經典釋文》所載"魯讀"的文字就不能完全等同。

熹平石經《論語》末尾，有一段版本校勘的内容：

> "賈之哉"包周(缺四字)，蓋肆乎其肆也(缺一字)，周(下缺)曰言(缺一字)而在於蕭牆之内，盍毛包周無"於"(下缺)。[②]

作爲官學的熹平石經《論語》是屬於《魯論》系統的，而且很可能就是《張侯論》[③]，上引一段版本校勘中用盍、毛、包、周四家文字與石經對照，這四家《論語》的文字與石經文字相出入，但都同出於《魯論》系統。漢代人對這種情況是能夠知曉和認可的。所以包咸所用之《論語》在版本上與《魯論》系統中的其他版本有差别，並不足爲怪。"車中不内顧"章，包咸所注經文是《古論》"車中不内顧"，而非《魯論》"車中内顧"，這是可以成立的。

---

① 邱居里：《〈論語〉"魯讀"再探討》，《歷史文獻研究》總第 27 輯，第 122—136 頁。

② [宋]洪适：《隸釋・隸續》，中華書局，1985 年，第 155 頁。

③ 如單承彬即持此説，見《定州漢墓竹簡本〈論語〉性質考辨》(《孔子研究》2002 年第 2 期，第 29—38 頁、124 頁)。

六 《漢書》顔注的“與此不同”

首先從“師古曰”中的一番議論談起：

> 夫《六經》殘缺，學者異師，文義競馳，各守所見。而馬、鄭羣儒，皆在班、揚之後，向、歆博學，又居王、杜之前，校其是非，不可偏據。其《漢書》所引經文，與近代儒家往往乖别，既自成義指，即就而通之，庶免守株，以申賢達之意。非苟越異，理固然也。它皆類此。①

顔師古在這段注文中表明了自己爲《漢書》中所涉經文作注時的態度，若經文與近代儒家乖别，又能自成其説，則顔注只忠實於史書中所引經文，“就而通之”，不以“近代儒家”的經文篡改、攻駁史書中的經文。

顔氏《漢書敘例》又説：

> 近代注史，競爲該博，多引雜説，攻擊本文，至有詆訶言辭，掎摭利病，顯前修之紕僻，騁己識之優長，乃效矛盾之仇讐，殊乖粉澤之光潤。今之注解，翼贊舊書，一遵軌轍，閉絶歧路。②

顔師古表白其心志在於“翼贊舊書”，而不攻擊《漢書》本文。若《漢書》史文與其他史料相較有誤，顔氏即將其他文本列於注後，並説明“與此不同”，這種方法在《漢書注》中較爲常見，前文舉《詩經》“聽言則對，誦言如醉”即爲一例。也就是説，顔師古並不以與《漢書》不同的經文及注释來攻駁《漢書》本文。如果颜注此处是選取了“内顾”之説来注解，那么又落入了“顯前修之紕僻”的窠臼。

---

① 《漢書》卷二十二《禮樂志》，第1041—1042頁。

② 《漢書敘例》，《漢書》，第3頁。

那麽，顔師古認爲《成帝紀贊》中的不同在於何處呢？

> 不内顧，不疾言，不親指。(《漢書·成帝紀贊》史文)
>
> 車中不内顧，不疾言，不親指。(《論語·鄉黨》)
>
> 車中不内顧，不疾言，不親指。(《漢書·成帝紀贊》師古注引《論語》)

以上對比可以看出，顔師古在注中特意指出“不同”者應是《漢書》史文無“不内顧”前之“車中”二字，即是其謂“《漢書》所引經文與近代儒家往往乖别”者，故重引以爲據。

從《成帝紀贊》顔注的内部結構也能進行辨析，“此三句者，本《論語·鄉黨篇》述孔子之事，故班氏引之以美成帝。今《論語》云：……”，“本”字提示顔氏注意到班氏引文出自《論語》但又不與今本《論語》完全相同，兩者相比，今本《論語》多了“車中”二字。顔氏注《漢書》是以疏通史文爲歸宿，而不著力於對經今古文學進行分别，若在此談《魯論》與《古論》之分野並且引《魯論》之説解釋屬於《古論》的經文，這不僅於史注無裨益，而且還是“多引雜説，攻擊本文”。

李方認爲“《漢書·成帝紀贊》注引誤脱‘車中不’三字”[①]，將李方的觀點恢復到《漢書》中，史注原貌應爲：“……今《論語》云：‘車中不内顧，不疾言，不親指。’(車中不)内顧者，説者以爲前視不過衡軛，旁視不過輢較……”這樣整段文意就十分暢通了。但依照中華再造善本中的劉元起刻本、白鷺洲書院刻本、蔡琪家塾刻本、北宋刻遞修本，並未發現此處有脱字。這樣來看，顔注很有可能將引文後“車中不内顧者”這一較長的句子進行了省略，因前文已有“今《論語》云‘車中不内顧，不疾言，不親指’”，此處爲避免繁複而概言之，且下文又以“説者以爲”串講包咸注意，“説者”之前的經文就不需全部徵引，似

① 《敦煌〈論語集解〉校證》，第436頁。

可作爲一種解釋。

七　結論

《漢書・成帝紀贊》引《論語》"升車正立，不内顧"云云，清儒根據本條顔師古注所引"今《論語》"及其他材料，認爲"今《論語》"係今文《論語》、顔注中"不内顧"之"不"字係衍文。但經筆者考察，在《漢書》顔注中並不以"今＋儒經名"來指稱該儒經的今文文本，而是以"今文＋儒經名"稱之，當以"今＋儒經名"指稱某儒經時，其"今"字爲"當今"意，而非"今文"意，故不能將顔注中的"今《論語》"視爲今文《論語》——《魯論》。《漢書》顔注所涉《論語》解釋多以《論語集解》爲依據，故《成帝紀贊》注中的"今《論語》"應指顔師古當時盛行的何晏《論語集解》。通過對包咸注"前視不過衡軛，旁視不過輢轂"的疏解，可知該注的意圖當在於防止乘者隨意張望，而不在於劃定一個範圍來機械地框定乘者的視線。包咸注還具有提點乘者保持身心安泰、勉力進德的意義。從經學史角度來看，包咸所傳之《論語》確出自《魯論》系統，但又不完全等同於《魯論》，不可徑將《經典釋文》所載"魯讀"視爲包咸所注之文字。清儒所謂《論語集解》"車中不内顧"章經文與包咸注不相合、《漢書・成帝紀贊》顔注衍"不"字等説法不能成立。

陳鴻森《劉寶楠年譜》序

柳向春*

合格的年譜，在我看來應具有幾個基本要件，一是通過年譜的閱讀，不僅可以瞭解譜主的生平事跡，且可藉以知曉譜主的思想，以及譜主之所以爲譜主的轉折關節。其次，年譜編纂過程的材料處理，須符合"繁者簡之，簡者繁之"的要求。在滿足前項要件下，還須敘事、史料徵引繁簡得宜，擁有豐富材料的譜主生平，應予以適當的剪裁，不可事無鉅細，載録無遺。而一些生平資料相對較少的譜主，則不妨旁搜廣采，儘可能多方蒐羅有關的材料，用以充實年譜的内涵，使譜主的形象更加立體化。既滿足年譜的基本功能，又可達到資料彙集的效果。作者的史才、史筆正是在這種剪裁中得以體現。其三，年譜編纂還要求史料的完整性和準確性原則，隨著大數據檢索技術的發展，對多數學者而言，要求基本史料和事實的完整性，已大大降低其難度。但就材料及其應用的準確性而言，卻依然存在著諸多不易跨越的障礙，因爲這涉及譜主事跡的年代考定和史實内容的準確性，這也是作者學養、史識的一個判斷標準。要而言之，年譜撰作，對於作者而言，其實需要具備相當的史才與史識，而這正是時下絕大多數操觚者所缺乏的素質。相較而言，陳鴻森先生則是具有豐富學養，史才、史識兼備，且編有

* 柳向春，上海博物館研究員。

多種膾炙人口的年譜編纂者。

鴻森先生致力經學研究有年，孜孜矻矻，窮年撰述，成就斐然，壹以清儒樸實求是的學風爲尚，從舊學入而屢獲新知，爲當今"史語所舊學傳統的最後一個殘壘"(《漢唐經學研究》後記)。他著力於重現學術的"原生態景觀"，其研究大多以學者人物爲中心，以文獻爲基礎，從文字、音韻、訓詁、目録、版本、校勘、制度等各方面入手，拓展、攻克了不少學術史上的壁壘，成爲當今經學研究的一座高峰。他不僅善於發掘、表彰學術史上那些"被遮蔽"的學者，對於一些夙負盛名的學者，他也會以偵探家般鋭利的眼光破除一些歷來記述的迷障，以期還原歷史現場。基於這種理念，他先後編撰有《段玉裁年譜訂補》(1989)、《清儒陳鱣年譜》(1993)、《錢大昕年譜别記》(2000)、《翁方綱年譜補正》(2004)、《臧庸年譜》(2007)、《丁杰行實輯考》(2009)、《洪頤煊年譜》(2009)、《王鳴盛年譜》(2011)、《錢坫年譜》(2012)、《余蕭客編年事輯》(2012)、《武億年譜》(2014)、《馬宗璉行年考》(2015)、《朱文藻年譜》(2017)、《陳立編年事輯》(2021)、《錢塘事跡繫年》(2024)等，要皆剪裁得當，論斷精審，史才、史識並臻上流之作。先生所編撰的年譜，不僅承繼清儒錢大昕以來的傳統，更以現代學術背景爲加持，在爲學術史研究服務的同時，亦成爲當代學術史的有機組成部分。

如前所述，年譜編撰者在蒐集材料的完整性上，目前固可藉由科技查檢系統的協助，降低其難度，但這裏所説的材料指的是基本材料，至於更深層次的文獻蒐集、分析、校勘、考證，則依然需要福爾摩斯般觀察入微的眼光和辨析能力。何況就年譜編撰而言，材料的充實完備只不過是基本要求而已。而一些學術名家，雖有前人舊譜，可供瞭解譜主的生平大要，但隨著現代學術研究的深入，有些舊譜顯然已無法滿足新的研究需求，則仍有待學者利用新的材料、新的研究、新的思想來重新編撰新譜。劉寶楠(1791—1855)，字楚楨，號念樓，是清代道光時期揚州最爲卓著的學者之一，他的《論語正義》，“以何晏《論語集解》爲本，兼采漢、宋人精義，益以清代諸家考證、發明之説，折衷而會通之，章比句櫛，詳而有要”。《清儒學案》卷一〇六言：“有清一代，治《論語》學者，蓋以劉氏爲集大成。”可爲定評。劉氏年譜，舊有其家族晚輩劉詩孫於 1933 年發表的《劉楚楨先生年譜》。劉《譜》以家族血緣之親、地域之便，自然對一些劉寶楠的基本生平、著述、思想都記録無遺。但隨著文獻資料的不斷湧現，學術研究的不斷深化，楚楨年譜的補苴和更新，也成爲學界的一個新的任務。

基於以上因素，鴻森先生在精研劉氏學術數十年之餘（至晚自 1991 年撰成《劉氏〈論語正義〉成書考》始），以獅子搏兔之力，爲劉寶楠撰作新譜。在這部新編的《劉寶楠年譜》中，關於譜主《念樓集》現存的稿鈔本，鴻森先生曾作如下注釋：“《念樓集》稿鈔本，今可知者，以中國社會科學院文學所所藏稿本爲最早。道光十九年冬，楚楨入都會試前，將詩文稿編定爲八卷，詩、文各四卷；後復補入道光二十年所作之詩，此本現藏南京圖書館，爲臺灣‘央圖’本之祖本。道光三十年，楚楨有意付刻，復加重訂，增補後來所撰各文，由其子恭冕及女夫王世球繕録清本。因時局動蕩，未及付刻。楚楨卒後，劉恭冕復將楚楨咸豐間所撰詩文，及未入正集可録存之詩，編爲外集二卷（詩、文各一卷），即臺灣‘央圖’所藏之本。‘央圖’本外，復有楚楨從孫劉韓齋鈔本，《國家圖書館藏鈔稿本乾嘉名人別集叢刊》有影印本（2010 年，北京：國家圖書館出版社）；北京大學圖書館亦藏一鈔本，《清代詩文集彙編》有影印本。二〇〇六年，張連生教授有點校本，以‘央圖’本爲主，參據各本校訂增補，收入《寶應劉氏集》（2006 年，揚州：廣陵書社）。其書蒐羅甚富，頗便讀者。惟此本頗據揚州大學圖書館所藏鈔本（此本未見，源流不詳）改易文字，去取未盡當，且竄亂原詩篇次；鈔本文字間有誤識，而排印時譌文失校者亦復不少。故本譜引用，仍以‘央圖’本爲主；至外編詩文，爲便於讀者覆按，仍依點校本稱卷九、卷十。”就本譜而言，這不過是一條並不起眼普通的注釋而已，但讀者可從中獲取的知識訊息卻極其豐富，不僅對於譜主文集的版本現存狀況有了清晰的認識，對於各版本的優劣異同亦可瞭然於心。而貌似簡單的一條注釋，卻在不經意間揭示了作者對於文獻分佈的熟悉，對於文獻内容的敏感，對於文獻文本演變的把握。這些方面，正是一位優秀學者與普通研究者的區别所在，也是劉氏舊譜萬萬不可企及的。

宋儒張載《經學理窟·義理下》曾經説到：“於不疑處有疑，方是進矣。”胡適先生曾本張子此言講過：“治學要不疑處有疑。”鴻森先生精研傳統之學，又任職史語所三四十年，於此言自是熟諳於心。不僅如此，他又時以此言付諸實踐，於人所盡知的記載並不輕易認可，而是一一加以考實，以文獻爲本而不輕信文獻。如其考段玉裁著《説文解字讀》、高郵王氏父子著述之署名等，都是這種精神一以貫之的反映。其結論或尚有異論，但這種治學精神，正是史才、史識的絶佳寫照，也是乾嘉學派以來直至早期史語所學風的一脈傳承。關於劉寶楠的名著《論語正義》一書，包括其子叔俛在内，後人通常的説法是，楚楨歿時，此書已“將卒業”，叔俛但就其父“原輯稿編次，間有所增”。但這一説法的問題在於，如果咸豐五年秋楚楨卒時，其書已“將卒業”，那麽不應該楚楨卒後直至同治四年秋，前後又花費了十年時間，書稿乃成。鴻森先生從内證、外證兩方面著手考察，論證了《正義》非僅後七卷出自叔俛之手，即前十七卷其實亦多叔俛所爲。此外，向來爲清學研究者津津樂道的二劉與學侣六人相約各治一經，其事經陳先生考證，其實是先有嘉慶二十四年秋劉寶楠、劉文淇、薛傳均三人相約著書，分别認領《毛詩》《左傳》《説文》，三人困於科舉，著書之事僅流爲虚願；後又有道光八年二劉、陳立、梅植之四人再次立約，各疏一經，而劉寶楠則改疏《論語》。向來流傳之佳話一旦破滅，但求真求實，這正是學術研究的魅力之所在，而結合陳先生《陳立編年》，四人之書或成或否，或由其子其孫繼之，更可見古人著述之不易。

今讀鴻森先生此譜，除了以上所述之外，還有以下幾個特點：（一）善於利用信札等手稿文獻。如本譜所採，就有《青溪舊屋尺牘》《通義堂尺牘》《清五家書札墨跡》《小莽蒼蒼齋藏清代學者書札》等信函。這些書札不僅行草文字不易辨識，且多無系年。如需利用，必須先行釋讀、考訂。而先生尤長於此道，考證、編年如老吏斷獄，游刃而有餘。更有進者，先生不滿足於研究所涉諸人的已刊著作，又廣搜旁輯，最大程度地掌握各種文本，左右採獲，精研細讀，盡爲我所用。如譜中嘉慶十六年閏三月條，引社科院文學所所藏《韞山樓詩集》稿本卷一《辛未三月，納婦及旬，未及縫裳，遽悲鼓缶；想蕙質而如疑、憶鴅儀而入夢。追維淑嫕，灑淚成辭》《求地葬婦不得》二詩，此皆楚楨當時椎心悲慟之詩，今本劉集無之，而另有《蒿蘿篇，悼汪孺人》一首，則知今本此詩應爲後來補作，非當時之詩。此類以稿本補足刻本之缺，其例不少。又咸豐元年五月條云："按孟瞻所撰《迪九先生墓表》，非今文集所載者，原文見世德堂刊本《秋槎雜記》卷首。"此則以它書和本集比較文字異同，而考其改作之原委。（二）不吝自訟，精益求精。先生撰文，絕非一蹴而就者，先生曾自言："多數的研究，寫成初稿之後，即放置抽屜，日後遇到某些機緣，才取出認真修訂，因之書室盡是一些半成品。"（《漢唐經學研究》後記）修改舊稿，除了新知加密外，亦是作者自訟求精之一道也。除此之外，即便發表之後，先生也會反復修訂，不憚於對舊稿觀點再作補充和修正。如先生 1994 年發表《劉氏〈論語正義〉成書考》之後，於 2021 年又發表《劉氏〈論語正義〉纂著史實考證——以新見劉寶楠父子書札爲討論中心》，在新的材料基礎上，將前文某些觀點予以調整。再者，先生爲文，非至出版最後一刻，並無定稿之説。

其治學嚴謹的態度，可見一斑。（三）知人論世，於古人多有理解之同情。如道光二十八年正月條引丁晏《與劉孟瞻第六十五書》後，評云："按丁氏家素豐饒，先生則自幼孤貧，年老始得一官，因不事夤緣，復遭時艱，積債遽難清償，不免跋前疐後，非身處其境者莫知其難，丁氏貪戀祿米之言，不免尖刻，非素相知者所宜言。"此悲天憫人之情懷，非浸潤沉潛多年，不能道此。（四）視野宏大，不斤斤於譜主一人，譜中於相關史實，亦隨文加以考證說明。如道光十四年六月條言及《劉氏遺書書後》，據此知《端臨遺書》先後三刻，初刻於嘉慶十一年，當日刊刻倉卒，僅有《論語駢枝》《荀子補注》《漢學拾遺》三種；十二年，增刻《經傳小記》三卷、《文集》一卷。道光初，端臨次子源嶓由乃父舊讀之書，據其籤校之語，復得《國語補校》《方言補校》《淮南子補校》三種；另《經傳小記》及《荀子》亦續得若干條，以其稿付阮常生；書未及刻，而常生遽卒。至是，劉寶楠乃重加釐次，編爲定本刻之。再如譜中涉及包世臣之卒。咸豐三年十二月條云："按《清史列傳》卷七十三包氏本傳云：'咸豐五年卒，年八十一。'胡韞玉《包慎伯年譜》、姜亮夫《歷代人物年里碑傳綜表》、江慶柏《清代人物生卒年表》同。今考《續碑傳集》卷七十九劉應芝《書安吴包君》，文中云：'癸丑歲，以避粵賊之亂，卒於途。'丁晏《頤志齋感舊詩》亦言：'癸丑季冬，年七十九，卒於海州。'據先生明年七月《與劉孟瞻第五十三書》，中云：'慎伯先生作古，於去冬有訃到，弟已作書唁興實。'是包氏卒於咸豐三年冬審矣。劉文淇卒於四年九月，包氏喪在其前，則史傳、《年譜》作五年卒者，誤也。"若此之類，或補前人之罅，或正前修之誤，皆不刊之論。

鴻森先生曾謙言："我所從事的，盡是一些見樹不見林的工作。……我不敢自詡爲登山家，但半生在清代學術這座大山裡討生活，樵夫知見的山，相信和一般登山客觀覽所及的山，應該大異其趣。"（《清代學術史叢考》後記）在我看來，正因爲先生有著異於普通學者一味想要宏大敘事的學術眼光，才能以“樵夫”之精神深耕學術，以“樵夫”之態度心無旁騖，方能成爲當代清學研究之巨擘。至此譜文字淵雅淳茂、意味深長，又其餘事也。猶記二〇〇六年鴻森先生首次來滬，我奉召陪侍。而二〇一九年先生客遊姑蘇，十一月將返臺，我專程前往蘇州辭别。此後因疫情睽隔，雖無緣再當面受教，但近二十年來交往論學，點點滴滴，時時縈繞心際。今承命爲先生新著作序，回念舊事，不禁感慨系之。尤盼先生珍攝衛生，將舊稿新作早日寫定，一一面世，以饗學界。

學者訪談

經學的絶與存

——鄧國光先生訪談

陳璧生 採訪

一 少年求學

陳璧生： 鄧先生您好！感謝您接受《經學研究》的訪問。您1955年出生於香港，當時經學這門學問已經很多年没有人講了，不知能否談談您年輕時候的經歷，您是如何走上經學研究道路的？

鄧國光： 謝謝璧生教授！教授厚道關注與盛情邀請，非常感激。

我從事經學方面的研究，正因生活在香港的緣故，面對種種時代的問題。小時候生活在香港，因家中人口衆多，没有機會全面接受正統教育，雖然成績理想，但小學尚未畢業就不得不輟學，12歲就出來當學徒。此後做過很多不同的工種。一開始是在店裏做麵包、西餅，臨近中秋還得做月餅。一直到15歲左右，我覺得長期在厨房裏勞耗生命，心中不甘，我很羡慕其他同齡的小朋友，可以有機會上學唸書。在學徒期間，晚上如有空，我都會去地攤書檔看書，化解心靈上的寂寞和痛苦，漸成習慣。慢慢地和地攤檔主熟絡了，得以不必購買而借讀他的書，在那段時間苦讀過《古文觀止》《四書章句集注》《老子》及詩詞選之類的書籍。因爲心念上存在自尊心意識，較爲勤奮自修，有時略有些心得，便筆記下來，和同齡在學同輩交流，也不會自卑。

後來我覺得應該積極調整生活，自謀出路，於是找了别的工種，在建築工地當維修機械的學徒，學習操作推土機之類。當時香港已啓動大型公共建設，比如海底隧道等。那段時間，我負責在隧道外工地學習工業機械維修和駕駛，須經常開車。但自從有一次失神，機械失控，險些釀成交通意外後，爲免傷及無辜，我便發誓不再碰車類器械，即使現在也没有再開車。過了不久，我就離開了機械工程，投入 1970 年代中期新興的電子行業。之所以投身電子行業，是因爲體力消耗較輕，晚上可以多騰出些時間去夜校繼續學業。

我的中學階段是在夜校度過的，年齡上比正常學生晚了五年。先是在"一鳴夜英專"唸英文。1972 年觀塘基智中學開辦"英文夜中學"，課程較爲完整，我便考進去，從中學一年級唸至畢業，由此得以接觸較爲完整的文科中學課程。這段關鍵時期，依靠自覺的奮鬥意志，白天在電子業自立謀生，晚上和假期全都投入學習與閱讀，眼界也得以開闊。那時生活之甘苦，是言語文字所不能完全表達的。

因爲有以往在地攤看書的基礎，我還比較容易掌握和理解課程。當時的課程有"中國歷史"，是中學會考考試科目。課本用香港人人書局出版的《中國歷史》，是新亞書院錢穆先生學生孫國棟、蘇慶彬、胡詠超等三位先生編寫的，錢先生負責校訂。課本攝納錢先生《國史大綱》的重要歷史見解，每年級均有歷時的"中國學術思想"專章，學術史觀念比較完整、系統，這套課本是我認識中國學術整體的基礎。還有"國文"課程，教授《尚書》《詩經》《左傳》《禮記》《四書》的部分篇章，使我對經典文本及其流傳有了較爲粗淺的認識。透過"國文"與"中國歷史"的課程，初步系統地接觸到中國傳統學術，對於其中涉及經學知識與文本的内容，尤感興趣，這是我後來走上經學之路的開始。

歸根究底，我其實特別受惠於錢穆先生在香港開發的"中國歷史"課程及有關教材。

1977 年，我參加香港英文中學會考，成績優良，獲得繼續修讀大學預科的條件。那時大陸和臺灣也有了很大的變化，大家注意到這是一個新時代的開始。

陳：您上大學這段經歷，與内地學者有點類似，都是年輕時期經歷了社會的各種考驗，在 1977、1978 年左右考上了大學，開始了專業學習。

鄧：當時世界大環境變化很大，整個中國，都好像重新活過來，對未來充滿憧憬。我年輕時雖然要謀生，但一直自修閲讀，没有停止看書，其間還曾透過録音器材自學德文和日文，也自學了一點拉丁文。1977 年的會考成績比較好，我可以自由選擇報讀香港大學或香港中文大學預科課程，最後我選擇了中文大學，以自修生的名義投考。這一年也是中文大學自辦入學試的最後一屆，之後便由考試局接辦，不再稱作"香港中文大學入學試"了。

1977 年，饒宗頤教授還在中文大學中文系當系主任，到 78 年他就退休了。我順利考進中文系，但和我的期望有很大的落差。課程劃分爲語言和文學，文學又分割爲古典、現代、當代，都是朝向技藝、興趣的時代風尚發展。同時，不斷强調學科改革，每年都在改，基本方向是排斥傳統的、古典的内容，把必修變成選修課，把兩個學期的課程縮短爲一個學期，時間更多讓位給所謂新文學的内容，尤其是對個别作家的專題研究。這種趨勢逐漸形成輿論效應，很受學生歡迎，但實際上形成了一種對傳統的破壞力量。我親身經歷了中文系不斷改革的過程，我始終覺得，大學本來應該有自己獨立的學術追求和學術座標，不是跟隨、呼應社會政治氣氛的改變，失去自主性。

香港本來不重視中文，我上大學的時候，中文依然受到很嚴重的歧視。我的整個中小學課程裏，除了"國文"和"中國歷史"用中文教授之外，其他課程全都是用英文。中文大學也對中文完全不重視，傳統學術更難以容身其中。當時香港一些學術界人士急於透過電視節目掀起粵語正音的風潮，特別强調字音的正確唸法。正粵音的節目雖然因爲電視媒體而引起廣泛注意，但社會大眾並没有因而真正尊重中文、重視中文，更多的只是在日常生活裏互相挑剔讀音，視爲資閑談的娱樂，根本没有注意文字背後的思想感情的表達，這是自身文化意識淪喪的明顯現象。

對我來説，英文只是溝通工具而已，根本不是價值觀念所在，中文才是華人社會自身文化的標志。所以我在大學的時候，提出尊重中文，系主任常宗豪先生全力支持，其他學府學生也表態支持，提醒政府不能過度强調英文，對中文也應表現出一定的尊重，不意竟然發展成第二次中文運動。當發揮了一定的正面作用後，我就退出了運動，全心全意讀書治學去了。

我在大學遇到的好幾位老師，是日後研治經學的學術明燈。一位是蘇文擢先生，在上海長大，畢業於無錫國專，後來到了香港。我在中大跟他學習古文、《論語》、《文心雕龍》，也協助他抄定手稿《經詁拾存》以便發表，由此奠定治經的基礎。另一位是李雲光博士，高明先生的高足，中國學界第一位研究三禮鄭玄注而取得博士學位的學者。高明先生在60年代曾到香港聯合書院任教，書院後來納入中文大學架構，於是他提拔了一些昔日在臺灣培養的學生到校任教，如李雲光博士、阮廷卓博士等。李博士是研究三禮鄭玄注的，但没辦法開設經籍專著的課，只能開"讀書指導"之類的入門課程。我修讀了這門課程，李博士欣賞我的學習態度，惠贈他的博士論文《三禮鄭氏學發凡》的刊行本加以鼓勵，我精讀了多遍，從而體會治經的原則與態度。可以説，我的經學基礎都是精讀老師的相關論著建立的，學術視野亦隨之提升與擴闊，而不是在課堂聆聽而已，事實上當時亦没有完整的經學課程。

陳：當時爲什麼没辦法開經學的課呢？

鄧：香港的大學課程，根本難存經學的空間，開不成經學課，説來真傷感。當時中文系能開課且可以修讀的，唯有蒙傳銘先生(1928－2007)的《詩經》課，他非常重視《毛詩序》，以經説經。我在大學第二年就提出能不能開《論語》這種比較基本的課程，也爭取了很長時間，才有蘇文擢先生的課。我也曾與幾位同學一同向校方反映，多開一些有關經學的課程，比如李雲光博士非常專精的三禮中的任何一書，經過幾個月的爭取，開了一學期的《禮記》課。但大學規定必須達到起碼的學生人數才能開課，我們幾經辛苦才湊齊五位同學選修，最後只有三位來上課，孤獨地面對李博士。但李博士没有受到影響，還是很專精地講，這種態度令我非常感動。我在中大中文系課堂能夠研習的經典很有限，很多都是課餘自修研讀。1982 年大學畢業後，隔一年考入新亞研究所念碩士，李博士也去了新亞研究所專教《禮記》，我便在李博士指導下撰寫碩士論文。不久他退休了，但還一直爲我在香港大學撰寫的博士論文中關涉經學和禮學的内容提供專業的指導意見。

陳：李雲光先生是康有爲的外孫女婿，曾編過一本《康有爲家書考釋》，於 1979 年出版。不知道李雲光先生家人那裏，是否還有康有爲的未刊稿或者未刊書信？

鄧：師母是康有爲的外孫女，與康有爲家族保持很密切的聯繫。但康有爲的文獻基本上 1927 年前都拿出來了，留下的東西很有限。從清末流亡到去世，其間康有爲也没有多少時間專心從事學術研究，但他非常瞭解輿論的重要性，所以透過門人如陳焕章先生等，在上海、北京辦報發表時論，以維持影響力。康有爲學術文章没有多少，他聲名大，該出版的都已經出版，當然或難免滄海遺珠。書信則比較私人，1970 年代末李博士也已整理出版。康有爲在嶺南、南洋人脈廣泛，這些書信就含有一定的 20 世紀初年的時代問題，但是和學術關係不大。

李雲光博士有時候也批評康有爲斥鉅資購下外國土地。

李博士在河南長大，被國民政府徵兵入伍，隨隊撤退到海南島，然後很艱難地轉到臺灣。在臺北時，他一直在臺灣師範大學師從高明先生研究三禮，撰寫博士論文《三禮鄭氏學發凡》。高明先生在1940年代已經有一定的影響力，60年代到香港任教，之後回臺灣退休。李博士畢業後到菲律賓的華校任教，以高先生的關係轉到香港的聯合書院中文系。60年代，聯合書院與新亞書院、崇基書院共同組合成立香港中文大學。

二　經學研究的開始

陳：您的經學研究開始於師從李雲光先生的碩士時期，請問您的碩士論文寫的是什麼主題？

鄧：1980年代初我跟從李雲光博士唸碩士，寫的論文都是透過三禮來重新處理西方學界强調的中國文化源自巫術的前設，這種説法經過在美華人學者進一步强調，差不多就定型成主流觀念了。按照這種説法，孔子之前的中國，可以説是一個非常落後的巫術世界。事實上，巫術的觀念，像圖騰崇拜或者諸神崇拜，離不開19世紀美國人類學所參照的原始土著和大洋洲島民的實地考察。但是三禮包括《大戴禮記》，還有《尚書》、《詩》三百，其内容都是非常人道且系統的，文采成熟，不是簡單的宗教唱頌體，或是集體表演行動之類的落後形態。所以當時我在典籍中花很長時間探求真相，從三禮中發掘"祝官"與"祝辭"的存在意義。根據這些經籍記載，首先駕馭文字的祝官，是王官的一種，其實是一批專業的文字運用者。重新探求中國文化的源頭，發現文字是關鍵。文字是開發民智很重要的工具或途徑，單單唱歌舞蹈不可能開導民智。我在生活中深刻體會到，普通老百姓和受教育的精英階層的分别，就在於接觸文字機會的多寡。唯有運用文字，智慧才能夠一步一步提升、成熟。没有條件唸書的，只停留在視覺或者形象，過眼雲煙，對於智慧的開發是有限的。在大學本科時代，我經常在圖書館裏翻讀典籍，深覺周代不可能是落後的巫術世界，商代也不可能，因爲周代不會突然就變得那麽人道和文明，這不合常理。我的碩士論文就從《周禮》的祝官去説明中國文化，包括禮樂制度，尤其是文字的表達，不單是祝辭，種種現實的問題，其實都有一個負責將文字世代相傳的人物來主持，這樣才能夠慢慢累積成王官之學。春秋時代，王官之學流播到民間，孔子重新開發、提升，成爲私學的典範，從此開啓了諸子爭鳴的時代，中國思想進入黄金時期。這是世界任何文明均無法攀升的文明高度。要非三代文明早已發達，是不何能突然躍升至如此水平的。梁漱溟先生認爲中國文化是早熟的文明，這説法已透露了玄機的。孔子之後，屈原和宋玉等留下來的《楚辭》，也是相關的大問題。當時學術界對於《楚辭》，也動必以巫術爲説，幾成定論。然而從《離騷》依經立義的特點觀察，如果没有中原文化這一紐帶，也不可能有如此文明的高度。所以我當時開發“文字文化”一詞，避免巫術文化的觀念獨斷，目的在説明文字運用是中國文化得以開化光大的基本特徵。這是《書》《詩》以至《離騷》的内在文理義脈的雄峻特色，也是反思文化源頭的問題。

從文字與民智的關係上思考中國文化本源，源自生活經驗。當時的香港精英階層，專意英語運用，俗稱“實際”，但其實是一個買辦精神的延續，談不上精神上的自樹立。面對這樣的生活場境，竟然提振了我的民族意識，這比《我是中國人》的歌曲的出現，還要早得多。學界對早期中國文化的解讀，竟沿襲西方人類學的巫術觀念，把中國文化早期面貌説得如荒蠻部落般的落後，心裏一直很難過。於是，基於起碼的學術客觀性，及對中國文化起碼的尊重，從而反省、重新發掘中國文化的超越意義。此意義特别在禮儀、體制、文字的原點上，彰顯人道的開明與高度，在學術上重新尋回起碼的人道文化尊嚴，以補救深陷巫術的學理前設，而自陷於文化自信崩潰的局面。

陳：您剛才説到碩士論文寫“祝”的問題，實際上内地的研究，一直到1990年代、2000年代，講到殷、周的時候，還特别喜歡用巫史傳統來講。

鄧：我未受巫史傳統觀念的前設所左右，相反對之重新反省。我向來的研究，只是依據典籍所載的義理脈絡，就其所體現的人道理念通貫思想史的全貌，質疑濫用19世紀以來的人類學觀念，把中國早期文化部落化的主觀想象方式。

把巫史概念化與普世化，從這個角度定調歷史，再匯合王國維先生以巫卜的實物遺傳，便作爲信史的標準，隨意搬弄辨僞而否定大量傳世文字遺傳，其實走向了一個主觀建構的極端。透過巫術覆蓋三代，所有典籍亦因疑古的流風都可以無視，便真正的廢經和破壞道統了。一句“奴隸制時代”，夏、商的文明和歷史便可以不了了之。

再進一步説，單單談一點東周的諸子思想，已經可以成家了。例如香港所見標榜儒家的，不外是談諸子思想，點到孔子爲止。孔子之前，夏、商、周三代那麽長時間的思想與文化累積，都視爲巫術主導的部落世界或原始社會，輕輕帶過了。關鍵在投機取巧，輕視經典，無視經學而輕談中國文化和學術，我深覺很有問題。

我研究典籍和經學，是出於自發的學術道義，因此實事求是，依據文体的義理脈絡，注意禮經所記載的祝官及其運用文字這一特點，從而追原中國文化生成與發展的本質元素，避免了人云亦云的學術套路和思想窘陷。我正視傳統考證與訓詁的方式，但同時全面參考當代的學術成果，逐步考訂出文字而非巫術之爲塑造文化的力量。因爲祝官正是典籍有記載的世襲官職，與禮儀主持和文字運用兩者息息相關。禮儀與文字都是中國文化最强的特徵。

王國維先生二重證據法建立的古史觀，單以當時出土的甲骨文爲説，信史從之推定，以殷商爲始，始終是有問題的。因爲甲骨文只是卜官專事，而三代王官亦不只卜官而已。文化史若專以卜辭爲始，再結合巫術説，則中國歷史必然極度迷信落後，甚至毫無人性，便可以毫不留情地羞辱中國文化了。世紀前有中國文化西來説，接著辨僞與疑古，以商代爲信史的卜骨觀，從此注定中國文化嚴重落後而可以完全摒棄的前設，完全失落基本的敬意和尊重。

我之所以如此反省時代學術思潮，因在大學本科時，曾深入閲讀顧頡剛先生主編的《古史辨》，總覺得不是系統整理古代歷史，而是用古史之名，破壞道統，瓦解《尚書》裏堯、舜到周初的聖王記載。這是對三代文明歷史非常重要的破。顧頡剛先生的序文標明"破壞主義"。此念頭其實早在他北大唸書時已經種下了。到 1925 年顧頡剛先生開始編《古史辨》系列，就很明確要從四個方面進行徹底破壞，最後歸向道統破壞。這是顧先生自我表達的思路，因現代學術摒排經學，所以被古史一詞的字面義所覆蓋，而忽略了瓦解經學以徹底破壞道統的關鍵。

另一方面，顧先生重新解讀《詩》三百，特别彰顯宋儒鄭樵的《詩辨妄》，眼光全放在民歌角度，這影響就大了。由於完全漠視詩教的經學向度，則孔子所説的"《詩》無邪"，便成爲痴人説夢。

我當時心裡爲此不安好一段長時間，深盼爲孔子洗冤。於是從更原始的祝辭角度考察抒情的基本向度，發覺天時氣象變化及其種種不測，是生活上首先要面對的頭等大事。種種天災是人難以控制的，這時唯有向天呼喚、求救，祈求蒼天仁慈。這是對生存大環境很自然的情感反應。這些禱天的文辭，真實記録在經典裏，表達的是集體生存的基本期盼，絶非年輕男女調情對唱那麼簡單，以純粹樂歌的角度覆蓋《詩》三百，顯然不符事實。鄭樵《詩辨妄》的説法，是應該重新反思而非全盤承受的。

我之所以對王國維先生和顧頡剛先生的主張有所反思，是在大學修讀歷史系林壽晉先生開設的“中國上古史”和“史前史”課程時開始的，爲此對出土也比較注意。出土文物的精美，反而誘發留意典籍記載的意義，對此進行更深層次的思考。我深信當時人心的精美程度，與對應性的物質製作，應該相去不遠。

我研究祝官和祝辭，説明三代文化承傳發展中，人性因素或稱人道的理念，自然透現於文字運用與禮儀運作之中，人道意義不亞於巫術因素，而且更爲重要和明顯。正因爲這一特色，今人每責以宗教意識薄弱。這種責難，反映全盤照搬西方的神話論，無視中國文學的超越意義。《詩》之所以爲孔子重視，自存在深層的仁人而及物的用心。這重要的詩教精神，正是現今苦難時代所必須發揚的。相反，因爲疑古以破壞道統的時代主張，以樂歌取代詩教，影響至當下，“温柔敦厚”這四字，成爲口頭耍樂，所謂文教，已經失去了教化的作用

我在新亞研究所唸了四年，碩士論文《禮經祝官與祝辭研究》於 1987 年通過，這部論文於 1992 年末在廣東人民出版社出版，標題爲《中國文化原點新探：以三禮的祝爲中心的研究》，是反省時代學術和思想的關鍵一步。

大學本科時閱讀《古史辨》，儘管發覺問題不少，但的確還没有能力駕馭。後來經過差不多二十年時間的閱讀累積，研究視野和深度不斷發展，邁向極度複雜的清末民國經學，恍然發覺另一鮮爲人知的大問題。這便是顧頡剛先生針對的，竟然是蘇州存古學堂。這是掩映在文字之間的重要事實。從而説明一學術史上更切身的問題，體會到一位學者青少年時期的遭遇，甚至影響學術個性。

顧頡剛先生 18 歲時，希望進蘇州滄浪亭存古學堂唸書，但不成功。爲什麽考不進呢？他刻意在《古史辨》序文裏交代這

件往事，當時入學考試考《尚書》，他在試卷中批評馬、鄭的注，於是主考官給他的考試評准内容是："斥鄭説，謬"。這句話，在《古史辨》的自序中反覆兩遍，顯示顧先生耿耿於懷的程度。究竟存古學堂裏是什麼人如此批評他呢？

這一答案，直至十年前方才發現。原來就是曹元弼先生。顧頡剛先生的疑古史學，竟然有針對曹元弼先生的因素在，透露了他個人情意結的輻射作用，這是過去完全意想不到的。一重大的時代思潮，原初生發時，竟然如此兒戲，完全想像不到的。

我近十年注意到曹元弼先生在張之洞時期建設經學學科，他提出觀念，早已經超越傳統的訓詁、義理之學，而是在全新的學堂制度下的經學學科，開出因文見道的經教實踐。這是學術革新。

疑古史學刻意針對而全面瓦解經教的態度，像新文化運動一樣暴烈，"愛之欲其生，惡之欲其死"，定調古文爲死文字，以口語來取代文言，盡廢文教的理想，帶來嚴重的文化斷層的代價。

夜中學時代讀書時，國文科中讀到胡適先生《文學改良芻議》，對這種情緒化呼號，非常反感。後來我在中大中文系讀書，特别重視古文，而在香港大學唸博士，都用文言來寫論文。文言本身是非常有活力的，古學本身也是充滿生命力的，奈何一下子判定其爲死。

民國後學制一面倒地排擯經教，實在是過激。從廢經到疑古的破壞道統，全面否定孔子，文化精神徹底自毁了。這種刻意歪曲及遮蔽事實的行徑，充斥於教育體制内的輿論，實與學術求真的精神背道而馳。

陳：您攻讀博士學位是哪一年？從事哪些問題的研究呢？

鄧：我是 1987 年到香港大學中文系攻讀博士學位的。我在新亞研究所完成的碩士論文，得到優秀的評價，導師李雲光博士十分高興，鼓勵我到港大繼續研究。我原本打算留在新亞研究所繼續跟隨他攻讀博士學位的，然而他認爲港大藏書較豐富，加上自己面臨退休，到港大較爲適切可行。由於新亞研究所不受官方承認，申請進港大，我還是以中文大學本科畢業生的身份，再重頭唸哲學碩士（研究型碩士），不能即時接上博士。

這時對於《楚辭》巫術化及去屈原化的時代學術成見，深存反思，我原計劃研究《楚辭》，發掘人文精神與儒家經籍的内在關係，但港大不通過這個研究方案。於是便改爲研究鄭玄之後的禮制變化，以摯虞爲觀察通孔。因爲摯虞參與西晉新禮撰作，具有時代意義。但當時大學主事人物認爲經學與禮學不屬於中文系的内容，入學研究計劃必須有文學内容，才可以批准入學申請。所以我改以重新處理摯虞的學術焦點，以文體學和文章總集爲中心，標題爲《摯虞及其文論研究》，方才通過起碼的入學門檻。

一年後提交研究的初步成果。依據規定，同時要在中文系公開演説，得到集體認同，才可以繼續學業。結果亦以優秀評核通過，並獲批准即時升格到哲學博士學位（研究式學位）。兩年之後完成博士論文，1990 年初獲得一致通過而不必修改的優秀成績。在香港大學中文系唸博士學位的過程，是頗爲曲折和艱辛的。

博士論文關涉《文章流别集》，是文體學和文論研究的關鍵對象，當時屬於從零開始的原創研究。《文章流别集》内容考證和輯佚，《文章志》的特色，都經過嚴密和整全的探索，説明影響後來《文心雕龍》《昭明文選》編纂的觀念因子，魏晉南北朝文學的義理脈絡，都明白顯示通貫的面目。

另一重點是放在"禮文"的問題上。禮文屬於經學的範疇，至今尚未受注意。研究重點放在鄭玄之後的西晉時代，是爲了理解新朝消化鄭玄經説。鄭玄消化百家思想，其集大成的經學成就，牽動起後來的制度變化。這是經學的經世實踐和影響。過去學術思想史研究受制於現成玄學爲觀察前提，無視經學和禮學所以收拾社會頹象的努力和貢獻。在經學缺席的學術語境中，重新正視經世禮學的學理推拓及應用，的確是一大挑戰，但通過徵實的探索，發現經義和文學相輔相承的。十多年前，澳門學者歐陽艷華博士發現杜預"稱情立文"的觀念，禮文爲實現王道禮制的建立原則，這一發現彰顯了禮制和人情密切的内在關聯，研究視野得到進一步的開拓。

經學盛，文學亦盛，這正是重要的事實。文學，是指整個生活世界的文字運用意識與昇華自覺。從鄭玄出發以觀照此後的學術思想史，便顯豁了長期受遮蔽了的學術思想大道，充分説明了其時文論受益於經學而得以提昇的内在理路。

稱情立文的發現，概括了人情和義制主體的内在關係，即是説治經與賦詩，並非如今日判裂爲二途。這研究方向，已經開了一扇學術思想史研究的生機，文學研究已經不復刻意排擯經學了，義理和情志之間的共存關係，亦得正視和理解。

陳：您的《摯虞研究》是什麼時候出版的？

鄧：《摯虞研究》一書，是原題《摯虞及其文論研究》的博士論文，於 1990 年在香港學衡出版社出版，文言文寫的，出版量很少。因爲是全球學界首部研究摯虞這位禮學家和文論家的專著，於相關傳世文獻作了全面的徵實考察，重新開發一學術空間，所以對海内外有一定影響，至今重要圖書館還有收藏。

陳：您在新亞研究所讀書期間，應該見過錢穆、牟宗三，他們都是您老師嗎？不知道您和他們的交往如何？他們對您的學術道路有什麼影響？

鄧：新亞研究所及其學術群體，當時被排斥在官方學術體制外。我 1983—1987 年間在新亞研究所學習，通習所内開設的大部分文史哲課程，是我學術研究的奠基期，延續了中文大學本科時代所萌生的學術理念，爲來日在香港大學中文系的研究定向，是一步步走出來的學術因緣，没有半點僥倖。這時一代大儒牟宗三、羅夢册先生等尚健在，我修讀或旁聽這些一代大儒的課程，對他們正視、尊重中國文化而全情投入文化重建的治學態度，深爲感動，所以一直視之爲立身與治學的榜樣。

錢穆先生是新亞研究所的創始人，但在60年代中，因香港政府組合香港中文大學時的人事問題而離開香港。香港中文大學一名，其實是錢先生提議的。對此大學的成立，並非一致贊成的，像柳存仁先生便提出過反對的意見。1978年我入學後，天賜學緣，錢先生竟然訪問闊别十多年的香港中文大學，訪問期間，在校園舉行公開演講，方才得見一面。

在此之前，我已經通讀過錢先生大部分著作。錢先生著作中有提及在故鄉無錫生活時期認識的唐文治先生，中大的老師有從無錫國專畢業的蘇文擢教授，由此埋下後來我研究及整理唐先生學術的種子。

直至1990年夏，在錢先生離世前一周，我陪伴羅慷烈教授赴臺北探望錢先生。羅教授是錢先生南下廣州而至香港時的摯友，因錢先生遷離臺北外雙溪而有所擔心，遂至位於臺北市區内的錢先生新居所探望慰問。在先生新遷入的寓所，是人生首次近距離的接觸這位一代大儒。這時錢先生聲音已經很沙啞了，但雙目依然炯炯有神，舉手投足之間，自然透露出風骨神采，氣象非凡。當時羅教授介紹我時説，是新亞研究所第三十一屆的畢業生，專門研究“經學”的。錢先生聽到後很高興，走到我身旁，輕按我的手，深情望著我，勉勵説，“你一定要堅持下去”。這句勉勵，刻骨銘心。一個星期之後，錢先生就過世了。從大學一年級至博士畢業，在學術上成長開闔之際，皆得以接近錢先生，上天好像暗示道統承傳的責任，有始有終，不可推卸。

錢先生原來是教國文的，經學基礎來自學校的國文科，所撰《國學概論》便透露了年輕時的整體學術眼界與態度，後來的研究皆在這基礎上輻射而出。可以説，國學是錢先生學術的整體。基於本師李雲光博士屬康有爲家人，我所以對康有爲也特别關注。因爲這一學統而産生敏鋭的感性觸角，所以當時特别注意錢先生對康有爲學術的態度和評價，他同時的顧頡剛先生迴然不同，這都在過去研讀兩位先生論著中顯示出來。

顧先生表揚康有爲，而錢先生則予以非常深刻的批評，這都是 30 年代彼此之間已經存在的學術差異。顧先生欣賞康有爲的懷疑精神，錢先生不贊成康有爲以主觀取代事實，更不能忍受顧頡剛瓦解經學而全面否定孔孟以來的道統，所以在戰後任教江南大學時，便開始效法宋儒鄭樵編寫的《通志》，分類綜述歷史源流正變。

在此之前，錢先生在北大等院校教授中國通史，在廢經的動盪年代，加上嚴竣人事關係，面對傳統歷史面臨全盤瓦解，而中國文化精神没法挺持的時代環境，治學焦點放在歷史學上，重建中國史學精神，已經不可能全面投入經學研究了。來香港後，錢先生才編纂《兩漢經學今古文平議》四篇經學論文，反省經學史的問題，而不是縱提經學義理以對治時代的下陷，或者透過經義視野審視中國文化的本質和格局。

經義和史學雖存關聯，兩者還是有别。錢先生已經全情投入以維護中國歷史的尊嚴，由於没有經學研習的底子，所以不可能同時投放精力於經學。

但必須一表的是，錢先生的論著藴含深厚的時代關懷，以及其來者的善良期盼，其高明智慧與廣闊文化視野，活生生的仁智典風範，指示學術研究必須從“大體”上用功夫，給我極重要的啓發。

我身處的時代環境，認識的人物之中，能把精力放在經學方面，的確少之又少。其中李雲光博士是現代治經的典範，在康有爲的書信文獻處理上，爲保存歷史文獻及其真貌，費了很大的功夫。嶺南經學向來被邊緣化，康、梁横空而出，面對時代，一下子産生巨大的影響，今文經學的素王説大顯。事實説明，經學的活力還是體現在如何回應時代，即所謂經世，進一步説，則是道統，是中國學術本質問題。中國學術博大精深，亦只有學無常師，廣泛學習，虚心請益，方能有得。我之所以在現代全盤西化和徹底廢經的學術境況中，重新正視中國文化自身的澎湃動能，而全力投入經學及文學的研究，是香港中文大學及新亞研究所提供了重要的啓導。

除了錢穆先生論著的啓示外，牟宗三先生和羅夢册先生的言傳身教，奠定了文化信念，開拓了學術視野。正視經學之爲學術思想的本質，是基於歷史的尊重，師承乃所以求真，博習乃所以救偏。

我治經之所以重視道統與治統之間的明顯關係，受牟宗三先生啓導至大，研治的眼光放在文化發展的整體，而不是一家一派的言論和文獻。依據經傳文本以及相關注疏文獻，運用史傳記載以考實，這種反覆精讀，即牟先生親自歷證的死工夫。

於是實事求是，正視經學生命力如何在不同的歷史境況中發揮經世保民的功能，實踐文教的化育理想，特别注意歷代帝王對經學的影響，這是"大體"的觀察，而非個别問題的考辨。

從 1980 年代開始，我專注思考經學如何與時代思潮互動，尤其隋唐時期經學與强大的佛學展開思想交鋒，注意到《五經正義》的義理活力。唐初的孔穎達是關鍵人物，他觀察並回應時代的思想交鋒，以體用觀念張開完整的經學義理世界，於文學正視詩的直諫與救世的作用，這是其經學的主調。早期經學經歷了兩個重要的開發階段，形成了兩方面特質：一方面是中國文化來源自文字系統，即祝官開發的系統；第二方面就是對外來思想的吸收與消化。這是時代學術思想的發展脈絡，必須正視經學的淑世力量，方才見其"大體"。接著還有韓愈對道統的開發。當時韓愈還没用"道統"這個詞，他只是用《大學》的觀念來建立孔子、孟子到他之間的承接關係，在這個觀念之下，中間的人物被他抹掉了，這固然讓人覺得很霸道。但藉由這個觀念，他可以抹掉和佛教有交融的一大批學者。這説明韓愈有一種很强烈的原生的統的意識。

這時我寫了一本小書《韓愈文統探微》，創發了“文統”一詞，强調道統應建立在民智開發的教化上，正視文字運用在民智開發方面的重要性，這是古文的淑世取義。

民智是文化提昇的契機。其中的關鍵點是，孔子用《詩》《書》等王官經典施行教化，而這種教化是離不開文字的。韓愈“以文明道”的實踐，包括韓愈前輩杜佑《通典》的立制，因時際會，匯歸孔子的仁愛保民精神，有通學的意義向度。錢先生戰後鍾情於鄭樵的《通志》，已經是啓端，因學界已經習慣了分科專攻，討論經學亦是如此而已。

我對於“道統”與“治統”的認識，源自牟宗三先生，而强化於羅夢册先生的《孔子未王而王論》，通匯先師的慧識，在此基礎上提出“文統”，則提煉自牟先生的“學統”觀念，目的是爲了展示經學思想之爲文化中軸。受錢穆先生、牟宗三先生、羅夢册先生的直接啓發而開出的，是我們對自身文化的關懷和長遠願景。

陳：《韓愈文統探微》是哪一年出版的？好像没有内地版。

鄧：《韓愈文統探微》一書1992年在臺北文史哲出版社出版。1991年末提交書稿時，我尚在香港浸會學院中文系任教，待到書出版時，已經轉到新開辦的澳門大學教育學院了。這部書比較重要，可惜没有在内地出版流通。

我對文統的發掘與弘揚，是在錢先生一直强調學術必須建基於時代關懷，而且必須在“大體”上下功夫。這是非常重要的學術與文化自新自强的自覺。韓愈以文明道的堅持與實踐，是典範所在。

三　澳門大學廿八載

陳：鄧老師，您 1992 年到澳門大學任助理教授，2020 年退休，教學、研究生涯主要都在澳門大學，期間還擔任過澳門大學教育學院副院長、中文學院院長。您是怎麼到澳門大學的呢？

鄧：1992 年澳門大學剛建立不久，在香港報章刊登招聘教員廣告。當時我在香港浸會學院即將約滿，打算另謀出路，所以投函申請，教育學院約見，經面試後便獲聘用。所以我對澳門大學是很感恩的，在後來澳門大學出版的《文原：中國古代文學與文論研究》一書自序中，我以報答"漂母一飯"的典故自擬當時的心境。

澳門大學前身是東亞大學，這時剛剛轉成公立大學，百廢待舉。但早在 1980 年代，饒宗頤先生主持東亞大學文史學科方面的發展，確立了基礎。饒先生聽説我到澳門大學的教育學院，非常高興。後來我邀請饒先生擔任顧問，重新建立教育學院中文教育及後來中文學院的課程。2000 年後，我便從行政崗位上退下來，專心教學，課餘時間做學術研究。教學任務非常繁重，但是意義很重大，因爲面對的是人。論文發表了，人家可以看，也可以不看，但是人對人的影響就很大。所以我跟學生相處的時間比較多，很多時候我都在大學圖書館的咖啡廳聆聽學生的心事，儘管虛耗非常多時間，但起碼有一批經過大學正式培養與受到理解的年輕人投身社會，默默耕耘，社會的生命力便能顯示了。現在 20 多年過去了，澳門社會比較安定，人心也比較調息與平和。

我很重視唐初孔穎達在《五經正義》中提出的"共治"天下的經學理想。其實共治的觀念比西方自由民主意識還要先進，這是中國原生學術早已存在的理想，後來余英時先生就從宋代發現這個共治理想，其實早在孔穎達《五經正義》裏就已經出現這個共治觀念了。錢穆先生之所以那麼重視唐代三省制度，也非常重視科舉，正是因爲這些都是由政治高層所設計，使老百姓有機會踏進政壇的重要制度，如此，政令的發布乃是出自共同商討的結果，而不是孤家寡人的意見。

科舉制度是讓普羅大眾能夠上升到統治階層的一個很重要的途徑，是實現共治的設計，但到了清末遭到了削弱。康有爲、張之洞的意見差不多，都是主張廢掉科舉。英國人攝取了科舉原則，建立了公務員考試制度，沿用至今，事務官全都出自公開而穩定的考試。中國這些年也採用公務員考試方式，其實唐宋以來我們就已經這樣做了，所以也不用一下子就否定科舉。唐宋以來的重要人物，大部分是科舉出身。要是没有科舉，單單是皇親國戚執政的話，社會不知會變成如何狀態。所以錢先生正視隋唐時代科舉的功能與三省制的意義，是深具長遠的經世識見的。經學的共治精神，正是長遠考慮集體幸福的問題。

陳：您是 2020 年從澳門大學退休的。

鄧：是的，因爲澳門公家機構規定 65 歲退休。大學方面也很禮待，頒授"榮休教授"的名銜給我，電郵通信方式也還保存在大學官方網頁，方便我繼續參與學術活動。

退休後，我計劃把我的餘生放在重新整理前賢經學與文學方面的成果，給下一代一點參考的資訊。慶幸有很多志同道合的學者，我們合力整理文獻。當然，得先透過客觀而全面的學術研究，探討文獻背後的真相以及學術價值，讓大家理解得深入一些，這樣才會珍惜和善用如此寶貴的傳世文獻。當然有機會出版的話，可以系統面世，是最理想。像唐文治先生編的《十三經讀本》，倘若能應用於經學教育，大家就可以看到唐先生用心創作的一種全新體裁的經學讀本，每一經都選用版本比較好的本子，再配以經義相關的批評内容，如此構成的讀本，專注於對經典本身的理解，而不是經學大義的個人發揮。理解經典本身的内容是基本工夫，回避不了的。

在經學被剔除出正規教育體制、師法與家法日漸式微之際，如何保存經學義理、普及經學教育，成爲民國時期經學的難題。《十三經讀本》重塑經學的基礎訓練，正是回應了當時的迫切需求，非常難得。至於能否刊印出來，尚須視乎時代的客觀條件，因爲出版開支不菲。現在是過去的學術得到正視與出版的時代，對《讀本》的重新面世抱有信心，所以没有刻意請求公家資源支持。因爲《唐文治集》的出版，已經耗掉國家很多資源，我已經十分感激。

接下來要面對的就是民國時代直至當下，一些在經學和文學方面的新觀念與成果。我一直希望在東西方學術研究、文學研究共匯的語境中，重新尋回主體氣脈，在道統與文統觀念基礎上進一步有所開發。所以必須要面對民國以來的研究，作爲根據，整理工夫與學術眼界才得深入全面。

我完全没有任何人間世富與貴的追求，一生安貧樂道。因爲經歷過時代的苦難，不想下一代再承受任何的苦難。没辦法生活，没辦法唸書，没辦法工作，没辦法建立家庭，其實這些都是很實在的生活難題。我們有責任爲下一代盡量剷平這種種的艱難與障礙，讓大家生活安定一點。生活安定下來，文明或文化才能夠發展。所以“安”非常重要，這也是經學的主要目的。我越來越理解孔子爲什麽如此重視“安”，安人心、安百姓、安天下，是作爲讀書人的重要責任。如果己不能自安，是不能夠推己及人的。

自安一定要排除種種自私，尤其是生活享受、名利方面，更要自覺克制。《禮記》談到“存天理，去人欲”，我有時候也和年輕朋友説，這是要正視的。我們生活在人欲横流的環境裏，往往不自覺環境對人性造成的破壞，有時比人吃人還要嚴重。一個很關鍵的問題是，是這個時代很强調人性惡、生即是惡。

現在講儒家的，基本都是舉荀子出來作爲殿軍。這裏不關乎時代先後，而是時代人心的反映。張揚這個性惡觀念，你心裏邊安不安呢？人性本惡，並以之證成欲望追求的合理性，造成對他人的實在傷害，這是需要反思的。面對别人的批評與惡意攻擊，我從來不辯駁，内心坦蕩。這種自安的生活態度，也不知道是不是因爲少年時代生活在自生自滅的空間，所以不存在逐利的心理種子。不過對善惡的判斷，在過去讀書過程中發酵得越來越明確。

每一次談到“存天理，去人欲”的觀念，我都用正面態度肯定，視爲中國文化的重大標志。很多人聽到後不以爲然，認爲我在開倒車。

如果我們不談禮教，不談道德，在這個社會生活，真不知會出現怎樣的問題。一個社會比較友善安定，這顯然是和學校教育潛移默化的功效有關係。只有長期的道德教育與關懷，方能産生人文學術的深層感染力和影響力。

四　經學義理與文論

陳：您的著作《經學義理》，非常鮮明地表明從傳統義理學的角度理解經學，而這一角度又與徐復觀先生的“經學思想史”提法不同，也與從文獻角度、歷史角度理解經學不同。您爲什麼提出從“經學義理”這一角度來理解經學？這一角度對深入經學本身，有何特别的優勢？

鄧：我通過經學自身的義理脈絡和觀念來闡明經學思想特質，從傳統義理學的角度解釋經學，而不是從 philosophy 層面來談義理，並非刻意或故意立異，而是出於徵實求真的學術原則。此中涉及天道與人道相輔相成，以至建立義理系統的自覺意識的過程。研究發現，天人之間的自覺，直接萌生關懷社會的自覺，從而强化承擔的意識，因爲突破自我的鎖限，而心靈步步通透，坦蕩如像天地，對待人世間的一切，自然公平無私。天人合一，是聖人的心境。通讀先秦兩漢文獻，我特別注意“聖王”觀念的普遍現象。由此也引發一個問題：在過去漫長的歷史中，中國作爲一個對天人問題有充分認識的民族，是如何面對佛教和基督教文化的强大活力，在思想交鋒中重新建立一套更龐大更具氣魄的義理標杆。建基於經學的思想體系，從“理”或“聖”出發的一套涵攝天人的倫理觀念，我稱之“經學義理”，它是在不斷發展和演變的。

1970年代末在李雲光博士與蘇文擢教授門下學習，深刻感受到儒者治經所藴含的真摯時代關懷，匡扶時代的熱誠，是由衷而出的。中大中文系一年級在蘇教授門下，拜讀師尊文集，其中述及對董仲舒、鄭玄的頌詞，頌揚兩人的立身與經學，讀後感慨尤深。這時蘇教授命重新謄正其《經詁拾存》文稿，並在圖書館參考歷來文獻稍補添校證，這是我認識經學訓故的學術起點。

蘇教授經常提起徐復觀先生，讚美徐先生重視人心的識見卓越，是處理經籍訓故的思考原則，雖然閱讀的是古代文字記録，但真正面對的是人心。徐先生與蘇教授是摯友，蘇教授的文集都是徐先生作序。他們“一與斯民同其呼吸”，志同道合，突出關懷時代的共同願景。

在70年代末，徐先生發表了《周官成立時代及其思想性格》，我恭讀後非常感動，想不到徐先生的學術情懷如此仁厚，觸角如此敏鋭。由此，我對兩漢經學的焦點有了較爲明確的認識，亦開始超越所謂今文與古文的門户觀念。徐先生的觀點在當時並非廣爲接受，而是引起疑問與討論的。當時學術注意力在新出土材料，而大不理解出身苦難時代的儒者的匡世情懷，亦即我們所説的經世的態度。

這是經學缺席的學制下的“意識代溝”，是一個時代問題，非關個人。要做到孟子所説的“知人論世”，並非易事。

徐復觀先生曾爲國家存亡出生入死，後流居臺灣和香港從事教學與論政，在人世最後數年深受疾病折磨，這時候才放下一切，全力治經，爲此擬先寫出一部客觀可信的“經學史”以全面反省經學及中國文化，然後向時代張開“經學的精神”。

徐先生攻破歷來將經學歸因於周公或孔子個人開發的原教旨式解讀和演繹，花了近兩年時間抉發東周諸子與兩漢學者對經學的彰顯與發揚，表明經學具備時代性，是歷朝儒者共同維持與發揚的，身在當下，我們也應繼承重建與發展經學的責任，不是流於空談而已。其實徐先生的理念是道統的自覺承擔，只是尚未自我表出道統一詞而已，這是徐先生親歷過時代巨大傷痛之後的體悟。

道統的重建，將會爲經學及中國文化的思考帶來非凡的氣象。要知道徐先生所處，正是顧頡剛先生全面破壞道統的時代，這可不是學堂小兒任意隨便的叫囂。

但時不我與，在 1982 年春徐先生不幸齎志而歿，無法如願了。當時我在中大中文系本科修讀蘇教授開設的《文心雕龍》課，課室裏，蘇教授神情非常悲哀，一揭《知音》篇，立即流淚不能自已，低聲説“有道之士走了”。這種同道的深摯感情，是由衷而出的，這是儒者的典範，徐先生説蘇教授深具“儒者氣象”，真的是知音。

徐先生、蘇教授是以儒者的學術責任感反省經學的本質。徐先生的《兩漢經學史》未受時代流行的夷經爲史的意識的影響，貞定經學爲中國思想核心，晚年的“經學史”研究，是爲了重建經學的基礎作準備而已。

必須强調的是，徐先生撰寫經學史之目的，在於思想的開發，試圖透過經學的覺醒，以重建道統，而不是作史學研究，這是與錢穆先生的基本分别。但相輔相成，并非對立。

大學時代，我通讀牟先生、徐先生的著作，又透過蘇教授的學脈牽起的機緣，而獲得較深入瞭解徐先生經學的機會，因此我標明經學義理，進一步突顯道統和治統之間强大的張力。研究的向度，延續經學的淑世精神。標明經學義理，既不離歷史考證、文本訓故、文辭表達，亦即清人義理、考據、辭章三分的互峙，而統歸經義學研究，更通向重樹學理主軸。

這一學術覺醒，是透過歷史語境中考察，説明經學如何維持思想的主導地位，正視歷史事實，並非先入爲主的觀念延申。這一方度，融會錢先生、牟先生、徐先生、羅夢冊先生、蘇文擢先生，而一脈相承的。

陳：在文學理論上，您先後出版過《韓愈文統探微》《文原：中國古代文學與文論研究》《〈文心雕龍〉文理研究：以孔子、屈原爲樞紐軸心的要義》《文章體統：中國文體學的正變與流別》等大著。您是如何理解"文學"的？您的文學理論著作與經學研究的關係如何？

鄧：經學與文學的關係，其實是中國傳統學術的關鍵問題。前述"文章"的意識，是經學非常關鍵的核心意識。我對"文學"觀念的理解，根本於《論語》，其中提到的"文""文章""文學"等觀念，一以貫之，置"文""文章""文學"於文化、文明的視野範圍，以"文之以禮樂"的人道制度開發爲核心基礎，是很開明的教化境界。因爲是爲了人類整體幸福，所以稱爲"人文"。

人文化成的境界，是文學的終極理想。在儒家經籍上，這觀念非常明確，我向來從不猶疑。

百年前以"文學"一詞翻譯西方"literature"，竟然喧賓奪主，外來翻譯詞的含義成爲通用尺度，反映於海内外大學的中國文學系偏向於抒情性文體的課程設計，橫的移植，已經成勢。

這原來是經典文本的詞彙，其實應該活化，而不必刻意擯棄，否則中國文學之在四部的集部，其集大成的精神高度，因外來觀念覆蓋下受到嚴重的歪曲與遮蔽，像動輒批評中國没有史詩、歌劇之類，從而奚落貶抑，從而標簽落後，這與史學上移植人類學巫術觀念演繹上古文明史一樣，都是中國文化主體意識淪喪的集體體現，行而不覺，習非成是。

本科二年級時，我旁聽英文系葉維廉教授的西方文論課，所以稍知東西方各自的生發因緣，觀念各有側重，未可一概以西方觀念爲基本尺度。西方文論亦攝納在我的研究範圍内，注意中西兩者向度的差别，而不刻意排拒，更不强别高下，全面理解是一種徵實的態度。

這種溝通中西的文學觀，可以稱爲“人文學”，但在傳統文學與文論研究，更醒覺到在道統意識的前提下，歸向“文質彬彬”的“文統”的氣脈，所以拙著遣用“文章體統”一詞，是從儒家定調的文章觀念出發的。

大學本科時代，我已經注意到經學與文論的内在關係，特别是文論建構生發於經學大盛之後。所謂建構，是指文學思想與體現方式的層遞演變。於時修讀鍾嶸《詩品》課時，發現其中深存儒家意識，曾撰寫《詩品》引用《論語》初步探索，申説中國傳統的詩歌批評，並非刻意與儒家學説對立而生，而是相輔相成。這並非出於一己偏好的玩意，面對當時一面倒以西方文學理論和批評覆蓋一切，即使解讀南朝時代的《詩品》，也移植“《詩品》幾何學”爲解釋，以西方學者論著爲主導，推而廣之，亦以零碎的負面印象解讀整過傳統文論，而單單注目於詩話、詞話之類著作以自證。

然而，一旦面對思想系統完整而文理周密的《文心雕龍》，則種種刻意推崇西方文論觀念清晰與理論周密的長處，便遭受刻意回避或挑剔。因此，出於學術求真的自覺，我並没有走上唯西方文論爲上的時尚。

我因此非常重視與經學關係十分密切的《文心雕龍》，其崇高的文學理想與精緻而系統的論述體系，深刻體現學人的淑世關懷，而開拓五經自身嚴密的義理系統。

在校時修讀蘇文擢教授所授的《文心雕龍》。蘇先生通説文本内容與所涉人物、作品，每能溝通經義，並徵述徐復觀先生的心得相輔證，以整體意義爲歸，注意到劉勰的時代關懷與其立論的内在關係。所謂知人論世，理解這本著作，不是點染有限的西方文論觀念所能了事。

既然其書已經明標"文心"，從立文用心的角度切入而彰顯文學的精神，清代桐城文論有類於此，所以蘇先生很重視歷來文章精神的貫通，説明文學生生不息的真精神，而非貌襲神離，這深刻影響了我日後文學研究的方向。

如果説當時香港學界所保存的文論傳統能夠傳而未墜，就是以曾克耑先生及蘇文擢教授爲緒脈。桐城辭章之學，本來就是與經學關係非常密切，"文以明道"，屬於文統的繼承與發揚。以縱貫學術思路處理《文心雕龍》的學理，已具集大成的意識了。所以，我對從文學以本質性考察，以經義爲起點，是一種"因文見道"的學理溯源。

大學時研讀《詩經》《禮記》《楚辭》《史記》《昭明文選》，以及先秦兩漢諸子書、韓柳文，已經深感文體形態的規模異常豐富、發達，而且貫通與互涵，顯示文章獨具的强大表情述意的力量，不約而同地走向優雅，充分體現言文而行遠的事實。表達優雅的文辭，統稱"文言"，而其義歸"文德"。經籍豐富的表達體式，已經樹立了典範，

1997年我在澳門出版《文原：中國古代文學與文論研究》，便是於經學推原文論建構的研究論文集，發掘中國特有的"文學總集"這一載體中的文體學建構論述。這些總集的論述非常有系統，且具有嚴格的分類意識。實事求是，仔細分析，發現其中與五經學理互相呼應，是深具生命力的學術建構。現當代以詩話、詞話的零碎主觀批評爲中國古代文論主調，此書呈現了受其遮蔽的重要一面。

《文原》所收録的都是這方面的原創研究，精神與《中國文

化原點新探》《摯虞研究》《韓愈文統探微》一脈相承，在經學前提下，顯照文學本質與歷代生生不息的觀念開拓活力，因文見道，我稱之爲“文統”。

彰顯從經學開發的文論，劉勰的《文心雕龍》是典範，這是我研究經學而同時從事《文心雕龍》研究的基本動力。文學離不開人心，此心是生生的大原，人文由是開化。劉勰以孔子與屈原爲核心，作爲人文典範，正視精神上的通感與開拓，標志“文以明道”，以文統彰顯道統，人文方能與天地並美。我把歷年研究《文心雕龍》相關問題的研究結果，在 2010 年結集成《〈文心雕龍〉文理研究：以孔子、屈原爲樞紐軸心的要義》一書。

根據文本義脈，以“文理”一詞表出劉勰運用經義抉示心識之自覺，運用北辰樞紐觀念展示從孔子、屈原一脈開出的文論，目的在説明其接通《尚書》“道心”義理，在此之上開拓“神理”的觀念，從而表出“天地之心”的宏偉願力的生成過程，這是寫作動源的文心，而表明聖人文辭的原動力，透過雅麗的表達，所以成就人文化成的願景。

本天地之心立文，忠誠至正，自然不會墮入真宰弗存的虛假造作；文以明道的主張，爲實現聖賢淑世的高尚情懷。當時我以“本經制式”和“假緯立義”兩大向度，即經學與緯學統攝文理的提煉，説明明確的經義開拓，意義遠過當今文學批評的觀念。

劉勰正視五經義理，從聖賢立言的精神，建立整套系統井然的文論體系，是非常值得正視的學理開拓。接下來歐陽艷華博士的《徵聖立言：〈文心雕龍〉體道思想研究》，正是開拓這一學術向度與空間，説明魏晉南北朝文以明道的自覺實踐，對於文學思想本質的理解，更爲深入和通透。學術的確須一代又一代奮鬥與努力。

從摯虞到劉勰，在文章學來説，是“本經制式”的典範開展。在玄學、佛學、道教同時蓬勃期間，全因儒家重文，儒家經義之學發揮了作用，體現於文心的認識與文體的開拓，造就了中國古代文論的黄金時期。

唐初孔穎達主持《五經正義》的編纂，轉化《周易》體用觀念，以抗衡佛教所帶來的巨大思想衝擊，彰顯經學對治時代問題的思想活力。儒家的思想活躍程度，一直未曾稍息。

中唐韓愈文以明道，終始堅持不懈，直接展示經義所張開的文論思想活力，成爲儒家道統仁愛信念的支撑力量。用"文統"一詞，正是從儒家文以明道的角度起義的。

因爲文統一直存活在歷史中，生生不息，一直發展，所以史部文獻是必須正視的重要文學研究資源，這與經學研究之必須正視史傳載述同理。因此我非常重視官修正史以及私修國史中的文學思想，其中正面顯示治統與文統之間的張力，這一直是學界未及注意的問題。基於現實關懷的學術觀念輻輳，由此有系統地完成了《唐史論唐文》《宋史論宋文》《明史論明文》等研究論文，避免先入爲主的成見鎖困，從而更透徹理解中國文學的發展。

結合前述有關文體的演變與歷代重要總集的探索，於 2012 年結集爲《文章體統：中國文體學的正變與流别》一書，以見中國文學觀念系統性建構活力之充沛，與經學不斷發展的生命力是息息相關的。

陳：在現代學術史上，唐文治先生也極爲重視"文"，您的"文"的研究，與唐先生有什麽關係嗎？

鄧：唐先生非常重視和實踐"文以明道"的學術自覺，這是在研究經學與文學的過程中，透過親歷時代苦難與見證世界發展的體會，從而透過此自覺解決問題的本質，於是堅持國文教育以推行經教，收拾社會亂局，秉持中國文化的尊嚴，消化西方文化的優長，重建民族的自强信念，在世界上重新發揮正面的建設力量。唐先生的文化抱負與世界眼光，從人心出發，關懷時代整體的發展與幸福，是儒者修、齊、治、平的現實典範。

因此，拙著《經學義理》《文章體統》都是以唐先生經學與文章學壓陣，表明當下學術研究上繼往開來的重要繼承與取鑒。

綜觀學術流變史，從劉勰到韓愈，是文以明道開拓的縱的歷程，道統與文統因而充分張開活力，致力追求從人到文，整體地實現文質彬彬，邁向“人文化成”的理想。面對現實的種種困難與問題，體現了迎難而上的文化毅力，這是通觀學術思想的整全發展而得的體會，由此而産生推尊唐先生教化精神的基本條件。

大學本科時代蘇文擢教授的點撥，因爲生活經驗和學術研究的因緣，漸漸能夠體會與關注他提及的無錫國專和校長唐文治先生。加上閲讀錢穆先生的回憶録，其中記載錢先生多次拜訪唐先生和對唐先生的高度讚揚。這是我 1970 年代末對唐先生感性認識的開始。

80 年代初，因研習古文和古代文論的關係，接觸到臺灣影印的唐先生著作，如《國文經緯貫通大義》《茹經堂文集》《十三經讀本》《尚書大義》。尤其是《國文經緯貫通大義》一書，是因文明道的施教實踐，體現出身處苦難時代而全力彰顯救心救國的文學願景。在“國文學”的領域得到這切實的理解，成爲我日後全力整理唐先生遺著的起點。

千禧年後，幸得時代的安定，開始整理唐先生遺著，《國文經緯貫通大義》便是第一步。當時幸得歐陽艷華博士協助，方能順利完成。接著是《茹經堂文集》，前後共六編，在陳國明博士協助下取得完整文本。長路漫漫，經過十多年的努力，系統整理唐先生的遺著，終於在出版社及衆多學界朋友支持下，完成初步心願，《唐文治集》（包括《唐文治文集》《唐文治經學論著集》《唐文治性理學論著集》《唐文治文章學論著集》四種）出版，於是可以全面理解唐先生一生的文章和思想。從文道問題的感性認知開始，至此已經四十多年了。

傳統文學的精神在唐先生的文章中充分體現，這是百年來處在西方抒情爲主調的文學浪潮中，重新認識儒家人文精神所必須正視的。

五　從南菁學人到《唐文治集》的整理

陳：您對南菁學人有很深的感情，請問您是怎樣了解南菁，走進南菁學人的經學世界中的？

鄧：我是很晚才發現南菁書院的重要性。在 1990 年代之前，知之甚少，一鱗半爪，直到研究唐文治先生的學術背景時，才開始注意南菁書院及相關人物。比較直接的途徑，是建基於 80 年代出版的曹元弼先生門人王欣夫先生的《文獻學講義》，因此書才留意到晚清以來南菁書院這一重要學術群體及學統，但都範限於很小的圈子。因爲康、梁一系光芒太大，南菁及其他同時代深具學術影響力的學群都給遮蔽了。到 2002 年，王欣夫先生的《蛾術軒篋存善本書録》出版。當時閱讀過程中發現，其中對經學的論述深度以及對曹元弼先生經學的高度推崇，深感驚訝。由是感慨王欣夫當年所教授的倘若是經學或者經學史，影響所及，可以想象中國當代經學又存另一種氣象。

1992 年我到澳門工作後，走訪何東爵士圖書館，發現了劉承幹留下來的翁方綱所撰《四庫提要》手稿，經過兩年的閱讀，寫了一篇初步研究，1994 年發表在《澳門研究》中。原本計劃整理點校。而王先生《書録》明確交代，在 30 年代已經把這個手稿抄録下來，於是放棄了點校打算。從 1980 至 2000 年代 20 年間，我對王先生這一脈學人的同情不斷加深，在學術研究中更能珍惜與理解這批學人遺留下來的心血點滴，學術視野方才稍得拓展。現在較爲全面地研究和處理南菁學人唐文治與曹元弼先生的遺著，整理出《唐文治集》等，都是經過很長時間的纍積，一步步去理解，而不是刻意立異。當前學界對待 20

世紀前期人物，要非“進步”，若傳述傳統學術的人物，大都類歸“守舊”或者“保守”，南菁學人都在張揚“進步”的時代輿情中歸邊了。但我們生活的時代，也没有什麼先進和保守可供你選擇，南菁學人也是如此。所以我重視的是經學與時代關懷的密切關係，自然注意到南菁學人論著中所體現的人道情懷，以及超越時代輿情的毅力與精神。

這種情懷，不但涉及民生，而且是老百姓安身立命的長遠問題，關乎教化與禮制。

從所處的歷史處境切入，這體會更爲深刻。經學面對的是時代，縱觀歷史，曾面對佛教、基督教這些外來文明的衝擊，經歷一次又一次的思想較量，從而展示學術上的生命力。先是魏晉南北朝儒家經學和佛教交鋒，由消化至開拓而提升，劉勰《文心雕龍》文論，至孔穎達《五經正義》經義，及至杜佑《通典》立制，和韓愈明確文以明道的實踐，已經確立儒家經義的思想主導意義，宋儒朱熹進一步吸納、開拓而自成完整的心性義理體系。元代，基督教傳入。至明代，地方上已有基督教教義的影響。萬曆之後，杭州、北京、南京、成都是最明顯的。雖然如此，當時基督教並未嘗對中國進行文化吞噬，反之，對中國的禮儀教化深爲欣賞和佩服。根據傳教士利瑪竇的記録，他表現出對中國文化的尊重態度與傾慕情懷。明代這段時間的經學，其實是非常强大的。可以説，從元代開始，已經踏入强化經學義理的全新時代。除了建立家禮外，對《周禮》的重新整理，以及其與《儀禮》之間的互相配合，這種禮學文本的重新整理工夫，朝向大規模的經世禮學的教化向度推展。

朱熹之後，對《周禮》和《儀禮》之間存在一個重新的選擇。孔穎達是以《周禮》爲主，而朱子是把《儀禮》放在最重要的地位。這個改變不僅是個人的觀念改變。因爲朱子之前，宋人已經很嚴肅的處理《周禮》，批評鄭玄注的問題。宋人和朱子重新定義“禮經”，重整《周禮》，其實是對鄭玄注及其經義系統的全面反省。從《周禮》調整出“冬官”，認爲冬官不亡，已是反省鄭玄經義的一端。明儒繼承宋儒的氣魄與思路，對《周禮》全面反省，這方面的專書非常多。而嶺南因爲重視家庭教育，推拓朱子經學，由此推崇宗族禮儀，即所謂家禮。從明代中葉開啓，廣東、福建、浙江等沿海地區，地方推動的禮教收效顯著，由是受到傳教士的擊節贊賞。我所處的時代環境一面倒嘲笑禮教，之所以注意到禮教的正面意義與事實，全因讀唐先生與曹先生等南菁學人的論著啓發的。從時代的偏見中清醒過來，著實非常不易。

陳：家禮，根本還是在《儀禮》嘛。

鄧：是的，是《儀禮》和《禮記》配合，不是和《周禮》配合。

陳：您説《周禮》在明代受到重視，是指哪個意義上？

鄧：那指在統治的層面去重新調整三禮。統治階層爲了穩定權力架構，需要考慮權力的分配和互相制衡，這是國家機器得以確立的關鍵問題。《周官》井井有條的設計，是一個關鍵的立制標準。入關之後的滿洲，亦必然正視《周禮》。直至清末，康有爲初期也是從《周禮》入手，希望可以參與朝政改革。身處其時的曹元弼先生，最終的希望就是完成《周禮學》，但是做不成。曹先生的同輩也都做很多《周禮》方面的工作，像張錫恭先生提出改善官僚系統的建議，曹先生早在編寫《經學文鈔》的時候就有這個想法，儘管最後孫詒讓完成了《周禮正義》。張之洞非常推崇孫詒讓，在《書目答問》裏要求學子必讀，但當時尚未出版，學堂生徒哪有可能接觸到這本書。這部書篇幅巨大，現在也難以仔細閲讀。但是只要一翻，就會發現批評近代學術是重要一環。孫詒讓認爲西方學術觀念，中國過去已經有了，稱爲“西學中原論”。其實曹元弼先生是有點意見的。所以曹先生希望編成《周禮學》，但未能如意，最後把這個使命交托給門人王欣夫先生。在四五十年代，王先生要整理張錫恭先生和其他同門的論著，尤其四庫學方面的著作，大半生都耗費在文獻整理上，不能夠完成曹先生遺願。在王先生《蛾術軒篋存善本書録》中就有談及這有心無力的遺憾。《周禮》之受正視，是儒家實踐經世思想的一端，由此透露明清經學的淑世本質。

陳：您花了那麼長時間整理唐文治的全集，是出於什麼考慮呢？爲什麼會選擇唐文治？

鄧：大學畢業後，一直關注"民族大義"的問題。因爲當時香港正值移民潮，很多家庭移民海外，下一代又回到香港，在當時形成一股潮流。在海外成長的下一代，回香港並非出於民族感情，對此我有强烈的反思，自然想到如何從教育上提振中國人的民族精神。這時因緣際會，接觸到唐文治先生的著作，給了我很大的啓發。仔細翻看唐先生的《十三經讀本》，裏面提出那麼多高明的心得，而材料又非常珍貴，竟然未受關注。後得讀《茹經堂文集》，很多文章很出色，見解非常高明，當時感嘆爲一代文宗，卻爲時代所隱埋不彰，深爲可惜。所以在 90 年代開始，便下了一番功夫去了解。到了 2000 年的時候，"中研院"文哲所啓動了一項民國經學的長期研究計劃，有幸獲邀請參與，提交了兩篇關於唐文治經學研究的論文。一篇是關於唐先生的研究背景，另一篇是對唐先生經學的一個全面考察，這是有關唐先生研究的開端。此後進一步從學術研究及文獻收集兩方面入手，透過學術研究具體考察心得，進一步把握蒐集得來的文獻的意義與價值，然後歸類處理。經過十多年專題研究與文獻收集的累積之後，在學術上確定其重要價值，才有信心整理出版。

然而這部書能夠真正成功出版，還需要一個難得的時代機緣。就是千禧年之後，内地已經正視傳統學術，當時出版社的朋友看到我的論文，主動聯繫，商討出版事宜。我也把先前整理好了的唐先生的文獻，交給出版社參考，然後再定奪。經過反覆磋商，最後確定《唐文治集》以分類的方式陸續出版。這是考慮到全書部頭太大，一般讀者不易掌握，因此按照文集、經學、性理學、文章學四大類目，依次推出，是比較適宜的處理。這個考慮其實也是受到錢穆先生經歷的啓發。錢先生回憶録提到曾經拜訪唐先生，當時唐先生送給他一套剛印好的書，部頭很大，當下没有時間閲讀，便打包匆匆帶走。此後他再也没有提到這套書，相信是由於篇幅太大，無從入手。我估計這部大書是《十三經讀本》。如果今天的讀者也因爲篇幅的緣故而畏難止步，未免可惜。因此，在千禧年啓動文獻蒐集整理之時，我和學術團隊，就是好幾個年輕學者如歐陽艷華博士、何潔瑩博士、陳國明博士等，不惜投入大量時間和精力，務求將文獻進行精校和分類，務求以精良可靠的原則承傳先賢作品。現在《十三經讀本》也整理好了，等待出版的機會。

陳：您覺得唐文治先生的《十三經讀本》和曹元弼先生的《經學文鈔》，對經學研究來説，主要有什麽意義？

鄧：兩部都是經學的重要入門。曹先生《經學文鈔》是在當時學堂教育的一個重要成果，是屬於體制内的"經義學總集"，是理解清代經學義理的通衢。唐先生有鑒於民初學制廢經，提倡"讀經救國"，於是在私立無錫國專編《十三經讀本》連同"評點劄記"，精選歷來優秀而簡要的經本及注釋，以備新時代學子理解經典與關鍵注釋。這没有當道的支持，而是出於重建文化自信與自尊的學術道義，在體制外重建經學基礎的讀本。兩者組成了讀經的基礎，是接通傳統血脈或道統的重要途徑。

當代學人對傳統的演繹，自有其高明之處，但在學制廢經的時代，先入爲主的撥開經學，則中國文化的種種論説難免成爲無根之談。就經驗所及，昔日碩士時代，修讀牟先生的課程，强調從明末跨到近代，從王陽明到戴震，好像中間那麽多人物都不值一提。這是一種思路，並不代表整體的真實。因爲很多明清學人辛勤治學，在混亂的時代把生命投入道統重建，堅持傳道、授業、解惑的精神，但因爲時代輿情而埋没或歸邊。過度標榜，從學術徵實的角度言，是值得商榷的。

在新亞研究所的時候，我們很尊重牟先生的風骨。當時我遵循李雲光博士的禮學研究思路，依據三禮的禮制記載，説明由中國文字的運用傳統來開出文化自覺，即由文字去探索人道思想的本源，這是撥開時代偏見以重現中國文化自身發展的特徵，及其所開出的普遍性高度，這是在牟先生學術精神感召下的學術開拓。

開拓這文化原點的普遍性人道意義，不是從"形而上"這種翻譯觀念來硬套的。即如《周易》的"形而上者謂之道，形而下者謂之器"，這個道器問題不是唯心唯物的分野而斷爲兩極。根據原文文理，是説在同一種内容下，或者説在天道之下，如何掌握形和用的問題。所謂"形而下"的"形"，是體形的形。"形而下謂之器"是指道極大的用，有極大的器，才可以有大用。一個是形，一個是用，是道之形與道之用。但大家以"形而上"翻譯界説 metaphysics 的觀念，並據此演繹出一套解釋傳統的方便法門，作爲思想主軸的經學本意完全失落在演繹過程中，便徹底浮游無根了。

羅夢册先生是我在新亞研究所很尊重的學者，也是充分表現出學術的風骨。羅先生在河南大學法律系畢業，在英國取得法學學位，30 年代委任爲英國皇家學院院士。那時他的思想已非常開明，也没有動輒借用翻譯詞而久假不歸。他親身領受過西方文科的洗禮，但没有照搬一面倒的新觀念，很重視從《尚書》《周禮》的記載中闡發文化發展的進路，極度重視中國思想中的道義自覺的普遍適用意義，這是一種實事求是的客觀態度。70 年代撰寫《孔子未王而王論》，商略美國學者列凡森的意見，强調漢代以來治統刻意"以師範聖"，其實是刻意範限孔子爲"教師"的地位而已，如此不能高於治統之上，這是非常重要的學術洞見。羅先生察覺到漢代以來儒者的應對方法，就是强調和建立"素王"意識，以透過《春秋公羊傳》的義理，豎立孔子爲萬世不朽素王，以此重新維護孔子的崇高地位，并且一直是中國思想强大的暗流，儒學的强度正在於此。羅先生正視傳統學術，從經學思想上看到這一關鍵，而非借用當時流行的西方學術觀念演繹。

李雲光先生、牟宗三先生、羅夢册先生，都是我親炙的深具學術風骨的典型。如牟先生强調的道、學、政三統的觀念，不必都範限在一定的角度。他們各自精彩，反映博大精深的學術傳統，亦非單一角度所能通解。身處廢經的時代，要從傳統經學建立道統的基礎，面對時代，以道術彰顯保民精神，是如此艱難和寂寞。精神上的感動力，一旦接觸到南菁學人如唐文治先生與曹元弼先生，自然深感同情，對於《經學文鈔》與《十三經讀本》，亦自然異常珍惜，正是錢穆先生所提醒的對中國文化起碼的同情與理解的切身體會的結果。

在經學中重覓面向時代的學術生命力，唐文治先生是典範。他的經學體現强烈的經世情懷，透過《洪範》反思時代問題，正視近代政黨政治的黨見偏向，以爲反不如隋唐開啓的科舉制度所顯示的開放性與包容性，爲此很珍惜過去的科舉制度，對康梁維新、張之洞執政到民國時代廢除科舉的做法甚有意見。唐先生在民國之後的 1917 年完成《洪範大義》，其實目的在於批評當時中國的黨見。那時候不同黨派形同水火，各執己見，造成社會嚴重不安。他批評政黨政治透過報章鼓動政見，制造輿論，帶動風向，鼓動老百姓黨同伐異，造成不同意見人物及他們很多的成果成就被抹煞。他的經學主要是指導我們進一步面向時代，同時反省時代共同的深刻問題，重樹民族文化的風骨，這是極爲寬廣而深厚的學術情懷。我可惜的是曹先生的《經學文鈔》、唐先生的《十三經讀本》，都是面對時患而爲文化建設辛勤編撰的作品，都無可避免地在輿情洶湧的環境下消失於學術視野。現在唐、曹二先生這些經教論著得到正視，反映時代民族文化的正向發展。經學教育亦即經教，是《經學文鈔》和《十三經讀本》的基本向度。

陳：那從這個角度出發，您覺得唐文治、曹元弼、張錫恭這些南菁學人，對我們今天、對以後經學發展的意義到底是什麼？

鄧：張之洞入京後置禮學館，張錫恭先生被召入，他當時寫了很多回護禮教的文章，後來都收録在《經學文鈔》裏。張之洞最後幾年，朝廷裏面有很厲害的對立者，用"法治"觀念瓦解張氏標榜的"禮教"。張百熙是當時主張法治的領袖，引進日本的法律體系，其背後是歐陸法系，以此批評張之洞推行的禮教。現在都很强調法治，其實法律只是條文，左右不到人心。人心的由衷表現，也不是法律可以培養出來的。所以教化，或者説禮教，事實是不能夠廢掉的。法律和教化之間的關係，孟子已經説得很清楚了："徒善不足以爲政，徒法不能以自行。"自律道德，或自發的道德行爲，屬於德性的培養，都是從教化開啓的。由於强烈的派性對峙，張之洞建立的兩湖書院到後來的存古學堂，還有後來的禮學館，這些保存經教的機構，不僅僅在辛亥革命之後，其實清亡前已經萎縮與廢棄了。

民國建立後，輿論一面倒强烈批評禮教，經學的實踐意義被根本抹掉，其實這是晚清埋下的種子，晚清已經出現强烈地批評禮教的聲音。自然在這背景下，南菁學人禮教方面的成就也全都被掩蓋了。

南菁的學人如張錫恭先生、唐文治先生、曹元弼先生，面對時代巨變，依然護持禮教，不遺餘力。張錫恭先生是最長的，他没能考上功名，無法一展長才，辛亥之後回家鄉繼續研治禮經以明志，風骨清俊，然漸漸隱埋於歷史中，慶幸同門唐、曹二先生的學術群體的支持，重要的著述尚得流傳下來。唐文治先生在上海擔任校長，雖有一定影響力，但不屬於當時主流，依然堅持國文教育，以維繫人心於不墜。曹元弼先生在蘇州生活，門下還有研治經籍的出色學子。他們都抱持着守先後待的精神，堅持經學鑽研與教學，維持禮教。這種摒卻功利，不計較個人得失，義無反顧的學術風骨，是至誠道義感的表現，正是研治經學的必要條件。

還要指出的是唐文治先生簽名要求宣統退位，同情革命黨，乃是基於民族大義與國家前途，而不是看風使舵。唐先生其實頗能理解革命黨中的一些士人，因爲失意於科場，對科舉乃至經學産生怨恨，進而敵視統治階層。當然，這種怨恨和敵視是受了個人的得失心和功利心所牽動的。在當時科舉制下，士人都渴望考取功名，失意於科場，便可能潦倒終身，生活的迫切和淒涼，是我們想像不到的，所以不能動輒譏諷。

唐先生很幸運，考取了功名，曾擔任清朝外務及商部大員，對外交以及世界局勢比較明瞭。但他之所以護持經學，並非出於得失心和功利心，乃是懷抱着自强淑世的精神，轉而從事文教事業，一意從國文教育提升國民的心理質素與學術能力，一方面能夠應對與消化西方文化，另方面能夠自强更新，屹立於天地間，所以並没有一味擁護清室統治，而敢於支持推翻帝制，支持成立共和政體。

甲午戰爭後，首先上書朝廷論時政的，不是康有爲、梁啓超，而是唐文治先生，但是歷史把這一筆抹掉，都説康梁公車上書。對於日俄爭奪東三省權益問題，首先提出意見的也是唐先生。還有，清末推行地方自治，江蘇的自治主席就是唐先生，他和革命派人物秋瑾的親屬是好朋友。當時的文明書局，就是革命派的一個陣地，唐先生在上海工業專門學校所出版的國文教材，都是上海文明書局出版的。

陳：他當時還是同情革命黨的。

鄧：對，他同情革命黨。因爲他曾經面對過 1900 年的庚子事變，見證過時局的艱難。民國後，唐先生支持五族共和，重視三民主義，邀請孫中山先生到他主持的上海工業專門學校演講。民國新政府公開徵求國歌，唐先生還投稿了，原稿還保存在西安交通大學。他和新政府意見不同的地方，就是在"廢孔""廢經"的問題上。當時新任教育總長的蔡元培先生，和他是同年進士，本已相識。蔡先生 1907 年去德國留學，1911 年回國，12 年就任教育總長，便對教育制度大改革，用學校制度來取代張之洞時代的學堂制度。學校、學堂，從英文翻譯來説其實都是一樣的，只是中文名詞不同，是代表一種權力標誌而已。唐先生這段時間則棄官從教，1907 年出任郵傳部上海高等實業學堂(上海工業專門學校)監督一職。他在主持工業技術學術期間，非常積極引進西方科技教育，亦主持過輪船學堂，但同時積極建設國文教育，期盼透過國文教育端正人心。民國後，他更加重視讀經，這關乎禮教，背後牽涉禮法之爭的問題，但關鍵是護持中國文化尊嚴的信念。

民國初年，整個學校體系裏湧起嚴重的反禮教運動，魯迅的小説是那個時代的明顯象徵。唐先生注意到"心術"的問題，提出革命不如革心。反禮教運動表面很强調婦女的地位。其實在這個運動之前，唐先生有很多文章表達對婦女的支持，江蘇的地方女校也早已建立。禮教是非常重視男女之間的平等互待關係，守禮本來就藴涵對性别的尊重。民國以來人物，動不動廢妻另娶，動不動就以貞節牌坊來攻擊禮教。有時候很難過。我生活在黄色汎濫的時代，六七十年代的香港社會，表面好像很自由，對女性是最無禮無義的，出現大量單親家庭或孤兒。根源在於對人倫的極度破壞。

現在談到禮教，動輒以假道學作爲批評標簽。例如拿曹元弼先生做文章，説他 80 多歲還娶老婆。其實曹元弼先生 70 歲之前都是妹妹照顧，妹妹過身後，家人就主張娶妻來照顧。我們也會面對老年人的照顧問題，當然現在可以聘外傭來照顧，但在當時，亦在情理之中。

陳：這件事還上了《蘇州日報》。

鄧：是的。不單《蘇州日報》，歐陽艷華博士在處理《經學文鈔》時翻檢過，同時香港的《工商日報》也有報導。很多人以此取笑，以爲如此便可以徹底無視曹元弼先生那麽重大的經學貢獻。

清末以來，經由日本輸入種種體制上的借用，是中西文化一個巨大的交鋒。在借來文化的大場景下，曹元弼先生、張錫恭先生等的學問，都給邊緣化甚至抹掉。重建經學、重樹禮教，困難重重，但起碼豎立了典範，爲今後文化建設提供重要參證，這是張、唐、曹等南菁學人對我們今後經學發展的正面意義。

六　經學研究的絶與存

陳：回顧一百多年來現代教育中的經學研究，令人感慨萬分。您從李雲光先生學習經學，李雲光先生的老師高明先生是章黄學派的傳人。

鄧：高明先生是黄侃先生的學生。當時臺灣的電視臺拍紀録片，高明先生也强調自己是章黄學派一系。這是在精神氣脈上説的，在治學途徑上，其實章太炎先生、黄侃先生和高明先生這各自精彩，同時顯示現代經學的活力。

章太炎先生在民國的時候已經很有影響力了，在政治方面有其他人得不到的尊崇，現在大家重新發掘他在經學方面的貢獻，重新拿他的國學講義來面向後人。其實他得意的時候，經學不見得受重視，晚年專注於《尚書》，是與 20 年代疑古派刻意瓦解道統密切相關的，但未能成爲經學一脈。

黄侃先生 50 歲就過世了。50 歲是學術研究的黄金時間，當時日本學者推崇黄侃先生。黄先生風骨高俊，其精神高度，在其詩文中顯示出來。重新點正十三經文本，是一種返本的治學姿態，反省時代、文化關懷而生的學風，是甚值得尊重的。在《文心雕龍》研究史上，黄先生自有開創性的地位。

但並非説民國時代正視《文心雕龍》是從他發煌。學界都認爲他在北大首先開設《文心雕龍》這門課，但翻查記録，北大最早講《文心雕龍》的，是陳漢章先生。陳漢章先生是他的老師輩。在馮友蘭、顧頡剛的回憶文字中，形容陳先生是"兩脚書櫃"，似乎未有正視其學術成就。翻閱陳先生的遺著記録，其中便有《文心雕龍校注》，時間早在黄侃之前，但没有刊出。當時五四的新的一代，對學堂時代留下來的一批學者，似乎不大重視，總是視爲落後退化、要擺脱的對象。但學堂時代其實已經是改革的開啓了，如何動不動便嘲笑呢？陳漢章先生他們這一輩的成就，現在都重視不夠，若客觀的理解 20 世紀的學術真貌，摒除先入爲主的主觀偏見，是非常重要的。

陳： 前些年出版了《陳漢章全集》，流傳特别少。在現代大學中講經學，當時的陳漢章、崔適做過重要嘗試，但後來新派學者起來之後，就趁著新文化運動把老派學者都排擠掉了。

鄧： 這是事實，的確不公道。清末胡適在上海的公學教英文。晚清以來有教會背景的公學多用英文授課，公學學生英文較佳，一般可以順利到外地唸書。蔡元培先生 1917 年在紐約見了胡適先生，博士論文還没通過答辯，一下子就回來擔任北京大學教授。當時在北京已經有西方博士學位的學者也没有這樣的機會，像陳焕章先生(哥倫比亞大學哲學博士學位)就是一個典型。那個時候學術界的人事鬥爭其實是非常嚴重的，排斥師長輩成爲風氣，輻射出異常嚴重的學術暴力。

新亞書院也有朋友提到，牟潤孫先生、牟宗三先生爲什麼與錢穆先生有矛盾，就是因爲教席的問題。因爲那個年代經濟很艱難，根本不可能大力投資高等教育，營運都是很勉强地支撑著。院校的薪水非常低，加上學校少、職位少，造成人事的積壓很嚴峻。一直到我在香港、澳門工作，面對的還是這樣的問題。但我明白問題産生的原因是出於生活壓力，所以在面對矛盾衝突的時候儘量讓步，務求大家都能夠生存下來。我在博士剛畢業的時候，求職時交代學術專業是"經學"，總受嘲笑。可以想像，這是多麼的彷徨無助。所以推己及人，我在處理人事的時候，從來不事抹殺，就是共度時艱。現在回想過來，心安理得，這是應該的。

陳：爲什麼會找不到教席呢？像新亞書院這些地方也不招經學老師嗎？

鄧：香港學制是不存在經學因子的，課程中或有《詩經》《左傳》之類，但都是覆蓋在疑古遺風之下的演繹。新亞早期也没有開辦過專門的經學課程。直到2000年後，我義務替新亞研究所開辦。每星期都要頻繁來回澳門、香港之間，非常勞頓，只爲了一點道義感而堅持下來。後來因爲要處理唐文治先生的文獻，無暇兼顧，此後就没有人再義務講述經學了。這是無可奈何的，因爲經學至今没法納入正規教育體制。歷史系談的是經學史的興替、流變，關注的是不同時代經學的特色，對於經典研讀，是没有任何課程可以處理的。有些中文系開設《詩經》《左傳》《禮記》之類，在哲學系開《周易》，但談不上對經學、經義全面的全體認知與傳授。比如説，中文系博士論文裏談一談有關經學的訓詁，並不代表有能力駕馭訓詁。只談人家的訓詁如何、成果如何，自己卻無法駕馭這些觀念與方法，這是事實。訓詁能力薄弱，如何重新開拓經學義理？更爲關鍵的是自身的治經能力。身處這樣的環境，我也無法提出開辦正規經學課程的建議，因爲大學對於經學是陌生的。過去我曾提出"經學教育"這個觀念，一開口即遭到高層的領導回應説："佛經我們是不會在大學裏面開設的。"我也不好意思糾正。因爲這是中國現代學制廢經的必然結果，不是個人的問題。

陳：爲什麼當時在臺灣地區就可以有經學教育？比如臺灣師範大學和高雄師範大學，還有"中研院"，都建立了經學研究中心、經學研究所之類的。

鄧：臺灣延續了民國時期的大學體制，基本上是廢經的，50年代初，牟宗三先生便提出過批評，主張建立經學專業，不應沿襲廢經的做法。剛才談到中文系、歷史系、哲學系裏面，一早就有一些經學課程，這是民初學制分攤經籍於西方文、史、哲三系的處理方式，但經學的獨立性已經瓦解了。臺灣真正設立正規的經學教育課程，基本上是在1960、70年代，大陸出現“文化大革命”之後才開始的。因刻意强調中華文化的復興，於是這些經典受到重視。50年代還是一個西學主導的狀態，講哲學都是西方哲學，講文學都是用西方的表達方式，所謂“横的移植”與“縱的繼承”的分野，“横的移植”一直是佔主導的。

陳：在現代大學中，因爲没有經學科，經學只能作爲一個學術領域，在夾縫中生存。

鄧：壁生教授説得很對，一語點出當下經學的處境。晚清要人每借經學張羅政見，隨便套用外來觀念或學理互相剖擊，前述的法治與禮教之爭是一例而已。在學術上，把經學和西方的神學相提並論，張之洞便是典型。蔡元培先生就針對這一點，强調大學裏不容許神學化的存在。同一神學，可以用來推尊經學，也可以徹底否定經學。關鍵不在經學自身，而在與科技觀念對立的神學一詞望文生義的主觀褒貶。必須要正視的是，西方普遍實行政府學校管理的情形下，神學仍能並存於學制裏，而且保存至今。晚清人物互斥時，是没有看到這事實的。正視西方社會之容納神學的事實，教會這個實體的信仰組織支撑神學的發展，進而對待經學便不會那麽極端，而知所取捨。

經學終歸教化。經典教育的目的是爲了實現教化，而教化正需要透過教育制度來推行。要是仍堅持清末以來對禮教的負面批評，那麽正規課程體系中經學是可有可無的，頂多是點綴而已，無法實踐教化的功能。學校没有系統的經學教學，後來者根本不可能完整正確認識經典。社會與人生全面的發展，不能局限在技能與技術的層面，要能夠超越這一步，讓心靈得以安頓下來，開發自身能量，正視從教育上重建自律道德的向度，教育體制才會重視經典的價值。

清末整體大環境顛悃不已，本末倒置，每將眼前的種種敗相歸咎過去的制度，譬如對於科舉的負面評價，連帶徹底抹殺教育體系裏的經學，這是時代的主觀意氣。從時代過來，也應心平氣和。所以牟宗三先生曾談到 1950 年代臺灣没有經學，感到可惜。他没有研究經學的客觀條件，專業也不在經學，但依然很持平，希望教育機構能夠正視經學，因爲經學是中國學術的根本，教化的坦途。事實上，當年唐文治先生的經學教育，全仗無錫國學專門學校。要是没有相應的建制，經教是不可能實現的。

自從五口通商後，一百八十多年來，文化吞噬非常嚴峻。在如此歷史環境中，擺脱西方文化的羈勒，攝取西方的優長而自樹立，是非常艱難的。文化吞噬不止政治經濟，主要體現於意識形態的一面倒。事實上，"意識形態"是翻譯法國的觀念。民國初年，法國在中國也有巨大的影響。當年《新青年》封面都印有法文刊名。西來文化吞噬不息，在吞噬過程中又不自覺地内外呼應，只知"意識形態"這類彆扭翻譯詞匯，而徹底摒棄"道統"這一成熟而意義豐富的思想核心，學術自然喪失話語權。經歷百年傷痛，現在痛定思痛，重新貞定經學與禮教，正是中國學術的道統活力，是深具返本開新的胸懷和氣象的。

經學是道統的宗源，清初統治者非常清晰，所以在統治話語權上，下了極大的工夫。經歷四代後，乾隆時正式令經學成爲權力符號，治統擁有至高無尚的話語權，遠遠凌駕道統之上。但物極必反，太平天國之後，時代大亂。不安的時代環境，更難以强求經學産生保民的安定作用。清代表面上經學很盛，但只是當時的自我標榜而已。晚清以來，經過很多劫難，生存威脅感巨大。在如此歷史與現實背景下，治統不安，道統無存。要求公家投放資源開展經學，必然艱難非常。

説明這一事實，對重建道統非常重要。管治階層認識到這一個事實，就是禮教或者道德教化對安頓全民心靈的重要性，不在經濟發展之下，能在教育體制建立經學，無論是組成研究團隊，或成立研究中心，而非權力符號的自我標榜。過去幾十年，很多民間機構主張兒童讀經，都是出於推動教化功效的善意。拿《三字經》爲基礎，無可厚非。《三字經》是童蒙讀物，有助初階發展。若經學的整體在大學層次上進一步得到正視，則是新時代的自新精神的體現。小學、中學閲讀一些經典，懂得尊重，不動輒批判，已經非常好了。如果允許及鼓勵大學建立經學的體系，培養通經之士，則道統以及學術話語權的重建得到體制上的支持自然水到渠成。

現在一個值得慶幸的現象是，不少公立專上學府都有專攻經學的學者，每年透過學術交流的平臺推展經學，這學術網絡非常關鍵，是重振經學的標杆，不能夠散掉。衆多投身經學的朋友也不容許這平臺散掉，因爲像壁生教授及您的學術團隊的誠摯學術抱負，這活躍的學術生命仍然漫長，對未來的影響是不可估量的。這就是道術永恒的生機。

陳：對我們今天的經學研究者而言，理解經學在過去的命運，以及考慮其教育、教化，事實上是非常重要的。

鄧：對我們來説，起碼在有生之年，能夠重新研讀過去被忽略甚至抹掉的一個文明的主調，這是幸運的。

陳：我特别喜歡曹元弼。民元後，他在我們所預想的還要艱辛的局面中堅持。

鄧：是的，物質生活是意想不到的艱難。壁生教授向來重視曹元弼先生，因此特别珍視這份學術堅持，透露了尚友古人的高尚情懷與抱負，實在非常難得。

曹先生以非凡的學術風骨，表彰鄭玄，重樹不朽的經學典範，百年罕見。

如果理解曹先生的處境，便理解其不凡的所在。民元後，曹先生没有收入來源，依靠一些土地租金生活，家裏人口多，經濟負擔非常大。唐文治先生安排學生去聽他的課，是對曹先生很具體的支持。而無錫國專的存在，有一個很重要的作用，就是給那些被時代新風所排斥的學者提供教席，保障起碼的生活，使他們得以繼續發揮學術所長。南菁學人互相關懷的仁厚，與新文化圈中人物相互搏擊相比較，形成動人的温馨場面。在苦難時代，曹先生與其學侶張錫恭先生等，堅持以布衣身份研究經學，整個生命投入經學建設，以鄭玄爲立身治學的典範，展示了不阿名利的端莊人格，與其學術上繼承孔子集大成的魄力，爲此全力保存與發揚《孝經》至《尚書》的鄭注精義，從中揭示家庭倫理開出王道仁政的保民義脈，不但是對治時代倫常淪落的關鍵，更是一份守先待後以重建道統、重樹文化尊嚴的學術自覺實踐。曹先生這份存亡繼絶的誠摯學術使命感，不存在任何投機取巧，真是經學的典範。這種真誠的學術風骨，以仁義行，一生堅持經學的經世道義，不斷發掘經學的普世意義，爲人類世尋求長治久安的大道，是今天正視這一批南菁學人的操守和成果的重要意義所在。

陳：感謝鄧先生接受我們的採訪！

鄧：衷心感謝壁生教授。

域外經義

漢代的即位儀式及其禮儀

——以繼承帝位的情況爲中心

〔日〕西嶋定生 撰　李蕾 譯　廖娟 校訂*

一　引論

即位儀式是君主體認自己身爲君主所具備的公共權威的必要手段，也是公開展示這種權威具備正當性的重要禮儀。因此，通過這一儀式體認到的權威以及爲此而設的禮儀，都必須具有足夠的正當性，即令世人必須認可君主行使其權力的正當性。此外，即位儀式還是君主自己由世俗人士成爲君主的變革儀式，因此儀式中通常會有一些宗教性或咒術性質的內容。總的來講，無論何國何地，但凡是君主的即位儀式，其具體內容通常都會包含展現君主權威的特殊性、君主權威之爲權威的社會性來源的內容，還會呈現宗教性或咒術性的程序作爲獲得權威的手段。因此，欲揭示歷史上君主的性格，需要我們對即位儀式的內容作一番考察。

日本、北亞、歐洲等地歷史上各式各樣即位儀式的具體內容及其特征已經基本清楚，但中國歷史上即位儀式的情況仍有諸

---

* 西嶋定生(1919—1998)，日本岡山縣人，著名漢學家。
李蕾，早稻田大學博士生。廖娟，南開大學哲學院講師。
據西嶋定生《中國古代國家與東亞世界》(『中國古代國家と東アジア世界』，東京大學出版社，1983 年初版)第三章譯出。

多疑雲。三千多年的中國史中，天子或者説皇帝的權威是絶不可忽視的課題，但目前爲止尚没有學者從即位儀式的角度入手分析並解讀這種權威的内涵。

中國的即位儀式大體可分爲兩類，一是立國之君創立新王朝、就任新王朝皇帝時的即位儀式，二是王朝内部傳承帝位時的即位儀式。有賴于東漢王朝的締造者光武帝在公元前25年(建武元年)六月於河北鄗縣即位、建造祭壇、行燔燎告天之禮時留下的儀式内容和告天祝文内容的記載①，我們對秦始皇創立皇帝制度以後，第一種即位儀式(新王朝創立時)究竟如何運作已經有了清晰的了解。這一儀式在其後的魏晉南北朝時代的禅讓革命期間爲各王朝的創立者沿襲，其内容中值得關注的點甚多。但本文考察的中心是後一種即位儀式，即王朝内部傳承帝位時的即位儀式，只在必要的情況下兼及前者，因爲後者的施行貫穿了東西兩漢時期的皇位交替過程，而其具體内容尚未被完全弄清。

二　安帝的即位儀式

通觀《史記》《漢書》《後漢書》各篇《本紀》，其中對漢代的第二種即位儀式均無詳盡記載。相對詳細的記述見于《後漢書·孝安帝紀》，其中對東漢安帝即位過程進行了記録，内容如下。需要注意的是，安帝並非前任皇帝的太子，而是由王族入朝即位的。

> 延平元年，慶(安帝之父清河王)始就國。鄧太后(和帝的皇后鄧氏)特詔留帝(安帝)清河邸。〔A〕八月，殤帝崩。太后與兄車騎將軍鄧騭定策禁中。其夜使騭持節，以王青蓋車迎帝，齋于殿中。〔B〕皇太后御崇德殿，百官皆吉服，群臣陪位，引拜帝爲長安侯。〔C〕皇太后詔曰：先

① 參看《後漢書·光武帝紀上》《續漢書·祭祀志上》。

帝聖德淑茂，早弃天下。朕奉皇帝，夙夜瞻仰日月，冀望成就。豈意卒然顛沛，天年不遂，悲痛斷心。朕惟平原王素被痼疾，念宗廟之重，思繼嗣之統，唯長安侯祜，質性忠孝，小心翼翼，能通《詩》《論》，笃學樂古，仁惠愛下。年已十三，有成人之志。親德係後，莫宜於祜。《禮》"昆弟之子猶己子"。《春秋》之義，爲人後者爲之子，不以父命辭王父命。其以祜爲孝和皇帝嗣，奉承祖宗。按禮儀奏。〔D〕又作策命曰：惟延平元年秋八月癸丑，皇太后曰：咨長安侯祜。孝和皇帝，懿德巍巍，光于四海，大行皇帝，不永天年。朕惟侯孝章帝世嫡皇孫，謙恭慈順，在孺而勤。宜奉郊廟，承統大業。今以侯嗣孝和皇帝後。其審君漢國，允執其中。一人有慶，萬民賴之。皇帝其勉之哉。〔E〕讀策畢，太尉奉上璽綬，即皇帝位。年十三，太后猶臨朝。〔F〕九月庚子，謁高廟。辛丑，謁光武廟。(中略)〔G〕丙寅，葬孝殤皇帝于康陵。

〔A〕文段中的殤帝駕崩於八月辛亥日，時年二歲。殤帝離世後，其父和帝的皇后鄧太后與兄鄧騭一同議定後嗣，決定讓清河王慶(和帝之弟)之子祜繼承皇位，並以王禮迎祜入宫中。〔B〕段記述皇太后臨御崇德殿，百官群臣著吉服陪位，完成了封祜爲長安侯的儀式。封祜爲長安侯是爲了避免其以微位即帝位，類似的例子還出現在西漢宣帝即位之時。此外還需注意的是百官著吉服一事，這意味著下面的儀式是循嘉禮而完成的。〔C〕段是皇太后將已封長安侯的祜定爲和帝後嗣的詔文。〔D〕段讓長安侯即皇帝之位的策命文，其中記載的日期猶需關注。〔E〕段記述了奉讀策命之後，太尉奉呈皇帝璽綬，祜受之而正式即位，祜時年十三，故皇太后繼續代攝朝政之事。〔F〕段記載了皇帝即位後親謁高廟(高祖之廟)和光武廟之事。〔G〕段記載殤帝下葬一事。

在此，〔E〕段及以下的内容具體記録了即位儀式，即奉讀策命、奉呈璽綬、親謁高廟和光武廟、下葬先皇四個方面。而根據〔B〕段及其後幾段的内容我們可以得知，奉讀策命和奉呈璽綬的儀式是皇太后臨御、百官群臣著吉服陪席而在崇德殿完成的。《後漢書・孝殤帝紀》載殤帝駕崩事云：

(延平元年)八月辛亥，帝崩。癸丑，殯于崇德前殿。年二歲。

"殯"是停柩之意，由此記載可知，殤帝之柩經歷了小斂(更换死者衣服)、大斂(納棺)，在其駕崩後第三日原樣安置在了崇德殿。根據〔D〕段策命文中所載日期可知，正是在同一天，也就是在崇德殿的柩前，上述的儀式得以舉行。要言之，在先帝柩前奉呈璽綬的儀式，或者説"柩前即位"制是皇帝即位時的一般原則，而儀式的核心步驟是奉讀策命和傳授璽綬。①

另外，儘管安帝即位是在殤帝駕崩後的第三日，其實即日即位似才是常制。比較《後漢書・本紀》中記載的歷任皇帝駕崩之日與次任皇帝即位之日可以發現，明帝、章帝、和帝、殤帝、沖帝、獻帝均于先帝駕崩之日即日即位，安帝、少帝、順帝、質帝、桓帝、靈帝則不然。而非即日即位者都面對著特殊情況，如先帝因異變而崩、皇權交接伴隨政變、先帝無嗣而必須從王族中選定繼任者等。因此，東漢時期，新皇即日即位當爲一般原則。而查考《漢書・本紀》可以發現，西漢時期，即日即位的皇帝唯武帝一人，景帝即位在先皇駕崩八日後，昭帝在次日，宣帝即位中存在昌邑王廢位事件②，姑以例外視之，元帝在十九日後，成帝在二十七日後，以定陶王身份繼位的哀帝在二十日後，以中山王身份繼位的平帝在六十四日後，可見西漢時是否存在即

① 關於這一儀式過程中傳予新帝的皇帝六璽、傳國之璽，可參看《中國古代國家與東亞世界》前章《皇帝支配的成立》及栗原朋信的《璽印研究》一文(收載于氏著《秦漢史研究》，1960年吉川弘文館出版)。

② 參看《中國古代國家與東亞世界》第一編第七章《武帝之死》一文。

日即位制尚有疑問。關於此，後文將予論述。

崇德殿即位儀式之後便是〔F〕段所載親謁高廟、光武廟事。即位新帝參拜高廟及光武廟之事，東漢時期見于和帝、安帝、順帝、質帝、桓帝、靈帝，西漢時期則見于吕后時代的少帝恭和文帝，另外昭帝、宣帝、元帝、成帝、哀帝、平帝即位有參拜高廟的記載。此外，據《史記・孝文本紀》所云，西漢景帝的即位便是在高廟完成，後文亦將論及此事。總之，即位後親謁高廟（或高廟及光武（世祖）廟）基本可以視爲定制，换言之，謁廟之制也是即位儀式禮儀之中的一環。

上述即位儀式結束之後便是〔G〕段所載的先帝大葬儀式。東漢和帝、質帝、桓帝、靈帝時先帝的大葬舉行於新帝親謁高廟、光武廟之前；西漢則昭帝以後的記録並未詳細記載日期的干支，但"謁高廟"一事往往跟在"即皇帝位"之後，暗示了謁廟是緊跟著即位儀式完成的，也即發生在大葬以前。事實上，無論西漢還是東漢，除極少數例外情況外，基本可以確定先帝的大葬是在新帝即位以後舉行的。例外之一是前文已提及的西漢宣帝的即位，其時昭帝駕崩，昌邑王即位，即位後行先帝大葬，旋即昌邑王被廢而宣帝即位，故宣帝即位晚於昭帝的大葬。另外一例亦爲西漢景帝即位前後《漢書・本紀》所載史事，留待後述。

總結起來，僅從《漢書》《後漢書》本紀所載情況來看，漢代傳承帝位之際的即位儀式的主要内容有二：一是先帝的大殮完成後，在其柩前奉讀策命、奉呈璽綬，即"柩前即位"之禮；二是緊隨其後的親謁高廟（東漢爲親謁高廟和光武廟）之禮。"柩前即位"典禮的中心是向新帝傳授象征皇帝正當性及其權威的皇帝璽綬[①]，謁廟（高廟或高廟與光武廟）典禮則可以理解爲新帝向高祖或光武帝的靈位報告自己經由玉璽傳授儀式獲得了帝位，取得高祖、光武帝的認可。如此可以發現，漢代傳位之際

① 參照注②（即本書 216 頁注①）。

的即位儀式中並無我們通常理解中國的皇帝或者説天子受命於上帝取得權威性，或者經由某種咒術從而獲得神秘權威性的相關内容。即位後的皇帝會舉行郊祀，從而成爲唯一有資格祭祀上帝的人物，在自認遂行了皇帝大業之後，還會成爲泰山封禅的主宰者，但在即位儀式的具體過程中，全然不見將皇帝與上帝關聯起來的内容。那麼作爲漢帝國統治者的皇帝究竟是如何被賦予權威性的呢？

需要注意，即位儀式中代替上帝出場的是高廟（及光武廟）所代表的王朝創始人的祖靈，祖靈便是即位儀式全過程中神秘性的唯一體現，即位後的新帝通過謁廟獲得祖靈的認可，從而確保了其權威。而祖靈均爲開創王朝的初代帝王或在上帝的授命下完成了王朝創立大業的人物，因此具備這樣的效力。如前所述，開創了東漢王朝的光武帝在即位之時舉行了築壇、燔燎告天的儀式。此番登壇祭祀、燔燒犧牲並使其煙霧直達天際的儀式，即意在與上帝溝通，以期即位一事得到上帝的認可。燔燎告天之禮唯創業君主可行，光武帝通過此禮對上帝的再授命加以確認，從而正當取得了皇帝的地位和權威。西漢王朝的締造者高祖劉邦即位時是否經此儀式則未可知，可能燔燎告天之禮在當時尚不爲他所知曉。其後，在西漢時期，高祖乃受命天子的思想便已出現[①]。而到了文帝時代，還可見"夫朝廷者，高皇帝之朝廷也"[②]之語。由此可知，時人認爲漢王朝是高祖受命于天而創立的，高祖身死之後也是高祖的所有物，因此在新任皇帝即位之時，需要向高祖的神靈匯報並取得其認可[③]。

簡言之，在傳承帝位的即位儀式中，親謁高廟或高廟、光武廟的步驟意義重大，可以説謁廟之禮完成後即位儀式才算正

---

① 參看《中國古代國家與東亞世界》第二章《皇帝支配的成立》。

② 引自《史記·張丞相列傳》。

③ 關於此，王莽即位時的情況值得關注。王莽即位時便采取了自己的地位乃由高祖賦予之説。

式結束。西漢昭帝駕崩之時無嗣子，帝位傳予了昌邑王劉賀，而劉賀即位後不久就因霍光之謀被廢。昌邑王劉賀由昌邑國入朝，在昭帝柩前即位之時，昭帝大葬已畢，但他並未行親謁高廟之禮。因此霍光廢黜劉賀帝位，除指出其種種淫亂不軌的行徑外，還有一條理由便是“宗廟重于君。陛下未見命高廟，以承天序，不得奉祖宗之廟”(《漢書 · 霍光傳》)。由此可見，新任皇帝參拜高廟之後即位儀式才算結束，而劉賀之時儀式尚未完成，故而未受天命。親謁高廟之禮在漢代即位儀式中的重要性可見一斑。

總結而言，漢代傳承帝位的即位儀式中，皇帝的權威並非每次由上帝直接賦予，而是以王朝的創始人高祖或光武帝爲媒介與上帝溝通，通過這種形式讓繼任者體認皇帝的權威。如此，受命思想與世襲制實現了毫無齟齬的結合，代代皇帝權威的來源都可歸於神秘的上帝。

三　天子即位與皇帝即位

前文以《漢書》《後漢書》本紀爲據，考察了傳承帝位的即位儀式的内容與特征。然比較《史記》本紀中與《漢書》相對應的内容可以發現，在文帝、景帝的即位儀式上，二書所載存在微妙的差異。

首先來看景帝即位的情況，《史記 · 孝文本紀》記載如下：

> 後七年六月己亥，帝(文帝)崩於未央宫。……乙巳，群臣皆頓首，上尊號曰孝文皇帝。太子(景帝)即位于高廟。丁未，襲號曰皇帝。

《漢書 · 文帝紀》記載云：

> 後七年夏六月己亥，帝崩于未央宫。……乙巳，葬霸陵。

而《漢書·景帝紀》則云：

> 後七年六月，文帝崩。丁未，太子即皇帝位。

二書所載可整理爲下表：

	《史記》	《漢書》
己亥	帝崩於未央宫。	帝崩于未央宫。
乙巳	群臣皆頓首，上尊號曰孝文皇帝。太子即位于高廟。	葬霸陵。
丁未	襲號曰皇帝。	即皇帝位。

根據《史記》所載，文帝駕崩於己亥日，六日後的乙巳日，確定了“孝文皇帝”這一謚號，並且，皇太子于是日即位于高廟，是爲景帝，又二日後的丁未日，景帝正式襲皇帝號。而《漢書》僅記録了乙巳日葬文帝于霸陵，二日後景帝即皇帝位，没有乙巳日景帝即位于高廟的記載。《史記》雖未載乙巳日葬文帝于霸陵，但記録有是日確定謚號一事，由此可以推知，駕崩後至乙巳日，文帝爲大行皇帝，乙巳日舉行了大葬。二書所載相通之處在于，景帝即位一事均在文帝大葬以後，這一點與前一小節的結論不合。而相異之處，《史記》載景帝于文帝大葬之日在高廟即位，二日後襲皇帝號，也就是説進行了兩次即位；《漢書》則僅記載了丁未日一次即位。

再來看文帝即位的情況。梳理《史記·孝文本紀》和《漢書·文帝紀》的相關記載可整理爲下表：

	《史記》	《漢書》
〔A〕	太尉乃跪上天子璽符。代王謝曰：至代邸而議之。	太尉勃乃跪上天子璽。代王謝曰：至代邸而議之。
〔B〕	皆再拜言曰：……大王高帝長子，宜爲高帝嗣。願大王即天子位。	再拜言大王足下：……大王高皇帝子，宜爲嗣。願大王即天子位。

續表

	《史記》	《漢書》
〔C〕	丞相平等皆曰：……臣謹奉天子璽符，再拜上。……遂即天子位。	丞相平等皆曰：……臣謹奉天子璽符，再拜上。……遂即天子位。
〔D〕	奉天子法駕，迎于代邸。皇帝即日夕，入未央宫。	奉天子法驾，迎代邸。皇帝即日夕，入未央宫。
〔E〕	孝文皇帝元年十月……辛亥，皇帝即阼，謁高廟。	元年冬十月辛亥，皇帝見于高廟。

吕后之亂平定後，文帝在丞相陳平、太尉周勃的迎接下由代王即皇帝位。文段〔A〕記載了代王(文帝)由代奔赴長安，至渭橋，丞相及其以下群臣迎之，奉上天子璽符，代王拒絶，並回到長安的代王府邸之事。〔B〕段記載了群臣在代王府邸懇請代王即天子位一事。〔C〕段記載了經歷數次辭讓後，群臣再奉上天子璽符，代王遂即天子位之事。〔D〕段載群臣整饬天子儀仗，迎新帝自代邸入于未央宫。〔E〕段載次年初，新帝文帝親謁高廟。文段〔A〕至〔D〕，兩書的記載基本全同，僅文段〔E〕所載有出入，《史記》載有“皇帝即阼”之事，《漢書》則未及此事，所載僅文帝參拜高廟。“即阼”之“阼”，乃指賓禮中主人所立之階，而即位之際天子也會經祚階登殿，稱“踐阼”，故“阼”也指天子之位。因此，張守節《史記正義》注解“阼”謂“主人階也”，瀧川龜太郎《史記會注考證》則引中井積德之説，云“即阼，猶言即位也”。《正義》之説于文意不通，中井氏説較切。總結而言，據《史記》所載，文帝首先在代邸即天子位，又在次年初正式即位，即所謂“逾年即位”；與之相對地，《漢書》未見“逾年即位”事，僅云逾年親謁高廟。

《史記》《漢書》對景帝和文帝即位之事記載的差異究竟有何深意？這一問題，二書本身並未提供解答，然《續漢書・禮儀志下》的“大喪”之條中所載即位禮儀的内容爲我們探明這一問題提供了線索。此條始於“不豫”(天子患病),隨後講述“登遐”(天子駕崩)後,百官著白單衣、白幘,不著冠,嚴城門、宫門之備,行沐浴、飯唅、槃冰、小斂、大斂之儀。皇帝遺體納于棺柩,安置于正殿兩楹之間,皇后、皇太子、皇子、諸侯王、列侯、三公以下群臣、貴人、公主、宗室婦女列席棺柩之前,並行哭臨之儀。其後又有如下禮儀:

〔A〕三公奏《尚書·顧命》。〔B〕太子即日即天子位于柩前。〔C〕請太子即皇帝位,皇后爲皇太后。奏可。〔D〕群臣皆出,吉服入會,如儀。〔E〕太尉升自阼階,當柩御坐,北面稽首,讀策畢,以傳國玉璽綬東面,跪授皇太子,即皇帝位。〔F〕中黄門掌兵,以玉具、隨侯珠、斬蛇寶劍,授太尉。告令群臣。群臣皆伏稱萬歲。〔G〕或大赦天下。〔H〕遣使者,詔開城門宫門,罷屯衛兵。〔I〕群臣百官罷入,成喪服,如禮。

據〔A〕文段可知,在〔B〕文段所示“柩前即位”儀式之前,須由三公奏讀《尚書·顧命》篇。《尚書·顧命》篇記載了周成王將崩之際遺于其子釗(康王)的遺言,並記述了成王駕崩後康王即位時的情況。新帝即位前先奉讀此篇,意在表明接下來舉行的即位儀式的内容和精神均準成王駕崩康王即位之際而行。〔B〕文段記載在奉讀《顧命》篇以後,太子於當日在先帝柩前即天子位,值得注意的是,相較於後文〔E〕段所載儀式,這裏的柩前即位乃是即天子位而非即皇帝位。當然,此文段還有一種解讀方式,就是將〔B〕段視爲總括〔C〕段及其以下諸段之文,並起提起下文的作用,表示下文要開始論述天子(皇帝)即位之禮。若作此讀,則前一種解讀(〔B〕段所述是即天子位而非即皇帝位)就不成立了。但如果將〔C〕段所論理解爲即天子位,此處又没有記載相關禮儀的具體内容,這也是一個問題。並且從《續漢書·禮儀志下》“大喪”一條的行文體例來看,並無在儀式的各階段前以一語總括整個階段之例。〔A〕〔B〕兩段相連，完全可以總體理解爲天子即位之禮。换言之，〔A〕〔B〕兩段所載是天子即位儀式的内容，與皇帝即位儀式無關。

〔C〕文段記載了太子即天子位之後，三公奏請天子即皇帝位、改稱先帝皇后爲皇太后，制可之事。也就是説，新帝在先帝柩前即天子位後，三公旋即奏請即皇帝位。〔D〕段載陪席群臣隨即暫時退場，更换吉服後再行入場陪席。也就是説，從太子即天子位到三公奏請即皇帝位這一階段，所行的乃是凶禮大斂之儀，陪席群臣著白色單衣、白幘，不著冠，以爲喪服；而到了皇帝即位儀式開始後便暫時退場，去喪服而改著吉服，然後再度入場陪席。整套儀式從此時起變更爲嘉禮。

〔E〕文段記載了皇帝即位儀式的具體内容。首先由三公之一的太尉由阼階登至殿上，面對安置於殿上的先帝之柩北面而拜，並奉讀策命文。奉讀策命的記載能夠讓我們聯想到前文所述東漢安帝即位時奉讀策命一事，也能聯想到《尚書・顧命》篇中對康王受成王遺命的記載，“太史秉書，由賓階隮，御王册命”。奉讀策命完畢後，太尉持傳國玉璽及印綬，面向東方，跪授皇太子，經此禮，皇太子方即皇帝位。太尉奉呈璽、綬，亦見於前文所述東漢安帝及西漢文帝的即位儀式。

〔F〕文段記載皇帝即位之後，由中黄門向太尉授玉具、隨侯珠和斬蛇寶劍三種寶物，並告群臣。這些寶物均爲漢室重寶，如斬蛇寶劍，係高祖劉邦微賤之時用以斬殺白帝之子化身的大蛇的寶劍，高祖因此意識到自己乃是赤帝之子的化身[①]。以此等寶物授予太尉，是爲了顯示新帝對太尉的信任。告群臣之舉，則是爲了展現新帝對群臣亦持同等信任，故群臣此時伏稱萬歲，對新帝的即位表示祝賀。

〔G〕文段記載的是緊接著頒布大赦令的儀式，並且多數情

---

① 參看《中國古代國家與東亞世界》第二篇第六章。

況下，伴隨大赦天下一並進行的還有賜爵官民。這一舉動的意義筆者已有論文詳解[①]，此處不再贅述。

〔H〕文段記載到此時，對先帝駕崩時發佈的城門、宫門戒備令予以解除，换言之，先帝駕崩時開始實施的特别警備制度在新帝即位完成後便即停止。最後據〔I〕文段所載，皇帝即位儀式上陪席的百官群臣退場，將吉服更换爲喪服，開始服先帝之喪。此番禮儀正與《尚書・顧命》篇的次篇《康王之誥》[②]末尾"王釋冕，反喪服"相應。至此，新帝即位的嘉禮已畢，整套儀式再度回到先帝大喪的凶禮。

通過以上對《續漢書・禮儀志下》"大喪"之條對即位儀式之禮的分析，我們會有天子即位與皇帝即位是兩套各不相通的禮儀之感。兩者雖均爲大斂之後在柩前所行之禮，但天子即位之禮是先帝大喪的凶禮中的一個儀式，著喪服，而皇帝即位之禮是需要改换吉服的嘉禮；天子即位之禮在奉讀《顧命》後舉行，皇帝即位則是在百官的奏請下舉行，且有奉讀策命、傳授傳國玉璽等步驟。在漢代，皇帝與天子雖同爲君主的稱號，但二號的性質和功能有别。關於此，本書前章已有論述[③]，根據本節的分析可知，這種差别不僅見于功能上，在即位儀式的場合也是存在的。

基於此，我們應該如何理解《史記》《漢書》對本節的討論核心——景帝即位和文帝即位儀式——記載中的差别呢？王先謙《後漢書集解》在論及《續漢書・禮儀志》所載上述禮儀及包含這些禮儀在内的大喪禮時引用了黄山之説，即漢代喪儀因王莽竄亂的緣故已經廢絶，光武帝大喪之時舊禮已不可得，故《續漢書・禮儀志》所載乃是東漢中後期的制度。因此，上述禮儀雖與前節所論安帝即位時的禮儀共通之處甚多，又有所增補，然

① 參看拙著《中國古代帝國的形成與構造》，東京大學出版社，1961 年。

② 古文《尚書》。今文《尚書》將此篇並入了《顧命》。

③ 參看《中國古代國家與東亞世界》第二章《皇帝支配的成立》。

不可將之直接視爲兩漢通行之禮，據此直接討論西漢初期文帝、景帝的即位儀式更不可取。儘管如此，我們可以推測，由於天子與皇帝之别在西漢時代已經存在，天子即位與皇帝即位之禮的差别在西漢也是一個問題①。上一章中筆者已指出，基於功能對皇帝和天子進行明確分别當在西漢後期，同時也指出，雖然天子和皇帝二號本就具有各自不同的性質，但漢初以來已將兩者並用，混用的情況也較常見。此處推測二者在文、景時代的即位儀式中已被明確區分，與上一章中的結論亦無太大矛盾。

如果這一推測成立，那麽根據《史記》所載，景帝的即位儀式經歷了乙巳日在高廟完成的天子即位和兩日後的丁未日襲皇帝名的皇帝即位；《漢書》的記載則僅著眼于皇帝即位，略去了乙巳日的天子即位之儀。

而關於文帝的即位儀式，《史記》記載了群臣在渭橋奉呈天子璽符、代王（文帝）謝絶並延入代邸、群臣再請即天子位、再奉天子璽符、代王終即天子位、整飭天子法駕後皇帝入未央宫、翌日元年十月辛亥日皇帝即阼並親謁高廟等階段，《漢書》的記載則省略了最後的皇帝即阼之事。

基於上述分析，我們需要重新考察一下《漢書 · 本紀》對皇帝即位的記載。前節已述，《漢書 · 本紀》的記載中，先帝駕崩當日即位的唯武帝一人，與之接近的是昭帝，即位於武帝駕崩的次日，而其余諸帝均是在先帝駕崩數日後方才即位。排除掉因昌邑王廢位事件這種特殊緣故即位的宣帝、先帝駕崩後第二十日由定陶王即位的哀帝和先帝駕崩第六十四日由中山王即位的平帝外，以太子身份即位的元帝、成帝等均是先帝駕崩後二十日左右方才完成即位。這其中的空窗期固然有即位儀式前需要潔身、齋戒等理由，但二十日未免太久。根據前文的推斷我

---

① 參看《中國古代國家與東亞世界》第二章《皇帝支配的成立》。

們有理由懷疑，漢代的即位儀式分爲天子即位和皇帝即位兩場，《漢書》則僅記録了皇帝即位這一場儀式，在皇帝即位之前，相應的天子即位儀式當已完成。武帝、昭帝的情況，應當只是兩場儀式舉行時間十分接近的特例，而非西漢皇帝以即日即位爲原則。到了東漢則如《續漢書·禮儀志》所載，天子即位與皇帝即位雖仍是兩場各不相同的儀式，但在同一天舉行，故形成了即日即位的原則。

四 柩前即位與宗廟即位

還有一個問題是柩前即位與宗廟即位的區别。如前文所述，安帝的即位儀式及《續漢書·禮儀志》所載東漢時代的即位之儀均是在先帝柩前完成；西漢景帝則是在文帝駕崩、完成大葬後在高廟完成即位。即位於高廟，在漢代未見他例，但《史記·始皇本紀》記載了秦二世被趙高殺害後，其兄之子公子嬰在宗廟受玉璽而即秦王位之事，可見古時宗廟便爲即位儀式的舉行場所，景帝在高廟完成即位當是承襲了這一傳統。景帝以前的情況，惠帝及吕后時代的少帝恭、少帝弘的即位儀式史書未見記載，不得其詳，文帝在代邸受玉璽完成即位則是由于吕后之亂，文帝由代王即皇帝位，無法舉行柩前即位儀式之故。

由于文獻不足，西漢時代柩前即位之例再無其他明載，唯前文所及昌邑王劉賀被指出在昭帝柩前行淫樂不軌之舉，可知當時已是柩前即位。因此我們推測，漢代的即位儀式最初是在高廟舉行，即“宗廟即位”，其後方變更爲柩前即位。這一變更發生于景帝即位以後，當在武帝或昭帝即位之時，然此二帝即位時的情況史無詳載，未可確知究竟變更于何時。

《春秋公羊傳》“定公元年”條所載定公即位事或與此存在關聯。據記載，定公將昭公之棺正置于兩楹之間並完成了即位，這無疑是柩前即位。漢代於武帝建元五年(前136)設五經博士，其中便有公羊春秋博士，若柩前即位之禮的理論基礎源於公羊學，則宗廟即位向柩前即位的變更不會早于這一時間點。若如此，則柩前即位之制確立於武帝時代，初實施於武帝駕崩、昭帝即位之時，而武帝即位時當仍爲宗廟即位。

柩前即位之制確立後，先帝的大葬自然要在即位之禮完畢後方才舉行。相應地，參拜高廟的儀式作爲即位之禮完成的象徵也愈受重視。進一步推想，《續漢書・禮儀志》中所載即位儀式之前奉讀《尚書・顧命》篇應當也是柩前即位儀式開始後的一個步驟。因爲《顧命》篇所載康王即位儀式亦非逾年即位，且爲成王駕崩喪服中的嘉禮，亦可看作是柩前即位之儀。再進一步推想，或許《續漢書・禮儀志》所載大喪中更換吉服舉行的即位儀式乃是柩前即位之制確立後方才成形的禮儀。

五　小結

至此，我們對漢代繼承皇位之時的即位儀式進行了探討，基本可以得出如下結論。漢代即位儀式中，天子即位之禮和皇帝即位之禮各各有别，後者在文帝即位時姑且不論，文帝以後的皇帝即位之禮乃是以玉璽的傳授爲中心。漢初時皇帝即位之禮在宗廟舉行，大抵到昭帝即位時變更爲在先帝柩前舉行，自此宗廟即位之制去而柩前即位之制立。伴隨著柩前即位制的確立，宗廟即位的傳統通過對高廟親謁之禮的重視而得存續，通過這種方式，受命思想與世襲制這兩種矛盾的思想得以統一。柩前即位制儀式化以後，天子即位和皇帝即位均確定爲在先帝大葬之前舉行，西漢尚未成爲定制的即日即位制(先帝駕崩當日完成即位儀式)亦得確立。在柩前即位制中，天子即位乃是緊隨先帝大斂而行、身著喪服的凶禮，皇帝即位則是去喪服、著吉服而行的嘉禮。

需要注意的是，這套即位儀式中，不存在受命於上帝或其他超越性的神秘禮儀。相反，諸如象征執政者行政行爲的玉璽傳授及在百官奏請下新帝即位之類的内容展現這套儀式的世俗性。當然，正如本書前章所論，此時傳授的玉璽不單承載著行政行爲這一目的，還包涵著實現司祭者功能的意義①。而自東漢以來備受重視的所謂傳國玉璽②不僅僅用於行政行爲，更是皇帝這一獨一無二的權威之巔的象征。除此之外，即位儀式完成、先帝大葬結束之後，新帝須親自參拜高廟或高廟及光武廟，親謁結束後即位儀式方行完滿。换言之，新帝的即位必須得到受命創立王朝的高祖或光武帝的祖靈認可，通過親謁宗廟，新帝實現了與皇帝權威性來源——存在於祖靈身後的上帝——的溝通，由此確保了皇帝權威的神秘性。

本文所論大體如上，然仍有幾個問題未曾觸及。其一，若天子即位和皇帝即位之禮確實各各有别，二禮之别與天子、皇帝功能之别有何關聯？其二，伴隨著即位儀式，除前文已及的大赦、賜爵之外，還有改元這一重要問題。這些問題，此處難以盡論，留待以後再作探討。

---

① 參看《中國古代國家與東亞世界》第二章《皇帝支配的成立》。

② 參看前引栗原朋信論文《璽印研究》。

舊籍新刊

詩緯集證

陳喬樅 撰　王志遠 整理*

整理説明

一、《詩緯集證》凡四卷，附録一卷。陳氏從《史記》三家注、《漢書》顔師古注、《後漢書》李賢注、《山海經注》、《五行大義》、《北堂書鈔》、《藝文類聚》、《初學記》、《開元占經》、《太平御覽》、《事類賦注》等文獻中輯録《詩緯》佚文，爲《推度災》《氾厤樞》《含神霧》《詩緯》及附録各一卷，又廣徵文獻，逐條疏解。

二、本書以天津圖書館藏清道光二十六年(1846)小嫏嬛館刻本爲底本，以《續修四庫全書》影印本(簡稱《續四庫》本)爲校本。《續修四庫》本原亦著録爲道光二十六年小嫏嬛館刻本，然經考察，實爲清光緒八年(1882)修板重印本。此本題名《小瑯環館叢書》，而較底本多有錯譌、漫漶及增補之處。

三、凡底本與校本有異者不改底本，出校説明。

四、凡書中徵引之文獻，逐一覆检原书，所引有出入且於文意有礙者，出校説明。所據原書版本在首次出校時標明。

五、尊重底本的用字習慣，酌情保留異體字及避諱字。

---

*　王志遠，清華大學人文學院歷史系博士研究生。

自　敘

《詩緯》，《隋·經籍志》載魏博士宋均注十八卷，《七録》云十卷。其目曰《推度災》，曰《氾厤樞》[①]，曰《含神霧》，皆察躔象以紀星辰之度，推始際以著厤數之運，徵休咎以合神明之契。其間天運循環終始之理，人事興衰得失之原，王道治亂安危之故，靡不包羅，囊括兼綜而條貫之，告往知來，聖門言《詩》之微旨，有綫未絶，端賴乎是。漢儒如翼奉、郎顗之説《詩》，多出於緯，蓋齊學所本也。鄭君箋《詩》，於《十月之交》篇主緯説，《六藝論》亦據而用之。魏晉改代，齊學就湮，隋火之餘，《詩緯》漸佚，閒有存者，或與雜讖比例齊觀，學者棄置勿道，書遂盡亡。夫齊學湮而《詩緯》存，則齊《詩》雖亡而猶未盡泯也，《詩緯》亡，而齊《詩》遂爲絶學矣。曩者先大夫嘗輯三家《詩》佚義，以《詩緯》多齊説，其於《詩》文無所附者亦補綴之，以次於齊，所以廣異義，扶微學也。比喬樅撰述《齊》《魯》《韓遺説攷》，竊惟三家齊《詩》先亡，最爲寡證，因著《齊詩翼氏學》二卷，發明齊《詩》之學。宗旨有三：一曰四始，明五行之運也；二曰五際，稽三期之變也；三曰六情，著十二律之本也。夫順陰陽以承天道，原性情以正人倫，經明其義，緯陳其數，經窮其理，緯究其象，緯之於經，相得益彰，謂非《詩》學之錧鎋，而學者之所宜鈎攷歟？明孫瑴蒐輯逸緯爲《古微書》，謂《推度災》諸篇皆讖類，而不知《隋志》所録又有《詩雜讖》，固區別而爲二也。近世陸明睿增訂殷元正《集緯》，於三篇外列《含文候》之目，而復不知《路史注》所引即爲《含神霧》之譌也。余同年生趙子在翰重纂《七緯》，仍《隋志》著録之舊，而《詩緯》佚文仍多遺漏，且以孔氏《詩正義》語羼入《氾厤樞》中，亦失之

① 《集證》避清高宗弘曆諱，改"曆"爲"厤"。後倣此。

疎。喬樅不揆檮昧，網羅散佚，視各家輯本增十之三，揭所據依，加以考訂，成《詩緯集證》三卷。其舊書所引未詳篇目者别成一卷，都爲四卷，附於齊《詩》。亦敬承先大夫遺訓，以尋齊學之墜緒云爾。旹太歲柔兆敦牂陬月，福州陳喬樅序於鈐陽官署之思補齋。

詩緯集證卷第一

福州陳喬樅學

推度災

建四始、五際而八[①]節通。《初學記・文部》。

案：此語《説郛》載《易坤靈圖》，疑誤。《太平御覽》六百九、《困學紀聞》三並引作《推度災》，可證也。四始、五際是齊《詩》之説，《後漢書・郎顗傳》顗上書言"四始之缺，五際之戹"，章懷注依毛《詩》義，以《關雎》《鹿鳴》《文王》《清廟》爲四始，非是。《氾厤樞》云："《大明》在亥，水始也。《四牡》在寅，木始也。《嘉魚》在巳，火始也。《鴻雁》在申，金始也。"緯説因金、木、水、火有四始之義，以《詩》文託之，蓋欲王者法五行而正百官，正百官而理萬事，萬事理而天下治矣。政教之所從出，莫不本乎五行，乃通於治道也。五際，據《漢書・翼奉傳》注孟康引《詩内傳》，謂"卯、酉、午、亥、戌，陰陽終始際會之歲"，此《齊詩内傳》説。應劭注以君臣、父子、兄弟、夫婦、朋友釋之，亦非也。《毛詩大序》正義引《詩緯・汎厤樞》而釋之，云："亥爲革命，一際也。亥又爲天門，出入候聽，二際也。卯爲陰陽交際，三際也。午爲陽謝陰興，四際也。酉爲陰盛陽微，五際也。"然《齊詩内傳》并數戌，而沖遠不及之，於義爲

---

① "八"，《初學記》(2004年中華書局整理本)無。

疎。戌、亥皆爲天門，亥爲革命當一際，則天門候聽宜以戌當一際矣。攷《易緯·通卦驗》以八卦炁配八節，始於乾，主立冬。終於兑，主秋分。始於乾者，乾在亥位，即《詩》四始之以亥爲始也。終於兑者，兑居酉位，即《詩》五際之以酉爲終也。周天三百六十五日四分日之一，一陰一陽分之，各得一百八十二日有奇。分爲旹，得九十一日有奇。四正分而成八節，節四十五日二十一分。八節各三分之，各得十五日七分，而爲一炁。《詩》之始、際，集微揆著，天道三微而成著，三著而成體。分滿三十二爲一日，五日爲微成一候。三微成著則十五日爲一炁，三著成體則四十五日爲一節，陰陽代嬗而成一歲。歲有四時，立爲八節，以定二十四炁而應七十二候。推而演之，自十一月冬至至正月立春，亦謂之三微之月。其間相距四十五日，則十五日爲一微，四十五日成一著，三著體成。至四月爲乾，純陽之象也。故十一月、十二月、十三月，三正之始，皆爲三微之月。又推之三統之正，若循連環，周則又始，是亦三微而成一著。五德之運，千五百二十歲爲紀，三紀四千五百六十歲，復於青龍爲元。此五行相代，一終之大數，是亦三著而體成也。聖人受命而王，莫不承天地，法五行，修五事，而御宇宙，養蒼生者也。四時之運成於五行，五行之氣資於陰陽，四始、五際者，所以明陰陽五行終始盛衰之理。"建四始、五際而八節通"，所謂尚消息盈虛，以裁成天地之道，輔相天地之宜，以左右民也。

又案：八節分配五行，所以應八卦而正八方，順八風而行八政也。蕭吉《五行大義》曰："《易通卦驗》云：'坎主冬至，艮主立春，震主春分，巽主立夏，離主夏至，坤主立秋，兑主秋分，乾主立冬。冬至之日，陽氣動於黄泉之下。子雖太陰之位，以陽氣動其下，坎外陰内陽，故居子位，以配水。立春之時，陽氣已發，在於地上，下有重陰，陰氣猶厚，陽氣尚微，艮重陰在下，其位居丑，丑位[1]未衝，故以配土。春分之時，天氣下降，地氣上騰，天地和同，萬物萌動，震居卯，卯木少陽之位，故以配木。立夏之時，陽氣已盛，陰氣微弱，在於下，巽二陽在上，故居東南，以配於木。夏至之時，陰氣[2]動於黄泉之下，午是盛陽之位，而陰氣動，離外陽内陰，故在南方，以配火。陰動於午，至未始著，故坤後午之位，純陰象地，禮以中央土在未，地即土也，故在西南，以配土。秋分之時，陽氣已深，金爲少陰，酉是金位，兑一陰居上，故在西方，以配金。陽氣起子，乾是陽氣之本，故先子之位，以純陽堅剛，故在西北，以配金。'《易傳》曰：'震主春分、穀雨。穀雨得天兑，則萬物畢生。兑者西方之卦，是時日在昴，昴西方之宿，以日在西，故曰天兑。貌順木得則天兑爲和，貌失木逆則天兑爲害，而常雨爲罰。兑主秋分、霜降。霜降得天震之動氣，則天下霜，萬物死。震者東方之卦，是時日在房，房東方之宿，以日在東，故曰天震。言順金得則天震爲和，言失金逆則天震爲害，而旱罰。''坎主冬至、大寒。大寒得天坎之氣，則天下大寒。是時日在虚，虚北方之宿，故曰天坎。聽順水得則天坎爲和，聽失水逆則天坎爲罰，故常寒。離主夏至、大熱。大熱得天離之氣，則天下大熱，萬物[3]畢出，是時日在七星，[4] 南方七宿，故曰天離。視順火得則天離爲和，視逆火失則天離爲罰，故常燠。''春、秋二時，震、兑相臨，天地氣和。冬、夏二時，天地氣併，坎、離各當其方。''四維四卦，則丑、寅屬艮，辰、巳屬巽，未、申屬坤，戌、亥屬

① "位"，《五行大義》(2022 年中華書局整理本)作"爲"。
② "氣"，《五行大義》無。
③ "物"，《五行大義》作"事"。
④ "七星"後，《五行大義》復有"七星"。

乾。因八方之通八風，以調八節之氣。'《淮南子》曰：'東北方曰蒼門，生條風。東方曰開明門，生明庶風。東南方曰陽門，生清明風。南方曰暑門，生景風。西南方曰白門，生涼風。西方曰閶闔門，生閶闔風。西北方曰幽都門，生不周風。北方曰寒門，生廣莫風。'蒼門者，東北木將用事，青之始也。開明門者，明者陽也，日之所出也。東南月建在巳，純陽用事，故曰陽門。南方盛陽，積温所在，故曰暑門。白門者，月建在申，金氣之始。閶闔門者，八月建酉，萬物將收。閶，大。闔，閉。大聚萬物而閉之也。幽，闇也。元①冥將始用事，陰聚，故幽。北方積寒所在，故曰寒門。此八極之方，是八風之所起②。"冬至，十一月，陽之氣也。陽立於五，極於九，五九四十五一變。風以陰合陽，故八風相距各四十五日也。《太平御覽》九引《易緯》曰："八節之風，謂之八風。冬至廣莫風至，誅有罪，斷大刑。立春條風至，赦小罪，出稽留。春分明庶風至，正封疆，修田疇。立夏清明風至，出幣帛，禮諸侯。夏至景風至，辨大將，封有功。立秋涼風至，報土功，祀四郊③。秋分閶闔風至，解懸垂，琴瑟不張。立冬不周風至，修宫室，完邊城。八風以時，則陰陽變化道成，萬物得以育生，王者當順八風，行八政，當八卦也。"

---

① 《集證》避清聖祖玄燁諱，改"玄"爲"元"，後"元泊""元武""太元""鄭元""元精""元天""思元賦""元女""元夷""元鳥""元邱"之屬皆類此。

② "蒼門"至"所起"，《五行大義》作："蒼門者，東北木將用事，春之始，故曰蒼門。開明門者，明，陽也，日之所出，故曰開明門。陽門者，月建在巳，純陽用事，故曰陽門。暑門者，盛衰之時，故曰暑門。白門者，月建在申，金氣之始，故曰白門。閶闔門者，月建在酉，萬物將收。閶，大。闔，閉。收閉之時，故曰閶闔門。幽都者，幽，闇也。玄冥將始用事，陰聚故幽也，故曰幽都門。寒門者，積寒所在，故曰寒門。此八極之方：是八風之所起也。"按：此段雖據引《五行大義》，然亦參酌《淮南子》注文句，故多有出入。

③ "郊"，《太平御覽》(1960 年中華書局影宋本)作"鄉"。

陽本爲雄，陰本爲雌，物本爲黿。《太平御覽》一。

宋均注：本即原也，變陰陽爲雄雌。黿也，亦言未有形也，皆無兆朕，故謂之氣。仝上。

案：《易乾鑿度》云："昔者聖人因陰陽，定消息，立乾坤，以統天地也。夫有形生於無形，故曰：有太易，有太初，有太始，有太素也。太易者，未見氣也。以其寂然無物，故名之爲太易。太初者，氣之始也。元氣之所本始。太始者，形之始也。天象形見之所本始。太素者，質之始也。地質之所本始。氣、形、質具而未離，故曰渾淪。雖含此三始，而猶未有分判。渾淪者，言萬物相渾而未相離。言萬物莫不資此三者也。視之不見，聽之不聞，循之不得，故曰易也。易無形畔，此明太易無形之時，虚豁寂寞，不可以視聽尋也。易變而爲一，一主北方，氣漸生之始，則太初氣之所生也。一變而爲七，七主南方，陽氣壯盛之始也。萬物皆形見焉，此則太始，氣之所生也。七變而爲九，西方，陽氣所終究之始。此則太素，氣之所生也。九者，氣變之究也，乃復變而爲一。此則元氣形見而未分者。夫陽氣内動，周流終始，然後化生一之形氣也。一者形變之始，清輕者上爲天，濁重者下爲地。"象質形見矣。其語與《詩緯》足相證明。蓋《易》有陰陽，《詩》有始際，其理則一也。《淮南・精神訓》云："古未有天地之時，惟像無形，窈窈冥冥，芒芠漠閔，鴻濛澒洞，莫知其門。皆未成形之氣也。有二神混生，經天營地。二神，陰陽之神也。於是乃别爲陰陽，離爲八極，剛柔相成，萬物乃形。剛柔，陰陽也。煩氣爲蟲，精氣爲人。故曰：一生二，二生三，三生萬物。一者元氣也，二者乾坤也，天地設位，陰陽通流，萬物乃生。萬物背陰而抱陽，沖氣以爲和。"《大戴禮・誥志篇》引虞史伯夷曰："明，孟也。幽，幼也。明幽，雌雄也。"《曾子天圓篇》云："天道曰圓，地道曰方，方曰幽，而圓曰明。明者，吐氣者也，是故外景。幽者，含氣者也，是故内景。故火日外景，金水内景，吐氣者施，而含氣者化，是以陽施而陰化也。陽之精氣曰神，陰之精氣曰靈。神靈者，品物之本也。”注云：“神爲䰟，靈爲魄。魂魄者，陰陽之精，有生之本也。”此變陰陽爲雌雄者，雌雄氣合而陰陽與和，共生物形。物本獨言魂者，魂少陽之氣，陽氣始動，物萠始生，故以爲物本也。

雄生八月仲節，號曰太初，行三節。 仝上。

宋均注：節猶氣也。太初，氣之始也。必知生八月仲者，據此時薺麥生以爲驗也。陽生物行三節者，須雌俱行，物乃著也。仝上。

案：《詩》三朞之法，《氾曆樞》云“王命一節爲之十歲”，此三節在一月中，則節各十日。行三節者，由八月仲節而至九月仲節也。《白虎通》云：“八月律[1]謂之南吕何？南者，任也，言陽氣尚有任，生薺麥也。”《史記·律書》正義引作“言陽氣尚任，包大，生薺麥也。”又云：“昌盍風至，生薺麥。”《易通卦驗》《春秋考異郵》並以昌盍風爲秋分之候，知雄生八月仲節，是據此時薺麥生以爲驗也。

雌生九月仲節，號曰太始。雄雌俱行三節。 仝上。

俱行，起自戌仲，至亥。仝上。

案：《太平御覽》引《乾鑿度》云：“雌生戌仲，號曰太始。”攷《乾鑿度》無此語，以類求之，知是《推度災》之文，今本《御覽》字譌舛耳。“戌仲”當作“九月仲節”，此緣注語有“起自戌仲至亥”而致誤也。知“雌生九月仲節”者，《白虎通》云：“九月律謂之無射何？射者，終也，言萬物隨陽氣而終，當復隨陰氣而起，無終已也。”《孝經鈎命訣》云：“元氣始萌，謂之太初。氣形之端，謂之太始。”太始者，形之始也，形生於氣，氣輔形而行，故合氣形而言之。《詩緯》上文云“雄行三節”，此言“雄雌俱行三節”，陽唱陰

① “律”，《白虎通》(1994年中華書局陳立《疏證》整理本)無。

和，女隨男行也。趙貢士在翰以雌生九月仲，亦行三節至亥仲，乃雌雄俱行，不知此注明言"俱行，自戌仲至亥"。又上文注言"雄[①]生物行三節者，須雄[②]俱行，物乃著"，須者俟也，明俟雌生而俱行也，至於亥仲則雄合物魂，非僅與雌俱行，且合而施化矣。

雄雌俱行三節，而雄合物魂，號曰太素。三氣未分別，號曰渾淪。曹憲《廣雅音義》。

雌雄俱行，故能含物魂而生物也。獨言雄，雄[③]主於陽故也。《太平御覽》卷一。〇案：《御覽》引"雄合物魂"二語作《乾鑿度》，今據《廣雅音義》則是《推度災》文。

案：王氏懷祖《廣雅疏證》云："'俱'字各本譌作'但'，又'三氣未分'句脱去'氣'字，今訂正。"喬樅案：《太平御覽》引《推度災》譌作《乾鑿度》，而"俱"字則尚未譌也。太素者，形變而有質者也。積陰不生，積陽不化，雄雌俱行，自戌仲至亥而陰陽氣合，施化始起。獨言"雄合物魂"者，陰承乎陽，順而成之，形生於氣也。張衡《靈憲》云："太素之前，幽清元靜，寂寞冥默，不可爲象。厥中惟虚，厥外惟無，如是永久焉，斯謂溟涬。溟涬，即冥莖也。《禮緯・斗威儀》云："天運二十九萬一千八百四十歲而反，太素、冥莖，蓋乃道之根也。"蓋乃道之根也，道根既見，自無生有，太素始萌。萌而未兆，并氣同色，渾沌不分，故《道志》之言曰'有物渾成，先天地生'，其氣體固未可得而形，其遲速固未可得而紀也，如是者又永久焉，斯謂龐鴻，蓋乃道之幹也。"

上清下濁，號曰天地。《太平御覽》卷三十六。

案：《説郛》引此文作《璇璣鈐》，亦誤。《古微書》與《御覽》同。《淮南・天文訓》云："天地未形，馮馮翼翼，洞洞屬

---

① "雄"，據前文當作"陽"。

② "雄"，據前文當作"雌"。

③ "雄"，《太平御覽》作"雌"。

屬，故曰太始[①]。道始於虚霩，虚霩生宇宙，宇宙生元[②]氣。氣有涯垠。清陽者薄靡而爲天，重濁者凝滯而爲地。清妙之合專易，重濁之凝竭難，故天先成而地後定。”張衡《靈憲》云：“道榦既育，有物成體，於是元氣剖判，剛柔始分，清濁異位，天成於外，地定於内。天體於陽，故員以動；地體於陰，故平以靜。動以行施，靜以合化，堙鬱構精，時育庶類，斯謂太元，蓋乃道之實也。”《漢書·律厤志》云：“太極元氣，函三爲一。極，中也。元，始也。行於十二辰，始動於子，參之於丑，得三。又參之於寅，得九。又參之於卯，得二十七。又參之於辰，得八十一。又參之於巳，得二百四十三。又參之於午，得七百二十九。又參之於未，得二千一百八十七。又參之於申，得六千五百六十一。又參之於酉，得萬九千六百八十三。又參之於戌，得五萬九千四十九。又參之於亥，得十七萬七千一百四十七。此陰陽合德，氣鍾於子，化生萬物者也。”注引孟康曰：“元氣始起於子，未分之時，天地人合而爲一，故子數獨一也。”

甲者，押也。《五行大義》一。

春則開也，冬則闔也。仝上。

案：《五行大義》云：“支干者，因五行而立之。昔軒轅之時，大撓所制。蔡邕《月令章句》云：‘大撓採五行之情，占斗機所建也。始作甲、乙以名日，謂之榦。作子、丑以名月，謂之支。有事於天則用日，有事於地則用辰。’陰陽之别也。榦者榦濟爲義，支者支任爲義，以此日辰，任濟萬事，故云支榦。”引《詩緯·推度災》“甲者，押也”云云，以釋名號。《五行大義》爲隋蕭吉撰，《新》《舊唐志》作《五行

① “始”，《淮南子》(2013年中華書局劉文典《淮南鴻烈集解》整理本)作“昭”。

② “元”，《淮南子》無。

記》,《宋志》作《五行大義》,中引《詩緯》語,皆前人採輯所未及,亟爲登之,以補佚文。押與閘通,《説文》云:"閘,開閉門也。"《易緯・辨終備》云:"雄雌呿吟,六節摇通。萬物孳甲,日營始東。"注云:"呿吟,闔闢也。《繫》曰:'闔户謂之坤,闢户謂之乾。'孳,生也。甲,東方之行,物所生,故數以始也。"甲有開、闔二義,故注申之曰"春則開也,冬則闔也",以釋"押"字之意。知此二語爲注文者,據下文《尒疋》歲次云"卯名單閼。單,盡也。閼,止也。言陽氣推萬物而起,陰氣盡止也",是《尒疋注》李巡之語,蕭氏連引之,不别標注云。下引"辰名執徐"諸條皆然,故知此二語及下"物之生長,各執其柄"云云,亦皆《詩緯》宋注之文。

乙者,抽也。仝上。

案:《五行大義》原引作:"鄭元注《禮記・月令》曰:'甲者,抽也。乙者,軋也。春時萬物皆解,自抽軋而出也。'"喬樅謂"甲"當作"乙",字之譌耳。"乙者,抽也",是《推度災》文。《文選・陸士衡〈文賦〉》:"思乙乙其若抽。"注云:"乙,抽也。"與《詩緯》義同。甲之爲義,無訓作"抽"者,知《詩緯》是言"乙者,抽也",文當在鄭注上,轉寫錯入鄭注中,遂致十榦闕乙之名義,今爲訂正之。鄭注"乙者,軋也",據《禮記・月令》注當作"乙之言軋也",亦轉寫錯誤耳。

丙者,柄也。仝上。

物之生長,各執其柄。仝上。

案:此亦《詩緯》及宋均注語。蕭氏引之不别標書名者,以上文稱《詩緯・推度災》,已發其凡以起例也。下文引《尒疋》歲次云"太歲在寅,曰攝提格",亦於首句發凡以起例,故於"卯名單閼"云云,皆不别標書名。引鄭注《月令》及《三禮義宗》《淮南子注》皆標名者,恐其文混,故又别之耳。《漢書·律志》云："明炳於丙。"鄭君注《月令》亦云："丙者，炳也。夏時萬物强大，炳然著見也。"訓丙爲柄，僅見於此，亦足以廣異義云。

丁者，亭也。仝上。

亭猶止也，物之生長，將應止也。仝上。

案：《文選·謝靈運〈初去郡詩〉》："止監流歸停。"注引《倉頡篇》云："亭，定也。停與亭同，古字通。"定義即止之意。《尒疋·釋天》："太歲在丁曰强圉。"又云："月在丁曰圉。"圉義亦訓爲止。《釋名·釋樂器》云："敔，衙也。衙，止也，所以止樂也。"柷敔，《毛詩·有瞽》作"柷圉""强圉"，《史記·厤書》作"疆梧""梧圉"。敔、衙、禦，古文並通，故得展轉相訓也。

戊者，貿也。仝上。

生長既極，極則應[1]貿易前體也。仝上。

案：《禮記·月令》："中央土，其日戊己。"《黄帝九宫經》以戊己配土，居中宫。《白虎通》云："地，土之别名也。"又云："地者，元氣之所生，萬物之祖也。萬物懷任，交易變化始起。"此訓戊爲貿，謂物"應貿易前體"，即"交易變化"之義也。一曰貿與茂、楙皆聲同，古文通用。鄭君注《月令》云："戊之言茂也。謂萬物皆枝葉茂盛。"《詩緯》"貿"字即"茂"之假借，《漢書·律志》言"豐楙於茂"[2]，亦假"楙"爲"茂"字也。仝上[3]。

己者，紀也。仝上。

物既始成，有條紀也。仝上。

案：《漢書·律志》云："理紀於己。"《釋名·釋天》云："己，紀也，皆有定形可紀識也。"與《詩緯》義合。鄭君云：

---

① "應"後，《五行大義》有"成"字。

② "茂"，《漢書》(1962年中華書局整理本)作"戊"。

③ 小字注"仝上"，當爲衍文。

"己之言起也，謂萬物含秀者抑屈而起也。"别爲一解。

庚者，更也。辛者，新也。仝上。

謂萬物成代，更改復新也。仝上。

案：《三國志・魏文帝紀》及《宋書・符瑞志》引《推度災》"庚者，更也"，《毛詩・十月之交》正義引《推度災》"辛之言新"，與此所引皆合，尤足證《五行大義》所載支幹名號，皆據《詩緯》之文。又攷《律志》云："斂更於庚，悉新於辛。"鄭注《月令》云："庚之言更也，辛之言新也。謂萬物皆肅然改更，秀實新成也。"《釋名・釋天》云："庚，猶更也。庚，堅强貌也。辛，新也，物初新者，皆收成也。"義並同。

壬者，任也。癸者，揆也。仝上。

陰任於陽，揆然萌牙於物也。仝上。

案：《史記・律書》云："壬之言任也，言陽氣任養萬物於下也。癸之言揆也，言萬物可揆度，故曰癸。"鄭注《月令》云："時維閉藏，萬物懷任於下，揆然萌芽也。"《釋名・釋天》云："壬，妊也，陰陽交，物懷妊，至子而萌也。癸，揆也，揆度而生，乃出土也。"其義皆足證明緯説。

子者，孳也。仝上。

陽氣既動，萬物孳萌。仝上。

案：《史記・律書》云："子者，滋也。滋者，言萬物滋於下也。"滋與孳通。《釋名・釋天》云："子，孳也。陽氣始萌，孳生於下也。"《孝經援神契》云："冬至陽氣動，斗指子爲冬至。"《白虎通》云："《月令》十一月律謂之黄鍾何？鍾者，動也，言陽氣於黄泉之下，動養萬物也。"《五經通義》云："冬至陽氣萌，陰陽交，精始成，萬物氣微，在下不可動泄。王者承天理[1]，故率天下静而不擾也。"

---

① "理"後，《通典》(1988年中華書局整理本)有"物"字。

丑者，紐也。仝上。

紐者，繫也，續萌而繫長也，故曰："孳萌於子，紐牙於丑。"仝上。

案：《律書》云："丑者，紐也。言陽氣在上未降，萬物厄紐未敢出也。"[①]《釋名·釋天》云："丑，紐也，寒氣自屈紐也。"《三禮義宗》云："言居終始之際，故以紐結爲名。"紐結亦繫之意也。《漢書·律志》言"孳萌於子，紐牙於丑"，即注語所本。物之始萌，其牙冤曲，欲奮軋而出，而爲陰氣所繫，故《爾雅》歲次"丑名赤奮若"，孫炎注以爲"物萌色赤，奮動順其心，而氣始芽也"。

寅者，移也。[②] 仝上。

物牙稍吐，引而申之，移出於地也。仝上。

案：《春秋元命包》曰："春者歲之始也，神明推移，精華結紐。"注云："陰陽相推移，物精華結成紐要也。"《淮南·天文訓》："斗指寅，則萬物螾螾也。"注云："螾螾，動生也。"《史記·麻書》云："寅言萬物始生螾然也。""螾動"即"移"之義。《漢書·律志》云："引達於寅。"《釋名·釋天》云："寅，演也，演生物也。""演生"即"引"之義，其説互相備。

卯者，冒也。仝上。

物生長大，覆冒於地也。仝上。

案：《説文》云："卯，冒也。二月萬物冒地而出，象開門之形。"《釋名·釋天》云："卯，冒也，載冒土而出也。"又《律書》云："卯之言茂也，言萬物茂也。"《三禮義宗》云："陽氣至此，物生滋茂。"冒、茂二義亦互相備。《詩緯》注言"物生長大，覆冒於地"，兼有"滋茂"之義。

---

① "丑者"至"出也"，爲張守節《正義》所補，非《史記》(2014年中華書局整理本)原文。

② "也"後，《五行大義》有"亦云引也"。

辰者，震也。 仝上。

震動奮迅，去其故體也。仝上。

案：《説文》云："辰，震也。三月陽氣動，雷電振，民農時也。"《律書》云："辰者，言萬物之蜄也。"蜄或作娠。娠，猶震也。《白虎通》云："辰者，震也，律中姑洗。三月謂之姑洗何？姑者故也，洗者鮮也，言萬物皆去故就新，莫不鮮明也。"注言"去其故體"，是其義矣。

巳者，已也。 仝上。

故體洗去，於是已竟也。仝上。

案：《説文》云："巳，已也。四月陽氣已出，陰氣已藏，萬物見，成文章。"《白虎通》云："大陽見於巳，巳者物必起。"必與畢字通。畢，竟也。《釋名・釋天》云："巳，已也，陽氣畢布已也。"訓義並同。

午者，仵也，亦云咢也。 仝上。

仲夏之月，萬物盛大，枝柯咢布於午。仝上。

案：《律志》云："咢布於午。"與此同義。《説文》云："午，啎也。五月陰氣午逆陽，冒地而出也。"《釋名・釋天》云："午，仵也，陰氣從下，上與陽氣相仵逆也。"畢氏秋帆云："仵，俗字，當作啎。《説文》：'啎，屰也。'咢亦啎屰之意也。"又案：《史記・律書》云："午者，陰陽交，故曰午。"是午又有"交午"之義。《詩緯》注言"枝柯咢布"，兼"交午"爲訓，其義乃備。《開元占經》二十三引李巡《尒疋注》云："鄂，茂也。"《史記索隐》引李巡云："作鄂，物芒枝起之貌。"物茂而枝柯咢布，亦有交午之象，皆足以推明緯説。

未者，昧也。 仝上。

陰氣已長，萬物稍衰，體薆昧也，故曰："薆昧於未。"仝上。

案："薆昧[①]於未"，語見《律志》。《釋名・釋天》云："未，

① "薆昧"，《漢書》作"昧薆"。

昧也，日中則昃，向幽昧也。”又《律書》云：“未者，言萬物皆成，有滋味也。”《説文》亦云：“未，味也。六月滋味也。”《釋名》就一日而言，《律書》及《説文》就一歲而言，故訓義各殊耳。

申者，伸也。仝上。

伸，猶引也，長也，衰老引長。仝上。

案：《淮南・天文訓》云：“申者，呻之也。”《説文》云：“申，神也。七月陰氣成，體自申束。從臼，自持也。”神、呻、伸，右文以聲同通假。《釋名・釋天》云：“申，身也。物皆成其身體，各申束之，使備成也。”與《説文》同意。物既成體，則漸老而堅，故《律志》云：“申堅於申。”

酉者，老也，亦云熟也。仝上。

萬物老極而成熟也。仝上。

案：《律書》云：“酉者，萬物之老也。”《律志》云：“留熟於酉。”皆與此訓同。《釋名・釋天》云：“酉，秀也。秀者，物皆成也。”據《尒疋・釋草》云“不榮而實者謂之秀”，則秀有“成實”之義。《説文》云：“酉，就也。八月黍成，可爲酎酒。”就亦成也。

戌者，滅也，殺也。仝上。

九月殺極，物皆滅也。仝上。

案：《律書》云：“戌者，言萬物盡滅，故曰戌。”《淮南子》及《白虎通》《説文》皆訓戌爲滅。立秋之時，陰氣出地，始殺萬物，故七月律謂之夷則。夷者傷也，則者法也，言萬物始傷，被刑法也。至九月霜降，則殺氣極矣。《春秋感精符》云：“霜，殺伐之表。季秋霜始降。”“王者順天行誅，以成肅殺之威。”又《釋名・釋天》云：“戌，恤也，物當收斂矜恤之也。亦言脱也，落也。”訓“脱”、訓“落”，並與“滅”義相近。惟“收恤”之訓，其義特殊，然據《律志》言“畢入於戌”，則是戌兼有“收恤”之義也。

亥者，核也，閡也。仝上。

十月閉藏，萬物皆入核閡。仝上。

案：《律書》云："亥者，該也。言陽氣藏於下，故該也。"《律志》云："該閡於亥。"孟康曰："閡，藏塞也。陰雜陽氣，藏塞爲萬物作種也。"《白虎通》云："亥者，侅也。"該、侅音義並同閡。《説文》云："亥，核也。"《釋名·釋天》云："亥，核也，收藏百物，核取其好惡真僞也。亦言物成皆堅核也。"訓"荄"、訓"核"，即"爲萬物作種"之義。《三禮義宗》云："亥，劾也，言陰氣劾殺萬物也。"義與諸解不同，别爲一説。

王者布德於子，治成於丑。《三國志·魏文帝紀》注。○《宋書·符瑞志》引同。

案：《淮南·天文訓》云："日冬至則斗北中繩，陰氣極，陽氣萌，故曰冬至爲德。日夏至則斗南中繩，陽氣極，陰氣萌，故曰夏至爲刑。"又云："北斗之神有雌雄。十一月始建於子，月從一辰，雄左行，雌右行。五月合午謀刑，十一月合子謀德。"季冬與季夏爲合季，夏德畢陽始窮也，季冬刑畢陰殺盡也。此言"布德於子"，不言布刑者，天道任陽不任陰，王者法天尚德不尚刑也。《淮南》又云："帝張四維，運之以斗，月徙一辰，復反其所。正月建寅，十二月建丑，一歲而匝，終而復始。"寅者歲之始，丑者歲之終也，天運之以成歲功，王者則之以成治道，故曰"治成於丑"。

如有繼周而王者，雖百世可知。以前檢後，文質相因，法度相改。三而復者正色也，二而復者文質也。《宋書·禮志》。

案：《公羊》桓十一年解詁引《樂緯》曰："天道本下，親親而質省。地道敬上，尊尊而文煩。故王者始起，先本天道以治天下，質而親親。及其衰敝，其失也親親而不尊，故後王起，法地道以治天下，文而尊尊。及其衰敝，其失也尊尊而不親，故復反之於質。"《白虎通》云："王者必一質一文者何？所以承天地，順陰陽。陽之道極則陰道受，陰之道極則陽道受，明二陰二陽不能相繼也。質法天，文法地而已。天爲質，地受而化之，養而成之，故爲文。""帝王始起，先質後文者，順天地之道、本末之義、先後之序也。事莫不先有其質性，乃後有文章也。""天質地文。質者據質，文者據文。周反統天正，何也？質文再而復，正朔三而改，三微質文，數不相配，故正不隨質文也。""王者受命必改朔，明易姓，示不相襲。明受之於天，不受之於人，所以變易民心，革其耳目，以助化也。故《大傳》曰：'王者始起，改正朔，易服色，殊徽號，異器械，別衣服。'是以舜禹雖繼太平，猶宜改以應天。"《尚書大傳》曰：'夏以十三月爲正，色尚黑，以平且①爲朔。殷以十二月爲正，色尚白，以雞鳴爲朔。周以十一月爲正，色尚赤，以夜半爲朔。必以三微之月爲正者，當尒之時，物皆尚微，王者受命，當扶微理弱，奉成之義也。②'三正之相承，若循連環。孔子承周之弊，行夏之時，知繼十一月正者，當用十三月也。"《漢書・律麻志》云："三代各據一統，明三統常合，而迭爲首，登降三統之首，周還五行之道也。故三統相包而生。天統之正，始施於子半，日萌色赤。地統受之於丑初，日肇化而黄，至丑半，日牙化而白。人統受之於寅初，日孽成而黑，至寅半，日生成而青。天施復於子，地化自丑畢於辰，人生自寅成於申。故歷數三統，天㠯甲子，地㠯甲辰，人㠯甲申，孟、仲、季迭用事爲統首。三微之統既著，而五行自青始，其序亦如之。五行與三統相錯。傳曰：'天有三辰，地有五行。'然則三

---

① "且"，據《尚書大傳》(2015 年中華書局皮錫瑞《疏证》整理本)當作"旦"。

② "必以"至"義也"，《白虎通》引作"不以二月後爲正者，萬物不齊，莫適所統，故必以三微之月也"。按：陳氏引據《白虎通》時，蓋亦參酌其他文獻。

統五星[①]可知也。《易》曰：'參五以變，錯綜其數。通其變，遂成天下之文。極其數，遂定天下之象。'太極運三辰五星於上，而元氣轉三統五星[②]于下。其於人，皇極統三德五事。故三辰之合於三統也，日合乎天統，月合乎地統，斗合乎人統。五星之合於五行，水合於辰星，火合於熒惑，金合於太白，木合於歲星，土合於填星。三辰五星而相經緯也。"

《關雎》有[③]原，冀得賢妃，正八嬪。《太平御覽》一百四十五。

注：嬪，婦也。八嬪[④]正於内，則可以化四方矣。仝上。

案：《後漢書・郎顗傳》云："《周南》之德，《關雎》政本。本立道生，風行草從，澄其源者流清，溷其本者政濁。"稚光稱"四始、五際"，習齊《詩》之學，故其説與《詩緯》同。八嬪，趙貢士在翰云："'八'當作'九'，字之訛也。《周禮》九嬪屬天官。嬪者婦之美稱，則稱其職矣。此與《毛詩叙》'憂在進賢'義合。"[⑤]

鵲以復至之月始作室家，鳴[⑥]鳩因成事，天性如此也。《毛詩・鵲巢》正義。

案：《易通卦驗》云："鵲者，陽鳥，先物而動，先事而應。"鵲之作巢，始於冬至，至春乃成。復於消息十一月卦也。《夏小正》云："三月鳴鳩。言始相命也，先鳴而後鳩，

---

① "星"，《漢書》亦作"星"，據文意疑爲"行"。

② "星"，據《漢書》當作"行"。

③ "有"，《太平御覽》作"知"。

④ "嬪"，《太平御覽》作"婦"。

⑤ "八嬪"至"義合"，《續四庫》本作："古者天子諸侯一娶九女，嫡媵畢具。《孟子》引《詩》'刑于寡妻'，趙岐注云：'言文王正己嫡妻，則八妾從。'八妾即此所謂八嬪是也。"按：兩段文字字數相同，爲有意挖改。又"此與"至"義合"，趙氏《七緯》在"八當"前。

⑥ "鳴"，據《毛詩正義》當作"鳲"。按：天津圖書館本似亦爲"鳲"，然筆畫剝落，而《續四庫》本誤修爲"鳴"。

何也？鳩者鳴而後知其鳩也。”鳩不自爲巢，常居鵲之成巢也。

復之日，鵲始巢。《禮記・月令》正義。

雉雊，鷄乳。《困學紀聞・詩①》。

案：《周書・時訓解》云：“小寒之日，雁北向。又五日，鵲始巢。又五日，雉始雊。大寒之日，雞始乳。雁不北向，民不懷主。鵲不始巢，國不寧。雉不始雊，國大水。雞不始乳，淫女亂男。”然則知歲時物候之紀，皆欲以驗災祥耳。

邶②，結蝓之宿。《乙巳占》。

宋均注：結蝓之宿，謂營室星。仝上。

案：營室、東壁皆衛星分。《漢書・地理志》言河内本殷之舊都，分爲三國，故邶、鄘、衛之詩，相與同風。《開元占經》六十一引宋均曰：“營室爲舌俞。”舌俞者，蛞蝓之假借。此注“結蝓”是“蛞蝓”之譌。蛞蝓，蝸牛也，頭有四角，蓋營室之精。《廣雅・釋魚》云：“蝸牛，螔蝓也。”《占經》又引《地軸占》曰：“營室一名鯠鯩。”鯠鯠③，亦即螔蝓。營室二星爲西壁，見《占經》引郗萌語。與東壁合爲四星，象蛞蝓之四角也。又攷《史記索隱》引《元命包》云：“營室④十星，埏陶精類，始立紀綱，包物爲室。”營室二星，《春秋緯》言十星者，中二星爲室，繞室三向，兩兩而居，曰離宫。統而言之，皆營室也。離宫之下二星曰東壁，蓋連離宫東壁數之，故爲十星歟？

鄘，天漢之宿。仝上。

宋均注：天漢之宿，天津也。仝上。

---

① “詩”，據《困學紀聞》(2016 年中華書局翁元圻《輯注》整理本)當作“禮記”。

② “邶”後，據《乙巳占》(1936 年商務印書館叢書集成初編本)當有“國”。後至“曹，天宿張、弧”，皆類此。

③ “鯠”，據文意當作“鯩”

④ “星”，據《史記索隱》當作“室”。

案：《開元占經》引《石氏》云："天津九星，在須、女北河中。西北星入斗二度[①]。"《黄帝占》曰："天津，一名天漢，一名横星。有横四星，在危之北，居漢。"邶、鄘同爲河内地，周公誅禄父，遷邶、鄘之民於洛邑。洛爲周東都，《詩・王風》是也。邶之天宿爲營室，王之天宿爲箕、斗，自斗至室並北方七星。《尒疋》云："箕、斗之間，漢津也。"天漢之宿，西屬斗，東屬女、虚，横四星又在危北，故鄘得應天漢之宿也。

衛，天宿斗衡。仝上。

案：斗衡者，北斗之第五星。《五行大義・論九宫數》云："九天，屬北斗九星之數，下對九州。中央鈞天數五，屬斗第五衡星，應中宫，對豫州。"《淮南・天文訓》云："中央鈞天，其星角、亢、氐。"高誘注曰："韓、鄭之分野也。"九宫之位，豫州居中央，應中宫，屬斗衡，衛爲狄所滅，更封於河南曹、楚邱[②]，故天宿屬於斗、衡。《天官書》曰："北斗杓攜龍角，衡殷南斗，魁枕參首。用昏建者杓，華山以西南。夜半建者衡，以殷中州河、濟之間。平旦建者魁，海岱以東北也。"

王，天宿箕、斗。仝上。

案：箕、斗之間爲漢津。《開元占經》引《韓楊》曰："南斗第六星天子。"《聖洽符》曰："南斗者，天子之廟，主紀天子壽命之期。"《甘氏》曰："南斗，天子壽命之期。故曰將有天下之事，占於南斗。"《石氏》曰："箕、斗者，天子之冠服也。"王，周天子之都，故天宿主箕、斗。

鄭，天宿斗衡。仝上。

案：鄭與衛同宿者，《漢書・地理志》云："鄭國，今河南

---

① "西北星入斗二度"，《開元占經》（2008年臺灣商務印書館《景印文淵閣四庫全書》本）爲小注。

② 《集證》避孔子諱，改"丘"爲"邱"，後做此。

之新鄭，本高辛氏祝融之虚也。及成皋、滎陽、潁川之嵩高、陽城，皆鄭分也。"其地仝爲豫州之域，故並屬斗、衡。

魏，天宿牽牛。仝上。

案：列宿分主列國，下應九州，各有分野，而其星又有兼候他國者。如張，周地，今之河南也，又爲楚。見《漢書·天文志》。昴，趙分，又主胡星。見《春秋緯》。參，晉分，又以侯蜀。見《占經》六十三。是也。牽牛，吴之分星，又爲魏之天宿，以其兼候者言之也。《五行大義》引《淮南子》説以牛爲岱分，《甘氏星經》謂牽牛六星"次南三星主南越，動摇變色，從而占之"，皆以其所兼候者而言。《開元占經·日辰占邦》説以丑爲魏、翟、梁，牽牛於辰在丑，故魏之天宿得屬牽牛也。

唐，天宿奎、婁。仝上。

案：《石氏星經》胃爲趙分，《漢書·天文志》以奎、婁、胃主徐州，是胃亦爲魯星。又言酉魯，戌吴、越，所主國亦殊。攷奎、婁魯分，在戌。昴、畢趙分，在酉。戌主吴、越，是亦兼候奎、婁。此言奎、婁爲唐天宿，亦以所兼候爲言。蓋自胃至參，並趙、魏分。奎、婁屬西方七宿，皆得爲三晉所候，故言唐之天宿也。

秦，天宿白虎，氣主[1]元武。仝上。

案：西宫咸池曰天五潢，爲五帝車舍。《石氏》謂五車"西北端一大星曰天庫"，主太白，秦也。《史記·天官書》言："秦之彊[2]候在太白，占於狼、弧。"《正義》以爲"太白、狼、弧，皆西方之星，故秦占候"。西宫七宿，白虎之精，狼、弧二星在參東南。參，白虎之體也。元武者，北方之宿。《黄帝占》以北斗第一星主秦，《春秋緯》言北斗第一星爲

---

① "主"，《乙巳占》作"生"。

② "彊"，《史記》作"疆"。

樞，主雍州。又名正星，於列星主營室、東壁，室、壁並元武之宿。《五行大義・論九宮數》"雍州在西北乾宫"，故氣又主元武也。

陳，天宿大角。仝上。

案：《漢書・地理志》云："韓地，角、亢、氐之分野也。《詩・風》陳、鄭之國，與韓同星分焉。"大角一星，《石氏》云："在攝提間，入亢二度半，一名格，一名漢星。"陳與韓同星分，故天宿爲大角。

檜，天宿招摇。仝上。

案：檜地在豫州外方之北，滎播之南。招摇一星，《石氏》云："在梗河北，入氐二度半。"鄭武公定虢、檜之地，是爲鄭國，今河南之新鄭也，亦與韓同星分，故天宿爲招摇。

曹，天宿張、弧。仝上。

案：弧九星，在参東南，西星入井十六度。《石氏》曰："弧星者，天弓也，以備盜賊。狼星爲奸寇，弧星爲弓矢[①]。矢常欲直，則狼不敢動，天下安寧，無兵起。若矢不直，弧亦不張，天下多盜賊，兵大起。"又《星讚》曰："弧在東南，陰謀張也。"曹地與宋同分野，其後曹并於宋，宋滅於齊、楚、魏，参分其地。魏之梁及陳留，即曹、宋之虚。觜、参爲魏分，弧之星位在参，故曹之宿得主張、弧，猶井、鬼爲秦分。弧之星度入井，故秦之强[②]亦候狼、弧也。又案：《周禮・保章氏》云："以星土辨九州之地，所封之域，皆有分星，以觀妖祥。"《禮・王制》正義引《春秋元命包》云："王者封國，上應列宿之位。若角、亢爲鄭，房、心爲宋之比。其餘小國不中星辰者，以爲附庸。"庸者，通也，官小德微，附於大國以通，若畢星之有附耳然，故謂之附庸。蓋九州之地，諸侯所封，各有封域，即各有分星。察

① "弓矢"，《開元占經》作"司其非其"。

② "强"，《史記》作"疆"。

星分之變動，辨其吉凶，所以詔救政，訪序事也。故《詩緯》於列國備言之，以著終始際會之義。《漢書·地理志》云："秦地，於天官東井、輿鬼之分野也。""魏地，觜觿、參之分野也。""周地，柳、七星、張之分野也。"[①]"趙地，胃[②]、昴、畢之分野。""燕地，尾、箕分野也。""齊地，虛、危之分野也。""魯地，奎、婁之分野也。""宋地，房、心之分野也。""衛地，營室、東壁之分野也。""楚地，翼、軫之分野也。""吴地，斗分野也。""粤地，牽牛、婺女之分野也。"又《天文志》云："角、亢、氐，沇州。房、心，豫州。尾、箕，幽州。斗，江、湖。牽牛、婺女，揚州。虛、危，青州。營室、東壁，并州。奎、婁、胃，徐州。昴、畢，冀州。觜、觿參，益州。東井、輿鬼，雍州。柳、七星、張，三河。翼、軫，荆州。甲乙，海外，日月不占。丙丁，江、淮、海、岱。戊己，中州河、泲[③]。庚辛，華山以西。壬癸，常山以北。一曰，甲齊，乙東夷，丙楚，丁南夷，戊魏，己韓，庚秦，辛西夷，壬燕[④]，癸北夷。子周，丑翟，寅趙，卯鄭，辰邯鄲，巳衛，午秦，未中山，申齊，酉晉[⑤]，戌吴、越，亥燕、代。秦之强[⑥]，候太白，占狼、弧。吴、楚之强[⑦]，候熒惑，占鳥、衡。燕、齊之强，候辰星，占虛、危。宋、鄭之强[⑧]，候歲星，占房、心。晉之强[⑨]，亦候辰星，占參、罰。及秦并吞三晉、燕、代，自河、山以南者中國。中國於四海内則在東南，爲陽，陽則日、歲星、熒惑、填星，占於街南，畢主

---

① 陳氏引《漢志》，漏略韓、鄭及陳之地。

② "胃"，據《漢書》當無。

③ "泲"，《漢書》作"濟"。

④ "燕"後，據《漢書》當有"趙"。

⑤ "晉"，據《漢書》當作"魯"。

⑥ "强"，《漢書》作"疆"。

⑦ "强"，《漢書》作"疆"。

⑧ "强"，《漢書》作"疆"。

⑨ "强"，《漢書》作"疆"。

之。其西北則胡、貉、月氏旃裘引弓之民，爲陰，陰則月、太白、辰星，占於街北，昴主之。故中國山川東北流，其維，首在隴、蜀，尾没於勃海碣石。是以秦、晋好用兵，復占太白。太白主中國，而胡、貉數侵掠，獨占辰星。辰星出入趮疾，常主夷狄，其太經也。”班氏家學習齊《詩》，故附録之以資互證云。

十月之交，氣之相交。周十月，夏之八月也。《毛詩正義》。

案：《淮南・天文訓》云：“子午、卯酉爲二繩。陽生於子，陰生於午。冬至爲德，夏至爲刑。陰陽相德，則刑德合門。八月、二月，陰陽氣均，日夜平分。德南則生，刑南則殺。故二月會而萬物生，八月會而草木死。”二月、八月，斗指卯酉，中繩陰陽交會，故云“氣之相交”。周以十一月爲正，則《詩》言十月，乃夏之八月也。

卯酉之際爲改政。《五行大義》。

案：《五行大義》曰：“卯酉陰陽交會，日月至此爲中道，萬物盛衰出入之所，號二八之門，以當二八月也。故《詩推度災》曰：‘卯酉之際爲改正。’”《漢書・天文志》云“日者君之象，君行急則日行疾，君行緩則日行遲”，遲疾失其常則蝕，蝕在交道也，故日蝕修德以禳之。攷《後漢書・郎顗傳》顗條便宜七事，引《詩氾厤樞》語“卯酉爲革正”，今據《五行大義》所引云云，則是《詩推度災》亦有此語也。

及其食也，君弱臣强，故天垂象以見徵。辛[①]者正秋之王氣，卯者正春之臣位。日爲君，辰爲臣。八月之日，交卯食辛矣。辛之爲君，幼弱而不明。卯之爲臣，秉權而爲政。故辛之言新，陰氣盛而陽微，主[②]其君幼弱而任卯臣也。《毛詩正義》。

案：《漢書・翼奉傳》云：“臣奉竊學齊《詩》，聞五際之要

---

① “辛”，《毛詩正義》作“子”。

② “主”，《毛詩正義》作“生”。阮校曰：當作“主”。

《十月之交》篇，知日蝕、地震之效昭然可明。”攷《開元占經》引《石氏》曰：“日月以二月、八月出房南，過其度其衝，日月以晦蝕。出房北，過其度其衝，日月以朔蝕。”《京氏》曰：“辛卯日蝕，天子微弱，諸侯誅，兵欲弑其主，卒反得其殃。”又《易傳》曰：“八月日蝕，大水敗城郭，天下更始，期三年。”此詩下言“百川沸騰”，是大水之象也。《占經》又引《春秋感精符》云：“日蝕有三法，一曰妃黨恣肆，邪臣在側，則日黄無澤，日以晦蝕，其發必於昡惑。二[①]曰偏任權柄，大臣擅法，則日青黑，以二日蝕，其發必於酷毒。三曰宗黨犯命，威權害國，則日赤鬱快無光，日以朔蝕，其發必於嫌隙。”《續漢書·五行志》注引《春秋潛潭巴》云：“日辛卯蝕，臣伐[②]其主。”《春秋緯》之説，足與此相發明。《後漢書·丁鴻傳》鴻上封事，曰：“日蝕者，臣乘君，陰凌陽。昔周室衰季，皇甫之屬專權於外，黨類强盛，侵奪主勢，故《詩》曰：‘十月之交，朔日辛卯，日有食之，亦孔之醜。’變不虚生，各以類應。”其説與此亦同。

百川沸騰衆陰進，山冢崒崩人無仰，高岸爲谷賢者退，深谷爲陵小臨大。仝上。

案：《續漢書·五行志三》引讖曰：“水者，純陰之精也。陰氣盛洋溢者，小人專制擅權，妬嫉賢者，依公結私，侵乘君子，小人席勝，失《文獻通考》引作“矢”懷得志，故涌水爲災。”《占經》一百引京房《災異對》曰：“江河沸者，有聲無實，此爲執政者懷奸不公，衆邪並聚，則致此災，不救必有叛，君謀其政也。”《五行志四》引《京房易傳》曰：“山崩，陰乘陽，弱勝强也。”《占經》九十九引《考異郵》曰：“山者，君之位也。崩毁者，陽失制度，爲臣所犯毁。”《南齊志》引

① “一”，據《開元占經》當作“二”。

② “伐”，《續漢志》(1965 年中華書局整理本)作“代”。

《五行傳》曰："山之於地，君之象也。山崩，君權損，京陵易處，世將變也。陵轉爲澤，貴將爲賤也。"《御覽・地部二》引《考異郵》曰："后族專則土踊。"宋均注曰："陰盛也。"諸説皆與《詩緯》義同。《毛詩正義》引《中候・擿雒戒》曰："昌受符，厲倡孽，期十之世權在相。"又曰："剡者配姬以放賢，山崩水潰納小人，家伯罔主異載震。"即指此詩而言也。

在下不臣，蟲食葉。貸者，代也。小臣爲禮，政[①]變其法，故立字同於代。窮[②]其變，臣欲殺也。《開元占經》一百二十。

案：《爾雅》云："食葉，蟘。"李巡注云："食禾葉者，言假貣無厭，故曰蟘也。"董仲舒對災異曰："佞臣居位，貪叨之徵。邪人在位，則蝗蟲食葉。"《續漢書・五行志三》："永初四年夏，蝗。"劉昭注引讖曰："主失禮煩苛則旱之，魚螺變爲蝗蟲。"又："光和三年詔策問：'連年蝗蟲，其咎安在？'蔡邕對曰：'《河圖秘徵篇》云："帝貪則政暴而吏酷，酷則誅深必殺，主蝗蟲。"蝗蟲，貪苛之所致也。'是時百官遷徙，皆私上禮西園以爲府。"據此，則緯所云"小臣爲禮，政變其法"，是其驗矣。《開元占經》爲唐大史監瞿曇悉達撰，徵引古籍極爲浩博，如《隋志》所稱緯八十一篇，此書尚存其七八，中引《詩緯》語足補佚缺者，多至三十餘條云。

傷思食賊之[③]也。仝上。

案：《占經》引《推度災》文如此，疑有脱誤，當作"傷忠臣，蟲食節，賊賊之也"。上文引京房説曰"害忠孝，蟲食根"，下文又引京房説"傷忠臣，蟲食蠶"，此"蠶"亦譌字。與此爲類，故知當然。

---

① "禮政"，《開元占經》作"政事"。

② "同於代窮"，《開元占經》作"貸與伐同"。

③ "思食賊之"，《開元占經》作"苗食之賊"。

月三日成魄，八日成光，蟾蠩體就，穴鼻始明。《事類賦·天部》

宋均注：穴，決也。決鼻，兔也。仝上。

案：《太平御覽·天部四》引同，又《獸部十五》引無首一句，"體就"下訛以注"決鼻兔也"爲正文，宜訂正[①]。《白虎通》云："月之爲言闕也，有滿有闕也。所以有闕何？歸功於日也。三日成魄，八日成光，二八十六，轉而歸功晦，至朔旦受符復行。"《春秋元命包》曰："陰精爲月，日行十三度，常詘任而受。受陽精也。明精在内，故金水内景。""兩設以蟾蠩與兔者，明陰陽雙居，陽之制陰，陰之倚陽。"《五經通義》曰："月中有兔與蟾蠩何？月陰也，蟾蠩陽也，而與兔並明，陰係於陽也。"月有形無光，三日成魄，稟日之光而見其體，日所不照，則謂之魄。八日成光者，謂弦也。《占經》引《荆州占》曰："月生八日而弦，天下大安。"弦，月半之名也，其形一旁曲，一旁直，若張弓弦。至蟾蠩體就，決鼻始明，則望矣。望者，月滿之名。日月相望，人居其間，盡覩其明，故形圓也。

外規有雲，内有如羊而黄者，京雲也。《白帖·雲》。

案：京與景通。《太平御覽》引《禮斗威儀[②]》云："人君乘水而王，其政和平，則景雲見。景，明也，言雲氣光明也。"又引孫氏《瑞應圖》云："景雲者，太平之應也。一曰非氣非煙，五色氛氲，謂之慶雲。"又云："矞雲也，有狀外赤内黄。"慶雲即卿雲，雲二色曰矞，矞亦瑞雲也。《周禮·保章氏》以五色雲物辨吉凶之祲，注以雲氣黄爲豐。故京雲之狀，内有如羊而黄也。《春秋傳》曰古者"分至啓閉，必書雲物，爲備故也"，注言分至啓閉，天地之大節，陰陽之分也。故登臺望氣，以審妖祥變亂之氣。先見於八

---

① 按：此條見於《太平御覽·獸部十九》，且作"八月成光，決鼻始明，決鼻兔也"，與陳説有出入。

② "義"，據《太平御覽》當作"儀"。

節，書其雲物之形，言其所致，務爲之備也。

黄龍在内，正土職也，一曰東①陵，一曰權星，主雷雨之神。《開元占經》六十六。

案：《史記 · 天官書》："南宫未②鳥，權、衡。衡，太微，三光之廷。""權，軒轅。軒轅，黄龍體。前大星，女主象。旁小星，御者後宫屬。"注引孟康曰："軒轅爲權，太微爲衡。"軒轅，形如勝龍。黄者，土之正色。軒轅正土職，故其象爲黄龍。軒轅爲權，故一曰權星。《占經》引《石氏》曰："軒轅星，王后以下所居宫。一曰帝西③宫，中央土神，女主之象也。女主之位，皇帝之舍也。""軒轅星如其故色，黄而潤澤，則天下和，年大豐。"《黄帝占》曰："軒轅十七星，主后妃黄龍之體，以應主。南第一星，皇后也。次北一星，三夫人也。又北一星，九嬪也。次北一星，二十七世婦。其次北一星，八十一御女。西南六尺一星，太后宗也。東南六尺一星，皇后宗也。后妃星南一尺一星小者，皇子也。次南二尺一星，女史也。其星主雷、雨、風、霜、霧、露、虹蜺、背璚、抱珥，此軒轅之變氣，皆應主之祥。"

日蝕，君傷。《開元占經》九。

案：劉向《洪範傳》曰："日之爲異，莫重於蝕，故《春秋》日蝕則書。日蝕者，下淩上、臣侵君之象也。日蝕衆者亂亦衆，稀者亂亦稀。"《續漢志》注引《日蝕説》曰："日者，太陽之精，人君之象。君道有虧，爲陰所乘，故蝕。蝕者，陽不克也。"

月食，大臣刑。《開元占經》十七。

案：《漢書 · 李尋傳》云："月者，衆陰之長，妃后、諸侯、

---

① "東"，據《開元占經》當作"陳"。

② "未"，據《史記》當作"朱"。

③ "西"，據《開元占經》當作"南"。

大臣之象。"《易緯·通卦驗》云:"日蝕則正人主之道,月蝕則正臣下之行。"《辨終備》云:"日之既,陽德消。月之毁,刑將將。"注云:"月之毁,謂月食當過也。將將,大也。陰主刑。"故《詩緯》言月蝕其占爲大臣刑。《占經》引《京氏占》曰:"月與日相衡,分天下之半,循於黄道,烏兔相沖,光盛威重,數盈理極,危亡之灾,一時頓盡,遂使太陽奪其光華,闇虚虧其體質。小潛則小虧,大潛則大滅,此理數之常然也。"

賢者退、小人進而讒言侈,陰賊行而天下昏。熒惑數出,干主位,赤而芒爲火[1],黑而圓爲水喪。止舍爲其邦,疾則事急,留則殃重。《開元占經》三十。

案:《占經》引《推度災》曰:"熒惑黑圓,爲水喪。"又引《詩緯》曰"賢者退"云云,知所引皆《推度災》之文。《洪範五行傳》云:"熒惑於五常爲禮,辨上下之節,於五事爲視,明察善惡之事也。禮虧視失,逆夏令,傷火氣,則熒惑爲災。"《太平御覽》引《天官星占》曰:"熒惑爲天候,主歲成敗,司察妖孽,所往有兵。爲亂,爲賊,爲疾,爲喪,爲饑,爲兵,蓋天下不理也。東西南北無有常。出則有兵,入則兵散。周旋止息,乃爲死喪。"《占經》又引《韓楊》曰:"熒惑之爲言熒惑,以象讒賊進退無常,不可爲極。"《荆州占》曰:"熒惑變色失行,所留者亡,所抵者兵。""人君、宰相之治,逞驕恣,不從五行,賢者伏匿,讒臣亂治,逐功臣,誅不辜,即熒惑變色。""王者禮義,熒惑不留其國。凶殃,罰之。"《石氏》曰:"熒惑逆行,以其所守之舍命其國。"郗萌曰:"熒惑色變,一見一伏,求之不可得。奎之目,辰之心,參之左肩,龍之左角,畢之右股,此五星也。類此色,即熒惑。"《甘氏》曰:"熒惑色赤黄,發疾。

① "火"後,據《開元占經》當有"兵"字。

黑青，發難。黄若赤，一歲内發。白色，期二年。青色，期三年。黑色，期四年至五年。以星行尺寸淺深爲度，大小期應。”

大臣戮亡，熒惑環鈇鑕。《開元占經》三十七。

案：熒惑，一曰罰星，一曰執法。《史記・天官書》云：“誅成質。”注引晉灼曰：“熒惑入天質，占曰大臣有誅。”《春秋元命包》云：“鈇鑕主亂行，斬誅枉詐。”《占經》引《石氏》曰：“熒惑入鈇鑕，若有星動摇，鈇鑕用。”郗萌云：“鈇鑕星不欲明，明若動，爲鈇鑕用。”熒惑執法，鈇鑕又主誅戮，故環鈇鑕其應爲大臣戮亡。言環者，謂星圍宿周迴一匝也，環而不周者曰繞。

建星動，勞未央。《開元占經》六十五。

案：《占經》引郗萌曰：“建星，天之都關也，爲謀事，爲天鼓，爲天馬。南二星，天庫也。中央二星，市也，鈇鑕也。上二星，旂也，天府庭也。斗建之間，三光道也。”《海中占》曰：“斗建者，陰陽終始之門，大政升平之所起，律厤之本原也。”《荆州占》曰：“建星欲其相類列，則天下安，若不相類則天下亂，人主憂。”案《漢書・天文志》：“元光中，天星盡摇，上吕問候星者。對曰：‘星摇者，民勞也。’後伐四夷，百姓勞於兵革。”是其驗也。

百姓空虚，水泥□□，魚鱉不滋，五穀無收。《唐類函》二十三。[①]

案：此條疑爲咸池之候。《史記・天官書》云：“西宫咸池，曰天五潢。五潢，五帝車舍。火入，旱。金，兵。水，水。”《正義》曰：“咸池三星，在五車中，天漢南，魚鳥之所託也。”“五車，五星。三柱，九星。在畢東北，天子三[②]兵車舍也。”《淮南・天文訓》云：“咸池者，水魚之囿也。”

---

① “二十三”，據《唐類函》(國圖藏明萬曆三十一年刻本)當作“十二”。按：“二十三”爲清官修《淵鑒類函》(國圖藏清康熙四十九年刻本)卷數。

② “三”，據《史記》當作“五”。

《春秋元命包》云："咸池主五穀，其星五者各有所職，以畜積爲天峙五穀。咸池之爲言皆多也。穀生於水，含秀懷實，至秋精垂，故一名五車，言以車載穀而販也。"《禮含文嘉》云："倉廪實知禮節，衣食足知榮辱。天子得靈臺之禮，則五車、三柱明，水泉川流無滯，陸澤山陵禾盡豐穰。"《占經·雜占》引《京氏》曰："治國無禮義，則魚飛。水有淵奥，即魚居之。國無禮義，則民去焉，故魚飛不救有虚邑，其救也，安民治業，定禮興樂。"據劉向《洪範五行傳》説，亦言魚陰類，民象也。百姓空虚，魚鱉不滋，氣類之感，相因而至也。《占經·星占》又引《石氏》曰："五車柱外出不居兩星之間者，天下大水。"《甘氏》曰："五車星，各有所主分野。西北大星曰天庫，主太白，秦也。次東北曰天獄，主辰星，燕、趙也。次東曰天倉，主歲星，魯、衛也。次東南星曰司空，主填星，楚也。次西南曰卿，主熒惑，韓①、魏也。占五車均明，柱皆見，則倉廪實；不見，其國絶食。五車三柱有變，各以其國占之。②其星動摇變色，其國有兵，五穀大貴，人民饑亡。"隨星所主分野占之。《詩緯》言"百姓空虚"，則倉廪不實矣。言"水泥"，則水泉積滯矣。水煩則魚鱉不大，氣衰則生物不遂，飢饉薦臻，民卒流亡，蓋皆靈臺禮失之所致也。

奔星所墜，其下有兵。《開元占經》七十一。

案：《占經》云："《爾雅》：'奔星爲彴約。'注言：'流星大而疾者曰奔。'"《河圖》曰："諸流星皆鈎陳之精，天一之神③也。"孟康曰："飛星主謀事，流星主兵事，使星主行事。"《石氏》曰："星行絶迹名曰飛星，其迹著天名曰流星。"《春秋緯》曰："大奔星有聲，望之如火光，見則有破軍，四方相射。"《太公陰秘》曰："凡軍擊賊，見大流星所

---

① "韓"，《史記正義》無。

② 小注所引爲《史記正義》文。

③ "神"，《開元占經》作"御"。

指向者，將之用兵，順之行則勝。”又曰：“流星下入軍，營必空，主將無功，避之則吉。”《荊州占》曰：“大流星赤光照地，流而東，吴、越部兵。一作“齊地部兵”。流而南，楚、宋部兵。流而西，秦、鄭部兵。流而北，燕、趙部兵。”是奔星主兵事之應也。

列宿之所墜，滅家邦。衆星之所墜，萬民亡。《開元占經》卷七十六。①

案：《洪範傳》云：“星者，在位人君之類也。隕者，象其隕墜，失其所也。”“天變所以語人也，防惡遠非，慎卑省微，將以安之也。”董仲舒曰：“常星二十八舍，人君之象也。衆星者，萬民之類也。列宿不見，象諸侯微也。”“衆星墜，民失其所也。”《京房易傳》曰：“五行之形，其體在下，精耀在天，百官之本，各因其原。星飛反行，萬民不安。大星隕下，陽失其位，災害之萌也。其救也，人君當悔過反故②，克己責躬，省徭役，安國封侯，以寧民爲先，則宿正矣。”《漢書・五行志》載谷永對云：“星附麗於天，猶庶民附麗王者。君失其道，綱絶③廢頓，下將叛去，故星畔天而墜，以見其象也。”

逆天下，絶人倫，則二日出相爭。《開元占經》六。

案：“天下”當作“天地”，字之誤也。④《占經》又引《河圖》曰：“日並⑤照，月不消，山吐泉，火燒林。”又曰：“兩日並⑥照，天下民飢。”《春秋潛潭巴》曰：“兩日並出，地裂，水不流。”《京氏》曰：“兩日並出，是謂爭明，天下有兩

---

① “列宿”前，《開元占經》卷七十六有“奔星之所墜，其下有兵”，而陳氏拆分之，反據卷七十一所引。

② “故”，《開元占經》作“政”。

③ “絶”，據《漢書》當作“紀”。

④ “天下”，《開元占經》正作“天地”。

⑤ “並”，《開元占經》作“不”。

⑥ “並”，《開元占經》無。

主。"《孝經緯》曰："夏時兩日並出。讖曰桀無道，兩日照，河①山亡，龍逢誅，人民散，郊社虛。"《博物志》云："桀時費昌之河上見二日，在東者焰焰將起，在西者沉沉將滅，若疾雷之聲。費昌問憑夷曰：'何者爲夏，何者爲殷？'夷曰：'西日爲夏，東日爲殷，桀將亡乎！'於是費昌歸，徙其族於東，歸商也。"

違天地，逆②人倫，則夏雨雪。《開元占經》一百一。○《太平御覽·天部》十三。

案：《占經》引董仲舒曰："太平之世，雪不封條，淩弭毒害而已。"《八節占》曰："冬有積雪，歲美人和。"《天鏡》曰："春雨雪不消，妻黨專政權，擅持君威，天下飢，民死亡。""夏雨雪，必有大喪，天下兵起。""秋雨雪，百姓多死，草木零落，天下大喪。"攷《易通卦驗》曰："乾西北也，主立冬。""乾炁不至，則立夏有寒，應在其衝。""乾得坎之蹇，則夏雨雪水冰。""坎北方也，主冬至。""坎炁不至，則夏至大寒，雨雪，湧水出，歲多大水，應在其衝。"又曰："冬三月，一卦不至則夏雨雪，二卦不至則水，三卦不至則湧水出。人君之政所致之，故各以其卦用事候之。"又曰："不順天地，君臣職廢，則乾坤應變。"此當夏雨雪，是乾、坎卦炁不至之故，由不順天地，君臣職廢，故乾坤應變，其咎徵如此也。

逆天地，絶人倫，則天漢滅見。《太平御覽·咎徵部》二。

案：《史記·天官書》云："漢者，金之散氣，其本曰水。"孟康曰："漢，河漢也。水生於金也。"張衡《靈憲》曰："水精爲天漢。"據《易通卦驗》言："冬三月，卦炁一不至則夏

---

① "河"，《開元占經》作"夷"。

② "逆"，《開元占經》《太平御覽》皆作"絶"。

雨雪，二不至則水。”《左傳》昭四年“星孛及漢”，其占爲水祥。故天漢咎徵之應與夏雪占同。

逆天地，絶人倫，則蚊虻興。《開元占經》一百二十。

案：《占經》引《春秋考異郵》云：“陳涉即亡，景駒爲主，項羽誅嬰，都制九塞，自稱楚王，地生神虻，大如牛。”又《兵書》曰：“軍行逢虻尤多者必戰，道路防之。”《淮南・本經訓》云：“逮至衰世，陰陽繆戾，四時失序，夷羊在牧，飛蛩滿野。”許慎注曰：“蛩，蠛蠓也。”蠛蠓亦蚊虻之類，故並爲衰世之咎徵。

撓弱不立，邪臣蔽主，則白虹刺日。爲政無常，天下懷[①]疑，則蜺逆行[②]。《開元占經》九十六。○《太平御覽・休徵部》同。

案：蔡邕《月令章句》曰：“虹，螮蝀也，陰陽交接之氣著於形色者也。雄曰虹，雌曰蜺。虹常依陰雲晝見於日衝，無雲不見，大陰亦不見。蜺常依蒙濁見於日旁，白而直者曰白虹。”《占經》九十八引《春秋感精符》云：“宰相之謀欲有國，則白虹貫日，毁滅息。”《太平御覽》十四引如淳説：“虹，臣象。日，君象。”故白虹刺日，占爲邪臣蔽主。《後漢書・郎顗傳》顗對問曰：“王者因天視聽，奉順時氣，務崇温柔，遵行月令。而今立春之後，考事不息，秋冬之政行乎春，故白虹春見，掩蔽日耀。凡邪氣乘陽，則虹蜺在日，斯皆執事刻急所致，殆非朝廷優寬之本。此其變常之咎也。”又言：“日者，太陽，以象人君。政變於下，日應於天。清濁之占，隨政抑揚。天之見異，事無虚作。”蜺常依蒙濁而見日旁，政事無常，故其異蜺逆行，以示變常之咎。《春秋演孔圖》云：“蜺者，斗之精也。失度，投蜺見，

---

① “懷”，《太平御覽》無。

② “懷疑，則蜺逆行”，《開元占經》作“逆”，且屬卷九十八。

主惑於毀譽。”又云：“地歐蜺，承天而敗，皆臣子逆四方。”注云：“地歐蜺，土中躍出也。”

上出號令而化天下，震雷起而驚蟄，睹旗鼓動而三軍駭。觀其前動化，而天情可①矣。《初學記·武部》。

案：《太平御覽》十三引《洪範五行傳》曰：“雷於天地爲長子，以其首長萬物，與其出入也。雷出地百八十日而入，入則萬物入。入地百八十日而復出，出則萬物亦出。此其常經也。”又曰：“夫雷，人君之象。入則除害，出能興利。”《論語讖》曰：“雷震百里，聲相附。”宋均注云：“雷動百里，故因以制國也。雷聲，謂諸侯之政教所至相附也。”《河圖帝通紀》曰：“雷，天地之鼓。”《易》言：“動萬物者莫疾乎雷。”又曰：“鼓之以雷霆。”雷霆者，天之號令，萬物隨以出入。旗鼓者，師之耳目，三軍從以進退。觀此而天地萬物之情可見矣。

庚者，更也。子者，滋也。聖人制法，天下治平。《宋書·符瑞志》。

案：《三國志·魏文帝紀》注引下二語作“聖人制法天下治”，文義未足②。趙貢士在翰云：“此弟子尊師之記也。天命元聖，庚子日生。元聖作述，垂法萬世，天下以治平焉。傳《春秋》者謹誌聖人生卒年月，傳《詩》者謹推生日之義，應運之理，其文殊，其恉一也。”蒙謂《史記》言“《詩》三百五篇，孔子皆弦歌之，以求合於《雅》《頌》《韶》《濩》之音”，所謂集羣聖之大成，垂百王之治法，德備一身，功在萬世者。緯之記此，蓋能見其大矣。

---

① “可”後，據《初學記》當有“見”。

② “平”，《宋書》(1974年中華書局整理本)卷二十七亦無。

詩緯集證卷第二

福州陳喬樅學

氾厤樞

《大明》在亥，水始也。《四牡》在寅，木始也。《嘉魚》在巳，火始也。《鴻雁》在申，金始也。《詩·關雎叙》正義。

案：四始者，五行本始之氣也。亥地西北，坎水居之。寅地東北，震木居之。巳地東南，離火居之。申地西南，兑金居之。少陽見於寅，故寅爲木始。少陰見於申，故申爲金始。離，太陽也。太陽之氣見於巳，故爲火始。坎，太陰也。太陰之氣見於亥，故爲水始。卯、酉、午、亥、戌者，陰陽終始盛衰之際會，故爲五際也。孔氏㢸軒曰："始際之義，蓋生於律。《大明》在亥者應鍾爲均也，《四牡》則太簇爲均，《天保》夾鍾爲均，《嘉魚》仲吕爲均，《采芑》蕤賓爲均，《鴻鴈》夷則爲均，《祈父》南吕爲均。漢古樂未湮者如此，故翼奉曰：'《詩》之爲學，情性而已。五性不相害，六情更興廢。觀性以厤，觀情以律。'""古之作樂，每三詩爲一終。經傳可攷者，有升歌《文王》之三，升歌《鹿鳴》之三，閒歌《魚麗》之三。然《采薇》《出車》《杕杜》皆所以勞將士，《常棣》《伐木》《天保》皆所以燕朋友兄弟，《蓼蕭》《湛露》《彤弓》皆所以燕諸侯，亦三篇同奏，確然可信者也。説始、際者，則以與三期相配，如《文王》爲亥孟，《大明》爲亥仲，《緜》爲亥季。其水始獨言《大明》，猶三期之先仲次季而後孟也。故《鹿鳴》《四牡》《皇華》同爲寅宫，舉《四牡》以表之。《魚麗》《嘉魚》《南山》同爲巳宫，舉《嘉魚》以表之。卯不言《伐木》而言《天保》，容三家《詩》次不盡與毛同耳。以次推之，《采薇》之三正合辰位，惟《采芑》爲午，似《蓼蕭》之三，彼倒在《六月》《采芑》《車攻》之後而爲未也，《吉日》《鴻雁》《庭燎》乃申也。《祈父》非酉之仲，又篇次之異，且其戌、子、丑爲何等篇，不可推測矣。"

卯、酉之際爲革政，午、亥爲革命。神在天門，出入候聽[1]。《後漢書·郎顗傳》。○《詩叙正義》。

宋均注：神，陽氣，君象也。天門，戌、亥之間，乾所據者。《後漢書·郎顗傳》注。

案：卯、酉爲二八之門，卯主始，酉主終，故斗指卯則萬物皆出，斗指酉則萬物皆入。卯、酉者，陰陽之氣所交會，日月至此爲中道，萬物盛衰出入之所，故爲革政。《北齊書·祖珽傳》引《春秋元命包》云："乙酉之歲，除舊革政。"與《詩緯》説合。午者，陰氣之始。亥者，陰氣之終。亥，乾也。午，離也。乾爲天位，人君之象，南面聽政，蓋取諸離。天地之道，陰陽代嬗，治亂相承，陰生陽死，陰盛陽衰，極治則生亂，極亂則思治，故曰革命。天道用陽不用陰，在《易》"女壯勿用"必謹於微，"履霜堅冰"必防其漸，此聖人之所重慎也。故《易》之上經，始乾終離。乾，亥際也。離，午際也。《易》之下經，始咸終未濟，咸於卦氣爲夏至，午際也。未際[2]於卦氣爲小雪，亥際也。《易》以終始，《詩》以諷戒，其旨深矣。戌、亥爲天門者，乾爲天，戌、亥位在西北，乾處其間，故稱天門。《周禮·大司徒》疏引《河圖括地象》云："天不足西北，地不足東南。西北爲天門，東南爲地户。天門無上，地户[3]無下。"《五行大義》引《兵書》云："陽生甲子，不足戌、亥，仍爲天門。陰生甲午，不足辰、巳，仍爲地户。陽界甲寅，不足子、丑，

---

① 《後漢書》(1965年中華書局整理本)作："卯、酉爲革政，午、亥爲革命。神在天門，出入候聽。"《毛詩正義》(2009年中華書局影印嘉慶阮刻《十三經注疏》本)作："午、亥之際爲革命，卯、酉之際爲改正。辰在天門，出入候聽"。

② "際"，當作"濟"，卦名。

③ "户"，《周禮注疏》(2009年中華書局影印嘉慶阮刻《十三經注疏》本)作"門"。

仍爲鬼門。陰界甲申，不足午、未，仍爲人門。”戌、亥之間，乾之所據，故郎顗言“神在戌、亥，司候帝王興衰得失，厥善則昌，厥惡則亡”也。

陽主[①]酉仲，陰生戌仲。《詩・采薇》正義。○案：《尒疋・釋天》疏引《詩緯》文同，皆未詳篇目。殷氏元正編訂在《氾厤樞》中，今仍之。

案：《廣疋・釋天》云：“太初，氣之始也，生於酉仲，清濁未分也。太始，形之始也，生於戌仲，清者爲精，濁者爲形也。太素，質之始也，生於亥仲，已有素樸而未散也。三氣相接，至於子仲，剖判分離，輕清者上爲天，重濁者下爲地，中和爲萬物。”曹憲《音義》云：“八月酉仲爲太初，屬雄。九月戌仲爲太始，屬雌。”引《詩緯》“陽本爲雄”云云證之。攷《廣雅》多載三家《詩》義，此節所釋與《詩緯》大同，是據齊《詩》爲説。

又案：《文選・答客難》注引《春秋演孔圖》云：“天運三百歲，雌雄代起。”《後漢書・郎顗傳》顗條便宜七事，言：“漢興三百三十九歲，高祖起亥仲二年，今在戌仲十年。於《易雄雌秘厤》，今值困乏。唯獨賢聖之君，遭困遇險，能致命遂志，不去其道。陛下迺者潛龍養德，幽隱屈戹，即位之元，紫宫驚動，厤運之會，時氣已應。然猶恐妖祥未盡，君子思患而豫防之。”攷《詩》三期之數，起於亥仲，以三節數之，至酉仲凡三百年，陽生酉仲，陰生戌仲，是於斯之時，雌雄代起，故王者慎於其際也。又云：“臣以爲戌仲已竟，來年入季，自文帝改法，除肉刑之罪，至今適三百載。宜因斯際，大蠲法令，官名、稱號、輿服、器械，事有所更，變大爲小，去奢就儉，機衡之政，除煩爲簡，改元更始。臣陳引際會，恐犯忌諱，書不盡言。”考《陳寵

---

① “主”，據《毛詩正義》、《爾雅注疏》(2009年中華書局影印嘉慶阮刻《十三經注疏》本)、殷氏《緯書》(1989年《北京圖書館古籍珍本叢刊》影印清鈔本)及文意當作“生”。

傳》載寵鉤校律令條法，溢於《甫刑》者除之，引《春秋保乾圖》曰："'三百季一蠲法。'漢興以來，三百二年，憲令稍增，科條無限。宜令三公、廷尉平定律令，應經合義者，悉删除其餘，㠯易萬人視聽，㠯致刑措之美。"時寵所鉤校未及施行，故顗以爲言。陽生酉仲，陽者，天之德。陰生戌仲，陰者，天之刑。刑反德而順於德，省刑即以布德也。又云："孔子曰：'漢三百載，計厤改憲。'三百四歲爲一德，千五百二十歲，五行更用。王者隨天，譬猶自春徂夏，改青服絳者也。今年仲竟，來年入季，仲終季始，厤憲[①]變改，故可改元，所以順天道也。"注引《保乾圖》云："陽起於一，天帝爲北辰，氣成於三，以立五神，三五展轉，機以動運，故三百歲斗厤改憲。"亦以酉、戌之際，陰陽遞生，雌雄代起，改元更始，所以革故自新，順天應運也。"《春秋緯》之説皆與《詩緯》義同。

凡推其數，皆從亥之仲起，此天地所定位，陰陽氣周而復始，萬物死而復蘇，大統之始，故王命一節爲之十歲也。《後漢書·郎顗傳》注。

案：郎顗上封事曰："漢興以來三百三十九歲，於《詩》三基，高祖起亥仲二年，今在戌仲十年。"注言："'基'當作'期'，謂以三期之法推之也。"孔氏𢍰軒云："其法以三十年管一辰。凡甲子、甲午旬首者爲仲，甲戌、甲辰旬首者爲季，甲申、甲寅旬首者爲孟。率十年一移，故謂之三期。今據陽嘉二年癸酉上推，延光三年甲子爲戌仲之始，前卅年而永光[②]六年，入酉仲。又前卅年而永平七年，入申仲。又前卅年而建武十年，入未仲。又前卅年而元始四年，入午仲，是王莽革命之際也。又前二百有九年，得高祖元年

---

① "憲"，據《後漢書》當作"運"。

② "光"，據《經學卮言》(2017年中華書局整理本)當作"元"。

乙未，入亥仲二年矣。又前五十年而得周亡之歲，在酉季二年乙巳，上距殷周革命辛卯之歲七百九十四年，實惟午孟之八年也。”故曰“午、亥之際爲革命”。凡推三期之數，皆從亥仲起者，陰陽之氣分於西北。西北者，乾位，萬物之所資始，故以是起數。《中候・擿雒戒》云：“昌受符，厲倡孽，期十之世權在相。”期者，謂《詩》之三期。卅年爲世，期各十年一移，故王命一節爲之十歲也。

陰陽之會，一歲再遇，遇于南方者以中夏，遇于北方者以中冬。《説郛》。

案：《春秋繁露》第四十六篇云：“難者曰：陰陽之會，一歲再遇。遇於南方者以中夏，遇於北方者以中冬。冬喪物之氣，則其會於是何？如金、木、水、火，各奉其所重以從陰陽，相與一力而并功。其實非獨陰陽也，然而陰陽因之以起，助其所主。故少陽因木而起，助春之生也。太陽因火而起，助夏之養也。少陰因金而起，助秋之成也。太陰因水而起，助冬之藏也。陰雖與水并氣而合冬，其實不同，故水獨有喪而陰不與焉。是以陰陽會於中冬者，非其喪也。”又第五十篇云：“天之道，初薄大冬，陰陽各從一方來，而移於後。陰由東方來西，陽由西方來，東至於中冬之月，相遇北方，合而爲一，謂之曰至。别而相去，陰適右，陽適左。適左者其道順，適右者其道逆。逆氣左上，順氣右下，故下煖而上寒。以此見天之冬右陰而左陽也，上所右而下所左也。冬月盡，而陰陽俱南還，陽南還出於寅，陰南還入於戌，此陰陽所始出地、入地之見處也。至於中春之月，陽在正東，陰在正西，謂之春分。春分者，陰陽相半也，故晝夜均而寒暑平。陰日損而隨陽，陽日益而鴻，故爲煖熱。初得大夏之月，相遇南方，合而爲一，謂之日至。别而相去，陽適右，陰適左。適左由下，適右由上，上暑而下寒，以此見天之夏右陽而左陰也。上其所右，下其所左。夏月盡而陰陽俱北還，陽北還而入於申，陰北還而入[1]於辰，此陰陽之所始出地、入地之見處也。至於中秋之月，陽在正西，陰在正東，謂之秋分。秋分者，陰陽相半也，故晝夜均而寒暑平。陽日損而隨陰，陰日益而鴻，故至於季秋而始霜，至於孟冬而始寒，小雪而物咸成，大寒而物畢藏，天地之功終矣。"其言皆與《詩緯》相發明。蓋陰陽之行，終各六月，遠近同度，而所在異處，故或出或入，或左或右，春俱南，秋俱北，夏交於前，冬交於後，并行而不同道，交會而各代理，迹陰陽終歲之行以觀天道，而聖人之治亦從而然也。

候及東次，氣發雞池三號。水[2]始泮，卒於丑，以成歲。《太平御覽・羽族部》五。

注：及東，及於寅也。承丑之年[3]，故謂之次氣[4]。雞爲畜，陽也，丑之年[5]，向晨鳴，雞得其氣，感[6]而喜，故鳴也。仝上。

案：《大戴禮・誥志篇》云："某聞周太史曰：'政不率天、不由人，則凡事易壞而難成。'虞史伯夷曰：'明，孟也。幽，幼也。明幽，雌雄也。雌雄代興，而順至正之統也。'日歸於西，起明於東。月歸於東，起明於西。虞夏之厤，建正於孟春，於時氷泮，發蟄，百草權輿，瑞雉無釋。案：《史記・厤書》作"百草奮興，秭鴂先滜"。"奮興"，疑"權輿"之譌。權輿者，百草之萌也。此"瑞雉無釋"，又"秭鴂先滜"之譌。"先"字近"无"，"滜"字近"釋"，"鴂"字近"雉"，皆以形近轉寫致譌也。物乃歲俱生於

① "入"，據《春秋繁露》(1992 年中華書局蘇輿《義證》整理本)當作"出"。
② "水"，據《太平御覽》當作"氷"。
③ "年"，據《太平御覽》當作"季"。
④ "氣"後，《太平御覽》有"也"。
⑤ "年"，據《太平御覽》當作"季"。
⑥ "感"後，《太平御覽》有"之"。

東次，順四方[①]，卒於冬方[②]。於時雞三號，卒明。載於青色，撫十二月節，卒於丑。日月成歲厤，[③] 以順天道，此謂[④]虞汁月。”《大戴禮》傳自后蒼，蒼治齊《詩》之學，《詩緯》亦皆齊《詩》説，《誥志》所載此節尤足證明緯説。

又案：宋注讀“候及東句，次氣發句”，據《大戴禮》，則“次”字當屬上讀爲是。東次，謂東方之次。寅、卯、辰，木之鄉，位於東方，故曰東次。東次者，少陽之氣，物萌之始，不得以寅承丑之年，[⑤] 而謂之次氣。《後漢書》郎顗對問曰：“方春東作，布德之始，元氣開發，養導萬物。”此言“候及東次句，氣發”，即郎顗之説所本也。《五行大義》引《春秋考異郵》云：“雞，火畜，鳴近寅。寅陽有生火喜，故鳴。”《説題辭》云：“雞爲積陽，南方之象。火陽精物，炎上，故陽出則雞鳴以類感也。”“池”當讀爲“徹”。徹，通也。《檀弓》“填池”，鄭讀爲“奠徹”，謂聲近之誤。一曰“池”是“泄”之譌，當作“氣發泄雞三號”，“雞泄”二字乙正之，文義始順。“卒於丑以成歲”者，正月斗柄指寅，十二月斗柄指丑，一歲而匝，終而復始，是自寅至丑而歲功成也。

大角爲天棟[⑥]，正紀綱。一曰大角爲火，以其赤明也。《開元占經》六十五。

案：大角一星在攝提間，一名格。《史記·天官書》曰：“大角者，天王帝廷。其兩旁各有三星，鼎足句之，曰攝提。攝提者，直斗柄所指，以建時，故曰攝提格。”《占經》

---

① “次順四方”，《大戴禮記》（1983年中華書局王聘珍《解詁》整理本）作“以順四時”。

② “方”，《大戴禮記》作“分”。

③ “厤”後，《大戴禮記》有“再閏”。

④ “謂”後，《大戴禮記》有“歲”。

⑤ “年”，據文意應爲“季”。

⑥ “棟”後，《開元占經》有“以”字。

引《石氏》曰:“大角,天棟也,明則天子威行。”又《星讚》曰:“攝提六星携紀綱,建時立節伺機祥。”《甘氏》曰:“大角者,棟星也。其星光澤明大,揚芒奮角,强臣伏誅,天下安寧。芒之所指,兵所從往者,吉。”

房爲天馬,主車駕。《史記·天官書》索隱。

宋均注:房既近心,爲明堂,又别爲天府及天駟也。仝上。

案:《尒疋》:“天駟,房也。”孫注曰:“龍爲天馬,故房四星爲天駟。”《史記·天官書》云:“房爲府,曰天駟。其陰右驂,旁有兩星曰鈐,北一星曰舝。”《正義》云:“房星,君之位,亦主左驂,亦主良馬,故爲駟。王者恒祠之,是馬祖也。”“舝,車軸耑鍵也。”“《星經》云:‘鍵閉一星,在房東北,掌管鑰也。’”《索隱》引《春秋元命包》曰:“鉤鈐兩星,以閑防神府闓舒爲主。鉤距以備非常也。”《占經》引《石氏》曰:“房爲天子明堂,王者歲始布政之堂。房爲四表。天道,四表之間,三光之正路,人天之定位也。”房又爲天馬,主車駕。鉤、鈐二星,距房西南,天子御也。

尾爲逃臣,賢者叛,十二諸侯列於庭。《太平御覽·天部五》。

注:《元命包》曰五諸侯,此云十二,則兼他星爲數也。仝上。

案:《開元占經》弟六十引《二十八宿山經》曰:“尾動者,君臣不和,必有事。尾,天子之九子也,騰躍坼絶,不居其所,天下大亂,君臣不和。”又弟七十二引《石氏》曰:“流星出尾,色青黑,臣有逃者。”尾爲逃臣,故其應如此。《太平御覽·天部》引《元命包》曰:“尾九星,列爲南宫,其庭太微。”《占經》六十六引郗萌曰:“太微之宫,天子之廷,上帝之治,玉[1]帝之座也,名曰保舍,十二諸侯之府也。”《史記·天官書》曰:“南宫太微,三光之廷。匡衛十二星,藩臣。”《索隱》引《春秋合誠圖》云:“太微主法式,

① “玉”,據《開元占經》當作“五”。

陳星十二，以備武患也。”今攷太微廷南蕃二星，東、西蕃各四星，共十星，則其二或爲陰星，如北斗之八九二星常隱而不見也。五諸侯亦屬太微，在東井北，並列帝廷。《元命包》云：“五諸侯星流曰[1]去，外牧傷，天子避宫，公卿逃。”《禮緯・含文嘉》云：“五禮備，則五諸侯星正光明，不相侵淩，五禾應以大豐。”南方於五常爲禮，故禮修則五諸侯星明也。”

箕爲天口，主出氣。《書・洪範》正義。○《史記・天官書》索隱。○《太平御覽・天部》。[2]

案：箕四星，上二爲踵，下二爲舌。《史記・天官書》云：“箕爲敖客，曰口舌。”《索隱》引宋均云：“敖，調弄也。箕以簸揚，調弄爲象。又受物，有去去來來，客之象也。《詩》云：‘維南有箕，載翕其舌。’是箕有舌，象讒言。故《詩》曰：‘哆兮侈兮，成是南箕。’謂爲敖客行請謁也。”《開元占經》云：“《易緯是類謀》曰：‘太山失金雞，西岳亡玉羊。’箕星明大，即國無讒賊。箕中少星，則糴貴。箕者，人之精也，故天下安樂即星衆，不安即星少。”考《初學記・天部》引《春秋説題辭》云：“玉羊，狼星也。金雞，質星也。”[3]“質”字是“箕”之譌。據《占經》引《易緯・是類謀》“泰山失金雞”，爲箕星左證。又引《石氏》説：“箕，天雞也，主時，金星也。”《太平御覽・天部》五引《易是類謀》曰：“太山失金雞者，箕星亡也。箕者，風也，風動鷄鳴。今箕候亡，故雞亦亡也。”尤其明驗。鄭君《是謀類》[4]注云：“金雞、玉羊，二岳之精。爲玉羊，推義宜然。”案：當作“箕爲金雞，狼爲玉羊，推義宜然”。箕東方之宿，狼西宫

① “曰”，據《七緯》(2012 年中華書局整理本)當作“四”。
② 按：此條佚文《太平御覽》在上條“尾爲”前，陳氏拆分。
③ “玉羊”至“星也”，據《初學記》當爲《説題辭》小注。
④ “謀類”，當作“謀類”。

之星，故分主太山、西岳，各應其東西之方位也。

參爲大辰，霸者持正，咸席之覆。《易緯·是類謀》注。

案：《廣雅·釋天》云："參伐謂之大辰。"《史記·天官書》云："參爲白虎。三星直者，是爲衡石。下有三星，兑曰伐，爲斬艾事。其外四星，左右肩股也。"《開元占經》六十二引《黄帝占》曰："參應大[①]將。其中三星列，三將也。右肩右足，右將也。左肩左足，左將也。白虎性有怒，左足下有井，動而陷之，以節其勢。凡七將明大，天下之兵精，衛帝有方。"霸者，方伯連帥之職，以威服人，率諸侯而衛天子，故星應參也。

梗河中招摇爲胡兵。《史記·天官書》索隱。

宋均注：招摇星在梗河内。仝上。

案：《天官書》云："斗杓端有兩星，一内爲矛，招摇。一外爲質，天鋒。"《正義》引《星經》云："梗河星爲劍戟之星，若星不見，或進退不定，鋒鏑亂起，將爲邊境之患也。"《開元占經》六十五引《石氏》曰："梗河三星，天矛也。梗者，遞也。河者，擔也。士卒更遞擔持天矛以行也。在斗杓頭，主殺，所向無前也。主胡兵，芒角大，則胡南寇亂，胡[②]兵大起。"《黄帝占》曰："招摇欲與梗河棟星相直。""斗末之星，招摇之間，爲天庫。招摇離其處，名曰開庫、兵發。招摇星欲明而微小，則王者威令行四夷也。"

狼星爲野將。《開元占經》六十八。

宋均曰：狼星爲羊角。仝上。

案：《後漢書·杜篤傳》注引宋均《春秋演孔圖》注云："狼爲野將，用兵象也。"《占經》引《石氏》曰："狼一星，在參東南。"《黄帝占》曰："狼星，一名夷將，其星色欲黄白，

---

① "大"，據《開元占經》及文意應作"七"。

② "胡南寇亂胡"，《開元占經》作"四裔不靖邊"。

無光芒，不動揺，天下寧，兵不起。其星色赤而大，光芒四張，動揺變色，天下亂，兵大起。盗賊起於道路，人主不安，百姓憂苦。"《荆州占》曰："狼星西秦分也。狼者賊盗，弧者弓矢，備盗賊也，故弧射狼。矢端直者，狼不敢動揺，則無盗賊而兵不起。"宋均注以狼爲羊角者，據《占經》引鄭元曰："狼星主羊，狼在於未，未爲羊也。"

賤人牢，一曰天獄。 仝上。

案：《天官書》云："有勾圜十五星，屬斗杓，曰賤人之牢。"《正義》曰："貫索。一曰連索，主法律，禁暴强，故爲賤人牢。"《占經》六十五引《黄帝占》曰："天牢者，賤人之牢也，天下獄律也。""常以四時候天牢，其口星開則天下赦。"

織女内正紀綱。 《開元占經》六十五。

案：《占經》引《春秋合誠圖》曰："織女，天女也。主瓜菜收藏珍寶，以保神明，成衣立紀，故齊制，成文繡，應天道。"《石氏》曰："織女主經緯絲帛之事。大星，皇聖之母。二小星者，太子、庶子位也。三星俱明，天下和平。""織女，在天紀東端。"《黄帝占》曰："天紀，天緯也，主正理冤訟。星齊，王法正直，無有偏黨，天下綱紀。"《荆州占》曰："紀星弛散，則國綱紀亂。"織女星近天紀，故言内正紀綱也。

靈臺，候天意也。經營靈臺，天下附也。 《太平御覽・禮儀部十三》。

案：《禮含文嘉》云："禮，天子靈臺，所以考觀天人之際，陰陽之會也。揆星辰之驗，徵六氣之瑞應，原神明之變化，覩日氣之所驗，爲萬物獲福於無方之原。招太極之清泉，以與稼穡之根。倉廩實知禮節，衣食足知榮辱。天子得靈臺之禮，則五車、三柱明，制可行，不失其常，水泉川流無滯塞，陸澤山陵禾盡豐穰。"《易乾鑿度》云："昌以西伯受命，入戊午蔀。二十九年伐崇，作靈臺，改正朔，布王號於天下，受録應《河圖》。"《毛詩叙》云："靈臺，民始附也。"與緯説同。《説苑·修文篇》曰："積恩爲愛，積愛爲仁，積仁爲靈。靈臺之所以爲靈者，積仁也。神靈者，天地之本，而爲萬物之始也。是故文王始接民以仁，而天下莫不仁焉，文德之至也。"

王者受命，必先祭天，乃行王事。《詩》曰："濟濟辟王，左右奉璋。"此文王之郊也。《説郛》。

案：《春秋繁露》弟六十七篇云："天子每將興師，必先郊祭以告天，乃敢征伐，行子之道也。文王受天命而王天下，先郊乃敢行事，而興師伐崇，其詩曰：'芃芃棫樸，薪之槱之。濟濟辟王，左右奉璋。奉璋峩峩，髦士攸宜。'此郊辭也。其下曰：'淠彼涇舟，烝徒檝之。周王於邁，六師及之。'此伐辭也。其下曰：'文王受命，有此武功。既伐于崇，作邑于豐。'以此辭者見文王受命則郊，郊乃伐崇。"語與此合。楊氏應階曰："《棫樸》箋言'祭皇天上帝及三辰'，《周頌》'肇禋'箋言'文王受命，始祭天'，皆用《詩緯》説。議者或以鄭君宗緯爲失。案：《禮·文王世子》稱君王，《中庸》《大傳》言追王不及文王，是文王稱王經有明文。文王以歲入戊午蔀二十九年受命改元，據《大傳》言受命六年伐崇稱王，是《棫樸》爲六年事。""又《大戴禮》云'文王卒受命'，與上'成湯卒受天命'同。"《尚書中候》言："文立稷配。"注云："文王受命祭天，立稷以配之。"亦皆受命稱王之證。

聖人事明義，以炤燿其所闇，故民不陷。《詩》云："示我顯德行。"仝上。

案：《春秋繁露》第三十一篇云："聖人事明義，以炤燿其所闇，故民不陷。《詩》云：'示我顯德行。'先王顯德以示民，民樂而歌之以爲詩，悦而化之以爲俗。故不令而自行，不禁而自止，從上之意，不待使之，若自然矣。今不示顯德行，民闇於義不能炤，迷於道不能解，因欲大嚴憯之以必正之，直殘天民而薄主德，其勢不行。仲尼曰：'國有道，雖加刑，無刑也。國無道，雖殺之，不可勝也。'其所謂有道無道者，示之以顯德行與不示爾。"董子去古未遠，其説《詩》多與緯合，知緯説皆本於七十子之緒言矣。

"彼茁者葭，一發五豝。"孟春，獸肥草短之候也。仝上。

案：《説文》："茁，草初生出地貌。"孟春之月，百草權輿，萌芽始出，故云"草短之候"。豝與豝通。《説文》："豝，牝豕也。一曰二歲能相把拏也。"二歲爲豝，是獸之通稱。此言獸肥，則知齊説不以豝爲牝豕也。"

蟋蟀在堂，流火西也。仝上。

案：火者大火，心星也。《夏小正》："五月初昏，大火中。九月内火。"《禮・月令》："季夏之月，昏火中。"火以六月之昏，加於地之南方，自後下而過西，故《豳風》之詩言"七月流火"也。"蟋蟀在堂"，於時爲九月，是火流極西，將伏之候矣。

《蒹葭》秋水，其思凉，猶秦西氣之變乎？仝上。

案：秦地處仲秋之位，其音中商，得秋之氣，故緯云然。傳曰："壯士悲秋，感其物化也。"何氏楷[①]云："周之興也，詩歌《茁[②]葭》，是春和之明景也。秦之興也，詩歌《蒹葭》是肅殺之蕭晨也。"據《毛詩叙》，以《蒹葭》爲刺襄公未能用周禮。夫周禮行而以忠厚篤祜，周禮廢而以刻覈兆禍，風氣之變殆由此與？"

立秋促織鳴，女工急促之候[③]。仝上。

案：《文選・古詩十九首》注引《春秋考異郵》云："立秋趣

① 何氏楷，當爲郝敬。

② "茁"，郝敬《毛詩原解》(2021年中華書局整理本)作"蒹"。

③ "候"後，《説郛》(1988年上海古籍出版社影印明刻本)有"也"。

織鳴。”宋均注曰：“趣織，蟋蟀也。立秋女功急，故趣之。”《御覽》九百四十九引《春秋説題辭》云：“促織爲言趣織也。織興事遽，故促織鳴，女兼作[1]。”《豳詩》言：“七月流火，九月授衣。”宜先時而豫籌之，此時絲事當畢，麻事將始，故爲女工急促之候。

梅柳驚春，羊牛來暮。仝上。

案：梅柳先春而發，故言“驚春”。牛羊已夕而歸，故言“來暮”。《詩》云：“昔我往矣，楊柳依依。”又云：“日之夕矣，牛羊來下。”皆感物候之變而吟咏性情也。

天霜樹落葉，而鴻雁南飛。仝上。○案：《初學記》及《御覽・天部》並引作《五經鉤沉》。

案：《禮記・月令》：“季秋之月，霜始降，草木黄落，鴻雁來賓。”《夏小正》云：“九月遰鴻雁。”遰，往也。《御覽》九百十七引《春秋説題辭》曰：“雁之言雁雁，起聖以昭期，知蚤晚，故雁南北以陽動也。”注云：“雁雁，音聲貌也。聖人聞雁雁有音聲，知爲時節。雁隨日南北常動。”雁者，向陽之鳥，畏寒，故南飛也。

古者劍在左，刀在右，鉤在前。仝上。

案：《春秋繁露》第十四篇云：“劍之在左，青龍之象也。刀之在右，白虎之象也。鉤[2]之在前，赤鳥之象也。冠之在首，元武之象也。四者，人之盛飾也。夫能通古今，别然否，然乃能服此也。”此不言“冠在首”者，文不具耳。《文選》注引《春秋含漢[3]孳》云：“太一之常居，左青龍，右白虎，前朱雀，後元武。”然則古之冠服，蓋取法於天象也。

---

① “兼作”，《太平御覽》作“作兼”。

② “鉤”，《春秋繁露》作“韍”。

③ “含漢”，當爲“漢含”，底本誤。

樂者，非謂金石之音[①]、管絃之鳴，謂陰陽和順也。《初學記》卷十五《樂部》。

案：《漢書》注晉灼引翼奉云："五行動爲五音，四時散爲十二律。"《五行大義》引《樂緯》曰："春氣和則角聲調，夏氣和則徵聲調，季夏氣和則宫聲調，秋氣和則商聲調，冬氣和爲羽聲調。"《初學記》引《樂緯・汁徵圖[②]》云："時元者[③]受氣於天，布之於地，以時出入[④]萬物者也，四時之節，動静[⑤]各有分職，不得相越，當以度行也，謂調露之樂。"宋均注云："以時出入，《月令》十二月政是也。從其出入，則無災祅也。調露，調和致於甘露，使物懋長之樂也。"七字從《文選・任昉奉答敕示七夕詩》注引增。《續漢志》注引薛瑩《書》載馬防奏言："聖人作樂，所以宣氣致和，順陰陽也。今樂官但有太族，皆不應月律。臣愚以爲可作十二月均，各應其月氣，順上天之明，待因歲首令正，發太族之律，奏《雅》《頌》之音，以迎和氣。"建初五年冬始施行十二月迎氣樂，防所上也。《樂緯》説與《氾厤樞》同義。翼奉、馬防則皆治齊《詩》者，故其言樂律均本齊説。

《詩》無達詁，《易》無達占，《春秋》無達辭。《説郛》。

案：語見《春秋繁露》弟五篇。《説苑・善説篇》作"《詩》無通故，《易》無通占，《春秋》無通義"。達即通也。"《詩》無達詁"，謂有四始、五際也。"《易》無達占"，謂有六日七分也。"《春秋》無達辭"，謂有三科九旨也。《漢書・翼奉傳》言："《易》有陰陽，《詩》有始際，《春秋》有災異，皆列終

① "音"，據《初學記》當作"聲"。
② "徵圖"，當作"圖徵"，底本誤。
③ "者"，《初學記》作"日"。
④ "入"，《初學記》無。
⑤ "静"，《初學記》作"及"。

始，推得失，考天心，㠯言王道之安危。”翼氏稱師説，以齊《詩》五際之要與《易》陰陽、《春秋》災異並論，合於緯義。《後漢書·儒林傳》言：“景鸞理齊《詩》、施氏《易》，兼受《河》《洛圖》，作《易説》及《詩解》，文句兼取《河》《洛》，以類相從，名爲《交集》，數上書陳救灾變之術。”明漳浦黄子作《三易洞璣·雜圖經緯》，以《易》《詩》《春秋》合推際會之終始，亦此意也。

詩緯集證卷第三

福州陳喬樅學

含神霧

孔子曰：《詩》者，天地之心，君悳之祖，百福之宗，萬物之户也。《藝文類聚·禨文部》。○《北堂書鈔》一百二。○《困學紀聞·詩》。○案：“孔子曰”三字，從《太平御覽·珍寶部》引增。

案：《詩》之爲學，情性而已。情性者，人所稟天地陰陽之氣也。天地之氣分爲陰陽，列爲五行。人稟陰陽而生，内懷五性六情。仁、義、禮、智、信謂五性，喜、怒、哀、樂、好、惡謂六情。六情所以扶成五性，性情各正，萬化之原也。《論語》曰：“《詩》三百，一言以蔽之，曰思無邪。”謂理性情而使得其正也。又曰：“誦《詩》三百，授之以政。”政者，正也，聖人之所命，天下以爲正。身之有性情，若天之有陰陽。五性御陽，六情御陰。陰陽者，德刑之用。王者承天地，理陰陽，法五行，修五事，以成民之性而順民之情者也。故情勝性則亂，性勝情則治。萬民不能自治，樹君以治之。萬民不能自正，立長以正之。正使不邪，治使不亂，不亂故安，不邪故善。傳曰：“審好惡，理性情，而王道畢矣。”《詩》正性情而厚人倫，美教化而移風俗，推四始之義，明五際之要。此聖人所以統天地之心，順陰陽之理，慎德行之用，著善惡之歸，爲萬物獲福於無方之原，故緯言此以明之。

刻之玉版，藏之金匱。《後漢書・崔駰傳》注。〇案：《太平御覽・珍寶部》引此二語，上有“孔子曰：《詩》者，天地之心”句。

案：《穆天子傳》云：“天子至於羣玉之山，先生[①]所謂府，天子於是取玉版三乘。”古者文字刻玉爲版，即所謂玉牘也。金匱者，藏書之府，故亦曰金府。《漢書・司馬遷傳》云：“遷爲太史令，紬史記石室金匱之書。”《續漢書・封禪志》云：“目吉日刻玉牒書，函藏金匱，璽印封之。”古者藏書以金爲匱，或以玉爲之。《太平御覽・皇王部》引《運斗樞》云：“堯坐中舟，鳳凰負圖授堯，圖以赤玉爲匣，長三尺，廣八寸，厚三寸[②]，黄金檢[③]，白玉繩，封兩端。”又云：“舜觀河洛，有黄龍負圖出，圖以黄玉爲匣，如櫃，長三尺，廣八寸，厚一寸，四合而連有户。圖中有七十二帝地形之制，天文位度之差。”是亦以王[④]爲匱也。

《詩》三百五篇。《詩譜序》正義。**詩者，持也。**《禮記・内則》正義。**在於敦厚之教，自持其心，諷刺之道，可以扶持邦家者也。**《毛詩指説》。

案：《春秋説題辭》云：“詩者，天地之精，星辰之度，人心之操也。”又曰：“在事爲詩，未發爲謀，恬淡爲心，思慮爲志，故詩之爲言志也。”《春秋緯》言“人心之操”，是亦以詩爲自持其心。漢世緯學多用齊《詩》，此其明驗。《五行大義》云五行則“金、木、水、火，皆載於土”，五事則“貌、言、視、聽，皆生於心”，“《尸子》曰：‘心者，身之君。天子以天下受令於心，心不當則天下禍。諸侯以國受令於

① “生”，據《穆天子傳》(2019年中華書局王貽樑、陳建敏《匯校集解》本)當作“王”。

② “三寸”，《太平御覽》作小注“五寸”。

③ “檢”後，《太平御覽》有“白玉檢”。

④ “王”，據文意當爲“玉”。

心，心不當則國亡。匹夫以身受令於心，心不當則身戮。’人心者，天地之精，羣生之本。故政之治亂，由於君之心也。”能自持其心，則可以扶持邦家矣。

上以風化下，下以風刺上，主文而譎諫，言之者無罪，聞之者足以戒。《説郛》。

案：語見《毛詩叙》。《詩》主諷諫，古者人君使瞽誦詩，朝夕諷詠，所以自儆也。言一國之事，繫一人之本，謂之《風》。言天下之事，形四方之風，謂之《雅》。匡衡言“《周南》《召南》被聖賢之化深，故篤於行而廉於色”，是上以風化下也。司馬遷稱“《小雅》譏己之得失，其流及上”，是下以風刺上也。《漢書·藝文志》云：“古有採詩之官，王者所以觀風俗，知得失，自攷正也。”又云：“古者諸侯、卿大夫交於隣國，微言相感，當揖讓之時，必稱《詩》以喻其志，蓋以别賢不肖而觀盛衰也。”温柔敦厚之旨，其感人深，其移風易俗，是故先王著其教焉。

治世之音温以裕，其政平。亂世之音怨以怒，其政乖。《詩》道然也。《古微書》。○《説郛》同。

案：《樂記》云：“情動於中，故形於聲，聲成文謂之音。是故治世之音安以樂，其政和。亂世之音怨以怒，其政乖。亡國之音哀以思，其民困。聲音之道與政通矣。”《樂動聲儀》云：“宫唱而商和，是謂喜，太平之樂也。角從宫，是謂哀，衰國之樂也。羽從宫，往而不返，是謂悲，亡國之樂也。音相[1]應即爲和，不相生應則爲亂。”劉知幾曰：“國有否泰，世有隆汚，作者形言，本無定準。觀‘猗那’[2]之頌，驗有殷方興。歌[3]《魚藻》之什[4]，知宗周將

① “音相”，《丹鉛總録》(2009 年中華書局整理本)作“應相生”。
② “那”，《史通》(2019 年上海古籍出版社浦起龍《通釋》整理本)作“與”。
③ “歌”，《史通》作“覩”。
④ “什”，《史通》作“剌”。

隕。"故《樂緯》言聖人之作樂，非以自娱也，所以觀得失之效者也。

《頌》者，王道太平，功成治定而作也。《唐類函・頌》。○《古微書》。

案：《韓詩外傳》云："道得則澤流羣生，而福歸王公。百姓皆懷安和之心，而樂載其上，夫是之謂下而上通，頌聲之所以興也。"《論衡》亦云："《周頌》三十一篇，《殷頌》五，《魯頌》四，凡四十篇，詩人所以嘉上也。"故季札觀於周樂，爲之歌《頌》，曰："五聲和，八風平，節有度，守有序，盛德之所同也。"是三百五篇，《頌》居其極矣。

集微揆著，上統元皇，下叙四始，羅列五際。《初學記・文部》。○《太平御覽・學部三》。

宋均注："集微揆著"者，若緜緜瓜瓞，人之初生揆其始，是必將至著，王有天下也。仝上。

案：《易乾鑿度》云："天道三微而成一著，三著而體成。"注云："三微而成一著，直冬至至正月中爲泰卦。三著成體，則四月爲乾卦。"《後漢書・章帝紀》云："王者重三正，慎三微也。"注云："三微者，三正之始，萬物皆微，物色不同，故王者取法焉。"《路史・伏羲紀》引《春秋内事》云："自開闢後，五緯各居其方。至伏羲乃消息禍福，以制吉凶，始合之以爲元。"《公羊》隱元年疏引《春秋元命包》云："元者，端也，炁泉。無形以起，有形以分。"注云："元爲炁之始，如水之有泉。泉流之源，起造天地。天地之始也，無形以起，在天成象。有形以分，在地成形也。"形象之成，由微而著，元立而四始以叙，五際以列。四始起亥，以水爲先。五際起卯，以木爲首。《春秋緯》言"德合元者稱皇"，厤元之立，始於伏羲，其德合元，故稱爲羲皇也。皇侃《論語義疏》引舊説，上推三統，以伏羲爲人統，神農爲地統，黄帝、少昊爲天統，顓頊爲人統，帝嚳、帝堯爲地統，帝舜爲天統。必從人爲始者，三才須人乃成也。《續漢書·律厤志》引《樂叶圖徵》云："天元以甲子朔旦冬至，日月五星[①]起於牽牛之初，右行二十八宿，以考王者終始。或盡一，其厤數或不能盡一，以四千五百六十爲紀，甲寅窮。"宋均曰："紀即元也。王者即位，或遇其統，或不盡其數。故一元以四千五百六十爲甲寅之終也。王者起，必易元，故不復沿前而終言之也。"《易緯·乾鑿度》載："孔子曰：至德之數，先立木、金、水、火、土德，合三百四歲；五德備，凡一千五百二十歲，大終復初。其求金、木、水、火、土德日名之法，道一紀七十六歲，因而四之，爲三百四歲；以一歲三百六十五日四分乘之，凡爲十一萬一千三十六。以甲爲法除之，餘三十六，甲子始數立。立算皆爲甲，旁算亦爲甲，以日次次之。母算者，乃木、金、火、水、土德之日也。德益三十六，五德而止。六日名：甲子，木德，主春，春生，三百四歲；庚子，金德，主秋，成收，三百四歲；丙子，火德，主夏，夏長，三百四歲；壬子，水德，主冬，冬藏，三百四歲；戊子，土德，主季夏，致養，三百四歲；六子德四正，子、午、卯、酉也，而期四時，凡一千五百二十歲終一紀。五德者，所以立尊號，論天常，志長久。"《開元占經》六十七引《黄帝占》曰："五子者，炁之始也。""甲子，木，春始王。""丙子，火，夏始王。""戊子，土，季夏始王。""庚子，金，秋始王。""壬子，水，冬始王。"五行之炁各有其始，而《詩》但言四始者，四時之運成於五行，四始以配四時，土總四行，居時之季以成之也。《五行傳》及《白虎通》皆云："木非土不生，火非土不榮，金非土不成，水非土不停。土扶微助衰，歷成其道，五行更互[②]須土，故土王四季而居中

① "五星"，《後漢書》無。

② "互"，《白虎通》作"王"。

央，不名時也。"《後漢書 · 郎顗傳》注引《春秋合誠圖》云："至道不遠，三五而反。"宋均注云："三，三正也。五，五行也。三正、五行，王者改代之際會也。能於此際自新如初，則通無窮也。"《尚書中候 · 握河紀》云："堯即位七十載，修壇河洛，仲月辛日，禮備，至於日稷，榮光出河洛，龍馬銜赤文緑字，臨壇吐甲。圖文有列星之分、斗政之度及帝王紀録、興亡之數。堯曰：'嗟！朕無德，欽奉丕圖，賜爾三[①]三子！'斯封稷、契、皋陶，皆賜姓號。"《中候 · 苗興》云："堯受圖書，已有稷名在録，言其苗裔當王。"《尚書緯 · 運期授》云："蒼帝之治八百二十歲，立戊午蔀。"注云："周文王以戊午蔀二十九年受命。"《文選注》四十六引《春秋録圖》云："蒼精萌，姬稷之後昌。"《公羊》宣三年疏引《春秋感精符》云："蒼帝之始，二十八世。滅蒼者，翼也。滅翼者，斗。滅斗者，参。滅参者，虚。滅虚者，房。"注言："堯，翼之星精，在南方，其色赤。舜，斗之星精，在中央，其色青。案："青"字疑"黄"之譌。[②] 参，禹[③]之星精，在西方，其色白。湯，虚之星精，在北方，其色黑。文王，房之星精，在東方，其色青。"始、際之義，由陰陽五行之運推之。堯受《河圖》。有天地、帝王終始存亡之期，因微知著，觀往察來，元會運變，百世可知。故《詩緯》云然，以見王者受命，改正易元，應運而起，皆順乎天而應乎人。始、際之説，其所由來久矣。

北極天皇大帝，其精生人。《禮 · 曲禮》正義。[④]

宋注：稱皇者，皆感天皇之氣也。仝上。

---

① "三"，據《毛詩正義》當作"二"。

② "青"，《公羊注疏》(2009 年中華書局影印嘉慶阮刻《十三經注疏》本)即作"黄"。

③ "参禹"，據《公羊注疏》當作"禹参"。

④ 《禮記正義》(2009 年中華書局影印嘉慶阮刻《十三經注疏》本)以此條爲宋均注，而注則似爲疏語。其引同於《七緯》。

案：《春秋佐助期》云："紫宫，天皇燿魄寶之所理也。"《合誠圖》云："天皇大帝，北辰星也。含元秉陽，舒精吐光，居紫宫中，制御四方。"又云："大帝之精，起三河之州，中土之腴。"《握乾圖》云："天子至尊也。神精與天地通。"注云："人受天地氣而生，故神精與天地通也。"《運斗樞》云："皇者天，天不言，四時行焉，百物生焉。三皇垂拱無爲，設言而民不違。道德元泊，有似皇天。故稱曰皇。上合皇極，其施光明。煌煌盛美，不可勝量。"然則三皇皆德合於天，故稱皇也。

五精星坐，其東蒼帝坐，神名靈威仰，精爲青龍。《史記·天官書》索隱

案：五精星坐在太微宫中。《尚書帝命驗》云："帝者承天立五府，以尊天重象。五府，五帝之廟，皆祀五帝之所也。"注云："象五帝之精。天有五帝，集居太微，降精以生聖人。"赤帝赤熛怒，黄帝含樞紐，白帝白招拒，黑帝汁光紀，蒼帝靈威仰。《春秋文鈎耀①》云："東宫蒼帝，其精爲青龍。南宫赤帝，其精爲朱鳥。西宫白帝，其精白虎。北宫黑帝，其精元武。"黄帝之精，文佚不具。今據《推度災》言："黄龍在内，正土職也。"《史記·天官書》云："權，軒轅。軒轅，黄龍體。"《開元占經》引《石氏》曰："軒轅，中央土神，黄帝之舍也。"又中宫勾陳六星，《荆州占》曰："黄龍之位也。"《淮南·天文訓》云："中央土也，其帝黄帝。其神爲填星，其獸黄龍。"《唐類函·旌旗》引《河圖》云："帝之五旗，中央法黄龍曰常。"是中宫黄帝。其精爲黄龍也。《演孔圖》云："天子皆五帝之精，各有題序，以次運相據，起必有神靈符紀，使開階立隧。"又曰："正氣爲帝，間氣爲臣，宫商爲姓，秀氣爲人。"宋均注云："正

① "鈎耀"，當作"耀鈎"。

氣者，謂若木人則得蒼龍之形，靈威仰之氣。火人得朱雀之形，赤熛怒之氣，以生之比也。間氣則不苞一形，各受一星以生，若蕭何感昴精、樊噲感狼精、周勃感元精者也。”《元命包》云：“五德之運，各象其數。興亡之名，應籙以次相代。夏，白帝之子。殷，黑帝之子。周，蒼帝之子。天道煌煌，非一帝之功。王靈赫赫，非一家之常。順命者存，逆命者亡。殷紂之時，五星聚於房。房者蒼神之精，周據而興。”故雖有威力，非天命不王。雖有基業，非德烈不章。其化如神，其養如春，民懷我仁，四靈允臻，故曰順乎天而應乎人。

七政天斗，上一星天位，二主地，三主火，四主水，五主土，六主木，七主金。《開元占經》六十七。

案：《史記·天官書》云：“北斗七星，所謂‘璇璣、玉衡，以齊七政’。斗爲帝車，運於中央，臨制四方。分陰陽，建四時，均五行，移節度，定諸紀，皆屬於斗。”《太平御覽·天部五》引《春秋運斗樞》云：“天文地理，各有所主。北斗有七星，天子有七政也。”《開元占經·北斗占》引《石氏》曰：“北斗第一星主日，第二星主月，第三星主熒惑，第四星主辰星，第五星主填星，第六星主歲星，第七星主太白。”主日者法天，主月者法地，是北斗星主天地五行之政也。

七政星不明，各爲其政不行。仝上。

案：《開元占經》引《石氏》曰：“北斗七星欲其明大、潤澤、相類，不相類者主亂。”又引《孝經援神契》曰：“王者德至於天，則斗極明。天子不事祠名山，不敬鬼神，則斗第一星不明。數起土功，壞決山陵，逆地理，不從天[1]，則第二星不明。天子不愛百姓，則第三星不明。發號施令不從

① “天”，《開元占經》作“諫”。

四時，則第四星不明。用樂聲淫泆，則第五星不明。用法深刻，則第六星不明。不省江、河、淮、濟之祠，則第七星不明。"《黄帝占》亦以斗第一星爲天道，第二星爲地道，第三星爲人道，第四星爲四時，第五星爲音律，第六星爲法律，第七星爲四瀆，與《援神契》同。《禮記·曲禮》正義引《禮緯·斗威儀》云："法北斗而爲七政，七政之立是禮迹所興也。"

五緯合，王更紀。《開元占經》十八。

案：《占經》十九引《易坤靈圖》云："王者有至德之萌，則五星若連珠。"鄭元曰："謂聚於一舍，以德得天下之象也。"《海中占》曰："五星若合，是謂易行。有德受慶，改立天子，乃奄有四方，子孫蕃昌。無德受罰，離其國家，滅其宗廟，百姓離去。五星皆大，其事亦大。五星皆小，其事亦小。""周將伐殷，五星聚房。齊桓將霸，五星聚箕。漢高入秦，五星聚東井。齊桓終於侯伯，無更紀之事[①]。"是五星小者，其事亦小也。

五緯聚房，爲義者受福，行惡者亡。仝上。○案：《開元占經》引未詳篇目，以類求之，知是《含神霧》文。

案：《藝文類聚·符瑞部》引《春秋元命包》曰："殷紂之時，五星聚於房。房者，蒼神之精，周據而興。"注云："周起於房而五星聚之，得天下之祥。"《開元占經》引《帝王世紀》曰："文王在豐，九州諸侯咸至，五星聚於房。""姬者蒼帝之精，位在房、心"[②]，《詩緯》言此，蓋謂殷周改代之際也。又引《春秋運斗樞》曰："歲星帥五星[③]聚於東方七宿，蒼帝以仁良温讓起。""熒惑帥五星聚於西方七宿，赤帝以寬明多智畧起。""填星帥五星聚於中央，黄帝以重厚賢聖起。"

---

① "周將"至"之事"，據《開元占經》當爲小注。

② "姬者"至"房心"，爲《春秋元命苞》文。

③ "五星"，《開元占經》引此條《運斗樞》文皆作"五精"。

"太白帥五星聚於西方七宿，白帝以勇武、誠信、多節義起。""辰星帥五星聚於北方七宿，黑帝以清平静潔通明起。"皆以所舍占國。《河圖》曰："歲星帥五緯聚房，青帝起。""太白帥五緯聚參，白帝起。""辰星帥五緯聚營室，黑帝起。"《荆州占》曰："五星合於一舍，其國主應之，有德者昌，無德者亡，受其凶殃。"觀於五緯聚房之驗，則其他宿可以類推矣。

日之蝕，帝消。《開元占經》九。

案：消者，謂修德以消其變也。《開元占經》七引《春秋感精符》云："王者之明，以日爲契，日明則道正，暗昧不明則道亂，各以其類占。天子常戒以自勵。"亦各以其類自敕以消之。《潛潭巴》曰："正月朔日日蝕，後十七[①]日山冢崩絶，百川沸騰，大臣皆用，録在名公。百二十日，高岸爲谷，深谷爲陵，天下昏亂，羣小執綱，以方爲員，以欺爲忠，帝人失勢，俛從風靡，天子大弱，可防而消。"《占經》十又引《洪範天文占》曰："凡日蝕，改行修德即災消除，不改，應在三年。三年不改至六年，六年不改至九年，九年而災成。"董仲舒曰："日蝕者，邪臣蔽主之應[②]，不有反臣，必有亡國。退臣絶陰，正權平衡，以德消則無害。"《荆州占》曰："日蝕，審所始蝕之鄉及星之分野以占之。當者之國，吉凶在焉。是故聖主見變則改身修德[③]，親賢問老，與共憂之，則患可止而福可致。故曰：有福將來，受之以危，則福反爲禍。有禍將來，受之以德，則禍反爲福。輒禳祠之，去禍致福也。"

紫宫主出度。《開元占經》六十七。

案：《淮南・天文訓》云："紫宫，太乙之居也。紫宫執斗

① "十七"據《開元占經》當作"七十"。

② "應"，《開元占經》作"治"。

③ "德"，《開元占經》作"行"。

而左旋，日行一度以周於天，日冬至峻狼之山，日移一度，凡行百八十二度八分度之五，而夏至牛首之山，反覆三百六十五度四分度之一而成一歲。”《春秋元命包》云：“中宫天極星，其一明者，太乙常居也，爲北辰，以起節度，亦爲紫宫。紫之言此也，宫之言中也。言天神運動，陰陽闔闢，皆在此中。”宋均注云：“十二宫，中外位各定，總謂之紫宫也。”

熒惑司實。《開元占經》三十。

案：《春秋繁露》云：“陽天之德，陰天之刑也。陽常居實位而行於盛，陰常居空虚而行於末。”又云：“陽以南方爲位，陰以北方爲位。是故夏出長於上，冬入化於下者，陽也。夏入守虚位於下，冬出守虚位於上者，陰也。陽出實入實，陰出空入空。天之任陽不任陰，好德不好刑，如是也。”熒惑位南方，主火，以夏丙丁王，太陽之氣也。陽常居實位，故《詩緯》曰“熒惑司實”。

杓爲天獄，主天煞也。《初學記·政理部》。○《太平御覽·刑法部一》。

案：《開元占經》六十七引《洛書》云：“北斗第一星至第四爲魁，第五至第七爲杓。”《石氏》曰：“北斗第四曰伐星，主天理，伐無道。北斗第五曰殺星，主中央，助四方，殺有罪。”攷《史記·天官書》言：“在斗魁中者，貴人之牢。有勾圜十五星，屬杓，曰賤人之牢。”《集解》引孟康曰：“天理四星在斗魁中。貴人牢名曰天理。”《索隱》引《樂叶圖徵》云：“天理理貴人牢。連營，賤人牢。”宋均云：“天理，以理牢獄。連營，貫索星也。”《汜厤樞》云：“賤人牢，一曰天獄。”則此云杓爲天獄，即指貫索言之。斗之魁四星爲伐，故天理屬焉。斗之杓五星爲殺，故天獄屬焉。

中星虚，囚則開出。《潛確類書·設官七》。

案：《開元占經》六十五引《春秋緯》曰：“貫索，賤人之牢。中星實則囚多，虚則開出。”説與《詩緯》同。《石氏》曰：

"貫索北開，名曰牢户，其星閒闊則户開，必有赦。若星狹而不開，牢中有憂，貴人當之。"

古之火正，或食於心，或食於咮，以出内火，故咮爲鶉火，心爲大火。《説郛》。○案：語見《左氏傳》。

案：火正有二，一爲祝融，顓頊氏之子也。一爲閼伯，高辛氏之子也。《左傳》襄九年云："陶唐氏火正，閼伯居商邱，祀大火而火紀時焉。相土因之，故商主大火。"昭二十九年云："火正曰祝融。""顓頊氏有子曰犁，爲祝融。"《淮南・天文訓》云："南方火也，其帝炎帝，其佐朱明，其獸朱鳥。"注引舊説曰："朱明，祝融也。朱鳥，朱雀也。"又《時則訓》注云："祝融，顓頊之孫，老童之子吴回也。一名黎，爲高辛氏火正，號爲祝融，死爲火神。"楚者，祝融之後，其分野上應翼、軫，是祝融爲火正，配食於咮也。商邱在宋地，宋之分野，上應房、心，是閼伯爲火正，配食於心也。《周禮》："司爟掌行火之政令，季春出火，民咸從之。季秋内火，民亦如之。"鄭司農以爲"三月心星見於辰上，使出火，九月心星伏在戌上，使内火也"。《爾雅》曰："咮謂之柳。柳，鶉火也。"柳者，朱雀頸，故爲咮象。又曰："大火謂之大辰。""大辰，房、心、尾也。"

白之亡，枉矢流。《開元占經》八十六。

案：《洪範五行傳》曰："枉矢者，弓弩之象也。枉矢之所觸，天下之所伐，滅亡之象也。"《太平御覽・咎徵部》引《尚書運期授》曰："白帝之治，六十四世。其亡也，枉矢射參。"《開元占經》引《洛書》云："枉矢出，夏桀滅。"《尚書中候》云："夏桀無道，枉矢射。"夏，白帝之子，故言"白之亡也"。又案：《春秋考異郵》云："枉矢西流射伐，秦以亡。"郗萌曰："枉矢射參，秦以亡。"《漢書・天文志》云："凡枉矢之流以亂，伐亂也。""項羽救鉅鹿，枉矢西流。""物莫直於矢，今蛇行不能直而枉者，執矢亦不正，以象項羽執正亂也。羽遂合從，阬秦人，屠咸陽。"秦亦白帝之子，故其亡也，亦有枉矢射參之徵。

枉矢流，天降喪亂。仝上。

案：《河圖稽耀鈎》曰："辰星之精，散爲枉矢。"《春秋運斗樞》曰："璣星散爲枉矢。"《荆州占》曰："鎮星之精，變爲枉矢。"並見《開元占經》。《説苑·辨物篇》曰："枉矢，五星盈縮之所生也。五星之所犯，各以金、木、水、火、土爲占。春夏秋冬，伏見有時，失其時，離其常，則爲變異。得其時，居其常，是謂吉祥。"《史記·天官書》曰："枉矢，類大流星，蛇行，色蒼黑，望之如有毛目①然。"《春秋合誠圖》云："枉矢主反萌。黑彗分爲枉矢。枉矢者，射星也。水流蛇行，含明，故有毛目。陰合於四，故長四尺。水生木，其怒青黑。水滅火，其精沈。故以爲謀反之徵，在所流受者滅，皆爲天子之祥。陰道於六期，六年萌，二十四年天子以兵亡。"《春秋緯》又曰："枉矢或東或西，五穀不昇，民流亡。"並見《占經》。故爲喪亂之徵也。

蒼之亡，彗出房。《開元占經》八十九。

案：《開元占經》引《巫咸》曰："彗星有出者，皆五星之象，以其所出宿，以命五行所屬之象。出於木宿，歲星之象。出於火宿，熒惑之象。出於土宿，鎮星之象。出於金宿，太白之象。出於水宿，辰星之象。見於二十八宿中外官，變色揚芒，怒而與五星合鬬，此皆大兵破國之殃，臣淩其君，下不伏上，天下不順，故致此災。審以五色察之，決知存亡之事。"又曰："彗星入列宿中外者，各以其所部舍官名爲其事，所之者爲其謀，其下之國皆受其禍，以所守之舍爲其期，以五氣相賊爲其決。"攷《尚書運期授》曰："蒼帝亡也，大亂，彗東出。"《春秋考異郵》曰："彗星貫

① "目"，《史記》作"羽"。

房，王室大亂。"《感精符》曰："星孛於東方，言陰奪陽，臣伐主，以兵相滅，以勢相乘，天下變易，帝位久失，人人徼幸，布衣縱横，禍未定息，主威[1]亂起，陰動爭明之異也。"又《春秋緯》曰："彗星出東方，金代蒼。"《荆州占》曰："彗星孛於房，赤帝之後受命，人主凶，有亡國。"周，蒼帝之子。秦，白帝之子。滅周者秦，故言"金代蒼"。秦亡而漢興，故言"赤帝之後受命"也。

東有爲亂者，彗星守箕，海水溢。《觀象玩占・經星二十八宿》。[2]

案：《開元占經》八十九引《河圖聖洽符》云："彗星守箕，東夷下濕，與水，君[3]將爲亂。"《占經》八十八引《河圖》云："彗星出東方，河逆決。"《太平御覽・咎徵部》引《春秋演孔圖》曰："海精死，彗星出。"箕、斗之間爲漢津，故其應爲河決海溢，皆主水患。箕，東方之宿，故其占爲東夷有亂也。

彗星守味，南越[4]將爲亂。《開元占經》八十九。

案：《開元占經》引《魏氏圖》曰："彗星東行西指，越兵大起。"韋昭《洞紀》曰："漢武建元六年八月，有星孛於東方，長竟天，後越王邪攻南越，趙王恢擊之未至，越人殺邪。"味，主南越者，日辰占邦，以丙、丁爲楚及南蠻。味爲鶉火之次，朱鳥主南方，故其應如此。

四角主張，熒惑司過也。《易乾鑿度》注。

案：《開元占經》八十七、《孝經雌雄圖・妖星占》云："天惑在星宿中[5]，出月左方，日在丙寅，熒惑將出而不出，其

---

① "威"，據《開元占經》當作"滅"。

② 此條《觀象玩占》(國圖藏明鈔本)似無。

③ "君"，《開元占經》作"軍"。

④ "越"，《開元占經》作"夷"。

⑤ "在星宿中"，《開元占經》爲小注。

與日合六十日，其未出六日，必有災，雲赤青黄，三物厭日之光，赤色之星有兩，赤方在其旁出而生。天惑之星四角，長三尺，主[1]旱，有兵起，所指之國亡，煞星變色而赤，期一年，遠二年。"《詩緯》此語蓋指天惑言之。天惑星四角，在七星中，其位近張，又爲熒惑之變。熒惑，火星也。《白虎通》引《春秋元命包》云："心者火之精，上爲張星。"故云"四角主張"。熒惑爲罰星，爲執法，主憂患、過惡，禍福所由生，故云"熒惑司過"也。又《北堂書鈔·天部》引《春秋運斗樞》云："地動則見於天象，四角主災，月蝕則見。"亦謂妖星也。

陽氣終，白露凝[2]爲霜。《太平御覽·天部十二》。

宋均曰：白露，行露也。陽終，陰用事，故曰"白露凝爲霜"也。仝上。

案：《大戴禮·天圓篇》云："陽氣勝則散爲露，陰氣勝則凝爲霜。"立秋之日白露下，季秋之月霜始降。《論衡》曰："露，秋氣所生也。"[3]《春秋考異郵》曰："霜，陰精，冬令也。四時相代，以霜收殺，霜之爲言亡也，物以終也。"《開元占經》一百一引京房曰："霜者，刑罰行也。霜所以成萬物，刑罰所以誅惡人。刑一以懲十，殺一以全萬。人君居位，刑罰妄行，誅殺不當，故天應以隕霜於春於夏，皆刑罰不法之應。""霜下或未見日而欲曎者，此人君以喜怒行刑罰也。霜或見日而不曎，此人君執法堅不可犯也。霜或天陰不見星而有霜者，此臣下擅行誅罰也。"

---

① "主"，《開元占經》作"下"。

② "凝"，《太平御覽》無。

③ "露，秋氣所生也"，爲《開元占經》所引，今本《論衡》不見。

“□□[①]震電，不寧不令”，此應刑法[②]之太暴，故震雷[③]驚人，使天下不安。《初學記·政理部》。○《太平御覽·刑法部一》。

案：《説文》曰：“震，劈歷振物者也。”《釋名》曰：“震，戰也，所擊輒破，如攻戰也。又曰辟歷。辟，析也，所歷皆破析[④]也。”“電，殄也，乍見即殄滅也。”《開元占經》一百二引《京氏》曰：“人君承用節度，即雷風以節之。暴行威福，則雷霆擊人。其救也，議獄緩死則災消矣。”又曰：“天無雲而雷者，此君無恩澤於百姓，國將易君，萬民不静，小人失命。無雲而霆，霆或爲火者，此人君以暴罰也。”

起居無常。

案：此説《齊風·東方未明》之文也。詩卒章曰：“不能辰夜，不夙則莫。”《毛叙》云：“朝廷興居無節。”語意正同。

孔子歌曰：違山十里，螗蛄之聲猶尚在耳，政尚静而惡譁也。《古微書》。

案：《説苑·政理篇》：“孔子曰：‘魯國以衆相陵，以兵相暴之日久矣，而有司不治，聘我者孰大乎於是。’魯人聞之曰：‘聖人將治，可以不先自爲刑罰乎？’自是之後，國無爭者。孔子謂弟子曰：‘違山十里，螗蛄之聲，猶尚存耳。政事無如膺之矣。’”語與此合。螗蛄，《詩》所謂“螗”者是也。陸璣《草木蟲魚疏》云：“螗，一名蝘，一名叨嘹。青、徐謂之螇螗，楚人謂之螗蛄，秦、燕謂之蛥蚗，或名之蜓蚞。”《漢書·五行志》云：“‘言之不從，是謂不乂’。從，順也。乂，治也。孔子曰：‘君子居其室，出其言不善，則千里之外違之，況其邇者乎！’《詩》云：‘如蜩如螗，如

---

① “□□”，據《初學記》《太平御覽》當爲“爗爗”。

② “法”，據《初學記》《太平御覽》當作“政”。

③ “雷”，《太平御覽》同，據《初學記》及文意當作“電”。

④ “析”，《釋名》(2020 年中華書局整理本)作“折”。

沸如羹。'言上號令不順民心，虚譁憒亂，則不能治海内，失在過差，故其咎僭。"僭，差也。

日月揚光者，人君之象也。風雲列勢者，將帥之氣也。聲容具之。《説郛》。

案：《春秋潛潭巴》曰："王者德象日光，所照無不及也。""君臣和，得道叶度，則日月大光明，天下和平，上下俱昌。"《禮斗威儀》云："人君乘金而王，其政平，則月多耀。"《漢書·李尋傳》云："《易》曰：'懸象著明，莫大乎日月。'夫日者衆陽之長，輝光所照，萬里同晷，人君之表也。月者衆陰之長，銷息見伏，百里爲品，千里立表，萬里連紀，妃后、大臣、諸侯之象也。"《後漢書·郎顗傳》云："風者號令，天之威怒。"《春秋説題辭》云："雲之爲言運也。含陽而起，以精運也。"將帥立威於外，運謀制勝，故上應風雲之象。《開元占經》云："凡鳴條以上，怒風起止，皆詳其五音，與歲月日時、刑德、合衝、墓殺，五行生克，王相囚死，以言吉凶，仍以六情推之，萬不失一。""兩軍相當，以分主客，以日辰所得納音爲客，以辰下十二時與風所來方爲主。若日辰納音能克日辰及方，爲客勝。時下支神及風來方能克納音，則客敗，主人勝。"又引《太公》曰："興軍動衆陳兵，必見其雲氣，示以安危，故勝敗可逆知也。""雲氣王相者吉，囚死者凶。""凡軍上雲氣黄白潤澤者將有盛德，形如山岳者將有深謀，上與天連者軍將賢良。""氣如龍如虎，或如旌旗無風而颺，或如囷倉見日益明，皆猛將之氣也。"

齊地處孟春之位，海、岱之間，土地汚泥，流之所歸，利之所聚。《太平御覽·地部三十九》。**律中太蔟，音中宫、角。**《御覽·時叙部三》。○案：《地部》引作"夫齊之地"，又《北堂書鈔·律》引"宫角"作"羽"字。

案：齊地處青州。《釋名》云："青州在東，取物生而青也。"《五行大義》引《太康地記》曰："少陽色青，歲始事首，即以爲名。其地東北距海，西距岱。"《漢書・地理志》云："太公以齊地負海舄鹵，少五穀而人民寡，迺勸目女工之業，通魚鹽之利，而人物輻湊。""臨甾，海、岱之間一都會也，其中具五民云。"太簇者，孟春之月律。正月之時，萬物始大簇地而出也。音中宫、角，角爲木，亦得東方之氣。《樂動聲儀》云："角聲防以約，其和清以静也。"

陳地處季春之位，土地平夷，無有山谷。律中姑洗，音中宫、徵。《太平御覽・時叙部三》。

案：《漢書・地理志》云："韓地，角、亢、氐之分野也。《詩・風》陳、鄭之國，與韓同星分焉。陳國，今淮陽之地，後爲楚所滅。陳雖屬楚，於天文自若其故。"《五行大義》云："角於時在辰。辰，木也。亢於時在辰。春夏爲火，秋冬爲水。"《五星占》曰："亢，火也，辰三月斗建，故言處季春之位。姑洗，季春月律。亢爲火，故陳地音中宫、徵。徵，火音也。"《樂動聲儀》曰："徵聲貶以疾，其和平以均也。"

曹地處季夏之位，土地勁急，音中徵，其聲清以急。《藝文類聚・四時部》。○《太平御覽・時叙部六》

案：《地理志》云："宋地，房、心之分野也。""周封徵[①]子於宋，今之睢陽是也，本陶唐氏火正閼伯之虚。濟陰定陶，《詩・風》曹國也。武王封弟叔振鐸於曹，二十餘世爲宋所滅。"《五行大義》云："房，土也。心，春夏爲木，秋冬爲火。"《開元占經》引《石氏》曰："房，春夏爲木，秋冬爲火。"又曰："房，土宿。心，星火也。"《爾雅》曰："大辰，房、心、尾也。大火謂之大辰。"曹地房、心星分，火正閼伯之虚。房爲土宿，故處季夏之位。季夏，火土鄉也。心爲大火，故曹地音中徵。

---

① "徵"，據《漢書》當作"微"。

秦地處仲秋之位，男懦弱，女高䁪，白色秀身，律中南吕，音中商，其言舌舉而仰，其聲清以揚。《藝文類聚·歲時部》。〇《太平御覽·時叙部》。〇案：《御覽》引無“律中南吕”句，從《北堂書鈔》增。《書鈔》引“秦處季秋之位，音中徵”，“季”字、“徵”字皆譌舛，宜據《御覽》訂正。

注：䁪，明也。《御覽》，仝上。

案：秦地屬雍州，其天宿白虎，得金之正氣，故處仲秋之位。南吕者仲秋之月律，商者金之音。《樂動聲儀》云：“商聲散以明，其和温以斷。”《淮南·地形訓》云：“西方高土，川谷出焉，日月入焉。其人面末僂，修頸卬行。”白色，蓋亦得金之氣爲多也。

唐地處孟冬之位，得常山、泰嶽之風，音中羽。其地磽确而收，故其民儉而好畜，外急而内仁，此唐堯之所處。《太平御覽·時叙部十一》。〇案：《太平寰宇記·河東道四》引：“唐地磽确，其人儉而畜積，外急而内仁。”《御覽》引無此句，今從《環宇記》增。

案：《地理志》云太原郡“在晉陽，屬并州”，晉陽“故《詩》唐國。周成王滅唐，封弟叔虞并州”。於時在亥，故唐地處於孟冬。常山，即恒山，北嶽也。《周官·職方氏》：“恒山，爲并州鎮。”在今定州西陽縣西北。泰嶽，即霍山。《職方氏》：“霍山，爲冀州鎮。”在平陽府屬霍州之東，一名霍泰山。《地理志·河東郡下》云彘縣“霍大山在東，冀州山”。唐地在并州，介雍、冀之間，故得常山、泰嶽之風。“音中羽”，羽爲水，冬之氣也。《地理志》又云：“唐本唐堯所居，其民有先王遺教，君子深思，小人儉陋。故《唐詩·蟋蟀》《山樞》《葛生》之篇，皆思奢儉之中，念死生之慮。吴季札聞《唐》之歌，曰：‘思深哉，其有陶唐氏之遺風乎！’”

魏地處季冬之位，土地平夷。《太平御覽·時叙部十一》。**其音羽、角。**《詩經類考》。

案：《地理志》云：“魏國，亦姬姓也，在晋之南河曲，故其詩曰‘彼汾一曲’‘寘諸河之側’。”又曰：“河東土地平易，有鹽鐵之饒，本唐堯所居。”又“河東郡”下云河北“《詩》魏國”，平陽“有鐵官”。應劭云：“堯都也，在平河之陽。”晉之彊候辰星。辰星，北方冬水也，“其音羽、角”者，季冬雖水位，而木氣已動，故音中羽、角。《樂動聲儀》曰：“羽聲疾以虛，其和短以散也。”

邶、鄘、衛、王、鄭，此五國者，千里之域[1]，處州之中，名曰地軸。《太平御覽・州郡部三》。

案：《孝經援神契》云：“八方之廣，周洛爲中。”《地理志》云：“昔周公營洛邑，目爲在於土中，諸侯蕃屏四方，故立京師。至平王東居洛邑，其後五伯更帥諸侯目尊周室，故周於三代最爲長久。”“初，洛邑與宗周通封畿，東西長而南北短，短長相覆千里。至襄王以河内賜晉，故其分地小。”“河内本殷之舊都，周分爲三國，邶、鄘、衛是也。”其後邶、鄘之民遷於洛邑，衛封楚邱之地，鄭居泲、洛之間，並屬中州，故爲地軸。唐、虞以冀爲中土，周以豫爲中土。《太平御覽》引《太康地記》曰：“豫州之分，其人得中和之氣，性安舒，其俗阜，其人和。”《博物志》云：“周在中樞，三河之分，風雨所起，四險之國。”《五經要義》曰：“王者受命，創始建國，立都必居中土，所以總天地之和，據陰陽之正，統四方以制萬國者也。”

又案：《藝文類聚・州部》引《春秋元命包》曰：“五星流爲兖州，兖之言端也，信也。蓋取兖水以爲名焉[2]。言隄精端，故其氣纖殺，分爲鄭國。”“鈎鈐星别爲豫州。豫之言叙也，言陰陽分布，各得其處，故其氣平静多序也。[3]”“箕星散爲幽州，分爲燕國。幽之爲言窈也，言風出入，窈冥

① “域”，《太平御覽》作“城”。

② “信也”至“名焉”，《藝文類聚》(1965年中華書局整理本)無。

③ “故其”至“序也”，《藝文類聚》無。

敏勁易曉，故其氣躁急。”“牽牛流爲揚州，分爲越國，立爲楊山。”“虚、危之精流爲青州，分爲齊國，立爲萊山。”“營室流爲并州，分爲衛國之鎮，立爲明山。并之言誠也，精舍合[①]并，其氣勇抗誠信也。”“天弓星主司弓矢弩，流爲徐州，别爲魯國。徐之爲言舒也，言陰牧内安詳也。”“昴、畢間爲天街，散爲冀州，分爲趙國，立爲常山。”“觜、参流爲益州。益之爲言隘也，謂物類並決，其氣急切決裂也。”“東井、鬼星散爲雍州，分爲秦國，東距殽阪，西有漢中，南含高山，北阻居庸，得東井動深之萌，其氣險也。”“軫星散爲荆州，分爲楚國。荆之爲言强也，陽盛物堅，其氣急悍也。”《周禮・保章氏》疏引《春秋合誠圖[②]》云北斗七星主九州，“華岐以北積石、龍門，西至三危之野，雍州屬魁。太行以東至碣石、王屋、砥柱，冀州屬璇星。三河、雷澤東至海岱以北，兖州、青州屬機星。蒙山以東至羽山，南至江、會稽、震澤，徐、揚之州屬權星。大别以東至雲夢、九江、衡山，荆州屬衡星。荆山西南至岷山，北距鳥鼠，梁州屬開陽星。外方、熊耳以東至泗水、陪尾，豫州屬杓星。此九州分屬北斗。星有七，州有九，兖青、徐揚並屬二州，故七星主九州也”。《太平御覽・州郡部三》引《河圖》曰：“九州殊題，水泉剛柔各異，青、徐，角、羽集，寬舒遲，人聲緩，其泉鹹以酸。荆、揚，角、徵會，氣漂輕，人聲急，其泉酸以苦。梁州，商、徵接，剛勇漂，人聲騫[③]，其泉苦以辛。兖、豫，宫、徵合，平静有慮，人聲端，其泉甘以苦。雍、冀，商、羽合，端駛[④]烈，人聲捷，其泉辛以鹹。”《本草綱目・方民下》引《河圖》云：“九州殊題，水泉各異，風

① “合”，據《藝文類聚》當作“交”。

② “合誠圖”，據《周禮注疏》當作“文耀鈎”。

③ “騫”，據《太平御覽》當作“塞”。

④ “駛”，據《太平御覽》當作“駃”。

聲氣習剛柔不同。青州，其音角、羽，其泉鹹以酸，其氣舒遲，其人聲緩。荆、揚，其音角、徵，其泉酸以苦，其氣漂輕，其人聲急。梁州，其音商、徵，其泉苦以辛，其氣剛勇，其人聲端。雍、冀，其音商、羽，其泉辛以酸，其氣駛①烈，其人聲捷。徐州，其音角、宫，其泉酸以甘，其氣悍勁，其人聲雄。"云云。是九州之人，水土既殊，風聲氣習各有不同，皆可與《詩緯》之説互證參觀也。

天地東西二億三萬三千里，南北二億三萬一千五百里，天地相去一億五萬里。《山海經・海外東經》注。○《開元占經》四。

案：《開元占經》引《詩含神霧》"一千"上有"三萬"二字，"天地相去"下無"一"字，《太平御覽・地部一》引"天地相去"句同。據《河圖括地象》曰"八極之廣，東西二億三萬三千里，南北二億三萬一千五百里"，則有"三萬"二字者是也。劉昭《續漢書・郡國志》注引《山海經》："禹使大章步，自東極至於西垂，二億三萬三千三百里七十一步。又使豎亥步，南極至於北垂，二億三萬三千五百里七十五步。"與《淮南・地形訓》文同，而於《詩緯》及《河圖》所説里數微異。今本《山海經》佚其文，無可攷矣。又《淮南・天文訓》云："天有九野，九千九百九十九隅，去地億五萬里。"今本《淮南》誤倒作"五億萬里"，此從《開元占經》所引訂正。與《詩緯》説合。"九野者，中央曰鈞天，其星角、亢、氐。東方曰蒼天，其星房、心、尾。東北方曰變天，其星箕、斗、牽牛。北方曰元天，其星須女、虚、危、營室。西北方曰幽天，其星東壁、奎、婁。西方曰顥天，其星觜觿、参、東井。南方曰炎天，其星輿鬼、柳、七星。東南方曰陽天，其星張、翼、軫。"《尚書考靈耀》説與《淮南》畧同。

天不足西北，無有陰陽消息，故有龍銜火精，以往照天門中。《山海經・大荒北經》注。○《文選・雪賦》注。○《楚詞補注》。

案：《山海經》引"有龍銜精"，脱"火"字。攷《文選》注引作

---

① "駛"，據《本草綱目》(明萬曆三十一年張鼎思刻本)當作"駚"。

“銜火精”，無“往”字，洪興祖《楚詞補注》同，據以補正。《大荒北經》云：“西北海之州[①]，赤水之北有章尾山，有神人面蛇身而赤，身長千里，直目正乘，其瞑乃晦，其視乃明，不食不寢不息，風雨是謁，是燭九陰，是謂燭龍。”《淮南·墬形訓》云：“燭龍在雁門北，蔽於委羽之山，不見日。其神人面龍身而無足。”高誘注曰：“委羽，北方山名。龍銜燭以照太陰，蓋長千里，視爲晝，瞑爲夜，吹爲冬，呼爲夏。”云。

從中州以東四十萬里，得焦僥國，人長一尺五寸也。《山海經》注。

案：“中州以東”下舊有“西”字，今據《列子·湯問篇》無“西”字，此蓋衍文。《山海經·海外南經》云：“周饒國在其東，其爲人短小，冠帶。一曰焦僥國，在三首東。”郝氏蘭皋曰：“周饒，即焦僥之聲轉。”《説文》云：“南方有僬僥。人長三尺，短之極也。”《淮南·墬形訓》云：“西南方曰焦僥。”高誘注：“焦僥，短人之國也。長不滿三尺。”韋昭《國語注》亦云：“焦僥，西南蠻之別名也。”

東北極有人長九寸。仝上。○《御覽》三百七十八。

案：《山海經·大荒東經》云：“有小人國，名靖人。”郭注引《詩含神霧》云云，“殆謂此小人也。靖或作竫，音同”。郝氏蘭皋曰：“《説文》：‘靖，細貌。’蓋細小之義，故小人名靖人也。”《初學記》卷十九引郭氏《讚》曰：“僬僥極麽，諍人又小。四體取足，眉目纔了。”《列子·湯問篇》云：“東北極有人名曰諍人，長九寸。”靖、竫、諍，並古通用字。

馬蹄自鞭其蹄，日行三百里。仝上。

案：《山海經·海內經》云：“有釘靈之國，其民從厀以下有毛，馬蹄，善走。”郭注引《詩含神霧》語爲證。郝氏蘭皋

① “州”，據《山海經》(2014 年北京聯合出版公司袁珂《校注》本)應作“外”。

云："釘靈，《説文》作'丁零'，一作'丁令'。"《通攷》云："丁令國有二。烏孫長老言北丁令有馬脛國，其人聲音似雁鶩，從鄰以上身、頭，人也。膝以下有毛，馬脛、馬蹄，走疾於馬。"案：《通攷》所説見裴松之注《三國志》引《魏畧》云。然則《詩緯》所言，蓋指此也。

東注無底之谷。仝上。

案：《山海經・大荒東經》云："東海之外有大壑。"郭注引《詩含神霧》云云，"謂此壑也"。攷《列子・湯問篇》："夏革曰：勃海之東，不知幾億萬里，有大壑焉。實惟無底之谷，其下無底，名曰歸虚。"是其證已。

大華之山，上有明星、玉女持玉漿，得上，服之即成仙，道險僻不通。仝上。

案：《後漢書・張衡傳・思元賦》曰："載大華之玉女。"章懷注引《詩含神霧》曰："太華之山，上有明星玉女，主持玉漿，服之成仙。"《太平寰宇記・關西道》引云："華山上有明星、玉女，手持玉漿，得服之則仙矣。"《藝文類聚》卷七引郭氏《山海經讚》曰："華岳靈峻，削成四方。爰有神女，是挹玉漿。其誰遊之，龍駕雲裳。"並用《詩緯》説。

少室之山巔亦有白玉膏，得服之，即得仙道，世人不得[①]**上也。**仝上。

案：《山海經・中山經》云："少室之山，其上多玉。"郭注曰："今在河南陽城西，俗名黍室。"引《詩含神霧》云云。又《西山經》云："峚山，其中多白玉，是有玉膏，其原沸沸湯湯，黄帝是食是饗。"郭注引《河圖玉版》曰："少室山，其上有白玉膏，一服即仙矣。"《河圖玉版》之語與《詩緯》同。郭云"黄帝食玉膏，所以得登龍於鼎湖而靈化也"，是得服玉膏成仙之驗。《地理志》云潁川郡崇高"漢武帝置，

① "得"，據《山海經》注當作"能"。

以奉太室山，是爲中岳。有太室、少室山廟。古文以崇高爲外方山也”。《初學記》卷五引戴延之《西征記》曰：“其山東爲太室，西爲少室，相去十七里。嵩其總名也。謂之室者，以其下各有石室焉。”又案：郭注云少室“俗名黍室”，“黍”譌作“泰”，今訂正。《續漢書·郡國志》云：“潁川郡陽城有嵩高山，洧水、潁水出焉，有負黍聚。”《太平御覽·地部四》引《郡國志》云：“少室山，一名黍室山，負黍城在南，因山以名城也。”足證“泰”字是“黍”之譌。

作邑於豐，起靈臺。《詩·靈臺》正義。

案：《中候·雒師謀》云：“唯王既誅崇侯虎，文王在豐，豐人一朝扶老至者八十萬户。”《我應》云：“季秋之月甲子，赤雀銜丹書入豐，止於昌户，再拜稽首受。”《易是類謀》云：“文王比隆興，始霸，伐崇作靈臺，受赤雀丹書，稱王制命，示王意。”注云：“入戊午蔀二十九年季秋之月甲子，赤雀銜丹書而命之。”文王於豐得命，當立天子之居，故作都於豐，以應天命。靈臺在豐邑，灃水之東，其制積土崇九仞，上平無屋，以觀祲象，察氣之妖祥。《太平御覽·禮儀部十三》引《禮統》曰：“所以制靈臺者何？以尊天重民，備災御害，豫防未然也。夫王者當承順天地，節御陰陽也。”“殷爲神臺，周爲靈臺。質者據天而王，天者稱神。文者據地而王，地者稱靈。是其異也。

五岳視三公，岱宗爲之長，封禪在①焉。《北堂書鈔·封禪》。

案：《春秋佐助期②》云：“三公象五岳，在天法三台。合爲帝佐，以匡綱紀。”《風俗通》云：“三③岳視三公，四瀆視諸侯，其餘或伯，或子男，大小爲差。”“岱者，始也。宗者，長也。萬物之始，陰陽之交，觸石而出，膚寸而合，不崇

① “在”，據《北堂書鈔》(2002年上海古籍出版社《續修四庫全書》本)當作“往”。

② “佐助期”，據《北堂書鈔》當爲“漢含孳”。

③ “三”，據《風俗通》(1981年中華書局王利器《校注》本)當作“五”。

朝而偏雨，天下惟泰山乎？故爲五岳之長。王者受命易姓，改制應天，功成封禪，以告天地。孔子曰：‘封泰山，禪梁甫，可得而數，七十有二。’”《白虎通》云：“封禪所以必於泰山何？萬物之始，交代之際也。必於其上何？因高告高，順其類也。故升封者，增高也。下禪梁甫者，廣厚也。皆刻石紀號者，著己之功跡以自效也。天以高爲尊，地以厚爲德，故增泰山之高以報天，附梁甫之基以報地。明天之所命，功成事就，有益於天地，若高者加高，厚者加厚矣。”《御覽・禮儀部十五》引《孝經鈎命决》曰：“封乎泰山，考績燔燎。禪乎梁甫，刻石紀號。焕炳巍巍，教化顯著。”《續漢書・禮儀志》劉昭注引袁宏曰：“王者初基，則有封禪之事，蓋以其成功告於神明者也。夫東方者，萬物之所始。山岳者，靈氣之所宅。故求之物本必於其始，取其所通必於其宅。崇其壇塲則謂之封，明其代興則謂之禪。然則封禪者，王者開務之大禮也。”

王者德化充塞，照洞八冥，則鸞臻。《太平御覽・羽族部三》。○案：《藝文類聚・祥瑞部》引無“王者”二字。

案：《孝經援神契》云：“德至鳥獸，則鳳凰翔，鸞鳥舞。”《春秋運斗樞》云：“樞星[1]得則鸞鳥集。”《山海經》云：“女牀之山有鳥焉，其形如翟而五采，以文名曰鸞鳥，見則天下安寧。”《尚書中候》曰：“帝軒提象，鸞鳥來儀。”又曰：“周公歸政於成王，太平制禮，鸞鳥見。”孫氏《瑞應圖》曰：“鸞鳥，赤神之精，鳳凰之佐，鳴中五音，肅肅雍雍，喜則鳴舞。人君行步有容，進退有度，祭祀宰民，咸有敬讓，禮節親疏有序則至。一曰心識鐘律，律調則至，鳴舞以和之。”

堯時嘉禾七莖，連三十五穗。《太平御覽・休徵部一》。○《路史・陶唐紀》注。

---

① “樞星”，《太平御覽》作“天樞”。

案：《御覽·皇王部五》引《尚書中候》曰："帝堯即政七十載，嘉禾孳連。"又《百穀部二》引《春秋説題辭》曰："天文以七，列精以五。故嘉禾之滋，莖長五尺。五七三十五，神盛，故連莖三十五穗，以成盛德，禾之極也。"《休徵部二》引《孝經援神契》曰："王者德至於地，則嘉禾生。"《春秋運斗樞》曰："璇星得，則嘉禾液。"孫氏《瑞應圖》曰："嘉禾，五穀之長，盛德之精也。文者則一本而同秀，質者則異本而同秀。此夏、殷時嘉禾也。"《白虎通》曰："嘉禾者，大禾之爲美瑞者也。成王之時，有三苗異畝而生，同爲一穟，大幾盈車，長幾充箱，民有得而上之者，成王召周公而明[①]之。公曰：'三苗爲一穟，天下當和爲一乎！'後果越裳氏重九譯而來矣。"

鬱金十葉爲貫，百二十葉采以煮之爲鬯，合芳物釀之以降神。《説郛》。

案：《周禮》："鬱人掌祼器，和鬱鬯，以實彝而陳之。"注云："築鬱金煮之，以和鬯酒。鄭司農云：'鬱，香草名。十葉爲貫，百二十貫爲築，以煮之鑊[②]中，停於祭前。'"《説文》釋"鬱"語，與鄭司農同。"一曰鬱鬯，百草之華，遠方鬱人所貢芳草，合釀之以降神。鬱，今鬱林郡也。"《水經·温水注》引應劭《地理風俗記》曰："鬱，芳草也，百草之華，煮以合釀黑黍，以降神者也。或説今鬱金香是也。一曰鬱人所貢，因氏郡矣。"據《周禮》注及《説文》，並"百二十貫築以煮之"，則此緯"葉"字蓋"貫"之誤，"采"字乃"築"之譌耳。

菖蒲益聰，茱萸耐老。仝上。

案：《孝經援神契》云："椒薑禦濕，菖蒲益聰，巨勝延年，

---

① "明"，據《白虎通》當作"問"。

② "鑊"，《周禮注疏》作"鐎"。

威喜辟兵。”又云：“菖蒲，一寸十二節者，服之益聰。”《太平御覽・木部九》引《雜五行書》曰：“舍東種茱萸，增年益壽。”《西京雜記》云：“九月九日佩茱萸，令人長壽。”是茱萸耐老之驗也。《春秋運斗樞》云：“玉衡星散爲菖蒲，遠《雅》《頌》，著倡優，則玉衡不明，菖蒲冠環也。”又云：“玉衡散爲椒。”茱萸亦椒之類。

麟，木之精。《路史・餘論》注。

案：《説苑・辨物篇》曰：“麒麟麕身，牛尾，馬蹄，圓頂，一角，含仁懷義，音中律吕。行步中規，折旋中矩。擇土而踐，位平然後處。不羣居，不旅行。紛乎其有質文也，幽閒則循循如也，動則有容儀。”《春秋保乾圖》云：“歲星散爲麟。”《演孔圖》云：“蒼之滅也，麟不榮也。麟，木精也。”宋均注曰：“麟，木精。木生於水，故曰陰木。氣好土，土黄木青，故麟色青黄。不榮，謂見䄻柴者也。”《五經異義》：“《公羊》説云：‘麟者木精，一角赤目，爲火候。’鄭云：‘金九以木八爲妻，金性義，木性仁，得陽氣似父，得陰氣似母。麟，西方毛蟲，得木八之氣而性仁。’”何休《公羊傳注》曰：“麟角戴肉，設武備而不爲用[1]，所以爲仁也。上有聖帝明王，天下太平乃至。”麟爲歲星之散氣，故曰木精。木於五常配仁，麟肉角，戴仁之象，故爲仁獸也。

大[2]迹出雷澤，華胥履之，又見《路史・太昊紀》注。**生庖犧。**《太平御覽・皇王部二》。○《初學記》引“華胥履太人迹而生伏犧”。

宋均注：雷澤，地名。華胥，伏犧母。仝上。

案：《御覽・皇親部》引《河圖》，説與《詩緯》同。《皇王部二》又引《孝經鉤命決》曰：“華胥履跡，恠生皇犧。”注云：

---

① “用”，《開元占經》作“害”。

② “大”，《路史》(2008 年臺灣商務印書館《景印文淵閣四庫全書》本)作“巨”。

"跡，靈威仰之跡也。履跡而生，以爲奇恠也。"《皇王世紀》曰："庖犧蛇身人首，有聖德，繼天而生，首德於木，爲百王先，帝出於震，未有所因，故位在東方，主春，象日之明，是稱太昊。"伏犧爲蒼帝之精，故感靈威仰之跡而生也。

龍首。《路史·炎帝紀》注。

顔似龍也。仝上。

案：《太平御覽·皇王部三》引《孝經鈎命決》曰："妊巳感龍生帝魁。"注云："任巳，帝魁之母也。魁，神農名。巳，或作姒。"《皇親部一》引《春秋元命包》曰："女登生神農[①]，人面龍顔，始爲天子。"《路史·炎帝紀》注引《元命包》曰："少典妃女登遊於華陽，有神龍[②]首，感之於常羊，生神子，人面龍顔，好耕，是爲神農。"《詩緯》所云"龍首"，蓋即農皇感生之神。

大電光繞北斗樞星，照郊野，感附寶而生黄帝。《初學記·帝王部》。○案：《文選·辨命論》注、《御覽·皇王部四》引無"光"字、"北斗"字、"星"字、"而"字。《文選》注"附"作"符"。

案：《太平御覽·皇王部四》引《孝經鈎命決》曰："附寶出，降大靈，生帝軒。"注云："附寶，帝軒母也。電，黄精，軒轅氣也。"《河圖握矩紀》曰："黄帝名軒。北斗，黄神之精。母地祇之女附寶之郊野，大電繞斗，樞星耀，感附寶，生軒，胸文曰'黄帝子'。"《春秋元命包》曰："黄帝龍顔，得天庭陽，上法中宿，取象文昌，戴天履陰，秉數制剛。"注云："顔有龍象，似軒轅也。庭陽，太微庭也。戴天，天文在首。履陰，陰字在足下也。制剛，紀也，紀正四輔也。"黄帝，土之精。軒轅，土神，黄龍之體，又主雷電，故感其精而生也。

---

① "農"，據《太平御覽》當作"子"。

② "龍"，《路史》作"童"。

瑶光如蜺貫月，正白，感女樞，生顓頊。《初學記・天部》。○《太平御覽・天部十四》引無"如蜺正白"四字[1]。○《路史・高陽紀》注無"如"字，無末三字。○《玉海・祥瑞門》無"如蜺"字，下有"於若水首戴干戈"七字。

注：星光如虹蜺，往貫月也。《路史・高陽紀》注。

案：《太平御覽・皇王部四》引《河圖》曰："瑶光之星如蜺貫月，正白，感女樞，幽房之宫，生黑帝顓頊。"與《含神霧》説同。《春秋元命包》曰："顓頊駢幹，上法月参。集威成紀，以理陰陽。"注云："水精主月。参，伐星，主斬刈成功，兼此月職，重助費[2]以爲表。"案：北斗第七星主月，主金。月，水精，太陰之氣也。参，金宿，白虎之體也。顓頊，水精，水生於金，故其感生之時，瑶光貫月，而駢幹爲表，上法参星也。

慶都與赤龍合婚，生赤帝，伊祁堯。《初學記・帝王部》。○《路史・陶唐紀》注。○案：《文選・魯靈光殿賦》注引"慶都生伊堯"。

案：《太平御覽・皇王部五》引《春秋合誠圖》曰："堯母慶都，蓋大帝之女，生於斗維之野，常有黄雲覆蓋之。年二十，出觀三河之首，若有神隨之者。有赤龍負圖出，慶都讀之，云'赤受天運'，下有圖人，衣赤光，面八彩，鬒鬢，長七尺二寸，兑上豐下，足履翼宿，署曰'赤帝起誠天下寳'。奄然陰，風雨，赤龍與慶都合婚，有娠，龍消不見。既乳，堯貌如圖表。及堯有知，慶都以圖予之。"語與《詩緯》合。赤帝之精生於翼，體爲朱鳥，其表龍顔，蓋應赤龍之象也。

握登見大虹，意感而生舜於姚墟。《路史・有虞紀》注。○《太平御覽・皇王部六》。

案：《太平御覽・皇親部》引《河圖著命苞》文，與《詩緯》同。《續漢書・五行志》注引《演孔圖》曰："蜺者，斗之精

---

① "如蜺"，《太平御覽》有。

② "費"，據《太平御覽》當作"贊"。

也。"《星占》曰："虹蜺，土精，填星之變。"《開元占經》九十八引《春秋緯》曰："虹蜺者，斗之亂精也。"斗者，天樞也，居中宫土位，其第五星主填星。填星，土之精也。《尚書帝命驗》曰："姚氏縱華感樞。"注云："縱，生也。舜母握登。"《春秋感精符》云："滅翼者斗。"注言："翼，堯之星精，在南方，其色赤。斗，舜之星精，在中央，其色青。""青"字是"黄"之譌。《孝經援神契》云："舜龍顔，重瞳，大口，手握褒。"注言："大口以象斗星，又爲天作喉舌。"舜爲斗星之精，故其生感斗樞虹氣也。

大[①]禹之興，黑、風會紀。《太平御覽・皇王部七》。○《路史・夏后紀》注。

注：黑，力黑。風，風后。並黄帝臣，復臣舊譌作"神"伯禹當斯而至也。仝上。

案：《淮南子》云："黄帝治天下，而力牧、太山稽輔之，以理日月星辰之行，治陰陽之氣，節四時之度，正律厤之數。"《史記・五帝紀》云："黄帝舉風后、力牧、常先、大鴻以治民。"《論語摘輔象》云："黄帝七輔，風后受金法，力墨受準斥。"注云："力墨，或爲力牧。"此引《詩緯》作"力黑"，"黑"乃"墨"之譌。《太平御覽・地部二十六》引《河圖》云："黄帝問風后曰：'余欲知河之始開。'風后曰：'河凡有五，皆始開乎崑崙之墟。'"《皇王部七》引《黄帝元女兵法》云："禹問於風后曰：'吾聞黄帝有勝負之圖，六甲陰陽之道，今安在乎？'風后對曰：'黄帝藏於會稽之山下，其坎千丈，廣千尺，鎮以盤石，致難得也。'禹北見六子，問海口所出，乃決江口，鳴角，會稽龍神爲見，玉匱浮，禹乃開而視之，中有《天下經》十二卷。"《吴越春秋》云："禹案《黄帝中經》，見聖人所記曰：'在九嶷山東南天柱，號曰宛委，

---

① "大"，《路史》有，《太平御覽》無。

其書金簡，青玉爲字，編以白銀。'禹乃東巡衡山求之，因夢見赤繡衣男子，自稱元夷蒼水使者，來候禹，令齋三月。庚子，登宛委山發書，得通水之理，遂周行天下，使益疏記之，名曰《山海經》。"《詩緯》所言，即其事也。又案：《遁甲開山圖》云："古有大禹，女媧十九代孫，壽三百六十歲，入九嶷山，仙飛去。後三千六百歲，堯理天下，洪水既甚，人民墊溺，大禹念之，乃化生於石紐山泉，女狄暮汲水，得石子如珠，愛而吞之，有娠，十二[1]月生子。及長，能知泉源，代父鯀理洪水，堯帝知其功如大禹，知水源，乃賜號禹。"古之聖人皆天帝降精以生，必有諸神扶助，使開階立隧，故力墨、風后復至，爲禹佐也。

契母有娀浴於元邱之水，睇元鳥銜卵過而墮之，契母得而吞之，遂生契。《丹鉛總録》十七。

案：《史記·三代世表》褚先生引《詩傳》曰："湯之先爲契，無父而生。契母與姊妹浴於元邱，有燕銜卵墮之，契母得，故含之，誤吞之，即生契。"《索隱》曰："按《史》所引出《詩緯》，故曰《詩傳》。"《尚書中候》曰："元鳥翔水，遺卵於流，娀簡吞之，生契，封商。"注云："元鳥，燕也。翔水，徘徊於水上。娀，娀氏也。簡，簡狄也，契母名。"《吕覽·音初篇》云："有娀氏有二佚女，爲之九成之臺，飲食必以鼓。帝令燕往視之，鳴若謚隘。二女愛而争搏之，覆以玉筐，少選，發而視之，燕遺二卵，北飛，遂不反。二女作歌一終，曰：'燕燕往飛。'實始作爲北音。"高誘注曰："天令燕降卵於有娀氏女，吞之生契。《詩》云：'天命元鳥，降而生商。'又云：'有娀方將，立子生商。'此之謂也。"

---

① "二"，據《雲笈七籤》(2003年中華書局整理本)引《遁甲開山圖》當作"四"。

湯母扶都見白氣貫月，意感而生湯。《事文類聚·帝系部》。

案：《太平御覽·皇王部八》引《河圖》曰："扶都見白氣貫月，感黑帝生湯。"《詩含神霧》《帝王世紀》並同。《詩緯》言："顓頊之生也，瑶光如蜺貫月，正白。"顓頊水精，殷黑帝，亦水精之子，故其感生與顓頊相似。《尚書中候》云："天乙在亳，諸隣國繦負歸德，東觀乎洛，降三分沉璧，黄魚雙躍，出濟於壇，黑烏以雄隨，魚亦止，化爲黑玉，赤勒曰：'元精天乙受神福，伐桀，克。'三年悉合。"注云："黑烏，黑帝叶光紀之使也。元，水也。"

后稷母①**姜嫄，出見大人蹟而履踐之，知於身**②**，生后稷。**《史記·三代世表》。

案：褚先生引《詩傳》云云，《索隱》以《史》所引出《詩緯》也。攷《詩·生民》正義引《河圖》云"姜嫄履大人蹟，生后稷"，《中候·稷起》云"蒼耀稷生感蹟昌"。《路史·高辛紀》注引《春秋元命包》曰："姜嫄遊於閟宫，其地扶桑，履大人蹟而生稷。""卦之得震，故周蒼代商。"又《易通卦驗》云："帝蹟術感。"鄭註曰："震爲足，故蒼帝之興，多以蹟感，后稷之生則然。"

大任夢長人感己，生文王。《太平御覽·皇王部九》。

案：《太平御覽·皇親部》引《河圖著命苞③》，文與《詩緯》同。周者，蒼帝之萌，木精也。《御覽·皇王部九》引《春秋感精符》云："孔子案録書，合觀五常英人，知姬昌爲蒼帝精。"《文選·齊安陸昭王碑文》注引《元命包》云："孔子曰：'扶桑，日所出，房所立。其燿盛，蒼神用事，精感姜嫄。卦得震，震者，動而光。故知周蒼代殷者爲姬昌，人形龍顔，長大羽翼日，衣青光。'"宋衷註曰："爲日精所

---

① "母"後，《史記》有"爲"字。

② "身"後，《史記》當有"則"字。

③ "苞"，《太平御覽》無。

羽翼，故以爲名。木神，故以其方色衣之。”《初學記·帝王部》引《元命包》云：“姬昌，蒼帝之精，位在房、心。”宋均注曰：“蒼帝，靈威仰。”然則知“長人”者，靈威仰之神也。昔華胥履大人跡而生伏羲，姜嫄踐巨人跡而生后稷，三聖人皆蒼神之精，故其感生之祥舉相似也。

執嘉妻含始，遊洛池。《史記·高祖本紀》索隱。

案：《史記索隱》：“據《春秋握誠圖》，以爲執嘉妻含始遊洛池，生劉季。《詩含神霧》亦云。”

有寶雞銜赤珠出。《史記·高祖本紀》正義。

案：《史記》正義引《帝王世紀》：“含始遊洛池，有寶雞銜赤珠出，刻曰‘英生高祖’[①]。《含神霧》亦云。含始，即昭靈后也。”

含始吞赤珠，刻曰“玉英生漢皇”。後赤龍感女媪，劉季興也。《藝文類聚》九十八。○《太平御覽·皇王部十二》，又《皇親部一》引同。

注：刻，刻鏤也，有“玉英”之文。《太平御覽》。仝上。

案：《史記·高祖本紀》云：“高祖，姓劉氏，字季。父曰太公，母曰媪。媪嘗息大澤之陂，夢與神遇。是時雷電晦冥，太公往視，則見蛟龍於其上。已而有身，遂產高祖。高祖爲人，隆準而龍顔，美鬚髯，左股有七十二黑子。”高祖感生之異，與帝堯畧同，皆赤帝之子，火精人也。堯長七尺二寸，高祖有七十二黑子，皆應火德七十二日之數也。又案：《東觀漢記》云：“馮異勸上即位。上曰：‘我昨夜夢見赤龍上天，覺悟，心中動悸。’異等賀曰：‘此天命發於神明。’”是光武中興亦有赤龍之應。

聖人受命必順斗，張握命圖授漢寶。《太平御覽·珍寶部一》。

宋均注：聖人，謂高祖也。受大命而王，必順旋衡法。故張良受兵鈐之圖，命以授漢，爲珍寶也。仝上

① “刻曰英生高祖”，《史記》正義作“炫日后吞之生高祖”。

案：《春秋佐助期》云："王者[①]法斗，諸侯應宿。"《潛潭巴》云："天子有三寶。""璇璣者轉舒天心，玉衡者平氣立常[②]也。"《運斗樞》云："五帝所行，同位異道[③]，皆循斗樞機衡之分，遵七政之紀、九星之法。"《元命包》曰："斗爲帝令，出號布政，授度四方，故置輔星，以佐助[④]爲。斗爲人君之象，而號令之主也。"高祖，赤帝之子，應運而起，張良受書於黄石公，爲漢室之輔，遂定天下，故云握圖授寶也。

代漢者，龍顔珠額。《太平御覽·人事部五》。

案：珠額，謂額有角，表若連珠象也。

詩緯集證卷第四

福州陳喬樅學

詩緯各書所引未詳篇目者，附綴於此，爲一弓。

天下和平[⑤]，天瑞降，地符興[⑥]。《文選·王融〈曲水詩叙〉》注。

案：《白虎通·符瑞篇》云："天下太平，符瑞所以來至者，以爲王者承天統理，調和陰陽，陰陽和，萬物序，休氣充塞，故符瑞並臻，皆應德而至。德至天，則斗極明，日月光，甘露降。德至地，則嘉禾生，蓂莢起，秬鬯出，太平感。德至八表，則景星見，五緯順軌。德至草木，則朱草生，木連理。德至鳥獸，則鳳凰翔，鸞鳥舞，麒麟臻，白虎到，狐九尾，白雉降，白鹿見，白烏下。德至山陵，則

---

① "王者"，《太平御覽》引《春秋佐助朝》作"天子"。

② "平氣立常"，據《北堂書鈔》引《潛潭巴》當作"平常立氣"。

③ "同位異道"，據《太平御覽》引《運斗樞》當作"同道異位"。

④ "助"，《開元占經》引《元命包》作"功"。

⑤ "平"，據《文選》(1986年上海古籍出版社整理本)注當作"同"。

⑥ "興"，據《文選》注當作"升"。

景雲出，芝實成[①]，陵出黑丹，阜出蓮莆，山出器車，澤出神鼎。德至淵泉，則黄龍見，醴泉涌，河出龍圖，洛出龜書，江出大貝，海出明珠。德至八方，則祥風至。"《白虎通》所録，多散見於《援神契》，蓋皆據緯書之文。

歲星無光，進退無常，此仁道失類之應。《開元占經》二十三。

案：歲星，木之精也，位在東方，青帝之子，歲行一次，十二年一周天，與太歲相應，故曰歲。皇，人主之象也。色欲明潤，視其進退左右，以占其妖祥。《洪範五行傳》曰："歲星者，於五常爲仁，於五事爲貌。仁虧，貌失，逆春令，則歲星爲災。"《占經》引《石氏》曰："歲星主仁，仁失者罰出，變見於歲星。歲星盈縮，故曰罰。此失仁政，逆春氣之所致也。以其宿命其國，聖人觀歲星所盈縮之宿，以知仁失之國也。"

填星暈[②]，此奢侈不節，王政之失。《開元占經》三十八。

案：填星常晨出東方，夕伏西方，其行歲填一宿，故名填星。填星，土之精也。位於中央，王於四季。《占經》引《禮斗威儀》云："君乘土而王，其政太平，則填星黄而輝多。"《春秋緯》曰："填星主德，德失則宫室高，臺榭繁，故填星盈縮。"《巫咸》曰："填星白暈，有土功，是奢侈不節之失也。"京房曰："人君内無仁義，外多華飾，則填星失度，東西叛逆。不救，必夏霜雪。其救也，治社稷、明堂，近方直、親厚重之人，則災消矣。"

又案：《春秋繁露》第六十一篇云："日冬至，七十二日木用事，其氣糝濁而清。七十二日火用事，其氣㦧陽而赤。七十二日土用事，其氣温濁而黄。七十二日金用事，其氣堅凝而白。七十二日水用事，其氣清寒而黑。七十二日復

---

① "成"，《白虎通》作"茂"。

② "暈"，據《開元占經》當作"華"。

得木。今董子書"㦧陽"作"慘陽"，"堅凝"作"慘淡"，此從《五行大義》引。木用事，則行柔惠，挺羣禁，至於立春，出輕繫，去稽留，除桎梏，開閉闔，通障塞，存孤幼，矜寡獨，無伐木。火用事，則正封疆，循田疇。至於立夏，舉賢良，封有德，賞有功，出使四方，無縱火。土用事，則養長老，存幼孤，矜寡獨，賜孝悌，施恩澤，無興土功。金用事，則修城郭，繕墻垣，審群禁，飭甲兵，警百官，誅不法，存長老，無焚金石。水用事，則閉門閭，大搜索，斷刑罰，執當罪，飭關梁，禁外徙，無決池隄。"《史記·天官書》云："天有五星，地有五行。""水、火、金、木、填星，此五星者，天之五佐，爲經緯，見伏有時，所過行嬴縮有度。""凡天變，過度乃占。國君彊大有德者昌，弱小飾詐者亡。太上修德，其次修政，其次修救，其次修禳，正下無之。""爲天數者，必通三五。終始古今，深觀時變，察其精粗，則天官備矣。"

大角，一曰帝筵，成統理。《開元占經》六十五。

案：帝筵者，謂帝席也。《占經》引《春秋緯》曰："大角爲坐候，一曰大角爲帝席，以布坤[①]厚德。"《石氏星讚》曰："大角，帝席，色欲明，光隆潤澤，德合同。"《甘氏·中官占》曰："帝席三星，在大角北。"又《星讚》曰："帝席設座，宴旅酢酧。"帝席星屬於大角，故大角一曰帝筵。大角爲天棟，以正紀綱，故云成統理也。

奎爲女令。《開元占經》六十二。

案：《占經·歲星占》引《海中占》曰："歲星潤澤，出奎，有善令。變色入奎，有僞令來者。若出奎，有僞令出使者。"金、木、火、土四星出入奎宿，若占皆然。《帝覽嬉》曰："歲星之奎，有喜慶之事。若有赦令。"是奎主命令之驗。

---

① "坤"，《開元占經》作"神"。

《填星占》引《黄帝占》曰："填星出奎，女主攝政。國有女喜，若有女貴。"《辰星占》引《春秋圖》曰："辰星之奎，天下賤人出貴女。"奎主女喜、女貴，及女主攝政之徵，故爲女令也。

天市主聚衆。《開元占經》六十五。

案：天市者，天子之市也，亦名天曹。見《荆州占》。曹，群也，衆所群聚也。《石氏》曰："天市垣，二十二星，主四方諸[①]國。門左一星，宋也。次星，衛。次星，燕。次星，東海。次星，徐。次星，太山。次星，齊。次星，河中。次星，九河。次星，趙。次星，魏。次星，中山。次星，河間[②]。門右一星，韓。次星，楚。次星，梁。次星，巴。次星，蜀。次星，秦。次星，周。次星，鄭。次星，晋也。其星光芒，即其國有謀。若星色微小，其國邑弱，王者修德以扶之。"《石氏》曰："天市星衆明則歲實，星稀則歲虚。"郗萌曰："天市中多小星，民富足。"《禮含文嘉》曰："王者於族人有次序，則天市正明。"宋均註曰："王者於親疏有次序，族者非一人也。天市之應明，所感者多也。"

司命執刑行罰。《開元占經》六十九。

案：《史記・天官書》云："斗魁戴匡六星曰文昌宫，一曰上將，二曰次將，三曰貴相，四曰司命，五曰司中，六曰司禄。"《索隱》引《春秋元命包》曰："上將建威武，次將正左右，貴相理文緒，司命主災咎，司中主佐理，司禄賞功進士。"《占經》引《元命包》曰："司命舉過，滅除不祥。"《甘氏・中官占》云："司命二星在虚北。"郗萌説以"司命與輿鬼同候"。攷《占經》六十三引《南官候》曰："輿鬼，一名天鈇鑕，一曰天訟，主察姦，天目也。"《石氏》曰："輿鬼，

① "諸"，《開元占經》作"邊"。

② "間"後，《開元占經》有"市"。

一曰鈇鑕，故主法，主誅斬。"司命主災咎，是執刑行罰之象，以與輿鬼同候，故主刑罰也。

槍三星，棓五星，在斗杓左右，主槍人、棓人。《史記·天官書》索隱。

案：《占經》六十五引《石氏》曰："天槍三星，在北斗杓東。主帝伏兵。槍者，今之槍也，以竹爲之，鋭其鋒，外向以槍人。星温而不明則吉，若光照則伏兵行。天棓五星在女牀東北。棓者大杖，所以打賊也。左槍右棓，天之武備。"皆所以禁横暴，備不虞也。

陳，王者所起也。《文選·秋胡詩》注。

案：《漢書·地理志》："陳本太昊之虚。"《皇王世紀》云："太昊帝，庖犧氏，風姓也。有聖德，都陳，繼天而生，首德於木，爲百王先。"故言王者所起也。

《小雅》譏己得失，及之於上也。《史記·司馬相如傳》索隱引《詩緯》。

案：《荀子·大畧篇》云："《小雅》不以汙上，自引而居下，疾今之政，以思往者。其言有文焉，其聲有哀焉。"與《詩緯》説合。《漢書·司馬相如傳》贊云："司馬遷稱《大雅》言王公大人，而德逮黎庶。《小雅》譏小己之得失，其流及上。"所言雖殊，其合德一也。注引張揖曰："己，詩人自謂也。己小有得失，不得其所，作詩流言，以諷其上也。"皆用《詩緯》之説。

風后，黄帝師。又化爲老子，以書授張良。《史記·留侯世家》索隱。

案：《帝王世紀》云："黄帝夢大風吹天下之塵垢，皆去。帝寤而嘆曰：'風爲號令，執政者。垢去土解，清治者。'依夢之占而求之，得風后於海隅，登以爲相。"《史記·留侯世家》云："良嘗步遊下邳圯上，有一老父，衣褐，至良所，與良期會，出一編書，曰：'讀此則爲王者師矣。後十年興，十三年孺子見我濟北，穀城山下黄石即我矣。'良因異之，常習誦讀之。後從高帝過濟北，果見穀城山下黄石，取而葆祠之。”《詩緯》所紀，即其事也。太史公贊言“老父予書”，司馬貞引《詩緯》爲証，云父後化爲黄石，則“老子”乃“老父”之譌耳。《文選・運命論》注引《春秋保乾圖》云：“漢之一師爲張良，生韓之陂，漢以興。”是張受兵鈐之圖，命爲王者師也。

齊數好道，廢義簡禮。《文選・弔魏武文》注。

宋均注：簡猶闕也。仝上。

案：《説文》云：“惟初太始，道立於一。造命天地，化成萬物。”一者，數之始也。“齊數好道”者，合萬物爲一，方以與道爲際，而法自然也。“廢義簡禮”者，道德定於天下，而禮義有所不事也。《道德經》云：“失道而後德，失德而後仁，失仁而後義，失義而後禮。禮義者，忠信之薄也。”《淮南・本經訓》云：“古之人，同氣於天地，與一世而優游。當此之時，禮義不設，而萬民猶在於混冥之中。逮至衰世，仁鄙不齊，比周朋黨，設詐諝、懷機械巧故之心而性失矣，是以貴義。陰陽之性，莫不有血氣之感，男女群居雜處而無别，是以貴禮。禮義者，可以救敗，而非通治之至也。夫義者所以救失也，禮者所以救淫也。是故知道德然後知仁義之不足行也，知仁義然後知禮樂之不足修也。”

君子悉心研慮，推變見事也。《文選・王元長〈永明九年策秀才文〉》注。

案：《漢書・翼奉傳》云：“臣聞之師曰，天地設位，懸日月，布星辰，分陰陽，定四時，列五行，目視聖人，名之曰道。聖人見道，然後知王治之象，故畫州土，建君臣，立律歷，陳成敗，目視賢者，名之曰經。賢者見經，然後知人道之務，則《詩》《書》《易象[①]》《春秋》《禮》《樂》是也。《易》有陰陽，《詩》有五際，《春秋》有災異，皆列終始，推

① “象”，《漢書》無。

得失，攷天心，目言王道之安危。”又曰：“《詩》之爲學，情性而已。五性不相害，六情更興廢。觀性以厤，觀情以律，明王所宜獨用，難與二人共也。”《匡衡傳》云：“《詩》者，原性情而明人倫也。傳曰：‘審好惡，理性情，而王道畢矣。’”然則治《詩》者必精通律厤陰陽，而窮極乎性命之原，善推禍福，以著天人之應，斯乃告往知來，聖門言《詩》之微旨也。

詩緯注附録

宋均注：緒，業也。《文選・阮瑀〈爲曹公作書與孫權〉》註。

案：《文選・四子講德論》註引《春秋保乾圖》云：“五帝異緒。”宋衷註曰：“緒，業也。”又任昉《荅七夕詩啓》註引並同。此引作《詩緯》註，疑《詩緯》亦有“五帝異緒”之語也。

詩緯補遺[①]

《詩含神霧》曰：“四方蠻貊，制作器物，多與中國反，書則横行，食則合和，牀[②]則交脚，鼓則細腰。如[③]此類甚衆。中國之所效者，貂蟬、胡牀、胡飯。”《太平御覽》七百九十九。

案：《漢書・西域傳》云：“安息國，去長安萬一千六百里。土地風氣，物類所有，民俗與烏弋、罽賓同。小大數百城，地方數千里，最大國也。臨嬀水，商賈車船行旁國。書革，旁行爲書記。”服虔注曰：“横行爲書記也。”師古曰：“今西方胡國及南方林邑之徒，書皆横行，不直下也。革謂皮之不柔者。”又《太平御覽》七百八十《四夷部》引《臨海水土志》曰：“夷州在臨海東南，去郡二千里。土地人民，各自别異。飲食，取生魚肉雜貯大器中以滷之，歷日月，

① 此卷底本無，《續四庫》本附於卷三之末。

② “牀”，《太平御覽》作“伏”。

③ “如”，《太平御覽》作“知”。

乃啖食之，以爲上肴。鑿木作器如豬槽狀，以魚肉腥臊安中，十十五五共食之。以粟爲酒，木槽貯之，用大竹筒長七寸許飲之。”又《隋書》云：“真臘國，在林邑西南，本扶餘之國[①]也。飲食多蘇酪、沙糖、秔粟、米餅。欲食之時，先取雜肉羹與餅相和，手擩而食。”又《御覽》五百六十七《四夷樂》引《樂部・樂志》曰：“龜茲樂器有毛圓鼓、要目[②]鼓，天竺樂器有毛員鼓、都曇鼓，疏勒樂器有答臘鼓、腰鼓，安國樂器有正鼓、和鼓，高麗樂器有腰鼓、齊鼓。”又五百八十二引《大周正樂》曰：“腰鼓，大者瓦，小者木，皆廣首而纖腹。都曇鼓，似腰鼓而小，以小搥擊之。毛員鼓，似都曇而稍大。”又曰：“正鼓、和鼓，一以正而一以和，皆腰鼓也。”《續漢書・輿服志》云：“武冠，一曰武弁大冠，諸武官冠之。侍中、中常侍加黄金璫，附蟬爲文，貂尾爲飾，謂之‘趙惠文冠’。胡廣説曰：‘趙武靈王效胡服，目金璫飾首，前插貂尾，爲貴職。秦滅趙，以其君冠賜近臣。’”劉昭注引應劭《漢官儀》曰：“説者以金取堅剛，百鍊不耗。蟬居高飲潔，口在腋下。貂内勁悍而外温潤。此因物生義也。”又引徐廣曰：“趙武靈王胡服有此，秦即趙而用之。説者蟬取其清高，飲露而不食，貂紫蔚采[③]潤，而毛采不彰灼，故於義亦取。”徐廣[④]又曰：“意謂北方寒涼，本以貂皮煖額，附施於冠，因遂變成首飾。”又《續漢書・五行志》云：“靈帝好胡服、胡帳、胡床、胡坐、胡飯、胡箜篌、胡笛、胡舞，京都貴戚皆競爲之，此服妖也。其後董卓多擁胡兵，填塞街衢，是其驗已。”

---

① “扶餘之國”，《隋書》(1973年中華書局整理本)作“扶南之屬國”。

② “要目”，據《太平御覽》當作“署”。

③ “采”，《後漢書》作“柔”。

④ “徐廣”，《後漢書》作“胡廣”。

經學書訊

郝悠揚 撰稿

張學謙：《河洛與七緯：東漢圖讖的文獻學研究》，北京大學出版社，2024年。

《河洛與七緯：東漢圖讖的文獻學研究》是北京大學中國語言文學系張學謙助理教授一部深入研究東漢圖讖的學術專著，對於讖緯之學在中國傳統政治、思想和文化史上的意義進行了全面而深入的探討。該書針對近年來讖緯研究中存在的不足，特别是基礎性研究的缺失進行了深入的推進。該書分爲"東漢圖讖的成立及其觀念史變遷""東漢圖讖流衍與散佚的目録學考察""東漢圖讖的結構與篇目——兼論讖緯的斷代標準""《易緯》文本研究""讖緯輯佚史研究"五章，以東漢圖讖爲研究物件，綜合運用文獻學、觀念史、文本分析的研究方法，系統考察了東漢圖讖的成立過程、性質變遷、結構與篇目、流傳與散佚、文本構成等基礎性的文獻學問題。書中重新梳理了讖緯輯佚的歷史，並對《易緯》進行了深入的個案研究，揭示了圖讖文本的複雜成書過程，糾正了舊説之誤。該書不僅爲讖緯文獻的重新輯校奠定了基礎，更推動了圖讖文獻的合理使用與深入研究。書中提出的許多創見，如辨析讖緯概念的義界、考察東漢圖讖流傳演變與散佚的過程、揭示圖讖性質從數術到儒學再到數術的變遷路線、推斷東漢圖讖的結構與篇目、分判東漢圖讖與六朝讖書等，均爲具有開創性的研究成果，爲後續的讖緯文獻研究提供了新的視角和方法，對古典文獻學和經學研究的深入發展也具有重要的推動作用。

徐淵：《兩周秦漢禮典相關出土文獻考疑》，武漢大學出版社，2024年。

《兩周秦漢禮典相關出土文獻考疑》爲復旦大學哲學學院徐淵副教授深入探究兩周至秦漢時期禮典相關出土文獻的著作，該書從宏觀角度界定了出土文獻在禮典研究中的獨特地位，明確區分了出土文獻與考古資料在研究兩周禮典時的不同應用路徑。全書研究的對象包括兩周青銅器銘文、出土戰國書類竹書文獻、春秋戰國出土器物文飾圖像、戰國楚地出土卜筮祭禱簡、秦漢出土簡帛禮類文獻、古代發現的出土文獻及其與兩周禮典的關係。徐淵教授通過對傳世禮學文獻的熟悉和掌握，結合出土文物的文字資料，對兩周至秦漢時期的禮典進行了系統梳理。書中詳細探討了如何利用這些出土文獻來研究禮典，包括將出土器物上的文字及文飾納入文獻學研究的範疇，以及嚴格區分遣册等具有特殊性質的文獻與常規出土文獻的差異，並將兩周金文、戰國簡帛、秦漢簡牘等出土文獻與傳世禮書相對照，深入分析了它們所反映的禮典内容和特點。該書不僅爲兩周禮典研究提供了新的視角和方法，還深化了我們對先秦至秦漢時期禮制變遷的理解，通過對出土文獻的細緻考辨，揭示了許多被忽視或誤解的禮典細節，爲傳統禮典研究注入了新的活力。此外，該書還試圖利用傳統禮學的知識體系對出土文獻的字詞釋讀和文本整理提出新的設想，進而討論相關出土文獻的性質與成書過程，這一嘗試對於推動出土文獻與傳世文獻的互證研究具有重要意義，對於禮學研究者、出土文獻研究者以及歷史學、考古學等相關領域的學者而言，都具有極高的參考價值。

張琪:《陳祥道〈禮書〉研究》,武漢大學出版社,2023 年。

《陳祥道〈禮書〉研究》爲揚州大學文學院張琪講師對宋代學者陳祥道及其所著《禮書》的深入剖析與全面考察的一部著作,該書從陳祥道的生平事蹟入手,對《禮書》版本、體例、内容、歸納禮制、禮圖、學術影響等方面進行了細緻考證,並提出了新的見解。全書分爲"陳祥道生平及著述""《禮書》成書及版本研究""《禮書》體例及内容探究""《禮書》歸納禮制研究""《禮書》禮圖研究""《禮書》之評價、影響與定位"六章。書中深入探討了《禮書》的版本問題,通過比對多個版本的異同,揭示了元至正七年福州路儒學刻本的真實面貌,判定其爲元刻本,並梳理系統《禮書》各刻本的關係。該書考察了《禮書》的體例、内容及其歸納的禮制,對《禮書》中的名物圖和儀節圖進行了深入研究,區分了二者的不同,分析了其價值,並對明張溥重刻本《禮書》禮圖加以探析,通過其對原書禮圖進行大量改造的現象的考察,揭示了其對《禮書》禮圖的改進與提升。該書通過細緻入微的考證與分析,對既有研究進行了推進,如《禮書》版本的判定、名物圖與儀節圖的區分及其價值評估等,不僅深化了對陳祥道及其《禮書》的認識,並特别將《禮書》置於宋代學術和《三禮》學史中加以探討,爲相關研究提供了新的視角與思路。

任慧峰:《黄以周禮學研究》,武漢大學出版社,2023 年。

《黄以周禮學研究》爲武漢大學哲學學院、國學院任慧峰副教授以清代學者黄以周的禮學爲研究對象的著作,深入探討了黄以周在清代中晚期學術風氣背景下的學術思想、禮學觀念及考證實踐。全書分爲八章,探究了嘉道以降漢學衰微之成因、黄以周禮學的内在張力、黄以周禮學考證中的現實關懷、黄以周的禮法觀、黄以周與清末禮制改革等内容,作者不僅詳細辨析了黄以周的禮學研究成就,還著重分析了其通過考證古禮調適經典所反映的人情關懷和現實意義,以及黄以周禮學思想在清代學術中的定位。該書從宏觀角度梳理了黄以周所處的學術環境，通過對其著作如《經訓比義》《宫室通故》等的細緻解讀，揭示了黄以周在禮學領域的獨特見解。該書重點討論了黄以周如何以“經學即理學”爲旗幟超越漢宋之爭，並在其禮學考證中實現了經義的建構。同時，該書還分析了黄以周如何通過考證古禮，如喪禮、昏禮以及其對《周禮》中職官的建構等，來表達其對社會現實的關懷。黄以周强調禮制應該本于現實人情，並嘗試在各種經書對於禮學的記載之間尋求一個完整的義理體系，以此爲基礎發揮禮學對現實的作用。此外，該書還附録了作者對《禮書通故》中華書局點校本標點的商榷，以及對黄以周天子廟制建構的討論，對於黄以周研究、清代學術思想史研究和禮學研究都具有重要意義。

潘斌：《清代禮學思想研究》，商務印書館，2024 年。

《清代禮學思想研究》是西南財經大學社會發展研究院潘斌教授對清代禮學思想史的研究著作，該書深度挖掘了清代禮學思想的豐富内涵，通過交叉學科的方法，從思想史視角全面考察了清代禮學的發展脈絡。全書共分爲五章，分别探討了明清之際的禮學興起、清代禮學與理學的關係、乾嘉禮學中的考據與義理、晚清禮學的演變、清代統治者的禮教思想，爲讀者呈現了一幅清代禮學思想的整全圖景。該書不僅詳細梳理了清代各個時期代表性禮學大家的思想和時代風尚，還對禮學與理學的關係進行了深入辨析。作者指出，理學是清代的意識形態，而禮學和禮教則是理學在社會運作層面的具體呈現。此外，該書還從官僚和地方層面分析了禮學思想的傳播與影響，爲讀者提供了多維度、多層次的視角來理解清代禮學思想。該書以“禮學思想”作爲研究視角，將學者個人的禮學思想與清代某個時期或整個清代的禮學思想結合起來，對黄宗羲、顧炎武、王夫之、顔元、方苞、曾國藩、江永、戴震、程瑶田、淩廷堪等清代禮學大家均有論述，全面呈現了清代的禮學思想。同時，該書對清代的義理禮學進行了深入的考察，糾正了清人只事考據的偏頗認識，豐富了清代禮學研究的内容。該書的一大特點還在於對清代禮學的社會政治效應進行了細緻的考察，如以巴蜀和徽州爲例考察了朱子家禮學思想在清代的傳播和應用，清代順治、康熙、雍正和乾隆諸帝對禮學的認識等。無論是對於清代禮學思想的深入探究，還是對於整個中國禮學史的理解，該書都提供了寶貴的參考和啓示。

覃力維：《佚禮通考》，武漢大學出版社，2023年。

《佚禮通考》是武漢大學哲學學院覃力維博士後的著作。該書深度考察了中國古代禮書中的“佚經”“遺句”，以此爲核心展開了對古代禮學的全面探索。作者以丁晏的《佚禮扶微》爲線索，但並未止步於簡單的文獻梳理，而是進一步將其發展爲一部禮學文獻通論。全書主體爲“佚經”考源、“佚記”考源、“佚文”考源、大戴《禮經》家法考、《大戴禮記》佚篇考等章，書中廣泛引用了大量史料，並結合了相關出土文獻，對歷代的佚“禮”、佚“記”以及其他相關文獻進行了細緻的辨析。該書所言“佚禮”，聚焦於三禮經典尤其是二戴《記》的佚文，不僅系統回應了歷代學者關於古代佚禮的經學爭辯，還對中國傳統學術的發展和近代轉型問題進行了深入的理論思考。通過對三禮文獻的概覽，書中系統梳理了二戴《記》、鄭玄三禮注及先秦兩漢其他經子文獻中的佚禮，考索了相關禮學、輯佚學問題，並嘗試以此進一步考察兩漢今古文經學和各經師説之間的異同。同時，作者還對《四庫全書總目》經部禮類中的各類著作進行了時段分佈和數量統計，爲理解傳統禮學文獻的著録與傳世提供了堅實的基礎。《佚禮通考》填補了古代佚禮研究領域的空白，爲學界提供了寶貴的參考。通過對古代佚禮的深入剖析，該書不僅有助於我們更好地理解古代禮學的歷史變遷，還能爲當代學術研究提供新的視角和思路。

趙培：《書經之成立》，北京大學出版社，2024 年。

《書經之成立》是中國社會科學院文學研究所副編審、中國社會科學院大學副教授趙培的著作。本書圍繞《尚書》這一中國淵源最古的典籍展開，系統探討了《書》類文獻的文本層次、經典化過程及其在歷史長河中的演變。該書整體分爲"先王之政典：《書》類文本的早期形態"和"波動的'成立'"兩部分，討論了口傳社會、書契之生成和西周之前、西周時期的《書》類文獻及春秋王官《書》學和孔門《書》學的成立和流變動問題。該書基於文本細讀和出土材料佐證，提出了"共時文本"與"歷時文本"的概念，以此揭示《書》類文獻的構成與演進過程。書中詳細考察了文字形態的歷時性變化，總結了字跡、字形、用字等特徵在文本衍生及流布過程中所起的作用。同時，作者還從經解賦義的角度，梳理了《書》類文獻從王官之學到諸子之學再到漢代新王官學的經典化歷程。在此基礎上，結合後世流變，深入分析了以《書經》爲代表的儒家經典成立的一般過程及其獨特性。該書在論述過程中，既尊重了中國古典文獻學的傳統觀念，又採納了西方古典學和新語文學的文本校正與分析手段，構建了一個相當嚴謹的邏輯體系。書中詳細探討了《尚書》中文字使用的變遷，清晰解析了《堯典》篇章的結構層次，同時，作者靈活運用了流傳下來的文獻資料，並且吸納了甲骨文、金文及考古發掘的文獻，特別是最新公開的清華簡等資料，展現出深厚的文獻研究基礎和古文字解讀能力。此書對於促進《尚書》學術研究的進一步深化，具有不可忽視的學術貢獻。

顧永新：《經學文獻學論稿》，商務印書館，2024 年。

《經學文獻學論稿》是北京大學中文系顧永新教授在經學文獻學領域的一部力作。該書深入探討了經學文獻和經學文獻學的理論基礎，並結合具體案例進行了詳細分析。顧永新教授以深厚的學術功底，通過對儒家經典及其注釋的歷史選擇過程的考索，揭示了經學文獻的主體構成及其内在邏輯。書中不僅涵蓋了“正經注疏”“五經四書”兩大主幹系統，還引入了級次文獻的概念，提出了“樹狀年輪結構”的分析方法，爲釐清經學文獻整體及其内部各系統的層級結構提供了新思路。該書大體涵蓋“經學文獻和經學文獻學的理論探討”“正經正注的成立以及儒家經典在漢代的傳承”“漢唐石經以及儒家經典文本在唐宋時期的遞嬗”“儒家經典進入刻本時代之後的刊行特點”“山井鼎《七經孟子考文》研究”五個部分。該書首先對經學文獻進行了系統的梳理，通過對歷代目録著録的經學文獻的研究，洞悉了經學史的發展脈絡和經學思想的演進軌跡。隨後，書中選取了一系列具有代表性的個案進行深入剖析，如《傳賀知章草書〈孝經〉與唐宋時代〈孝經〉文本的演變》《〈五經文字〉引石經輯考》等，這些研究既有對文本内容的深入解讀，又有對文本形態的細緻分析。該書不僅建構起經學文獻學的理論框架和方法論，還爲後續的個案研究提供了堅實的理論基礎。該書運用目録學、版本學和校勘學的基礎理論，針對不同經學文獻的不同特點進行了具體問題具體分析，總結出了經學文獻衍生、遞嬗的規律。此外，該書還兼顧本土經學文獻與域外文獻的傳承與學術交流，拓寬了經學文獻學的研究視野。可以説對於推動經學文獻學研究的深入發展具有重要意義。

馮渝傑：《神器有命：漢帝國的神聖性格及其崩解》，社會科學文獻出版社，2024 年。

《神器有命：漢帝國的神聖性格及其崩解》是山東大學歷史學院馮渝傑教授近年來在秦漢史與中古宗教社會史研究領域的一項重要成果。該書以漢帝國的神聖性格爲核心，通過深入剖析原始道教的成立、漢魏禪代的發生以及漢家秩序的崩解，爲讀者展現了一幅漢末社會思想與歷史變遷的宏大圖景。該書的核心章節與問題線索爲漢家→王漢→師漢→輔漢→代漢→憶漢的演進軌跡，通過對“漢家”這一概念的再檢證，揭示了其背後所蘊含的神學内蘊，以及讖緯如何爲漢制法，達成漢帝國融通公、私的“天下一家”構想。該書進一步指出，“致太平”不僅成爲貫通漢末經學、讖緯、道教的知識基礎與共同主旨，更成爲推動漢魏之際社會變革的重要思想和信仰要素。隨著漢帝國神聖性格的逐漸崩解，一個充滿動盪與變革的時代悄然拉開序幕。該書通過對史料的細緻梳理和深入解讀，對於天命與民望之間的東漢皇權屬性、中古道教對“漢家”歷史記憶的啓動與塑造、讖緯神學與原始道教之間的關係等問題進行了深入探討，爲相關領域的研究開闢了新的視野。該書的重要理論創見是對“漢家”神學屬性的强調，作者嘗試突破現代理性世界觀下的歷史寫作，對中國古代帝國的性質及其歷史發展邏輯有更深刻的理解。此外，該書還運用了豐富的案例和詳細的史實，使得其論證過程更加嚴謹有力，爲讀者呈現了一幅生動鮮活的歷史畫面，對於推動秦漢史與中古宗教社會史的研究具有重要意義。

莊兵：《出土文獻與域外文獻視野中的孝經學史新證》，臺灣學生書局，2024 年。

《出土文獻與域外文獻視野中的孝經學史新證》是華梵大學東方人文思想研究所莊兵副教授在經學研究領域的一部力作。該書以《孝經》爲研究對象，以出土文獻與域外文獻視野中的孝經學爲本書的上下部，爲讀者呈現了一個跨越時空的孝經學史新視角。該書以文獻爲核心深入探討了《孝經》的成書背景、經史脈絡，還細緻還原了漢魏六朝隋唐時期《孝經》各種注疏本的傳承歷史，通過對這些文獻的解讀，揭示了《孝經》在不同歷史時期所承載的政治、思想、文化和禮俗影響，爲我們理解《孝經》的多元傳承提供了豐富的歷史依據。該書利用新發現的出土文獻材料，推動了《孝經》研究的新課題，對六朝隋唐《孝經》文本的淵源進行了深入的辨析，並對《孝經》今古文流衍的諸多問題進行了詳盡的探討，其中最重要的觀點爲《孝經》今古文特徵分明是唐代以後學者在針對《孝經》經學文本價值確認的過程中逐漸建構的理解模式。同時，該書以域外文獻爲核心對《孝經鄭注》《孝經述議》《御注孝經》研究均作出了新展開，並通過對日本見存的《王羲之草書孝經》等域外文獻的研究，進一步拓展了《孝經》學的研究視野。該書通過扎實的文獻功底和深入的分析，試圖使《孝經》各種注疏本得以從傳統的今古文模式中解脱出來，回歸歷史視野，展現了它們各自的思想樣貌及所對應過的時代議題。這本書的出版，無疑將爲漢魏六朝隋唐《孝經》學史研究注入新的活力。

狄君宏：《魏晉服議之經權研究》，臺灣大學出版中心，2024年。

《魏晉服議之經權研究》是臺灣大學中國文學系狄君宏助理教授對魏晉時期喪服議題的深入探討之作。該書以"服議"，即學者討論喪服相關議題的言論爲核心，通過細緻入微的研究，揭示了魏晉時期在喪服制度上的守經與行權之議。該書開篇即勾勒了魏晉時代的宏觀背景，爲後續研究奠定了堅實的基礎。隨後詳細分析了影響服議的三大主要因素：社會、學術與時代思潮。其中，門第社會的形成與興盛、魏晉經學的發展狀況以及重情思潮的興起，均對服議産生了深遠的影響。在探討儒典中的經權思想時，該書深入挖掘了《周易》、《論語》、《孟子》、《春秋公羊傳》以及《荀子》等經典著作中的經權觀，爲理解服議中的經權思想提供了豐富的思想背景。該書分别研究了服議中守經與權變的議論。在守經方面，該書關注了名實辨析、血緣繼承相關服議以及經典詮釋在服議中的運用，揭示了時人雖堅持守經，但仍具有權變的靈活思維。該書著重探討了重情思潮對經典成制的重新思考、學者如何應對現實需求以及"以己意推論經説"及"禮疑從重"的議論，凸顯了權變之中依舊蘊含守經之義。該書末章討論了“經權並重”的議論，包括“故事”“心喪”“奔喪”“短喪、既葬除喪”“公除”等的運用，這些做法或制度既體現了對“經”的重視，又通過擴大運用範圍來應對現實需求，展現了“權”與“變”的巧妙結合。該書不僅爲我們提供了魏晉服議中經權觀念的深入理解，還揭示了經典在當時社會中的重要價值及其與現實需求的互動關係，爲經學史的研究提供了新的思考點。

張書豪：《曆數在爾躬：劉歆歲曆問題研究》，臺灣學生書局，2024年。

《曆數在爾躬：劉歆歲曆問題研究》爲臺灣中正大學中國文學系張書豪教授的著作，深度探討了劉歆在西漢時期對歲曆的推算與研究。該書首先從《漢書・律曆志》所載歲曆入手，發現劉歆推定的每144年超辰一次與當代天文實測的85.7年存在顯著差距。基於此發現，系統釐清了西漢歲曆推算的基本原理，爲後續研究奠定了堅實基礎。該書在深入剖析《漢書・律曆志》中的《世經》歲曆記録時，逐一驗算、對比術數與譜牒之間的吻合程度，並進一步對比了《世經》歲曆記録與《史記》中的相應段落，以考辨其異同。在此基礎上，挖掘出《左傳》《國語》中歲曆記録可能存在的問題，辨明瞭劉歆杜撰春秋歲曆的起點與手法，並對其中唯一矛盾的産生原因給出了合理解説。尤爲重要的是，該書通過嚴謹考證，揭示了武王伐紂相關天象記載的可信度問題，指出《左傳》《國語》中的歲曆材料實際上是劉歆按其《三統曆》捏造篡入的，並非周初、春秋的原始記録。該書不僅對劉歆的歲曆研究進行了全面而深入的剖析，還糾正了以往學界對《左傳》《國語》中歲曆記載的誤解，爲漢代經學、歷史學以及天文學等領域的研究提供了新的視角和思路，無疑是對西漢歲曆問題的一次重要梳理和深刻洞察。

陳超：《明倫弘願：北朝佛教與經學交涉研究》，商務印書館，2024年。

《明倫弘願：北朝佛教與經學交涉研究》爲山東大學哲學與社會發展學院陳超講師探討北朝佛教與經學深刻交融的力作。該書從湯用彤先生的經典論斷出發，即佛法與經學在北朝的相遇是“一大事因緣”，通過細緻入微的文本解讀與典型事件的挖掘，極大地拓寬了北朝佛教與經學交涉研究的視野。該書的主要内容涉及北朝佛教對經學的反思與接受、北朝佛教“設教”問題的起源及北朝佛教對經學設教根據的衝擊等，書中不僅深入剖析了北朝僧眾對“修多羅”譯名的反思、佛教典籍整理方式的重構，還詳細闡述了三教存廢論辯、徵辟沙門、太后出家等歷史事件如何重構了北朝的經學語境。通過這些研究，揭示了經學對佛教中國化過程中方向、致思理路與表達方式的深遠影響。該書不僅僅是一部歷史研究著作，更是在“文明”視野内對佛教與經學關係深刻理解的探索。該書通過對“佛典稱經”與“訓經爲常”的反思與接受、北朝佛教對經學知識整理意識的繼承與發展等關鍵議題的探討，爲我們展示了佛教與經學在北朝時期複雜而微妙的互動關係。同時，該書還通過對北朝佛教“設教”問題的起源、對經學設教原則的繼承以及對設教根據的衝擊等内容的分析，進一步揭示了佛教在中國文化土壤中生根發芽、開花結果的内在邏輯。《明倫弘願》以其嚴謹的學術態度、豐富的歷史細節和深刻的理論洞察，爲讀者提供了一幅北朝佛教與經學交涉的生動圖景，對於相關領域的研究者瞭解這一歷史時期的文化交融提供了寶貴的視窗。

范雲飛：《秦漢六朝隋唐禮制與經學論叢》，社會科學文獻出版社，2024年。

《秦漢六朝隋唐禮制與經學論叢》爲武漢大學中國傳統文化研究中心范雲飛副教授對經學史、禮制史研究的論文合集。全書分爲上下兩編，共計十三篇，内容涵蓋了秦漢禮制與律令、六朝隋唐禮學與禮議兩大方面。上編聚焦于秦漢時期的禮制與律令，通過對新出土的秦漢律令類材料的細緻梳理，揭示了祠祀、喪葬、宴飲等律篇、令篇及儀注文本與禮經之間的内在聯繫，進而探討了秦漢國家如何通過禮制與律令進行統治。下編則轉向六朝隋唐的禮學與禮議，圍繞禮學名家、專場禮議以及禮議中所呈現的經學理念進行深入分析，構建出六朝隋唐禮議的取證與推理方式的宏觀圖景。該書不僅對秦漢至隋唐時期的禮制與經學進行了全面而系統的梳理，還深入剖析了這一時期禮制與經學交融的複雜過程。該書對經學在制度建設實踐過程中的靈活運用進行了生動詮釋，對喪服、宗法、亞獻、宗廟等重要禮學問題與制度的互動進行了梳理，爲理解經學在漢唐之際的現實政治語境中的效用提供了新視角。該書不僅彌補了前人在周制與秦制關係問題上的研究盲區，還對漢唐九百年制度重建的生命力進行了深刻揭示，更在整體上呈現出一種跨時代、跨學科的宏觀視野，這對於推動中國古代史研究的深入和發展具有重要意義。

李卿蔚：《以圖釋禮：宋代傳世禮圖所載禮器圖研究》，中國社會科學出版社，2024 年。

《以圖釋禮：宋代傳世禮圖所載禮器圖研究》爲清華大學出土文獻研究與保護中心博士後李卿蔚的著作，該書以聶崇義的《新定三禮圖》爲主要研究物件，並輔以其他宋代禮圖，通過結合考古、古文字和古文獻學等多學科的研究成果，對禮圖中著録的部分禮器圖進行了深入的考釋。書中不僅詳細探討了“爵”“觚”“觶”“斝”及“尊”“彝”等器物的定名、形制問題，還從“以圖釋禮”的角度，評價了聶氏《三禮圖》的研究價值及其意義。此外，作者還論述了禮圖文獻對三禮文獻和禮學思想研究的重要性，證明了宋代禮圖在禮學、器物學發展中的關鍵作用。該書試圖還原歷史語境，將宋代禮圖類文獻置於禮制復古與金石學發軔的雙重背景之下進行審視，通過深入分析聶崇義《新定三禮圖》的致思理路，考察了宋人的禮學觀與禮器知識譜系。書中對代表性禮器的定名與分類進行了具體考釋，指出聶書基本還原了各類禮器的本質屬性，並具有禮學取義、整體觀照方面的優長。同時，作者也指出了金石圖在分類和定名上存在的不足，如"爵""斝"等器名因宋代金石圖定名的干擾而沿誤至今。這些思考不僅具有啓發意義，也爲我們理解古代禮儀文化提供了新的視角。不僅爲我們提供了對宋代禮圖的深入理解，也爲禮學和器物學的研究開闢了新的路徑。

許超傑：《〈穀梁〉善於經：〈穀梁〉釋經學及其建構史研究》，廣東人民出版社，2024 年。

《〈穀梁〉善於經：〈穀梁〉釋經學及其建構史研究》是湖南大學岳麓書院許超傑副教授深入探討《穀梁》釋經學史及其建構史的學術力作，在當前學界對《穀梁》學研究較少的情況下可謂具有開創性貢獻。全書分爲上下兩編。上編聚焦於"《穀梁》釋經學及其詮釋體系研究"，以"《穀梁》善於經"爲核心脈絡，通過對西漢以降歷代儒者，特别是鄭玄、范甯、楊士勳、阮元、許桂林、柳興恩、鍾文烝、柯劭忞等《穀梁》學者的研究，詳細梳理了《穀梁》詮釋學史的發展脈絡。這一部分内容不僅展示了《穀梁》釋經學的演變過程，還深入剖析了不同學者對《穀梁》詮釋體系的獨特見解和價值評判，尤其關注了晚清《穀梁》學的再發現和新詮釋。下編則是對"《穀梁》釋經新詮"的探討，以柯劭忞所建構的《穀梁》學體系爲中心，以"九旨"與"三臨之言"爲核心標準，對《穀梁傳》傳文進行了深入的專題新詮，包括對"元年春王正月""西狩獲麟""齊桓晉文之事"等傳統經典議題的再詮釋，該書附録《文本詮釋與現實投射：杜預、范甯〈春秋序〉中的歷史與建構》也比照了杜預和范甯《春秋》學建構的不同特點，爲理解二人注經體系的生成提供了重要參照。

論文英文提要

從《通典·養兄弟子爲後後自生子議》論同宗養子問題

黄　銘

On the issue of adopted son of the same clan: centered on the text of *Tongdian*

Huang Ming

Abstract: There is a story recorded in *Tongdian* that Yu adopted her husband's nephew as an adopted son. Later, her husband had another son as his heir, Yu was deprived of the custody of her adopted son. Yu put forward sixteen opposing opinions. This article refutes Yu's viewpoint one by one, arguing that the act of adopting children of the same clan is not recognized by Confucian classics. On the other hand, Yu's idea of distinguishing between nurturing and inheritance was accepted by later laws, thus adding the clause of "foster parents". The revision of Confucian classics by legal provisions can be seen as evidence of the elevated status of nurturing.

Keywords: adopted son of the same clan; adopted mother; nurturing; inheritance

經學史中的政和明堂

馮　茜

A Study of the Ming-Tang in the Zhenghe Period from the Perspective of Confucian Classics History

Feng Qian

Abstract: Zhenghe Ming-Tang adopts the structure of five inner rooms and twelve outer rings. This form did not follow the Ming-Tang of Yao Shunren in Chongning, but came from the Ming Tang map of Yuanfeng period of Shenzong. From Chongning to Zhenghe, the construction of Mingtang in Huizong Dynasty changed from nine rooms based on *Dadaili* to five rooms based on *Zhouli*. This paper studies the theoretical basis and source of Zhenghe Mingtang form, and explains how the form of Zhenghe Mingtang is embedded in the political context of Zhenghe era through the analysis of the principle of the form of Ming-Tang. Zhenghe Ming-Tang is the only Ming-Tang in history, which is based on the five rooms of *Zhouli* and integrates the twelve halls of *Yueling*. It is very important for the understanding of the following Ming-Tang theory.

Key words: Zhenghe; Ming-Tang; Kaogongji; *Yueling*; five rooms

刑人無倫與孝治有界——西漢《孝經》"不敢毀傷"刑罰解

時佳銘

Dehumanization of the Corporally Punished and Boundedness of Filial Piety: An Analysis of the Interpretation of " bu gan hui shang 不敢毁傷 (must not presume to injure or wound our bodies) " as Avoiding Punishment in *the Classic of Filial Piety* in the Western Han Dynasty

Shi Jiaming

Abstract: In the first chapter *The Scope and Meaning of the Treatise of the Classic of Filial Piety*, said that " Our bodies - to every hair and bit of skin - are received by us from our parents, and we must not presume to injure or wound them. This is the beginning of filial piety ". The " injure or wound " in the sentence is usually interpreted as the generalized body damage. However, the *Ru jia zhe yan* 儒家者言, an excavated Western Han Dynasty Bamboo Manuscript from Dingxian, understood " injure or wound " as penalize. This interpretation combines the common principle —— "The penalized man is of no longer a man" —— with the "beginning of piety", also defines civilized human life through the penalized body. The ideal principle of the sage and the dignity of the law of the land are thus unified. This type of understanding of " bu gan hui shang 不敢毀傷 (must not presume to injure or wound our bodies) ", has shaped the boundedness and the order of the enlightening (or, civilizing). It also reflects the common hermeneutical method of Western Han scholars when comprehending *the Classic of Filial Piety* and even the whole Confucian classics: Drawing on the universal human condition and applying it to the particular.

Keywords: *the Classic of Filial Piety*; bu gan hui shang 不敢毀傷 (must not presume to injure or wound our bodies); Dehumanization of the Corporally Punished; Filial Governance; *Ru jia zhe yan*

經學史學化的幾種表現型態及其與經學史的關係

車行健

Manifestations of the Historicization of Classical Studies and Their Relationship with the History of Classical Studies

Che Xingjian

Abstract: The historicization of classical studies is a prominent phenomenon in the development of modern Confucian scholarship. Since Zhang Xuecheng of the mid-Qing dynasty first proposed the idea that "the Six Classics are all history," this concept evolved into the notion of "the Six Classics as historical materials" advocated by Liang Qichao, Hu Shi, and others in the early Republic of China. This paper examines and critiques several manifestations of the historicization of classical studies since the 20th century, including He Dingsheng's "Theory of Restoration," Gu Jiegang's "Theory of Fluid Evolution," and Mou Runsun's "Theory of Contemporary Application." It also reflects on the nature and positioning of the history of classical studies.

Key words: Historicization of classical studies; Six Classics are all history; history of classical studies; Gu Jiegang; He Dingsheng; Mou Runsun

戴震的算學與經學

朱一文

Dai Zhen's Mathematics and the Study of Confucian Classics

Zhu Yiwen

Abstract: The mid-Qing period, during the reigns of Emperor Qianlong and Emperor Jiaqing, marked a time of transition in China from traditional Confucian learning to the modern, specialized branches of knowledge. As a representative figure of the Qianjia School, Dai Zhen (戴震) conducted research across various fields, including Confucian classics, history, philosophy, and natural sciences. However, the academic community has often struggled to move beyond the limitations of the Whig interpretation of his work, particularly regarding his contributions to astronomy and mathematical calculations. From the perspective of the relationship between mathematics and Confucian classics, Dai's early works, such as *Calculations by Napier's Bones* (*Ce Suan*, 策算) and *Diagrams on Records of Examination of Craftsmen* (*Kao Gong Ji Tu*, 考工記圖), aimed to apply the most advanced mathematical knowledge of his time to revise and promote Zheng Xuan's (鄭玄) scholarship. After moving to the capital, Dai Zhen engaged in discussions on astronomy and calendrical calculations with scholars like Qian Daxin (錢大昕) and Qin Huitian (秦蕙田). His writings, such as *Records on Cyclotomy by Gou Gu Procedure* (*Gou Gu Ge Yuan Ji*, 句股割圜記) and *Explanations of the Cosmos* (*Shi Tian*, 釋天), were part of the broader study of the "Three Ritual Books" (三禮). From the perspective of mathematical practice, Dai Zhen was inclined to integrate various mathematical traditions, including European mathematics introduced during the late Ming and early Qing periods, rather than treating Western learning as a separate field of study. In his later years, Dai Zhen was assigned to the *Complete Works of the Four Treasuries* (*Siku Quanshu*, 四庫全書) project, where he compiled and edited seven Tang-Song period mathematical treatises from the *Great Compendium of the Yongle Era* (*Yongle Dadian*, 永乐大典) and added illustrations to them. By editing the *Ten Mathematical Classics* (*Shuanjing Shishu*, 算經十書), Dai Zhen became the first scholar to conduct a comprehensive study of the Han and Tang mathematical texts since the commentaries by figures such as Li Chunfeng (李淳風), thus contributing to a deeper understanding of the independence of mathematical studies. Due to his long struggles with the imperial examination system and personal adversity, Dai Zhen's academic status did not match his actual influence. He lived within the tension between mathematics and Confucian classics, constantly defending the legitimacy of his scholarly work. In his earlier years, he divided the Han and Song Confucian classics into the categories of "numerical methods" (制數) and "principles and meanings" (理義) to emphasize the value of his mathematical contributions. Before his death, he referred to his later work, *Commentaries and Subcommentaries on the Meaning of the Word in Mencius* (*Mengzi Ziyi Shuzheng*, 孟子字義疏證), as "the greatest work in his lifetime," highlighting his dissatisfaction with the Neo-Confucianism of the Song and Ming dynasties.

Keywords: Dai Zhen; Qian Daxin; Mathematics; Study of Confucian Classics; Neo-Confucianism

《論語集解》"車中不内顧"章經注不相合説辨正

胡海忠

Correction of the Inconsistency between the Scripture and Annotation in the Passage "Not turn head quite round in the Carriage" in *The Analects of Confucius*

Hu Haizhong

Abstract: When He Yan commented on the passage "Not turn head quite round in the Carriage" in *The Analects of Confucius*, he cited Bao Xian's annotation: "Those who do not glance inward in a carriage should not look beyond the crossbar and yoke in the front, nor beyond the side screen and hub on the sides". Confucian scholars in the Qing Dynasty, according to

Yan Shigu's annotations in the eulogy in the "Biography of Emperor Cheng" in *The Book of Han* and other materials, pointed out that the annotation does not match the text of the Analects that He Yan relies on. The views of Confucian scholars in the Qing Dynasty have led to remarkably diverse versions of *The Analects* currently in circulation. I have examined the way Yan Shigu's annotations in *The Book of Han* refer to the versions of Confucian classics, the relationship between Bao Xian and *The Analects of Lu*, and the original intention of Bao Xian's annotations in the passage "Not turn head quite round in the Carriage". And ultimately, I believe that the theory proposed by Confucian scholars in the Qing Dynasty cannot be established.

Keywords: *lunyujijie*; Not turn head quite round in the Carriage; Bao Xian; *The Analects of Lu*; Yan Shigu

徵稿啓事

《經學研究》自 2023 年始，每年出版兩輯，半年一刊。常設欄目主要有：

一，主題文章，由一或數篇同主題論文（文章）構成；

二，古典新詮，對經學義理的闡發；

三，經學史論，對經學史上重要著作、人物的研究；

四，經學文獻，對經部的文獻學研究；

五，經學書評，對經學專著、古籍整理的評論；

六，學人訪談，對當代經學研究者的學術訪談；

七，舊文（籍）新刊，主要是經學文獻整理，尤重稿鈔本等稀見文獻；

八，域外經義，主要是海外經學論文的譯介。

稿件請使用規範繁體字。

投稿請寄經學研究編輯部郵箱：jingxueyanjiu@163.com。